国家出版基金项目
NATIONAL PUBLICATION FOUNDATION

信息化与工业化两化融合研究与应用

# 复杂流程系统的实时模拟与优化

邵之江　方学毅　王可心　陈　曦　陈伟锋　著

科学出版社

北 京

# 内 容 简 介

　　本书围绕复杂流程系统的模拟与优化,从非线性规划算法内核、模拟与优化技术、流程对象的优化应用三个层面论述相关理论和方法。本书汇集了作者在鲁棒优化算法构造、收敛性增强、先进初值策略、高效实时算法、优化求解器参数整定等多方面长期的理论和技术研究成果,系统地阐述了提高流程模拟与优化收敛性和实时性的新思路和新方法。结合PTA装置、空分装置的流程模拟与优化实践,对软件开发、系统实施等进行了介绍。

　　由于流程对象的特征,本书关注的是处理大规模、复杂、连续的优化问题。相应地,本书偏重于大规模优化技术,例如内点法、简约空间方法、序列二次规划方法;针对复杂系统模型存在的线性相关/病态/奇异等特征带来的优化求解局限性和收敛困难、非线性系统模拟/优化的初值敏感性、刚性收敛准则对计算效率的负面影响、优化求解器在计算实践中的性能瓶颈等问题,分别提出了相应的解决方法。虽然本书的讨论范畴是流程系统的稳态模拟与优化,但是所述理论与方法同样适用于联立策略下的动态系统求解。

　　本书可以作为运筹学、应用数学、系统工程等领域的科研参考,了解大规模非线性规划技术的应用基础理论现状;也可供化学工程等相关应用领域的研究人员和工程技术人员参考。

**图书在版编目(CIP)数据**

复杂流程系统的实时模拟与优化/邵之江等著 . —北京:科学出版社,2014.10

(信息化与工业化两化融合研究与应用)

ISBN 978-7-03-042021-3

Ⅰ.①复… Ⅱ.①邵… Ⅲ.①工业企业管理-生产流程-研究 Ⅳ.①F406.2

中国版本图书馆 CIP 数据核字(2014)第 224239 号

责任编辑:姚庆爽 / 责任校对:桂伟利
责任印制:肖　兴 / 封面设计:黄华斌

**科学出版社** 出版
北京东黄城根北街 16 号
邮政编码:100717
http://www.sciencep.com

**新科印刷有限公司** 印刷
科学出版社发行　各地新华书店经销

\*

2014 年 10 月第 一 版　　开本:720×1000 1/16
2014 年 10 月第一次印刷　　印张:18 1/2
字数:370 000
**定价:108.00 元**
(如有印装质量问题,我社负责调换)

# 《信息化与工业化两化融合研究与应用》序

传统的工业化道路,在发展生产力的同时付出了过量消耗资源的代价:产业革命200多年以来,占全球人口不到15%的英国、德国、美国等40多个国家相继完成了工业化,在此进程中消耗了全球已探明能源的70%和其他矿产资源的60%。

发达国家是在完成工业化以后实行信息化的,而我国则是在工业化过程中就出现了信息化问题。回顾我国工业化和信息化的发展历程,从中国共产党的十五大提出"改造和提高传统产业,发展新兴产业和高技术产业,推进国民经济信息化",到党的十六大提出"以信息化带动工业化,以工业化促进信息化",再到党的十七大明确提出"坚持走中国特色新型工业化道路,大力推进信息化与工业化融合",充分体现了我国对信息化与工业化关系的认识在不断深化。

工业信息化是"两化融合"的主要内容,它主要包括生产设备、过程、装置、企业的信息化,产品的信息化和产品设计、制造、管理、销售等过程的信息化。其目的是建立起资源节约型产业技术和生产体系,大幅度降低资源消耗;在保持经济高速增长和社会发展过程中,有效地解决发展与生态环境之间的矛盾,积极发展循环经济。这对我国科学技术的发展提出了十分迫切的战略需求,特别是对控制科学与工程学科提出了十分急需的殷切期望。

"两化融合"将是今后一个历史时期里,实现经济发展方式转变和产业结构优化升级的必由之路,也是中国特色新型工业化道路的一个基本特征。为此,中国自动化学会与科学出版社共同策划出版《信息化与工业化两化融合研究与应用》,旨在展示两化融合领域的最新研究成果,促进多学科多领域的交叉融合,推动国际间的学术交流与合作,提升控制科学与工程学科的学术水平。丛书内容既可以是新的研究方向,也可以是至今仍然活跃的传统方向;既注意横向的共性技术的应用研究,又注意纵向的行业技术的应用研究;既重视"两化融合"的软件技术,也关注相关的硬件技术;特别强调那些有助于将科学技术转化为生产力以及对国民经济建设有重大作用和应用前景的著作。

我们相信,有广大专家、学者的积极参与和大力支持,以及编委的共同努力,本丛书将为繁荣我国"两化融合"的科学技术事业、增强自主创新能力、建设创新型国家做出应有的贡献。

最后,衷心感谢所有关心本丛书并为丛书出版提供帮助的专家,感谢科学出版社及有关学术机构的大力支持和资助,感谢广大读者对本丛书的厚爱。

中国工程院院士

2010 年 11 月

# 前　　言

　　大批量、高效率的流程工业生产是构成人类物质文明的重要基础。流程工业迈向智能化是后工业时代的历史必然。智能工厂将由低级到高级、由简单到复杂，实现决策过程的自动化、自主化、智能化，形成高效的流程工业中枢神经系统，通过现有技术的集成整合、灵巧运用、模式再造，应对各种外部条件变化，实现质量、效益、环境要素的整体优化。

　　我国流程工业是国民经济的支柱产业，其资源资金技术密集、产业关联度高、经济总量大。经过多年的快速增长，全球化市场竞争日益激烈，导致企业利润持续缩减，国内流程工业内部积累的问题也越发突出。如何在生产运行中保持优质、高效、低耗、环保，是流程工业企业普遍面临的现实问题和重大挑战。提高流程工业的产品设计技术、工艺优化技术、运行控制技术、调度管理技术，在现有工艺条件和设备条件的基础上，通过精细化的调优、调度，提高产品质量和档次，提高生产效能，提高市场需求变化情况下的生产柔性和适应性，实现优质、高效、节能、降耗、低排，是实现流程工业产业改造和提升、保持可持续发展的必然选择，也是企业在基础自动化和信息化的平台上进一步提升智能化操作水平、迈向真正"智能工厂"的必由之路。

　　实时模拟与实时优化技术是指采用快速、高效的优化计算技术，结合工艺知识和现场操作数据，分析生产运行的状况，通过模型计算定量获得物耗、能耗、质量指标等关键生产运行指标，对操作运行中的生产装置参数及时进行优化调整，克服原料波动、环境因素波动、上下游生产单元负荷变化等的影响，使生产运行始终保持在最佳工作状态。发达国家的成功经验表明，实时优化技术已经成为工业企业(尤其是流程工业企业)降低生产成本，提高综合经济效益，实现节能减排、优质高效生产的重要技术手段之一。

　　本书内容基于作者长期积累的理论研究成果和应用实践，围绕流程工业中复杂生产流程系统的实时模拟与优化展开。结合流程行业重大装备节能降耗、优质高效的高端需求，从系统全流程模拟和优化计算的角度，对实时优化理论和应用体系、算法效率提升和软件实现、行业导向和现场应用等进行论述。重点讨论稳态优化和动态优化涉及的命题构造和分析、高效算法和实现，并结合精对苯二甲酸(PTA)、空分等典型生产装置的模拟与优化，讨论实时模拟与优化的技术现状、应用现状、成功案例、存在问题和面临挑战。

　　本书工作得到 973 计划课题"多单元过程组合效应分析与流程优化重构"

（2012CB720503）、"基于过程模型的生产全流程在线动态运行优化理论和方法研究"（2009CB320603）、"复杂生产制造过程实时智能操作优化理论与方法研究"（2002CB312203），以及 863 计划课题"大型石油化工过程全流程仿真与优化技术及其应用"（2007AA04Z192）和多项国家自然科学基金项目的资助。研究生周舟、赵晓锐、祝铃钰、陈智强、蒋鹏飞等对本书工作有直接贡献。特别感谢过程系统工程专家、浙江大学控制系教授钱积新先生对课题组的引领和带动，感谢 Carnegie Mellon 大学 Lorenz T. Biegler 教授作为教育部长江讲座教授对课题组的帮助，感谢课题组其他老师和研究生长期以来的鼓励，感谢国内外各位专家、朋友对我们工作的大力支持。特此一并表达衷心感谢！

通过各种数学建模和优化工具全面、深刻、系统地描述复杂工程对象，继而有效率地加以优化改进，将成为各行各业的发展趋势。各种新理论、新方法、新应用将不断涌现。限于作者的认识水平和知识结构，书中难免存在不妥之处，敬请各位读者批评指正。

作　者

2014 年 10 月

# 目　　录

# 第 1 章　绪　　论

流程工业或称过程工业(process industry),是形成人类物质文明的基础工业。流程工业主要通过物理变化和化学变化,实现大宗原料型工业产品的生产、加工、供应、服务。流程工业包括石化、化工、冶金、制药、电力、建材、轻工、造纸、采矿、环保、电力等,是国民经济中占有主导性的行业。目前有超过 70 家流程工业企业位于全球 500 强的行列,占 15%左右。我国流程工业占全国企业年总产值的 60%以上。流程工业的发展状况直接影响到国家的经济基础,是国家的重要基础支柱产业。

流程系统(process system)是指由被加工的物流或能量流经过的诸单元工序所构成的系统,是一种各单元间根据生产工艺要求互相联结形成的复杂网络。其主要生产过程为连续生产。其相应原料和产品多为均一相(固、液或气体)的物料,而非由零部件组装成的物品。其产品质量多由纯度和各种物理、化学性质表征。

流程工业的具体特点可以表述如下。

(1) 大批量连续生产:在生产过程中,过程工业的物流和能流都相对连续、稳定,生产装置各工序间通常以管线、储罐连续衔接,工艺流程及产品相对稳定。由于采用大批量生产的模式,流程企业的订单通常与生产无直接关系。企业只有满负荷甚至超负荷生产,才能降低单位产品成本,在市场上具有竞争力。因此,流程工业企业一般按年度决定当年的生产计划和销售计划,并以此决定企业的物料平衡,即物料采购计划。一般情况下,企业安月份签订供货合同以及结算货款。每日、每周生产计划的物料平衡依靠原材料库存来保证和调节。流程企业的这一特点使得生产计划在企业全年度的生产经营中具有十分重要的地位,这也对生产计划的合理决策提出了很高的要求。

(2) 过程操作复杂、控制精度要求高:过程工业的开车、停车程序十分复杂而且代价巨大,一般不允许非计划停车。工段、设备、操作变量之间存在十分严重的耦合现象。这使得对某一参数进行调节往往会引起其他参数以及后续流程产品质量的变化,甚至可能引发生产事故,所谓“牵一发而动全身”。因此,过程工业产品质量的控制要从全过程的角度,基于工艺机理对过程中所有的单元设备进行协调控制,同时必须确保测量、控制的精度和稳定性,才能保证生产过程的安全、平稳、高效、优质。相比之下,离散制造业虽然也要求控制的精确性和稳定性,但工序内部操作条件的变化一般不会影响到其他工序。因此具有较强的容错能力。

(3) 过程工业和离散制造业的优化目标与调节手段不同:过程工业以安全、稳定、均衡、长周期、高负荷、高质量、高收率、低物耗能耗和小污染为目标,调节手段主要是保证生产过程的工艺参数尽量维持在最优操作工况。而离散制造业往往以缩短供货周期、提高设备利用率、减少库存、实现柔性生产等为主要目标,以调整生产计划、优化排序、优化分配负荷为调节手段。

(4) 过程工业特别强调安全、环保、节能:过程工业的生产常常是在高温高压、易燃易爆以及有毒的条件下进行的。从安全和环保的角度出发,对生产环境、管理和控制提出了很高的要求。同时,从提升能量利用率的角度出发,对于高温高压或超低温的环境下的热量/冷量的回收利用,减小热损失也提出了很高的要求。

当代不断加剧的全球化市场竞争是流程工业企业面临的一个严峻挑战。流程工业市场日趋全球化和动态化,企业间竞争不断加剧,这些都导致流程工业企业利润的持续缩减[1-4]。国内流程工业企业在不同程度上存在能耗高、成本高、劳动生产率低、资源利用率低的特点。过程生产中流程系统的实时模拟与优化已成为有效提高企业效益的重要技术途径。

## 1.1　流程系统中的模拟技术

流程系统的模拟是根据对流程的充分认识和理解,以工艺过程的机理模型为基础,运用数学方法对过程进行建模描述,并通过计算机辅助计算的手段进行过程的热量衡算、物料衡算、设备规模估计和能量分析[5]。流程模拟可为工程设计与改造、流程剖析、优化控制、环境与经济评价和教学培训等提供强有力手段,不但能够从系统整体角度分析和判断工艺流程的好坏,还可以对新开发的工艺流程提供可靠预测,这些均有助于提高工作效率和决策的科学性[6]。

流程系统模拟技术从 20 世纪 50 年代开始发展起来,至今已经历了四代。1958 年美国 Kelbgg 公司推出全球第一个化工模拟程序 H-Flexible Flowsheet,并将其用于工程设计中单元操作设备的工艺计算。20 世纪 70 年代开始出现了一系列稳态流程模拟软件,如 ASPEN、PROCESS、SPEEDUP 和 HYSIM 等。这些软件在流程工业领域产生了巨大的影响。20 世纪 80 年代中后期开始,流程模拟技术走向了成熟期。这些软件在功能和可靠性方面不断增强,其应用范围不断拓宽,成本大幅下降。随着能源的短缺情况和市场竞争的加剧,国外流程模拟软件转向以生产企业为主,成为流程企业的计算机辅助工程(CAE)核心和计算机集成制造系统(CIMS)基础,效益明显。稳态模拟技术趋于成熟。国际上流程模拟领域有代表性的而且应用较好的通用流程模拟软件有 PRO/II、Aspen Plus 和 HYSIM(已被美国 AspenTech 收购)。从 20 世纪 90 年代开始,模拟技术从"稳态"和"离线"走向"动态"和"在线",并向实时优化发展。这一时期,新的模拟软件不断问世。如加拿大 HYPROTECH 公司的 HYSYS、美国 AspenTech 公司的 Custom Modeler

和 DYNAMICS 等。

数学模型在流程模拟中处于核心地位。流程系统的数学模型由化工单元模型和各单元间拓扑结构模型两部分组成。流程模拟的目的是根据流程拓扑中已知流股的数据及过程参数,确定包含流程系统输出在内的所有流股的数值,或是根据已知过程流股的状态值计算可满足设计规定的过程参数值。目前,主流的求解方法主要包括序贯模块法(sequential modular approach)、联立方程法(equation oriented method)、联立模块法(simultaneous modular approach)、数据驱动法和人工智能法。

(1)经典的序贯模块法相当于对全流程系统的非线性方程组作降阶处理。这种方法建立在化工流程中的大多数变量间无函数关系的基础之上,借助分隔手段将系统分解为若干子方程组,按照流程拓扑的结构顺序进行联立求解,且各方程组之间被流股连接方程约束。应用序贯模块法方法可避免联立求解大型方程组时对存储空间的要求,做到简化问题,方便计算,但是当流程结构较为复杂时,该算法收敛性较差。

(2)联立方程法的基本思想是将描述过程系统的所有方程全部联立起来统一进行求解。此时,流程系统模拟问题的求解转化为纯粹的数学计算问题。建立大规模过程系统模型、继承已开发的大量单元模块、设计变量的选择和初值的构造以及求解时错误诊断困难等是联立方程法所面临的难题。

(3)联立模块法在序贯模块法与联立方程法两种方法间取长补短,故又称双层法。其思想是首先确定流程中各模块的简化模型,模型中通常含有待估计模型参数。然后在单元模块级进行严格模型模拟,以一定精度回归待估参数值。再将各估计后的模型连接起来在流程级上求解。联立模块法避免了序贯法设置收敛模块导致收敛效率低,以及联立方程法在求解大规模方程组等方面的缺点。

(4)数据驱动法是一种以数据库为中心的模拟方法。该方法首先根据用户需求建立数据库框架并利用用户提供的数据驱动各种算法和物性程序,将数据库填满,对数据校核无误达到一定的精度后再将数据返回给用户。

(5)人工智能法是利用专家知识参与流程系统模拟的方法。用这些知识产生过程模拟的缺省初值,判断模拟进展正常与否,并根据标准加以校正,使过程模拟得以收敛。

## 1.2　流程系统中的优化技术

流程系统的实时优化(real-time optimization,RTO)是指结合工艺知识和现场操作数据,通过快速、高效的优化计算技术对操作运行中的生产装置参数进行优化调整,增强其对环境变化、原材料波动、市场变化等的适应能力,保持生产装置始终处于高效、低耗并且安全的最优工作状态的技术。RTO可以通过增加产量,提高产品质量,使生产过程始终运行在最佳工况上;可以通过经济目标的寻优,减少原料和能源的消耗,减少废弃物的排放;可以通过监测、预警、自动调整,延长设备的运行周期,减少催化剂的消耗;可以使得来自计划调度的市场信息在操作层面得到及时的贯彻实施,迅速在生产过程中反映市场供求关系的变化;可以进一步深化工艺人员、操作人员对过程工艺与操作的了解,有助于工艺的改进和操作策略的调整。

一个工业装置一旦投入运行,将始终被一系列的影响因素所干扰,使得现场运行的操作点逐渐偏离原先最优设计时确定的最佳工作点。这些影响因素可分为外部和内部不确定性两种[7]。

(1)外部不确定性:原料变化,包括进料量、原料特性(组成、温度等);公用资源的供应约束,如能耗;市场需求变化,来自决策部门的产品规格发生的调整;气候变化。

(2)内部不确定性:装置设备特性漂移,如换热器结垢、催化剂活性发生变化,以及来自流程中其他单元的影响,如蒸汽量波动、循环物料。

其中第(1)类外部不确定性影响因素主要来自于上层环节,第(2)类内部不确定性因素主要来自于下层环节和过程装备。RTO的目标就是,通过实时采集生产数据,监测过程运行状况,在满足所有约束条件的前提下,不断实时地调整下层环节的工作点,以克服内部和外部不确定性因素,从而保证过程始终能够得到最佳的经济效益[8]。RTO系统具有在线自动运行的特点,从数据采集、模型修正,到优化计算和实施,构成一个闭环,无需人工干预[9]。这里将流程系统的实时优化分为稳态和动态两种类型加以论述。

## 1.2.1　流程系统的稳态实时优化

### 1. RTO的发展和现状

RTO的概念于20世纪50年代提出。由于当时软硬件条件的限制、相关优化理论研究尚不完善,一直以来未能在流程工业领域得到推广和应用。直至20世纪80年代,壳牌公司对在线大规模优化进行了首次尝试。该公司开发了具有20000个变量和方程的模型并采用序列二次规划算法(sequential quadratic programming, SQP)对优化命题进行求解。1986年壳牌公司开发了Opera软件包,并用于乙烯生产设备上。Opera后来成为许多RTO软件包的基础,如DMO和ROMeo。DMO于1988年应用于美国太阳石油公司(Sunoco)的加氢裂化器实时优化上,并于1991年应用于美国莱昂德尔化学公司(Lyondell)的炼油厂。日本三菱化成工业公司(Mitsubishi Chemical)于1994年在变量和方程数高达200000的系统上应用了RTO技术。

目前随着 RTO 理论日趋成熟,计算机硬件、软件和网络技术发展迅猛,加上国际竞争压力的日益迫切以及来自流程工业企业的呼声日益高涨,RTO 技术与软件得到了前所未有的发展契机。其在流程工业中的普及度日益提高。多个过程控制系统供应商和独立高科技软件与工程公司投入了大量人力、物力进行研究开发,推出了各自的实时优化软件,如 AspenTech 公司的 RT-Opt、Simulation Science 公司的 ROMeo、Honeywell 公司的 ProfixMax、Emerson 公司的 RTO+(原 MDC Technology 公司产品)等。RTO 的应用领域涉及天然气加工、原油蒸馏和分馏、催化裂化、加氢、溶剂脱蜡、减黏、延迟焦化、硫回收、乙烯装置、合成氨、PET(聚酯)、苯乙烯、氯乙烯单体、用能组合、炼厂装置及整体等。这些软件在几百家大型石化、化工、炼油、钢铁等工厂企业中应用成功,取得了很好的应用效果。目前 AspenTech 公司在 RTO 工业应用领域中占有 80% 的份额。仅 2003 年 AspenTech 就在流程工业领域实现了 52 套 RTO 系统,其中乙烯生产流程 18 套,炼油厂生产流程 24 套,其他化工流程 10 套。活跃在 RTO 技术领域的公司还包括 ABB、Emerson Process Management、GE Controls、Honeywell、Invensys PS 和 Shell Global Solutions 等。

发达国家工业企业的成功经验表明,实时操作优化技术是流程工业企业降低生产成本、提高综合经济效益的重要技术手段之一。例如全球主要散装化工产品制造商之一的 Huntsman 欧洲石化公司于 1999 年采用 AspenTech 的先进控制和 RTO 系统将产量提高了 5%,从而使得投资回报期少于一年。又如 BP 美国石油公司在英国格兰奇茅斯港(Grangemouth)化工厂中采用 G4 集成系统——DCS (distributed control system)、先进控制和 RTO 的结合,从而使得工厂年效益增加了 150 万英镑,其中 RTO 技术使得产品年产量提高 3%~4%。再如,Simsci-Esscor 公司在 ExxonMobil 公司的炼油装置实施基于严格机理模型的实时操作优化,在原料频繁波动情况下实时调整关键操作参数,持续保持装置的优化运行,得到 \$0.03~\$0.06/bbl 的经济效益(按原油加工能力)。

国外应用表明,对于一般的过程系统采用 RTO 技术可以使经济效益提高 3% 以上[10],采用优化技术的投资费用一般可以在 0.5~2 年收回成本。对于在国民经济中占主导地位的流程工业,尤其是我国国民经济的基础和支柱——石油和化学工业总产值占国民生产总值的 20% 左右,3% 以上的效益提高意味着极高的经济回报。因此在生产过程操作优化理论和技术上的研究与进展对于我国流程工业和相关方面的科学研究都具有重要的意义。

2. RTO 系统结构

RTO 是流程生产过程的重要一环。典型流程生产过程包含六个主要环节,分别是计划[11]、调度[12]、企业级优化[13]、实时优化[14,15]、模型预测控制[16,17]和基础控制[18]环节。其中,计划和调度层主要针对供应链决策,这两层中优化命题类型多为混合整数线性规划。计划层根据市场情况、原料供应、订货合同来最佳地采购原料、组织生产,其目的是减少流动资金,减少库存、缩短合同周期,运行周期一般是一个月至一年;调度层合理分配企业的原料、中间产品、能源,恰当处理在连续生产过程中出现的局部故障,保持均衡生产,运行周期一般是一周至一个月;企业级优化面向一个或若干个产品生产线的组合,处理全流程的工艺参数匹配,其运行周期为每天至每周;实时优化 RTO 针对具体的生产流程,对流程运行的设定值(set point)进行参数优化,其周期为几分钟至几小时;模型预测控制主要用于实现RTO给出的最优设定值,其运行周期为秒或分钟;基础控制层主要用于消除快速的干扰,实现单回路或串级回路的基本平稳运行,其运行周期一般就是集散控制系统 DCS 的采样周期。

如图 1-1 所示,典型的稳态机理模型 RTO 系统包括了稳态检测(steady state detection)[19]、数据调和(data reconciliation)[20]、显著误差检测(gross error detection)[21]、模型更新(model update)[9,22]、优化(optimization)和设置点调节(command conditioning)[23]六个模块。下面分别对每个模块进行简介。

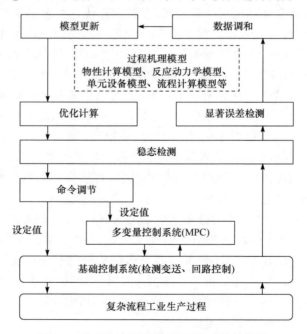

图 1-1　典型稳态机理模型 RTO 系统结构图

1)稳态检测模块

对于复杂的流程生产系统,安全、平稳生产是前提和基础。不断发展的过程工艺设计、设备设计、基础控制系统设计和调整已经为此建立了重要的技术基础。事实上,现有的流程生产系统大多都能保持平稳的运行状态。在外部环境条件变化、内部不确定性变化均较小的情况下,操作参数的波动都能够控制在较小的范围内。因而流程工业领域,建立稳态模型实际上是一种现实的、合理的简化,避免了动态建模和优化求解的困难。RTO 要解决的问题是,面对这样的总体平稳的操作,各个参数的设定值如何选取,才能确保相互耦合的参数能精确匹配、装置整体性能保持最佳? 由于 RTO 大多采用的是稳态机理模型,一个首当其冲的问题就是,在 RTO 的复杂计算付诸实施之前,要确保过程处于相对平稳的状态。

稳态检测时假设系统状态 $x_t$ 在有限的时间窗口内是时间 $t$ 的线性函数,有

$$x_t = m_t + \mu + a_t$$

其中 $mt$ 代表状态变量的确定性漂移;$\mu$ 是稳态过程假设下的状态变量平均值;$a_t$ 是均值为 0 且标准差为 $\sigma_a$ 的随机误差序列或白噪声。则当过程信号(如温度、压力或浓度等)随时间变化发生显著的积累性漂移时,称该信号是非稳态的或非静态的,反之称该信号是稳态的或静态的。若某过程的所有检测信号都是稳态的,则认为该过程处于稳态阶段;若有任何一个检测信号是非稳态的,则认为过程处于动态阶段。

**2)数据调和模块**

数据调和是一种在测量有冗余的情况下,以过程模型为基础(往往是基本的物料平衡、组分物料平衡方程),对量测噪声引起的测量误差进行修正的方法。即给定 $n_{measured}$ 个测量值 $\tilde{x}_m$,数据调和问题可以表达为如下数学优化命题形式:

$$\min_{x_u,x_m} f(x_m) = \sum_{i=1}^{n_{measured}} \left( \frac{x_{m(i)} - \tilde{x}_{m(i)}}{\sigma_i} \right)^2$$
$$\text{s. t.} \quad c(x_u, x_m) = 0$$
$$x_m^{min} \leqslant x_m \leqslant x_m^{max}$$
$$x_u^{min} \leqslant x_u \leqslant x_u^{max}$$

其中 $\tilde{x}_{m(i)}$ 和 $x_{m(i)}$ 分别是调和前的第 $i$ 个测量值和调和后的相应状态变量值($i=1,\cdots,n_{measured}$);$x_{u(j)}$ 是第 $j$ 个不可测变量($j=1,\cdots,n_{unmeasured}$);$\sigma_i$ 是第 $i$ 个可测变量的标准差;$c(x_u, x_m)=0$ 表示 $M$ 个过程模型等式约束;$x_m^{min}, x_m^{max}, x_u^{min}, x_u^{max}$ 是过程变量的边界值。在目标函数中,标准差 $\sigma_i$ 可以看作对应平方项的加权值。数据调和问题就是通过求解上述优化命题来寻找满足系统约束条件并使得总体误差,即目标函数 $f(x_m)$,极小的状态变量值 $x=[x_u^T, x_m^T]^T$。

数据调和模块对测量值的噪声和量测误差进行抑制,所得的调和后的数据主要用于模型更新。

**3)显著误差检测模块**

在实际测量中,由于测量仪表失灵或测量错误等原因,测量数据存在显著误

差。显著误差的诊断与剔除也是数据校正的重点与难点。如果不将显著误差剔除，则不仅会影响测量变量的校正值，而且未测量变量的估计值也会变得不准确。常用的显著误差检测方法包括整体检测法（global test，GT）、节点残差检测法（nodal test，NT）、测量残差检测法（measurement test，MT）、广义似然比法（generalized likelihood ratio method，GLR）、主成分分析法（principal component analysis，PCA）及无偏估计法（unbiased estimation，UBET）。

以 MT 方法为例，测量数据可以表达为两种形式：零假设

$$\tilde{x} = x_t + \varepsilon$$

和备择假设

$$\tilde{x} = x_t + \varepsilon + \delta$$

其中 $\tilde{x}, x_t, \varepsilon$ 和 $\delta$ 分别表示 $n$ 维测量值、真实值、随机误差向量和显著误差向量。MT 法通过判断测量值 $\tilde{x}$ 和调和值 $x$ 的相对偏差 $\delta$ 来判断显著误差是否存在。记 $W$ 为 $\delta$ 的方差矩阵 $\mathrm{var}(\delta)$，则当期望值 $E(\delta) = 0$ 时，检验统计量 $Z_i : = \delta_i \sqrt{W_{ii}}$ 服从标准正态分布 $N(0,1)$。设临界值 $Z_c = Z_{1-\frac{\beta}{2}}$，其中 $\beta = (1-\alpha)^{1/n_{\mathrm{measured}}}$，则 $|Z_i| \geqslant Z_c$ 表示第 $i$ 个测量值含有显著误差，反之 $|Z_i| < Z_c$ 表示第 $i$ 个测量值不含有显著误差。

4）模型更新模块

本书所用到的流程系统模型均为严格机理模型（或简称机理模型，rigorous models），也称第一原理模型（first-principles models）。机理模型是在工程、物理和化学基本原理的基础上推导所得的流程系统数学模型，它反映了化学反应过程、化工热力学，以及传热、传质、传递现象的机理，通过构造物质或能量衡算关系导出代数方程、微分方程或积分方程。机理模型能够有效刻画物理化学过程的本质和细节，其模型方程的结构一般而言通过理论和实验的检验，具有较好的普适性。然而机理模型中的参数却往往只是预设的、标称的，如精馏塔的塔板效率、反应器的催化剂活性、换热器的换热面积和换热系数等。为确保机理模型的精度以用于实时模拟和优化，需要构造所谓的参数估计（parameter estimation）命题，或者模型更新（model updating）命题。测量数据经过数据调和模块后，被用于模型参数的修正。也就是说，模型参数必须反映当前装置运行的真实情况。另一方面，稳态机理模型的模型参数往往是缓慢变化的。模型参数的跳变可能意味着装置特性发生剧烈变换，也是流程系统诊断监控的一个手段。

5）优化模块

优化计算是 RTO 系统的关键环节。图 1-1 中的优化模块功能是在过程机理模型和边界条件以及生产条件等约束下，采取有效的优化算法，实时可靠地求解出使经济目标函数最大化的状态量，即设置点或最佳工作点。其优化命题的一般形式为

$$\min_{x \in R^n} \quad f(x)$$

$$\text{s. t.} \quad c_i(x) = 0, i \in \mathcal{E}$$

$$\phantom{\text{s. t.} \quad} c_i(x) \geqslant 0, i \in \mathcal{I}$$

其中 $x \in R^n$ 包含状态变量和操作变量；$f: R^n \to R$ 是目标函数；$c_i$ 包含系统模型、变量边界约束和生产指标约束等；$\mathcal{E}$ 和 $\mathcal{I}$ 分别代表等式约束和不等式约束指标集。$f$ 和 $c_i$ 一般一阶或二阶连续可微。

对于过程系统而言，上述优化命题具有大规模、强耦合和复杂非线性等突出特点。在数据调和命题、控制层以及动态优化技术中也存在具有类似特点的优化问题。针对这类问题的求解器需要确保在有限时间内实时得出最优解。优化命题的大规模、强耦合和复杂非线性特点同优化求解计算的稳定性、实时性之间的矛盾是影响 RTO 系统性能的关键技术难题，也是本书所要深入研究的基本问题。

在求解这种命题时，通常采用高性能数学规划算法，如内点法（interior point methods，IPM）或 SQP 等算法进行求解。相关介绍和研究将在后继章节中展开。

6）设置点调节模块

该模块在将新的设置点传递给控制层之前会检查优化计算结果，以确定当前设备操作是否会导致问题，优化变量值是否位于操作条件之外，以及优化变量的边界是否发生变化。此外，该模块可以判断设置点是否在统计意义上发生了显著的变化。若未出现显著变化，则新的设置点将不会被传递给控制层。设置点调节模块通过这种方法来减少不必要的设置点变化，从而提高生产效益。

当系统内部不确定因素发生变化时，图 1-1 中的 RTO 系统通过稳态检测模块监视系统是否处于稳态过程。一旦发现系统进入稳态，控制器和传感器层的测量数据将通过显著误差检测模块被送至数据调和模块。根据调和后的测量值对系统模型的参数进行估计，并将参数估计值传递给模型更新模块。随后优化算法将更新的模型作为约束对 RTO 优化命题进行求解。当优化计算收敛且稳态检测模块确认系统仍处于稳态时，优化命题的最优解将通过设置点调节模块传递给控制系统进行实现。RTO 上层环节不确定因素如经济数据和产品规格等的波动将直接影响优化命题的参数。这时优化算法将对新的优化命题进行求解并在系统处于稳态时将最优解通过设置点调节模块传递给控制系统进行实现。需要注意的是控制层反馈的数据带有噪声和高频扰动，而统计估计可能会干扰 RTO 得到最优解。因此需要对被计算过程所放大的高频扰动和显著变化的设备优化变量进行区分以决定是否应实施新的最优解[24-27]。

在图 1-1 所示的 RTO 系统中，涉及优化计算的模块有数据调和模块、模型更新模块、流程优化计算模块等。这些不同的优化问题最终都将转化成为非线性规划问题，并采用内点法或 SQP 等优化算法进行求解。这些优化问题的共同特征是,机理模型作为必须满足的等式约束出现在优化命题中。一个共同的困难是,由于流程系统机理模型方程组规模庞大、变量耦合严重、非线性程度强,这些 RTO 相关问题的求解往往存在很大的困难。提高求解的收敛性和实时性一直以来是学术界和工业界追求的目标。

从系统发生波动开始到新设置点传递给控制系统这一过程称为一次 RTO 运行周期。RTO 系统的运行过程由一系列 RTO 运行周期所组成。图 1-2 是 RTO 运行周期的典型时间轴曲线。其中第一条曲线是某扰动变化曲线,第二条是设置点的变化,第三条是相应的实时目标函数值或实时效益曲线图[28]。$t_{ini}$ 时刻系统受到扰动,$t_{end}$ 时刻扰动结束。但这时系统仍然处于暂态过程,直到 $t_{ss1}$ 时刻系统进入稳态。这时稳态检测模块检测到系统进入稳态,随后显著误差检测、数据调和和模型更新均在 $t_{ss1}$ 至 $t_{dr}$ 时间段内完成。优化计算模块在更新的模型基础上求解优化命题。$t_{opt}$ 时刻优化计算收敛,最优解通过设置点调节模块被传递给控制系统。在 $t_{opt}$ 至 $t_{ss2}$ 时间段内,系统处于控制器调节的暂态过程,在 $t_{ss2}$ 之后系统进入新的最佳稳态。RTO 系统的运行周期为 $[t_{ss1}, t_{opt}]$ 区间。其中优化计算时间 $[t_{dr}, t_{opt}]$ 占据 RTO 运行周期的主要部分。缩短优化计算的时间会使 $t_{ss2}$ 大幅度减小,从而在极大程度上提高 RTO 的性能和过程系统的效益。若优化计算时间过长,则不但 RTO 系统所带来的效益将会减少,整个系统的平稳性也将受到破坏。

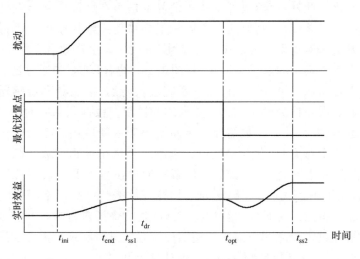

图 1-2　典型 RTO 过程时间示意图

## 1.2.2　流程系统的动态优化

在实际工业过程中,许多生产过程长期处于动态变化之中,一些看似稳态运行的过程实际上处于缓慢的变化过程。动态特性是流程系统的本质特性。动态优化已成为流程系统实时优化研究领域的一个热点和重点。

1. 动态优化概念介绍

所谓的动态优化(dynamic optimization)就是在一段时间内通过决定动态系统的控制作用轨迹来使系统中的某性能指标最小化的过程。这里便涉及三个基本要素:动态系统、控制作用、性能指标[29]。

动态系统是指运动状态按确定规律或确定统计规律随时间演化的一类系统。它描述了未来的状态如何依赖于当前状态。尽管动态系统有各种各样的存在形式,但基本上都能用数学语言进行描述,即动态模型。动态模型的描述形式是多样的,例如,可以基于常微分方程系统(ordinary differential equations,ODE)、微分-代数方程系统(differential-algebraic equations,DAE)[30]、偏微分方程系统(partial differential equations,PDE);系统既可以是线性的也可以是非线性的;可以是初值问题(initial value problem,IVP)也可以是边值问题(boundary value problem,BVP)[31]。动态模型通过各类变量间的关系表征了动态系统的行为,系统的变量主要包括三类:一是反映外部对系统的影响或作用的输入变量组如控制、扰动(统称为外部控制作用)等;二是表征系统状态行为的内部状态变量组;三是反映系统对外部作用或影响的输出变量组如产出和响应等。这里便引出了动态优化问题的另外两个基本要素:控制作用和性能指标。对于动态优化问题来说,第一类变量实际上构成了动态优化问题的控制作用,而第一类和第三类变量则构成了动态优化问题的性能指标。对动态系统进行控制总是有目的的,如果这个目的是要寻求某项指标(这项指标通常被描述为状态变量与控制变量的函数)的极大(小)值,那么达成该目的的过程就是动态优化。动态优化可以定义为在一段有限的时间内通过决定动态系统的控制与状态轨线来使某性能指标最小化的过程[29]。复杂动态系统优化求解中的许多重要问题仍然有待深入研究。

2. 动态优化的应用

动态优化由最优控制和动态规划发展而成。因此它在继承的同时拓宽了两者原有的应用领域。在传统的机械工程领域,动态优化常被用于飞行器、航天器和机器人等的设计与操控[29]。在经济领域中,动态优化更是分配与利用资源、规划投资方案以及调控市场经济等的有效工具,著名的微分博弈理论所研究的内容,其实质也是动态优化[32]。此外,动态优化还在环境治理、生物制药、药理分析以及新能源开发等领域有着广泛的应用。

化工过程系统中存在广泛的动态特征,从底层基本化学反应单元到顶层调度分配系统均在实时变化。过程模型中涉及到的质能平衡、相平衡和热交换方程等均可用微分方程进行描述。因此这类过程模型往往被描述为典型的 DAE 模型,通常具有很强的非线性。化工过程模型规模与其被描述的对象有直接关系,一些工厂级别过程模型具有数百乃至数千个微分方程。部分简化厂级过程模型被开发出来用作各种方法测试的算例,其中比较著名的有 TE(Tennessee-Eastman)挑战问题[33,34]、甲苯加氢脱烷基制苯(hydrodealkylation of toluene)模型[35-37]以及醋酸乙烯(vinyl acetate)过程模型[38,39]等。这些模型的共同特点是复杂、动态、大规模与非线性。以文献[34]所使用的 TE 优化模型为例,其中具有 30 条微分方程、11 个控制变量、160 个代数变量与 149 条代数方程。TE 模型由于其复杂性,被提出伊始只能对其做一些基本的稳态分析,传统的最优控制方法基本上无法对其进行求解寻优,因而被冠以"挑战问题"的名称。不过,文献[40]中发展的联立求解策略可以有效地处理这类大规模的 DAE 优化问题,甚至能胜任更大规模的模型求解。

在化工领域中,动态优化方法不只是被用于解决最优控制类的问题,其适用的范畴也在不断扩展。化工过程中常见的动态优化问题有[41]:

1) 间歇过程优化

这类问题本质上是对传统最优控制问题的继承,但是比以往所研究的问题更加复杂。比如对多阶段的间歇过程进行优化,这类问题虽然从每个单元出发可看成是若干最优控制子问题,但是从整体可以看做是多级决策过程,于是可以采用解决一般多级决策问题的思路将各个子问题进行统一考虑,即将其综合为一个大的动态优化问题,而后进行联立求解。

2) 参数估计

在模型开发和反应器设计过程中会遇到多种参数估计问题,比如在给定系统结构的条件下确定单元设备的最优尺寸或结构参数,从而使某项指标(通常为经济指标)达到最理想的状态;或者在模型方程已经建立的基础上,根据实验测量的数据来得到模型参数的实际大小。如果这些系统或模型是用 DAE 来描述的,则其对应的参数估计问题就是动态优化问题。动态系统的数据调和与滚动时域估计(moving horizon estimation,MHE)均可看做是这类问题。

3) 动态实时优化

传统 RTO 所针对的是那些内部参数变化较为缓慢的系统,即在这样的系统中 RTO 的更新周期要比控制周期长很多。而事实上还有很多系统内部参数变化非常快,这使得 RTO 的周期与控制周期很接近。针对这一问题产生了一种将优化与控制同步进行的解决方案,即在每一个周期内做一次动态优化,同时实现 RTO 与预测控制(model predictive control,MPC)的功能[42,43]。

**3. 动态优化求解算法分类和求解器简介**

DAE 系统本身的数值解法有很多种,从不同的角度来考虑有不同的分类:

1) 按时域划分

从时域划分的角度来看,可分为单步法、多步法与整体法。

(1) 单步法进行求解是一步一步做的,即在节点上仅考虑原函数的连续性,最为常见的是欧拉法与梯形法等。

(2) 多步法则是每次求解都要考虑相邻的若干步,即在节点上不仅考虑原函数的连续性,还考虑其导函数的连续性,常用的多步法有 Adams-Bashforth 方法、后向差分公式法(backward differentiation formula)等[44,45]。大多数文献中都将隐式龙格库塔(implicit Runge-Kutta,IRK)方法划归为单步法,但是从离散的形式上看来,该方法更类似于单步法与多步法的结合。

(3) 整体法也需要将时域进行离散,将所有的节点当做一个整体进行考虑,即每一个节点表示为其他所有节点的线性组合。常用的整体法有谱方法(spectral methods)[45]、拟谱法(pseudospectral methods)[46]、径向基函数(radial basis function,RBF)方法等[44,45],不同的方法用不同的原理来得到权重系数。

2) 按基函数划分

由于微分方程数值求解可理解为在某一有限维函数空间中并在选择某种范数的前提下求原微分方程的近似解,所以选择不同赋范函数空间便对应着基于不同基函数的多种数值解法,即这些方法基于不同基函数。例如以正交多项式为基底的 IRK 方法与拟谱法;以三角多项式为基底的谱方法;以径向基函数[48]为基底 RBF 方法。

3) 按残差消除方法划分

对原方程和近似方程进行求差,可得到一个残差方程。残差的大小显示了近似解逼近真实解的程度。不同的残差消除原理对应着不同的方法,在微分方程的数值解法中最常用的残差消除方法是配置法和伽辽金(Galerkin)法等[49]。配置法即是在配置点上让内部残差为零,通过选取合适的基函数让非配置点上的残差尽可能地小;而伽辽金法则是采用让残差与基函数所张成的空间正交的思想[45]。配置法简单直观,易于操作,对于常微分方程求解,配置法能够很好地胜任;而伽辽金法更具理论深度,虽然不太容易理解,但能够处理更复杂的问题,因此在求解一些偏微分模型时应用更为广泛。

基于 DAE 模型的动态优化问题的求解方法,基本上可以分为间接法和直接法两类。间接法即变分法,通过求解由 Pontryagin 极大值原理得到的最优性一阶必要条件,实现动态优化问题求解。对于没有不等式约束的问题,最优性条件可以表达为一组 DAE 方程,其中状态变量具有指定的初值条件、协状态变量(adjoint variables)具有终值条件。相应的两点边值问题(two-point boundary value problem,TPBVP)可以采用各种数值方法求解,例如单重打靶法、不变集嵌入法、多重打靶法、有限元配置法、有限差分法等。但是在需要处理有效不等式约束的情况下,通常很难确定最优的有效集(active set)结构、并同时确定状态和协状态变量的适当初值。变分法求解中的另一难点是奇异最优控制问题,包括间歇过程动态优化、间歇反应器控制、催化剂最优混合等。控制变量只以线性形式出现在这类问题中。如果控制变量始终处于边界,则形成 bang-bang 控制;否则控制变量存在奇异曲线(singular arc),但根据 Euler-Lagrange 最优条件却无法确定该曲线,此时需要重构最优性条件。

变分法存在的求解困难促使人们研究将无限维的动态问题转化为有限维的问题并利用非线性规划(nonlinear programming,NLP)实现求解的方法,即直接法。根据离散化变量的不同,直接法分为序贯法和联立法。

序贯法只将控制变量离散化,因此也称为控制向量参数化(control vector parameterization,CVP)方法。对于给定的初值条件和控制参数,在内层求解 DAE 模型,根据求解情况在外层利用 NLP 求解器调整控制变量取值。该方法方便结合高效可靠的 DAE 和 NLP 求解器实现动态优化求解,但求解过程中需要对 DAE 模型进行反复的数值积分,而且不能处理开环不稳定系统,DAE 求解和灵敏度计算的失败均能导致优化循环终止。此外序贯法只能近似处理路径约束。

联立法求解策略的发展得益于大规模 NLP 算法取得的进步。联立法将控制变量和状态变量全部离散化,生成一个大规模的 NLP 问题,该问题具有明显的稀疏和结构化特征,相应地需要特殊的优化策略实现高效求解。联立的动态优化求解策略具有许多优势:首先,优化问题的解与 DAE 系统的解自然耦合,DAE 系统仅在最优解处被求解一次,从而避免了序贯法中间求解过程涉及大量积分计算、中间解不存在等缺陷;其次,能够抑制 DAE 系统中的不稳定模式,实现开环不稳定系统的求解,因此可被看做是 BVP 求解器的扩展;此外,很容易在离散点上实施控制变量和状态变量的不等式约束。

以下给出联立法对动态优化问题的离散化描述。考虑如下形式的 DAE 优化问题:

$$\min_{z(t),u(t),p} \varphi(z(t_f))$$

$$\text{s. t.} \quad \frac{dz}{dt}(t) = f(z(t), y(t), u(t), p), \quad z(t_0) = z_0$$

$$g(z(t), y(t), u(t), p) = 0 \tag{1.1}$$

$$g_f(z(t_f)) = 0$$

$$z_L \leq z(t) \leq z_U, \quad y_L \leq y(t) \leq y_U, \quad u_L \leq u(t) \leq u_U, \quad p_L \leq p \leq p_U$$

其中 $z(t)$, $y(t)$, $u(t)$ 分别是微分状态变量、代数状态变量、控制变量,它们是时间参数 $t \in [t_0, t_f]$ 的函数;参数 $p$ 不随时间变化;$z_0$ 为初始时刻微分变量的取值。该命题形式涵盖了大多我们感兴趣的动态优化问题,其中包括化学反应器设计、参数估计、间歇过程优化、动态实时优化等。

联立法将整个时间区间 $[t_0, t_f]$ 划分为若干个有限元,在有限元上以分段多项式近似动态系统。设有限元网格节点为 $t_0 < t_1 < \cdots < t_{NE} = t_f$,在有限元 $i$ 上选择 $K+1$ 个插值点,将微分状态曲线表达为如下 Lagrange 插值多项式[41]:

$$
\begin{cases}
t = t_{i-1} + h_i\tau, \\
z(t) = \displaystyle\sum_{j=0}^{K} l_j(\tau)z_{ij},
\end{cases}
\quad t \in [t_{i-1}, t_i], \quad \tau \in [0,1]
$$

$$
l_j(\tau) = \prod_{k=0, k \neq j}^{K} \frac{\tau - \tau_k}{\tau_j - \tau_k}
\tag{1.2}
$$

其中 $\tau_0 = 0, \tau_j < \tau_{j+1}(j=0, \cdots, K-1)$,$h_i$ 为有限元 $i$ 的长度。控制变量和代数变量也可以表达为 Lagrange 插值曲线[41]:

$$
u(t) = \sum_{j=1}^{K} \bar{l}_j(\tau)u_{ij}, \quad y(t) = \sum_{j=1}^{K} \bar{l}_j(\tau)y_{ij}
$$

$$
\bar{l}_j(\tau) = \prod_{k=1, k \neq j}^{K} \frac{\tau - \tau_k}{\tau_j - \tau_k}
\tag{1.3}
$$

为了确定插值多项式的系数,将多项式代入 DAE 系统并要求得到的代数方程在插值点 $\tau_k$ 成立,得到如下配置方程:

$$
\sum_{j=0}^{K} \dot{l}_j(\tau_k)z_{ij} - h_i f(z_{ik}, y_{ik}, u_{ik}, p) = 0, \quad i = 1, \cdots, NE, k = 1, \cdots, K
\tag{1.4}
$$

$$
g(z_{ik}, y_{ik}, u_{ik}, p) = 0, \quad i = 1, \cdots, NE, k = 1, \cdots, K
$$

其中 $\dot{l}_j(\tau) = \mathrm{d}l_j(\tau)/\mathrm{d}\tau$。由此得到式(1.2)离散化后的 NLP 问题[41]:

$$
\min_{z_{ij}, u_{ij}, p} \varphi(z_f)
$$

$$
\text{s. t.} \quad \sum_{j=0}^{K} \dot{l}_j(\tau_k)z_{ij} - h_i f(z_{ik}, y_{ik}, u_{ik}, p) = 0
$$

$$
g(z_{ik}, y_{ik}, u_{ik}, p) = 0
$$

$$
z_L \leqslant z_{ij} \leqslant z_U, \quad y_L \leqslant y_{ij} \leqslant y_U, \quad u_L \leqslant u_{ij} \leqslant u_U, \quad p_L \leqslant p \leqslant p_U
$$

$$
i = 1, \cdots, NE, \quad k = 1, \cdots, K
$$

$$
z_{1,0} = z(t_0)
\tag{1.5}
$$

$$
z_{i+1,0} = \sum_{j=0}^{K} l_j(1)z_{ij}, \quad i = 1, \cdots, NE-1
$$

$$
z_f = \sum_{j=0}^{K} l_j(1)z_{NE,j}, \quad g_f(z_f) = 0
$$

注意由式(1.3)和式(1.5)可知,在 $\tau = 0$ 处没有限制控制变量和代数变量曲线,也就是说在有限元边界处并不要求这些曲线连续。上述有限元配置离散化方法与 IRK 方法等价,对于动态系统的求解具有绝对稳定性,并且当配置点选为正交多

项式的根时,积分过程具有高阶精度。当选择正交配置点为 Radau 点时,(1.5)中最后两组约束可以简化为

$$z_{i+1,0} = z_{i,K}, \quad i=1,\cdots,NE-1$$
$$g_f(z_{NE,K}) = 0 \tag{1.6}$$

联立法从 20 世纪 70 年代被提出以来,发展至今已经被应用于解决各领域的实际问题,已出现许多基于联立法的动态优化软件被开发出来[40]。动态优化软件通常不是单一的求解器,而是一个包含建模、离散和寻优等诸多模块的综合功能体。表 1-1 列举了一些应用联立法求解策略的动态优化软件。通过对这些软件的剖析,可得到联立法实现动态优化求解的架构,如图 1-3 所示。由图可见,动态优化软件通常含如下功能模块。

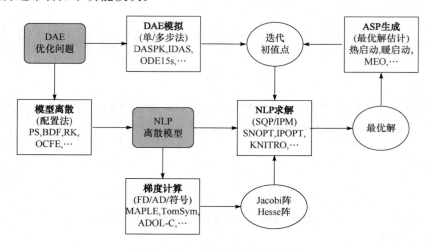

图 1-3　联立法动态优化求解架构

(1) 离散化模块:实现将 DAE 优化问题离散化为 NLP 模型的功能。从表 1-1 的统计结果可以看出,基于正交多项式的配置方法是应用最广泛的离散方法。

(2) 求解模块:即 NLP 求解器。离散与求解模块是整个动态优化软件中最为核心的两个部分,通常仅由这两个模块就可以完成 DAE 优化求解。

(3) 梯度计算模块:为 NLP 求解器提供目标函数与约束的一阶、二阶导数信息的辅助求解模块。早期的工具多采用有限差分(finite difference,FD)方法来得到梯度信息,求解 NLP 多是基于 SQP 算法,例如,DIRCOL 采用有限差分的求导策略,并选用 SNOPT 作为 NLP 求解器。随着自动微分(automatic differentiation,AD),也称为算法微分(algorithmic differentiation)等技术的逐渐成熟,可以用非常高效的方法得到一阶甚至高阶的导数信息,于是 IPM 求解器得到更多的应用,如 DynoPC 中采用 ADOL-C 自动微分工具与 IPOPT 求解器。

(4) 初始化模块:用于生成 NLP 求解器所用变量的迭代初始值。

表 1-1　动态优化联立求解工具的不完全统计

| 名称 | 全称 | 开发者 | 获取形式 | 开发语言 | 离散方法 | NLP求解器 | 求导方式 | 参考文献 |
|---|---|---|---|---|---|---|---|---|
| SOCS | sparse optimal control software | 波音公司 | 商用 | Fortran 90 | Euler法、梯形法、RK方法、Hermite-Simpson法等 | HDSNLP, HDBNLP | 有限差分 | Betts(2010) |
| DIRCOL | a direct collocation method | Darmstadt University of Technology | 教学 | Fortran 77 & ANSI C | Lobatto配置方法 | NPSOL, SNOPT | 有限差分 | von Stryk(1993); von Stryk and Bulirsch(1992) |
| OTIS | optimal trajectories by implicit simulation | NASA Glenn 研究中心 | 美国出口管制 | Fortran 95 | Gauss-Lobatto配置法、拟谱法 | SNOPT | 未知 | Hargraves and Paris(1987) |
| DITAN | direct interplanetary trajectory analysis | 格拉斯哥大学航天工程系 | 非开源 | Fortran 77 | 有限元直接转换法(DFET) | SNOPT | 未知 | Vasile(2006) |
| RIOTS | recursive integration optimal trajectory solver | A. L. Schwartz | 开源 | Matlab & C | 显式RK方法 | 内置 | 有限差分 | Schwartz (1996) |
| GPOPS | general pseudospectral optimal control software | A. V. Rao, D. Benson, C. Darby 等 | 开源 | Matlab | Gauss拟谱法 | SNOPT, IPOPT | 自动微分 | Benson（2005）; Rao et al. (2010) |
| PROPT | the professional optimal control software | Tomlab Optimization Inc. | 商用 | Matlab | Gauss或Chebyshev拟谱法 | KNITRO, CONOPT, SNOPT等 | 自动微分: TomSym | Rutquist and Edvall(2010) |
| OCC | optimal control center | T. Jockenhövel | 开源 | Fortran & Matlab | 隐式Euler法、梯形法、BDF, Radau配置法等 | SNOPT, IPOPT | 符号求导:MAPLE | Jockenhövel et al. (2003) |
| DynoPC | a dynamic optimization tool for process engineering | Carnegie Mellon University | 非开源 | Fortran & C++ & C | 有限元正交配置 | IPOPT | 自动微分: ADOL-C | Lang and Biegler (2007) |

## 1.3　流程模拟和优化技术的研究现状与趋势

### 1.3.1　流程系统的发展趋势

目前过程系统模型正向宏观和微观两个方向发展。这使得模拟和优化所面临的问题规模迅速增加，从而为 RTO 的实时性带来严峻挑战。宏观上看，单元模型将扩展到装置模型、流程模型乃至企业级供应链水平。国务院颁布实施的《石化产业调整和振兴规划》指出石化行业要在兼并重组中走向集约化。石化行业的产业集中度将越来越高，系统规模扩大是必然趋势。微观上看，系统模型将向包括微观和介观在内的多尺度、大规模和高度非线性特点发展。图 1-4 概括了化工中的多尺度分级结构。这种多尺度结构在时间上跨越 $10^{-15}\sim10^{8}$ s，在空间上跨越 $10^{-8}\sim10^{6}$ m。综合这两种趋势，系统模型的规模会持续增大，并且很难达到饱和，这对数值算法提出了严峻的考验，尤其是优化算法还需要很大的提高[50]。以大型乙烯生产流程模型为例，仅分离过程就包含脱甲烷塔、脱乙烷塔、乙烯精馏塔、脱丙烷塔、丙烯精馏塔、脱丁烷塔等众多单元装置，涉及二十余个组分、几十股物流。在 Aspen Plus 环境下，采用联立方程法建立的机理模型，维数接近 34000 维。另外，过程模型涉及单元设备模型、物性计算模型等，非线性特征明显，求解难度很大。基于这种模型的模拟和优化问题不仅存储开销大，求解耗时，而且求解算法的收敛性也是很大的问题。尽管近年来计算机硬件、软件技术和计算数学方法得到高速发展，但要满足上述大规模问题的优化求解需要仍然有一定难度。对于 RTO，难度更甚。这迫切需要大规模非线性优化方法的收敛能力、求解实时性进一步得到增强。

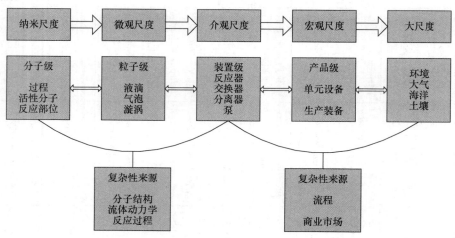

图 1-4　化工中多尺度结构

同时,过程系统工程技术不断被扩展到新的应用领域,如新型核电风电装置、生物质能源和化工装置、燃料电池等的优化和控制。这些新的发展带给 RTO 的有契机也有挑战。例如,新的过程可能要求对 RTO 系统结构进行必要的调整甚至改造[50]。同时新的过程对于 RTO 的各个环节有着更高的要求,如复杂生化过程要求 RTO 开始认真考虑多解问题,寻找高效的全局优化算法[51]。

### 1.3.2  流程系统的建模技术

系统模型的准确程度对 RTO 的性能有着重要影响[52]。构造 RTO 系统时必须使模型在最优点处输出对于输入的导数和实际过程相一致,否则基于稳态严格机理模型的 RTO 系统在实际运行中不一定能收敛到正确的最优解[53]。然而由于模型相对于实际过程来说其复杂度是有限的,从而导致系统模型必然存在偏差。因此 RTO 所面临的挑战之一是为复杂的物理-化学过程建立精确的和自适应的模型。在这一方面有许多出色的研究工作。例如,Chachuat 等提出对模型进行参数化,在 RTO 过程中使用测量来补偿模型的不确定性[54]。Forbes 等研究了给定过程模型在具体 RTO 系统中的适用性,提出采用逐点检测技术检验基于模型 RTO 的最优解同过程实际最优设置点之间的匹配能力[55,56]。Yip 等基于已有 RTO 运行周期的历史经验将参数分为快慢两种,从而确定能够用当前数据进行可靠估计的最大参数个数。他们建立的多数据集方法保存最近的更新模型的历史数据,增加了可估计的参数个数并减少稳态噪声的影响,从而使模型更加精确[57]。Gao 和 Engell 提出的迭代优化策略可在 RTO 反复运行的过程中逐渐消除模型和实际过程之间的失配[58]。

总的来说,过程系统建模方法主要分为机理建模和数据建模两类。机理建模与一般数据建模相比,在建立方式、外推能力、参数意义和预测精度等方面存在较大差异。

机理模型的特点是工艺驱动、外推能力好、适用范围宽、改进操作迅速且模型的参数具有明确物理意义。如图 1-5 所示,过程特性大多是非线性的,尤其在过程操作进行大范围调整时,非线性特征特别明显。过程系统工程中的监控和优化越来越需要在大范围工况变化中进行,因此建模技术也需要适应大范围的工况变化。机理模型是在对过程特性、物料和能量平衡特性深入理解的基础上建立的,是对过程本质特性和规律的描述。机理建模过程中,通过少量的参数估计就可以完成工况点的模型修正。如机理建模示意图所示,机理模型可以在大范围内描述过程的非线性特性,具有较好的外推能力,模型适应性强。但对于复杂的工业过程,机理模型规模很大,变量维度多至几万,模型的参数不易确定,因此建立复杂过程的精确机理模型存在较大的困难。此外基于机理模型的计算方面还存在计算速度较慢、处理机理模型的软件稳定性较差、不能适应工业过程在线应用需求等局限。

　　一般数据模型的特点是纯数据驱动、建模容易。但其外推能力差,操作改进缓慢,模型参数缺乏物理意义[59]。数据模型一般是根据过程的输入和输出的实测数据进行某种数学处理后得到的模型。数据模型完全从外特性上测试和描述过程对象的性质。通常数据建模速度快,局部效果好。但是数据模型在多数情况下只适用于小工况变化范围,其外推能力较差。数据建模示意图 1-6 所示,黑色方框表示

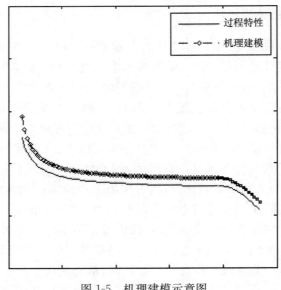

图 1-5　　机理建模示意图

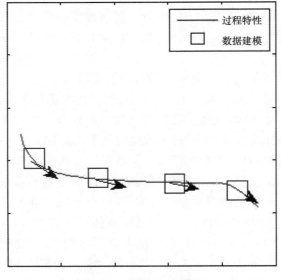

图 1-6　　数据建模示意图

局部过程特性,数据模型仅在这些局部工况内建模效果较好。数据模型的准确性依赖于大量高质量的过程稳态数据样本,需要对大范围过程操作状况进行试验,要进行在线模型修正相当困难。多模型建模是一种改进的数据建模方式,通过将过程数据划分为多个工况,对多个工况分别建模,从而使数据驱动的建模技术能够适应较大的工况变化。

机理模型和数据模型具有各自的优势,在工业过程的优化控制中也有结合应用的情况。此外,在过程控制领域,还存在迭代学习控制(iterative learning control,ILC)[60-62]、重复控制等无模型控制方法(repetitive control,RC)[63-65]。

### 1.3.3　数据校正和参数估计

过程对象模型的参数对模型精度具有显著影响,进而影响基于模型的优化的性能。数据校正与参数估计技术通过调整过程模型的参数,使模型的输出与现场实际测量数据相一致或偏差最小,从而保证过程模型与对象的一致性。这种技术是保证模型正确性和优化结果有效性的基础。

数据校正与参数估计问题一般都具有两个特性:①模型方程具有非线性;②所有的测量变量不论是独立变量或非独立变量都存在测量误差。Deming 首先提出了基于隐函数的数据校正与参数估计问题[66],并采用 EVM(error-in-variable)方法构造数据校正与参数估计命题。数据校正与参数估计最常见的是先根据简单的机理模型进行数据校正得到测量变量的校正值,然后根据测量变量的校正值计算得到机理模型的参数值,如 Marlin 和 H-ymak[67] 以及 Perkins[68] 等在论文中提到的方法。此方法的效率低下促使很多学者对数据校正与参数估计的同步方法进行研究(Bard[69],Kim[70],Tjoa[71],Gau[72,73],Arora 与 Biegler[74])。同步方法就是联立所有的机理模型方程,在满足机理模型方程的前提下,最小化测量变量的校正误差加权平方和,从而同步得到测量变量的校正值、未测变量及模型参数的估计值。

由于工业生产过程的运行工况点较多,构造数据校正与参数估计问题时用到的变量的测量值通常来自不同工况下的采样的多组测量数据。此时认为多工况下的模型参数不随工况的变化而改变,而将随工况变化的参数并入未测量变量中。联立所有工况的数据校正与参数估计问题的目标是最小化所有工况下测量变量的校正值与测量值之间的偏差。全联立问题一般具有大规模非线性且自由度大等特点,问题的规模随着工况数的增加呈线性增长。对问题进行直接求解难度较高,易导致优化算法收敛失败。因此需要研究多工况下数据校正与参数估计命题的构造及其鲁棒求解方法。

### 1.3.4　单层结构 RTO

过程工业的全球化和市场竞争的加剧造成流程企业为了最大限度地提高利润

而使过程系统中多个相邻子系统之间出现集成化的趋势[75,76]。人们已经逐渐认识到将过程控制、优化、计划和调度进行无缝集成的潜力,期望通过这种集成能够使设备更好地适应经济环境的变化,减少甚至消除仓储、缓存和调整余量等昂贵的环节[77]。过程实时优化系统和控制系统本身越来越复杂并且也显示出一体化趋势[78],主要原因如下[79]。

(1)双层 RTO 系统中优化层和控制层所用的模型不一致。

(2)优化层和控制层的稳态增益不同。

(3)上层优化计算需要在系统进入稳态后才能开始,这种等待时间造成了设置点计算上的延时。当过程具有缓慢动力学特性或扰动发生的频率很高时,这种延时情况尤为显著[77,79]。这有可能造成实际过程的最优工作点发生了变化,而控制层仍然使系统保持在过时的设置点上。

(4)系统有可能受到频繁的扰动,导致流程很少进入稳态。

因此,双层 RTO 结构出现了向单层化合并的特点。图 1-1 给出的 RTO 系统是典型双层结构 RTO 系统,即寻优和控制是分开的独立两层。这种 RTO 系统结构层次清晰原理简单且在多数情况下性能较稳定,它所找到的"最优"解在实际过程中一般为最优或次最优解。但双层结构也有一定的不足。其中包括实时性问题,即优化求解器有限速度的求解能力和 RTO 层实时性要求之间的矛盾。图 1-2 中$[t_{\mathrm{ini}},t_{\mathrm{ss2}}]$时间段是系统因扰动开始偏离最优工作状态到系统重新进入新的最优稳态的间隔时间。扰动发生频率较高会对 RTO 系统性能造成较大影响甚至威胁到系统平稳性。同时优化层以经济效益为目标而 MPC 层以控制性能为目标,并且两层所使用的系统模型不一致,这种不一致会影响到 RTO 系统最终的经济效益。

有许多研究工作围绕单层 RTO 展开。单层结构 RTO 基本思路是将过程系统的寻优集成到控制层中。如 Morari 等在 1980 年左右提出了自优化控制概念[80,81]。在发生各种扰动的情况下通过调节操作变量使工作点始终满足某种函数关系,可使过程在稳态时达到最优设置点。这一概念在 21 世纪初之前的 20 年里很少受到关注,直到 Skogestad 和 Kassidas 等明确提出了自优化控制器概念并展开了积极的研究[82-85]。自优化控制器技术在一些方面还有待进一步发展。比如目前过程稳态模型的发展较为成熟,而严格机理动态模型对于控制器来说过于详细,有许多控制器时间尺度之外的细节应当被去除以减小控制器的负担和复杂度[86]。而且在控制层引进经济目标函数并不一定能够保障整体控制轨迹的最优性和闭环系统的平稳性。只有小心选择经济函数并对最终状态进行约束才能保证MPC 的平稳性[17,87]。Engell 指出解决平稳性的方法仍需使用稳态优化来计算稳态最优点,然后将该最优点作为终端条件放在 NMPC 的目标函数中[86]。

自优化控制器可以看做是一种最优性必要条件(necessary condition of optimality，NCO)跟踪方法。NCO 跟踪是指在某一有效集下驱使优化命题中的灵敏度为零[88-90]。该方法可应用于稳态和动态优化命题，它免除了稳态等待时间$[t_{ini}, t_{ss1}]$和在线优化时间$[t_{dr}, t_{opt}]$，大幅度节省了优化时间。但是对于控制器来说 NCO 方法的计算负担仍显过重[89]。而且当模型和实际过程之间存在失配时，NCO 所使用的有效集信息容易出现错误，这会造成系统偏离最优工作状态。Srinivasan 等针对这一问题采用内点法作为优化算法，从而迫使解始终位于可行域内部[91]。但是这一方法同时也带来一些问题，障碍因子过大会使优化终止在远离可行域边界的地方，从而给系统性能带来较大损失，而障碍因子过小又会引起数值计算上的困难[92]。和双层法相比，单层法能有效提高系统实时性。但是计算负荷、模型失配的影响以及控制系统的平稳性等也是单层法所面临的挑战[78]。

## 1.3.5　动态 RTO

动态 RTO(dynamic real-time optimization，DRTO)是一种单层方法，大量相关的研究集中于将经济目标作为预测控制的目标函数。如 Rawlings 等讨论了非线性系统滚动时域优化方面能够同时优化暂态和稳态经济性能的方法[93]，研究了具有经济指标的预测控制(economic MPC)的渐近稳定性[94]。Marquardt 等[95]通过邻域极值方法(neighboring-extremal approach)对经济最优的轨迹进行快速计算更新。该方法避免了控制层和优化层的不一致冲突，但是该方法没有充分考虑扰动的时间尺度以及优化计算的延时。在文献[91]、[96]中，Marquardt 等将单层 DRTO 分为两个时间尺度层次，在具有较大时间尺度的上层仅考虑扰动和工况的缓慢变化趋势，采用动态实时优化方法获得可行的最佳经济运行轨迹；而在小时间尺度的下层采用邻域极值预测控制，以最小化过程状态同最优设置点之间的偏差，并同时对小的过程扰动和不确定性进行抑制以维持系统运行的平稳性。相关方面的研究还可参考文献[97]~[109]等。

DRTO 中优化计算的频率远高于稳态 RTO 的优化频率，并且因为 DRTO 要对动态优化命题进行离散化，同时由于流程系统的大规模和模型的精细化趋势，优化计算的实时性仍然是严重阻碍 DRTC 应用的瓶颈。文献[92]指出，如果能够解决单层的 DRTO 优化计算的可靠性和实时性，单层化方法才能得以进一步有效发展。Biegler 和 Zavala 提出了 advanced-step NMPC 方法，将参数估计和优化计算植入背景计算中，根据参数灵敏度对最优解进行快速更新，从而在很大程度上消除了 NMPC 中因计算所造成的延时[110]。

DRTO 将经济目标函数放在一个 NMPC 中，从而通过动态优化方法得到整个过程的最优解。然而对于大规模复杂过程系统的控制应用来说，其标准方法是将原大型系统模型分解为若干小型子系统，并对每个子系统进行单独的控制[111,112]。理论上整个设备可以由单独的控制器进行控制，但是这种方法在实际中难以应用[91]。

如果优化层能够动态地预测过程稳态设置点,并将其作为 MPC 的终端目标值,则能在很大程度上提高系统的动态响应能力。文献[91]中的方法是将经济目标最优化所对应的控制值作为终端约束放在控制器的目标函数中。在文献[113]中,Gattu 和 Zafiriou 采用坐标变换方法[114]将时间量同某一单调变化的状态量,如化学反应器中的转换率,进行对调,从而将固定终端任意时间问题转化为固定时间任意终端问题。采用梯度方法能对该问题进行非常有效的求解。

Qin 和 Badgwell 从工业实践出发指出 MPC 朝向多目标优化发展的趋势[115]。另外针对不同类型的系统和优化问题来说,DRTO 解的全局最优性、稳定性和收敛性等有待进一步研究。同时,DRTO 还应充分考虑模型失配、测量误差、计算误差和扰动等对优化、控制、产品质量和系统各方面性能的综合影响。

# 1.4　实时模拟与优化中的关键问题

将模拟/优化模型的范畴界定在稳态模型,对于动态模型通过诸如有限元配置等适当的离散化方法转化为代数模型形式,那么基于该类模型的实时模拟与优化的关键问题可归结为非线性规划求解的鲁棒性与求解效率。所谓鲁棒性即成功求解相应 NLP 问题的能力。能够对大多 NLP 问题实现可靠求解,并包含对难解问题的鲁棒收敛策略,促使求解过程收敛到有意义的迭代点;所谓求解效率即优化求解的速度、计算代价等。高效的 NLP 算法本身具有快速收敛的能力,此外优化应用中的实时性策略也能够促进优化计算满足时效要求。该领域的研究在促进求解的鲁棒性与求解效率方面既取得了显著的成果也存在仍然开放的课题。以下将列举相关的重要方法和技术。需要注意的是,许多情况下这些方法/技术并不局限于单纯促进某一方面的求解性能,但我们仍然有侧重地把它们分为两类。

## 1.4.1　鲁棒求解策略

### 1. 全局收敛策略

通常高效的 NLP 算法都是基于 Newton 法实现的,也因此在解的邻域内才具有较好的收敛特性。线性搜索和信赖域方法使算法的收敛性扩展到全局范围,但是在有约束的情况下必须对目标函数和可行性进行权衡。评价函数通过加权的方式将目标函数和约束可行性进行综合评估,但是权系数(即惩罚参数)设置不当易导致算法收敛缓慢。不同于评价函数方法,Fletcher 等提出的过滤法[116]是另一保障全局收敛性的策略。该方法分别评估目标函数和约束可行性,因此避免了对惩罚参数值的确定,并且通常能够比评价函数方法接受更大的迭代步从而取得更高的迭代效率。此外,在与线性搜索方法的结合中,过滤法更具鲁棒性优势。当不可行点的 Jacobian 矩阵线性相关,或者线性化约束与变量边界约束对内点法构成不可行问题时，线性搜索会停止在任意点，该点甚至不能使可行性误差极小化[117,118]。过滤线性搜索能够帮助克服这类收敛困难。当迭代步长太小而不能取得充分收敛进展时，过滤法转入可行性恢复阶段，该阶段生成一个新的对可行性有充分改进的迭代点，从而改善求解过程的数值特性，避免上述全局收敛问题。

线性搜索中的另一问题是搜索方向是否为下降方向。如果 NLP 问题的 Lagrange 函数的 Hessian 矩阵在约束的 Jacobian 矩阵的零空间投影正定，那么能够保证所得 Newton 方向具有下降特性，使迭代过程全局收敛到 KKT 点。但是直接检测这一条件是否满足通常需要相当大的计算代价，必须显式构造投影 Hessian 矩阵并对其进行特征值分解。因此可行的方法是结合迭代计算信息对迭代过程进行修正，一般来说这种修正是通过对迭代矩阵的惯性指数校正实现的。需要注意的是这种校正带来额外的计算代价，并且可能不是一次成功，在反复校正的情况下节约计算代价、提高计算效率对大规模优化尤其重要。

### 2. 初值策略

大规模、强非线性的流程模拟和优化计算往往耗时长、收敛性差且初值依赖性强，因此良好的初值策略对成功求解非常重要。例如，在变工况等模拟/优化计算中，可将以前的求解结果作为当前计算的初值，或者将模拟计算的结果作为可行初值用于优化计算。

事实上 RTO 涉及的模拟和优化计算具有鲜明的周期性和反复性特点，其中包含的优化命题有着同样的结构和相似的目标函数及约束，而具体命题的主要区别在于操作参数的不同。利用问题的反复性和相似性来提高优化和控制性能的方法已有报道，这些方法均取得了良好的效果。如 Pistikopoulos 将 MPC 中的优化问题看做一种多参数规划，对于相对简单且维数较低的问题可解析得到最优解关于参数的函数关系，从而省去 MPC 中优化求解的环节[119]；Gondzio 等研究了内点法所产生的一系列线性规划问题的共性，提出先前求解线性规划问题所得的结果和经验可为当前待求解的线性规划问题所借鉴[120]；Sequeira 等提出的实时进化方法在过程参数波动时以枚举方式搜索若干决策变量空间中可能的改进方向，并从中选出对目标函数改进最大的方向作为决策变量的跟踪方向，通过连续调节决策变量使过程的变化处于拟稳态状态[121]。对于 RTO 中的大规模非线性优化命题来说，解析解通常无法得到。而利用历史求解信息来逼近最优解，提高优化计算的收敛性和实时性是切实可行的方法。在历史求解经验不足的情况下，则需要主动的、有效的经验积累并最终达到收敛的策略。

### 3. 优化算法参数设定

目前优化算法的发展在整体框架上从 SQP 到内点法，在搜索策略上从线性搜索到信赖域方法，从评价函数到过滤法，都已经比较完善了。但是不管是商品化的优化求解器(如 Aspen Plus 下的标准求解器 DMO)还是学术研究上的优化求解器(如 IPOPT,目前最好的内点算法之一)仍然对很大一部分问题不能顺利求解或者求解效率很低,其中一个重要的原因就是算法的参数设置问题。目前的优化算法的参数几乎都是在理论上的得到的范围内根据经验甚至是任意设定的。这导致了一个在理论上优秀的算法,在实际应用中却表现得不尽如人意。

　　通过调整优化算法的参数可以使算法的求解性能得到最大限度地发挥,使其能够求解原先不能求解的问题或者改善原先的求解效率。目前对参数自动整定的研究基本都是针对启发式算法,而对 NLP 算法的参数自动整定研究很少。Baz 等在假定每个参数只取少量几个离散值的提前下,通过参数空间中的智能采样来整定参数[122];Audet 等用网格自适应直接搜索算法来进行参数整定,但只整定了数值型参数,没有考虑离散型参数[123];Birattari 等通过竞争程序来处理元启发式算法的参数设定问题,这种方法只能处理离散型的参数,对连续型的参数只能在离散化处理后进行整定[124];Diaz 等将分式实验设计和局部搜索法相结合用于整定数值型参数[125];Hutter 等采用迭代局部搜索法来整定所有类型的参数包括选项型、连续型以及整型参数[126,127];Ansotegui 等提出了基于性别的遗传算法来整定所有类型的参数[128];针对混合变量规划的模式搜索算法同样也可以用来整定所有类型的参数[129]。总的来说,处理各种类型参数的能力,以及对参数空间的搜索效率,是衡量参数整定算法性能的重要依据。

### 1.4.2　高效求解策略

#### 1. 简约空间方法

　　过程系统优化模型通常具有高维、低自由度的特征,简约空间方法可以利用这一特点,在求解的关键环节显著降低问题规模,从而提高求解效率。简约空间方法的另一重要优势体现在高阶导数应用方面。通常精确的高阶导数信息对快速、准确地求解优化问题极其重要。然而由于过程系统模型的复杂性,其二阶导数信息往往难以得到或者计算代价很大。而简约空间方法在求解大规模问题时只需要低维空间(零空间)的投影二阶信息,可以通过 quasi-Newton 方法(如 BFGS 方法[130])高效得到近似投影 Hessian 矩阵。这一求解特征使得简约空间方法对过程系统优化极具吸引力。

　　简约空间算法在充分利用命题特征的同时,也具有特殊的问题需要处理。首先是变量空间的划分问题。将所有变量划分为依赖变量和独立变量而且这种划分不是唯一的。对于许多操作优化问题,将操作变量作为独立变量是一种自然的选择。然而对于此外的大多数 NLP 问题要预先作出变量空间划分是困难的,如果空间分解基矩阵在求解过程中的数值特性下降,还需要对病态/奇异基矩阵进行相应处理。文献[131]、[132]提出了基矩阵的初始选择、病态检测,以及变换方法。其次,空间分解对优化求解过程引入了大量的矩阵、向量计算,如果不加处理,分解后的问题比原问题更加难解。相应地出现了空间分解系统的简化及其对求解稳定性和收敛速度的影响研究[133-135]。此外,NLP算法的收敛性通常建立在有效约束线性独立的基础上,求解中的线性相关约束对基于Newton法的算法带来收敛困难。而对于简约空间算法来说,线性相关约束的影响更为严重,此时由于无法实现空间分解而导致简约空间算法立即失败。因此线性相关模型是简约空间算法求解能力的一个局限。

### 2. 不等式约束的处理

过程系统优化问题中的不等式约束通常用以表达过程的物理限制、产品规格要求、或者期望的操作区间等。优化算法对不等式约束的处理分为有效集方法和障碍方法(barrier methods)又称为内点法。

有效集方法从一个对有效约束集合的猜测出发,将该集合称为工作集,求解由工作集中的约束定义的基于等式约束的优化问题,而忽略该集合以外的不等式约束,并根据求解结果更新工作集中的约束、重复求解过程,直到得到优化问题的解。如果能为算法提供最优解处的有效约束集合的良好猜测,那么有效集方法就能够迅速收敛到最优解;否则对最优有效集的确定是一个排列组合问题,当很多优化变量都具有边界约束时,基于有效集方法的优化求解时间可能随问题的规模呈指数增长。

障碍方法将边界约束以障碍项的形式加入目标函数构成基于等式约束的障碍问题,从而避免了对有效集的识别。通过求解一系列的障碍问题,当障碍因子趋于0时障碍问题的解趋于原NLP问题的解[136]。障碍因子的更新方式、障碍问题的近似求解精度,以及整个求解过程中保障优化变量始终处于边界内部,对障碍法的求解效率都有重要影响。研究表明,障碍法能够更好地利用问题的结构特征和稀疏性,对于大规模问题的求解效率远高于基于有效集的优化算法(如有效集SQP算法等)。需要注意的是,动态问题的联立求解策略得到的大规模NLP问题,通常具有几百万变量,问题的自由度也很大,可以达到几千到几万,对于此类问题结合明显的结构特征和稀疏性,以及建模环境提供的精确二阶导数信息,障碍法能够实现快速的收敛[41]。

### 3. 收敛准则

传统的非线性优化算法中,收敛准则的设计基本上是游离于算法设计之外的。计算数学家通常把收敛准则归为算法的实施和应用,几乎很少给予关注,一般简单化为一个收敛容限;而领域专家如化工工程师等往往只是随意地设定收敛容限。大量的优化计算经验表明,收敛准则是影响应用中优化求解效率的一个重要因素。

传统的收敛准则是刚性的,只能得出"收敛"或"不收敛"的简单结论。在刚性准则控制下,优化计算经常在达到某一收敛水平后进入计算代价远远大于收敛效果改进的阶段。而在时间敏感的(time-critical)应用环境中,只有及时反馈的优化计算结果才能为在线操作/控制提供有益的指导,而计算延迟则有可能降低系统性能,甚至造成过程不稳定。因此,如何适当评价迭代收敛过程、权衡求解精度与效率、设置灵活的收敛评价机制、促进优化进程适时终止,是在线应用中有待解决的重要问题。

更进一步,流程生产中的测量仪表和执行机构都有一定的精度。也就是说,流程操作优化命题中,可测量的变量和可实施的决策变量都各有其相应的误差范围。如果在优化的收敛计算中不考虑这个误差,或者收敛不到位形成"欠收敛",造成优化结果不合理;或者收敛过剩形成"过收敛",既浪费宝贵的计算资源,又会影响操作优化的实时性。所以更加合理的做法是,在算法设计中考虑测量仪表和执行机构的精度,使得收敛是恰当的、有效的、及时的。这里一个研究重点就是精度对于操作优化结果、实时性指标的影响,以及对"欠收敛"和"过收敛"的定量评估分析。理想的情况是将现实生产中测量仪表和执行机构的精度漂移和校准等变化及时反映到收敛准则中去,使得优化计算体现出与装置操作运行紧密结合的自适应特性。

## 1.5　本书的组织结构

本书第 2～6 章围绕系统稳态实时优化与模拟的理论和方法,深入介绍课题组的相关研究工作。

第 2 章介绍非线性规划中的基本概念以及应用较为广泛的 SQP 和内点算法,并针对线性相关模型以及迭代计算困难(如迭代步长过小、迭代系统非常病态等),对全空间和简约空间算法分别提出鲁棒的全局收敛策略。

第 3 章针对大规模复杂变工况化工流程模拟中初值要求高,求解收敛效果差的问题,结合同伦法中同伦参数思想以及回溯搜索方法,提出了一种能够解决初值困难的方法——回溯同伦法(HBM)。

第 4 章根据系统操作优化命题之间的重复性和相似性特征,提出了记忆增强型优化方法(MEO)。建立了适合编程实现的 MEO 算法框架,并在应用层面上进行软件的设计和实现。

第 5 章提出了收敛深度控制算法(CDC)。该方法以收敛深度反映迭代点的收敛情况、控制优化进程的终止时机,并对简约空间 SQP 算法及内点法分别证明了收敛深度控制准则的性质。

第 6 章采用基于启发式算法和直接搜索算法的两层结构来构造优化求解器参数自动整定算法(PAT)。构建了基于随机采样的参数自动整定算法(RS 算法和 ERS 算法),并利用 CUTE 算例库中的算例对 RS 算法和 ERS 算法进行了测试。

　　本书第 7~9 章介绍开放架构的流程模拟和优化软件体系以及复杂系统实时模拟与优化在精对苯二甲酸生产过程和空分过程中的应用研究。

　　第 7 章开发了 Aspen Plus 下首个内点算法优化求解器。在 AOS 接口集的基础上,利用 COM 组件技术,实现了 Aspen Plus 对基于 CAPE-OPEN 的优化求解器的兼容性,并结合基于 CAPE-OPEN 接口的内点法求解器 IPOPT,对大型空分装置的数据调和命题进行了测试。

　　第 8 章建立了 PX 氧化反应器数学模型,并通过 AOS 和 CAPE-OPEN 技术实现了核心氧化反应器的封装和商业化软件的嵌入。进一步进行了 PTA 氧化工段全流程的建模与模拟,并在此基础上建立实施了 PTA 生产过程实时模拟与监控系统,可以实时、准确地掌握生产操作过程中的物耗水平和产品质量的异动。最后通过 PX 单耗最优化问题阐释了实时操作优化方法,保证现场装置始终运行在稳定的低消耗状态。

　　第 9 章以低温精馏空分这一高纯度、强耦合、非线性的大规模复杂分离系统为对象,使用 HBM 解决了 RTO 计算的关键问题,包括空分装置的变负荷可行域求解方法,热耦合所引起的变量不连续问题的收敛性能和不等式约束的同伦处理方法。针对工业生产,进行了变负荷下的最佳操作优化。并通过与工业装置数据的对比,表明了优化计算结果的合理性。

　　综上所述,本书涉及的研究工作结构如图 1-7 所示。

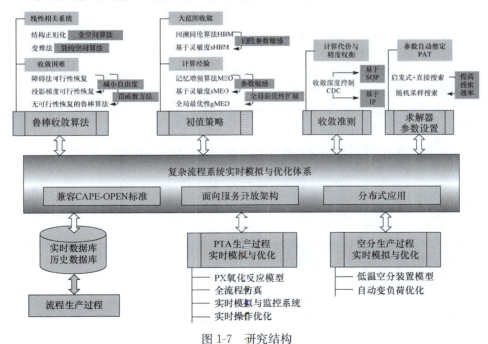

图 1-7　研究结构

# 参 考 文 献

[1] Cutler C R, Perry R T. Real-time optimization with multivariable control is required to maximize profits[J]. Computers and Chemical Engineering, 1983, 7(5): 663-667.

[2] Darby M L, White D C. On-line optimization of complex process units[J]. Chemical Engineering Progress, 1988, 84(10): 51-59.

[3] Varma V A, et al. Enterprise-wide modeling and optimization-An overview of emerging research challenges and opportunities[J]. Computers and Chemical Engineering, 2007, 31(5-6): 692-711.

[4] Li K, Ortega G H, Lee H. Information technology, a challenge to chemical process industry and lamar university[J]. Proceedings of 2nd International Conference on Information Technology Based Higher Education and Training, Kumamoto, 2001.

[5] 杨光辉. 化工流程模拟技术及应用[J]. 山东化工, 2008, 37(8): 35-38.

[6] 陈磊, 宋昭峥, 蒋庆哲. 我国石油化工工业的助推器-流程模拟技术[J]. 计算机与应用化学, 2009, 26(009): 1121-1124.

[7] Varma V, et al. Enterprise-wide modeling and optimization—An overview of emerging research challenges and opportunities[J]. Computers and Chemical Engineering, 2007, 31(5): 692-711.

[8] Shokri S, et al. Real time optimization as a tool for increasing petroleum refineries profits [J]. Petroleum and Coal, 2009, 51(2): 110-114.

[9] Forbes J F, Marlin T E. Design cost: A systematic approach to technology selection for model-based real-time optimization systems[J]. Computers and Chemical Engineering, 1996, 20(6): 717-734.

[10] 徐用懋, 杨尔辅. 石油化工流程模拟, 先进控制与过程优化技术的现状与展望[J]. 工业控制计算机, 2001, (009): 21-27.

[11] Laínez J M, et al. Flexible design-planning of supply chain networks[J]. AIChE Journal, 2009, 55(7): 1736-1753.

[12] Allahverdi A, et al. A survey of scheduling problems with setup times or costs[J]. European Journal of Operational Research, 2008, 187(3): 985-1032.

[13] Wassick J M. Enterprise-wide optimization in an integrated chemical complex[J]. Computers and Chemical Engineering, 2009, 33(12): 1950-1963.

[14] Zanin A, de Gouvea M T, Odloak D. Industrial implementation of a real-time optimization strategy for maximizing production of LPG in a FCC unit[J]. Computers and Chemical Engineering, 2000, 24(2-7): 525-531.

[15] Diehl M. Real time optimization for Large Scale Nonlinear Processes[M]. VDI-Verl. 2001.

[16] Camacho E F, Bordons C. Model Predictive Control[M]. New York: Springer Verlag, 2004.

[17] Mayne D Q, et al. Constrained model predictive control: Stability and optimality[J]. Automatica, 2000, 36: 789-814.

[18] Corriou J P. Process Control: Theory and Applications [M]. New York: Springer Verlag,2004.

[19] Kelly J D, Hedengren J D. A steady-state detection (SSD) algorithm to detect non-stationary drifts inprocesses[J]. Journal of Process Control, 2013, 23: 326-331.

[20] Vasebi A, Poulin É, Hodouin D. Dynamic data reconciliation based on node imbalance autocovariance functions[J]. Computers and Chemical Engineering, 2012,43:81-90.

[21] Zhang Z, Chen J. Simultaneous data reconciliation and gross error detection for dynamic systems using particle filter and measurement test [J]. Computers and Chemical Engineering, 2014,69:66-74.

[22] Pantelides C C, Renfro J G. The online use of first-principles models in process operations: Review, current status and future needs [J]. Computers and Chemical Engineering, 2013, 51: 136-148.

[23] Pfaff G, Forbes J F, McLellan P J. Generating information for real-time optimization [J]. Asia-Pacific Journal of Chemical Engineering, 2006, 1: 32-43.

[24] Miletic I, Marlin T. Results analysis for real-time optimization (RTO): Deciding when to change the plant operation[J]. Computers and Chemical Engineering, 1996, 20: S1077-S1082.

[25] Miletic I, Marlin T. On-line statistical results analysis in real-time operations optimization [J]. Industrial and Engineering Chemistry Research, 1998, 37(9): 3670-3684.

[26] Miletic I, Marlin T. Results diagnosis for real-time process operations optimization[J]. Computers and Chemical Engineering, 1998, 22: S475-S482.

[27] Zhang Y, Nadler D, Forbes J F. Results analysis for trust constrained real-time optimization[J]. Journal of Process Control, 2001, 11(3): 329-341.

[28] Sequeira S E, Graells M, Puigjaner L. Real-time evolution for on-line optimization of continuous processes[J]. Industrial and Engineering Chemistry Research, 2002, 41(7): 1815-1825.

[29] Bryson A E. Dynamic Optimization[M]. Menlo Park: Addison Wesley Longman, 1999.

[30] Kunkel P, Mehrmann V L. Differential-Algebraic Equations: Analysis and Numerical Solution[M]. European Mathematical Society,2006.

[31] Ascher U M, Petzold L R. Computer Methods for Ordinary Differential Equations and Differential-Algebraic Equations[M]. Philadelphia:SIAM,1998.

[32] Kamien M I, Schwartz N L. Dynamic Optimization: The Calculus of Variations and Optimal Control in Economics and Management[M]. Elsevier science, 1991.

[33] Downs J J, Vogel E F. A plant-wide industrial process control problem[J]. Computers and Chemical Engineering, 1993, 17(3): 245-255.

[34] Jockenhövel T, Biegler L T, Wächter A. Dynamic optimization of the Tennessee Eastman process using the OptControlCentre[J]. Computers and Chemical Engineering, 2003, 27 (11): 1513-1531.

[35] Douglas J M. Conceptual design of chemical processes [M]. New York: McGraw-Hill,1988.

[36] de Araújo A C B, Govatsmark M, Skogestad S. Application of plantwide control to the HDA process. I-steady-state optimization and self-optimizing control[J]. Control Engineering Practice, 2007, 15(10): 1222-1237.

[37] de Araújo A C B, Hori E S, Skogestad S. Application of plantwide control to the HDA process. II regulatory control[J]. Industrial and Engineering Chemistry Research, 2007, 46(15): 5159-5174.

[38] Luyben M L, Tyréus B D. An industrial design/control study for the vinyl acetate monomer process[J]. Computers and Chemical Engineering, 1998, 22(7-8): 867-877.

[39] Luyben W L, Tyreus B D, Luyben M. Plantwide Process Control[M]. New York: McGraw-Hill Professional Publishing, 1998.

[40] Biegler L T. An overview of simultaneous strategies for dynamic optimization[J]. Chemical Engineering and Processing, 2007, 46(11): 1043-1053.

[41] Biegler L T. Nonlinear Programming: Concepts, Algorithms, Applications to Chemical Processes[M]. Philadelphia: SIAM, 2010.

[42] Huang R. Nonlinear Model Predictive Control and Dynamic Real Time Optimization for Large-scale Processes[D]. Carnegie Mellon University, 2010.

[43] Biegler L T. Technology advances for dynamic real-time optimization[J]. Computer Aided Chemical Engineering, 2009, 27: 1-6.

[44] 马振华. 现代应用数学手册: 计算与数值分析卷[M]. 北京:清华大学出版社,2005.

[45] Iserles A. A First Course in the Numerical Analysis of Differential Equations[M]. New York: Cambridge Univesity Press, 2008.

[46] Fornberg B. A Practical Guide to Pseudospectral Methods[M]. New York: Cambridge Universtiy Press, 1998.

[47] Mai-Duy N. Solving high order ordinary differential equations with radial basis function networks[J]. International Journal for Numerical Methods in Engineering, 2005, 62(6): 824-852.

[48] 吴宗敏. 散乱数据拟合的模型、方法和理论[M]. 北京:科学出版社,2007.

[49] 邵之江. 连续工业过程的在线优化[D]. 浙江大学,1997.

[50] Klatt K U, Marquardt W. Perspectives for process systems engineering—Personal views from academia and industry[J]. Computers and Chemical Engineering, 2009, 33(3): 536-550.

[51] Lacks D J. Real-time optimization in nonlinear chemical processes: Need for global optimizer[J]. AIChE Journal, 2003, 49(11): 2980-2983.

[52] Woodward L, et al. Real-time optimization of an off-gas distribution system of an iron and titanium plant[J]. Computers and Chemical Engineering, 2007, 31(4): 384-389.

[53] Loeblein C, Perkins J. Economic analysis of different structures of on-line process optimization systems[J]. Computers and Chemical Engineering, 1998, 22(9): 1257-1269.

[54] Chachuat B, Srinivasan B, Bonvin D. Adaptation strategies for real-time optimization[J].

Computers and Chemical Engineering, 2009, 33(10): 1557-1567.

[55] Forbes J, Marlin T, MacGregor J. Model adequacy requirements for optimizing plant operations[J]. Computers and Chemical Engineering, 1994, 18(6): 497-510.

[56] Forbes J F. Model Structure and Adjustable Parameter Selection for Operations Optimization[D]. McMaster University, 1994.

[57] Yip W S, Marlin T E. Multiple data sets for model updating in real-time operations optimization[J]. Computers and Chemical Engineering, 2002, 26(10): 1345-1362.

[58] Gao W, Engell S. Iterative set-point optimization of batch chromatography[J]. Computers and Chemical Engineering, 2005, 29(6): 1401-1409.

[59] Maimon O, Rokach L. Soft Computing for Knowledge Discovery and Data Mining[M]. New York: Springer, 2007.

[60] Arimoto S, Kawamura S, Miyazaki F. Bettering operation of robots by learning[J]. Journal of Robotic Systems, 1984, 1(2): 123-140.

[61] 孙明轩, 黄宝健. 迭代学习控制[M]. 北京: 国防工业出版社, 1999.

[62] 林辉, 等. 迭代学习控制理论[M]. 西安: 西北工业大学出版社, 1998.

[63] 侯忠生. 无模型自适应控制的现状与展望[J]. 控制理论与应用, 2006, 23(4): 586-592.

[64] Inoue T, et al. High accuracy control of a proton synchrotron magnet power supply [C]. Proceedings of the 8th world Congress of IFAC, 1981.

[65] 李翠艳, 张东纯, 庄显义. 重复控制综述[J]. 电机与控制学报, 2005, 9(001): 37-44.

[66] Deming W E. Statistical Adjustment of Data[M]. New York: John Wiley & Sons, 1943.

[67] Marlin T E, Hrymak A N. Real-time operations optimization of continuous processes [C]. Proceedings of the 5th International Conference on Chemical Process Control, 1997.

[68] Perkins J D. Plant-wide optimization: Opportunities and challenges[C]. AIChE Symposium Series, 1998, 15-26.

[69] Bard Y. Nonlinear Parameter Estimation[M]. New York: Academic Press, 1974.

[70] Kim I W, Liebman M J, Edgar T F. Robust error-in-variables estimation using nonlinear programming techniques[J]. AIChE Journal, 1990, 36(7): 985-993.

[71] Tjoa I. Simultaneous Solution and Optimization Strategies for Data Analysis[D]. Carnegie Mellon University, 1991.

[72] Gau C Y, Stadtherr M A. Nonlinear parameter estimation using interval analysis [C]. AIChE Symposium Series, 1999, 445-450.

[73] Gau C Y, Brennecke J F, Stadtherr M A. Reliable nonlinear parameter estimation in VLE modeling[J]. Fluid Phase Equilibria, 2000, 138(1): 1-18.

[74] Arora N, Biegler L T. Redescending estimators for data reconciliation and parameter estimation[J]. Computers and Chemical Engineering, 2001, 25(11-12): 1585-1599.

[75] Morari M, Arkun Y, Stephanopoulos G. Studies in the synthesis of control structures for chemical processes: Part I: Formulation of the problem. Process decomposition and the classification of the control tasks. Analysis of the optimizing control structures[J]. AIChE

Journal, 1980, 26(2): 220-232.

[76] Morari M. Integrated plant control: A solution at hand or a research topic for the next decade[J]. Chemical Process Control, 1982, 467-495.

[77] Skogestad S. Self-optimizing control: The missing link between steady-state optimization and control[J]. Computers and Chemical Engineering, 2000, 24(2-7): 569-575.

[78] Kassidas A, Patry J, Marlin T. Integrating process and controller models for the design of self-optimizing control [J]. Computers and Chemical Engineering, 2000, 24 (12): 2589-2602.

[79] Skogestad S. Near-optimal operation by self-optimizing control: From process control to marathon running and business systems[J]. Computers and Chemical Engineering, 2004, 29(1): 127-137.

[80] Kariwala V, Cao Y. Bidirectional branch and bound for controlled variable selection. Part II: Exact local method for self-optimizing control[J]. Computers and Chemical Engineering, 2009, 33(8): 1402-1412.

[81] Engell S. Feedback control for optimal process operation[J]. Journal of Process Control, 2007, 17(3): 203-219.

[82] Chen H, Allgöwer F. A quasi-infinite horizon nonlinear model predictive control scheme with guaranteed stability[J]. Automatica, 1998, 34(10): 1205-1217.

[83] Srinivasan B, Bonvin D. Dynamic optimization under uncertainty via NCO tracking: A solution model approach [C]. Proceedings of Batch Pro Symposium, 2004, 17-35.

[84] Kadam J, et al. Dynamic optimization in the presence of uncertainty: From off-line nominal solution to measurement-based implementation[J]. Journal of Process Control, 2007, 17 (5): 389-398.

[85] Srinivasan B, et al. Dynamic optimization of batch processes: II. Role of measurements in handling uncertainty[J]. Computers and Chemical Engineering, 2003, 27(1): 27-44.

[86] Srinivasan B, Biegler L T, Bonvin D. Tracking the necessary conditions of optimality with changing set of active constraints using a barrier-penalty function[J]. Computers and Chemical Engineering, 2008, 32(3): 572-579.

[87] Srinivasan B, Bonvin D. Real-time optimization of batch processes by tracking the necessary conditions of optimality[J]. Industrial and Engineering Chemistry Research, 2007, 46 (2): 492-504.

[88] Zanin A, Odloak D. Integrating real-time optimization into the model predictive controller of the FCC system[J]. Control Engineering Practice, 2002, 10(8): 819-831.

[89] Alessandri A, Baglietto M, Battistelli G. Moving-horizon state estimation for nonlinear discrete-time systems: New stability results and approximation schemes[J]. Automatica, 2008, 44(7): 1753-1765.

[90] Biegler L T. Large-scale nonlinear programming: An integrating framework for enterprise-wide dynamic optimization[C]. Proceedings of the 17th European Symposium on Computer

Aided Process Engineering, 2007, 575-582.

[91] Havlena V, Lu J. A distributed automation framework for plant-wide control, optimisation, scheduling and planning [C]. Proceedings of the 16th Triennial World Congress of IFAC, 2005.

[92] Wurth L, Hannemann R, Marquardt W. A two-layer architecture for economically optimal process control and operation[J]. Journal of Process Control, 2011,21(3):311-321.

[93] Angeli D, Rawlings J B. Receding horizon cost optimization and control for nonlinear plants [C]. Proceedings of the 8th IFAC Symposium on Nonlinear Control Systems, 2010, 1217-1223.

[94] Angeli D, Amrit R, Rawlings J. On average performance and stability of economic model predictive control[J]. IEEE Transactions on Automatic Control, 2012,57(7):1615-1626.

[95] Kadam J V, Marquardt W. Sensitivity-based solution updates in closed-loop dynamic optimization[C]. Proceedings of DYCOPS 7, 2004.

[96] Würth L, Hannemann R, Marquardt W. Neighboring-extremal updates for nonlinear model-predictive control and dynamic real-time optimization[J]. Journal of Process Control, 2009, 19(8): 1277-1288.

[97] Diehl M, Amrit R, Rawlings J B. A Lyapunov function for economic optimizing model predictive control[J]. IEEE Transactions on Automatic Control, 2011,56(3): 703-707.

[98] Engell S. Online optimizing control: The link between plant economics and process control [J]. Computer Aided Chemical Engineering, 2009, 27: 79-86.

[99] Amrit R, Rawlings J B, Angeli D. Economic optimization using model predictive control with a terminal cost[J]. Annual Reviews in Control, 2011,35(2):178-186.

[100] Angeli D, Amrit R, Rawlings J B. Enforcing Convergence in Nonlinear Economic MPC [C]. Proceedings of the 50th IEEE Conference on Decision and Control, 2011.

[101] Ferramosca A, et al. Economic MPC for a changing economic criterion [C]. 2010: IEEE.

[102] Hovgaard T G, Edlund K, Jorgensen J. The potential of economic MPC for power management [C]. Proceedings of the 49th IEEE Conference on Decision and Control, 2010.

[103] Hovgaard T G, Larsen L F S, Jørgensen J B. Robust economic MPC for a power management scenario with uncertainties [C]. Proceedings of the 50th IEEE Conference on Decision and Control and European Control Conference, 2011.

[104] Hovgaard T G, Larsen L F S, Jørgensen J B. Flexible and cost efficient power consumption using economic MPC-a supermarket refrigeration benchmark [C]. Proceedings of the 50th IEEE Conference on Decision and Control and European Control Conference, 2011.

[105] Huesman A E M, Bosgra O H, Van den Hof P M J. Integrating mpc and rto in the process industry by economic dynamic lexicographic optimization: an open-loop exploration [C]. Proceedings of the 100th AIChE Annual Meeting, 2008.

[106] Rawlings J, Amrit R. Optimizing process economic performance using model predictive control[J]. Nonlinear Model Predictive Control, 2009,384: 119-138.

[107] Heidarinejad M, Liu J, Christofides P D. Economic model predictive control of nonlinear

process systems using Lyapunov techniques[J]. AIChE Journal, 2012,58(3):855-870.

[108] Huang R, Harinath E, Biegler L T. Lyapunov stability of economically oriented NMPC for cyclic processes[J]. Journal of Process Control, 2011,21(4):501-509.

[109] Amrit R. Optimizing Process Economics in Model Predictive Control[D]. University of Wisconsin, 2011.

[110] Zavala V M, Biegler L T. The advanced-step NMPC controller: Optimality, stability and robustness[J]. Automatica, 2009, 45(1): 86-93.

[111] Nath R, Alzein Z. On-line dynamic optimization of an ethylene plant using profit optimizer [C]. Proceedings of NPRA Computer Conference, 1999.

[112] Verne T, Escarcega J. Multi-unit refinery optimization: Minimum investment, maximum return [C]. Proceedings of the 2nd International Conference and Exhibition on Process Optimization, 1998.

[113] Gattu G, Zafiriou E, A methodology for on-line setpoint modification for batch reactor control in the presence of modeling error[J]. Chemical Engineering Journal, 1999, 75 (1): 21-29.

[114] Kwon Y D, Evans L B. A coordinate-transformation method for the numerical solution of nonlinear minimum-time control problems[J]. AIChE Journal, 1975, 21(6): 1158-1164.

[115] Qin S J, Badgwell T A. A survey of industrial model predictive control technology[J]. Control Engineering Practice, 2003, 11(7): 733-764.

[116] Fletcher R, Leyffer S. Nonlinear programming without a penalty function[J]. Mathematical Programming, 2002, 91(2): 239-269.

[117] Powell M J D. A hybrid method for nonlinear equations [M]// Rabinowitz P ed. Numerical Methods for Nonlinear Algebraic Equations. New York: Gordon and Breach Science Publishers, 1970: 87-114.

[118] Wächter A, Biegler L T. Failure of global convergence for a class ofinterior point methods for nonlinear programming [J]. Mathematical Programming,2000, 88(2): 565-574.

[119] Pistikopoulos E N. Perspectives in multiparametric programming and explicit model predictive control [J]. AIChE Journal, 2009, 55(8):1918-1925.

[120] Gondzio J, Grothey A. Reoptimization with the primal-dual interior point method [J]. SIAM Journal on Optimization, 2003, 13(3): 842-864.

[121] Sequeira S E, et al. On-line process optimization: Parametertuning for the real time evolution (RTE) approach [J]. Computers and Chemical Engineering, 2004, 28(5): 661-672.

[122] Baz M, et al. Automated tuning of optimization software parameters[R]. USA: University of Pittsburgh, 2007.

[123] Audet C, Orban D. Finding optimal algorithmic parameters using derivative-free optimization[J]. SIAM Journal on Optimization, 2006,17(3):642-664.

[124] Birattari M, et al. A racing algorithm for configuring metaheuristics [C]. Proceedings of the Genetic and Evolutionary Computation Conference, 2002.

[125] Adenso-Diaz B, Laguna M. Fine-tuning of algorithms using fractional experimental designs and local search[J]. Operations Research, 2006, 54(1):99-114.

[126] Hutter F, Hoos H H, Stutzle T. Automatic algorithm configuration based on local search [C]. Proceedings of the 22nd Conference on Artificial Intelligence, 2007.

[127] Hutter F, et al. ParamILS: An automatic algorithm configuration framework[J]. Journal of Artificial Intelligence Research, 2009, 36(1): 267-306.

[128] Ansótegui C, Sellmann M, Tierney K. A gender-based genetic algorithm for the automatic configuration of algorithms[J]. Principles and Practice of Constraint Programming-CP 2009, 142-157.

[129] Audet C, Dennis Jr J. Pattern search algorithms for mixed variable programming[J]. SIAM Journal on Optimization, 2001, 11(3): 573-594.

[130] Nocedal J, Wright S J. Numerical Optimization[M]New York: Springer, 1999.

[131] Biegler L T, et al. Numerical experience with a reduced Hessian method for large scale constrained optimization [J]. Computational Optimization and Applications, 2000, 15 (1): 45-67.

[132] Schmid C. Reduced Hessian Successive Quadratic Programming for Large-Scale Process Optimization [D]. Carnegie Mellon University, 1994.

[133] Byrd R H, Nocedal J. An analysis of reduced Hessian methods for constrained optimization [J]. Mathematical Programming, 1991, 49(1-3): 285-323.

[134] Nocedal J, Overton M. Projected Hessian updating algorithms for nonlinear constrained optimization [J]. SIAM Journal on Numerical Analysis, 1985, 22(5): 821-850.

[135] Xie Y. Reduced Hessian Algorithms for Solving Large-Scale Equality Constrained Optimization Problems [D]. University of Colorado, 1991.

[136] Forsgren A, Gill P E, Wright M H. Interior methods for nonlinear optimization [J]. SIAM Review, 2002, 44(4): 525-597.

# 第 2 章 非线性规划算法及其鲁棒扩展

作为流程系统模拟与优化研究的基础,本章介绍非线性规划(NLP)的基本概念和方法。介绍 NLP 问题求解中应用最为广泛的两个算法,即序列二次规划算法(SQP)和内点法(IP),以及它们在流程系统高维低自由度优化问题求解中的简约空间算法实现。由于实际应用中的优化问题存在非凸、强非线性、病态/奇异等特征,因此需要改进 NLP 算法在求解困难情况下的收敛特性,提高算法在优化计算实践中的应用性能。针对线性相关模型以及迭代计算困难(如迭代步长过小、迭代矩阵非常病态等),对全空间和简约空间算法分别提出鲁棒的全局收敛策略,包括结构正则化方法、变维法、基于过滤法的 NLP 求解器的可行性恢复算法,并且对基于评价函数的无可行性恢复的鲁棒算法进行分析。

## 2.1 非线性规划基础

### 2.1.1 最优解及最优性条件

一般地,非线性规划(NLP)问题描述如下:

$$
\begin{aligned}
&\min_{x \in R^n} f(x) \\
&\text{s. t.} \quad c_i(x) = 0, \quad i \in \mathcal{E} \\
&\qquad\quad c_i(x) \leqslant 0, \quad i \in \mathcal{I}
\end{aligned}
\tag{2.1}
$$

其中 $f: R^n \rightarrow R$ 及 $c_i: R^n \rightarrow R (i \in \mathcal{E} \cup \mathcal{I})$ 是具有连续的一阶及二阶导数的实值函数,$\mathcal{E}$ 和 $\mathcal{I}$ 分别是等式和不等式约束的索引集合。将 NLP 问题(2.1)的可行域记作 $\Omega = \{x \mid c_i(x) = 0, i \in \mathcal{E}; c_i(x) \leqslant 0, i \in \mathcal{I}\}$,该问题的解定义如下:

**定义 2.1** 有约束最优解。

(1) 如果 $x^* \in \Omega$ 且对任意可行点 $x \in \Omega, f(x^*) \leqslant f(x)$ 成立,那么 $x^*$ 为全局极小点。

(2) 如果 $x^* \in \Omega$ 且对 $x^*$ 邻域内的任意可行点 $x \in \Omega, f(x^*) \leqslant f(x)$ 成立,那么 $x^*$ 为局部极小点。当该不等式严格成立时,$x^*$ 为严格局部极小点。

在讨论 NLP 问题(2.1)的解的最优性条件之前,首先引入几个重要的基本概念。定义 NLP 问题(2.1)的 Lagrange 函数如下:

$$L(x,\lambda) = f(x) + \sum_{i\in\mathcal{E}\cup\mathcal{I}} \lambda_i c_i(x) \tag{2.2}$$

其中 $\lambda_i(i\in\mathcal{E}\cup\mathcal{I}$ 为相应约束的 Lagrange 乘子。在任意可行点 $x$ 处,所有等式约束和达到上界的不等式约束均称为有效约束,有效约束的索引集合即为该点处的有效集,定义如下:

$$\mathcal{A}(x) = \mathcal{E}\cup\{i\in\mathcal{I}|c_i(x)=0\} \tag{2.3}$$

以下给出 NLP 问题(2.1)局部最优解的必要条件。

**定理 2.1** 一阶必要条件。

一阶必要条件又称为 Karush-Kuhn-Tucker(KKT)条件。若 $x^*$ 是 NLP 问题(2.1)的局部最优解,那么 $x^*$ 满足下列各条件:

(1) Lagrange 函数驻点:存在 Lagrange 乘子 $\lambda_i^*$ ,$i\in\mathcal{E}\cup\mathcal{I}$,满足

$$\nabla_x L(x^*,\lambda^*) = \nabla f(x^*) + \sum_{i\in\mathcal{E}\cup\mathcal{I}} \lambda_i^* \nabla c_i(x^*) = 0 \tag{2.4a}$$

(2) 可行性:$x^*$ 满足所有等式和不等式约束,即

$$\begin{aligned} c_i(x^*) &= 0, \quad \forall i\in\mathcal{E} \\ c_i(x^*) &\leqslant 0, \quad \forall i\in\mathcal{I} \end{aligned} \tag{2.4b}$$

(3) 互补性:所有不等式约束及其相应 Lagrange 乘子满足

$$\lambda_i^* c_i(x^*) = 0, \quad \lambda_i^* \geqslant 0, \quad \forall i\in\mathcal{I} \tag{2.4c}$$

(4) 线性独立约束条件(LICQ):需要特别注意的是,一阶必要条件以 $x^*$ 满足线性独立约束条件为前提。给定点 $x^*$ 以及在该点的有效集 $\mathcal{A}(x^*)$,如果有效约束的梯度集合 $\{\nabla c_i(x^*),i\in\mathcal{A}(x^*)\}$ 线性无关,则称线性独立约束条件成立。

对于 KKT 条件有两点需要说明。首先,由互补条件(2.4c)可知,所有无效不等式约束(即不等式约束 $c_i(x^*)$,其中 $i\in\mathcal{I}\cap\mathcal{A}(x^*)$)相应的 Lagrange 乘子为 0,因此式(2.4a)可简化为

$$\nabla_x L(x^*,\lambda^*) = \nabla f(x^*) + \sum_{i\in\mathcal{A}(x^*)} \lambda_i^* \nabla c_i(x^*) = 0 \tag{2.5}$$

而当不等式约束 $c_i(x^*)$ 及其相应 Lagrange 乘子 $\lambda_i^*$ 不同时为 0 时,称严格互补条件成立。此时对任意 $i\in\mathcal{I}\cap\mathcal{A}(x^*)$,有 $\lambda^*>0$。

其次,LICQ 条件的重要性在于,当通过线性化的方法来表征非线性问题的最优解时,LICQ 条件是加诸于约束的额外要求,用以保证约束的梯度信息足以反映点 $x^*$ 附近可行域的特征。此外注意当 LICQ 条件成立时,由列向量 $\nabla c_i(x^*)(i\in\mathcal{A}(x^*))$ 构成的矩阵列满秩,这也意味着任何有效约束的梯度不能为 0。

为了得到局部最优解的充分条件,需要理解可行方向的概念。对于满足 KKT 条件(2.4)的点 $(x^*,\lambda^*)$,定义可行方向集合 $\mathcal{D}(\lambda^*)$ 如下:

$$\mathcal{D}(\lambda^*) = \left\{ d \left| \begin{array}{l} \nabla c_i(x^*)^{\mathrm{T}} d = 0, \quad \forall i\in\mathcal{E} \\ \nabla c_i(x^*)^{\mathrm{T}} d = 0, \quad \forall i\in\mathcal{A}(x^*)\cap\mathcal{I} \text{ 且 } \lambda_i^* > 0 \\ \nabla c_i(x^*)^{\mathrm{T}} d \leqslant 0, \quad \forall i\in\mathcal{A}(x^*)\cap\mathcal{I} \text{ 且 } \lambda_i^* = 0 \end{array} \right. \right\} \tag{2.6}$$

显然,可行方向保持等式约束以及 $\lambda_i^* > 0$ 对应的有效不等式约束不变。

**定理 2.2** 二阶充分条件。

假设对某个可行点 $x^* \in R^n$,存在 Lagrange 乘子 $\lambda^*$ 满足 KKT 条件(2.4),并且满足

$$d^T \nabla_{xx} L(x^*, \lambda^*) d > 0, \quad \forall d \in \mathcal{D}(\lambda^*) 且 d \neq 0 \tag{2.7}$$

那么 $x^*$ 是 NLP 问题(2.1)的严格局部最优解。

### 2.1.2 收敛速度

衡量优化算法性能的一个重要指标是收敛速度。设优化算法生成序列 $\{x_k\}$ 收敛于优化问题的解 $x^*$,那么称算法

(1) Q-线性收敛:存在常数 $r \in (0, 1)$,对所有足够大的 $k$ 满足

$$\frac{\| x_{k+1} - x^* \|}{\| x_k - x^* \|} \leqslant r$$

(2) Q-超线性收敛:

$$\lim_{k \to \infty} \frac{\| x_{k+1} - x^* \|}{\| x_k - x^* \|} = 0$$

(3) Q-二次收敛:存在常数 $M > 0$,对所有足够大的 $k$ 满足

$$\frac{\| x_{k+1} - x^* \|}{\| x_k - x^* \|^2} \leqslant M$$

其中常数 $r$ 和 $M$ 的具体数值不仅与算法有关而且与具体问题有关。然而无论其具体数值如何,二次收敛的序列最终必定比线性收敛的序列更快达到收敛。通常 Newton 方法具有 Q-二次收敛性、Quai-Newton 方法具有 Q-超线性收敛性、而最速下降法只有线性收敛速度,并且对病态问题其收敛常数 $r$ 接近 1。后文将这三种收敛速度分别简称为二次收敛、超线性收敛和线性收敛。

### 2.1.3 全局化策略

通常优化算法都要求用户提供一个初始点 $x_0$。当用户对其优化问题有良好的了解时,提供的初始点可能是对最优解的合理估计,否则就只能任意给定初始点。通常很难估计初始点是否充分接近最优解,而初始点没有充分接近最优解则可以导致基于 Newton 法的优化算法收敛失败。暂且避开如何找到一个良好的初始点这一问题不谈(本书第 3、4 章研究优化初值问题),全局化策略使算法即使从一个远离最优解的初始点开始,也能够收敛到优化问题的局部最优解。

两个基本的全局化策略就是线性搜索方法(line search methods)和信赖域方法(trust region methods)。以下首先基于无约束优化问题

$$\min_{x \in R^n} f(x)$$

介绍这两种策略,然后借助评价函数(merit functions)和过滤方法(filters)将其拓展到约束优化问题(2.1)。

### 1. 线性搜索方法

线性搜索方法要求在计算迭代方向 $p_k$ 后,再确定沿该方向的步长 $\alpha_k$,从而得到下一迭代点

$$x_{k+1} = x_k + \alpha_k p_k \qquad (2.8)$$

通常要求 $p_k$ 为一下降方向,也就是说 $\nabla f_k^T p_k < 0$。其中 $\nabla f_k = \nabla f(x_k)$ 省略了函数对自变量的依赖关系以简化描述,后文将沿用这种简化的表达方式。

最速下降法取方向 $p_k = -\nabla f_k$,而所有与 $-\nabla f_k$ 夹角小于 $\pi/2$ 的方向统称为下降方向,这类方向在步长足够小时总能使目标函数 $f$ 的值下降,因此可能收敛非常缓慢。

另一重要的方向为 Newton 方向

$$p_k = -B_k^{-1}\,\nabla f_k \qquad (2.9)$$

其中 $B_k$ 为 Hessian 矩阵 $\nabla^2 f_k$,当 $B_k$ 正定时有

$$\nabla f_k^T p_k = -\nabla f_k^T B_k^{-1}\,\nabla f_k < 0$$

可知 $p_k$ 是下降方向。但是当 $\nabla^2 f_k$ 不是正定矩阵时,Newton 方向或者无定义,或者不满足下降方向的要求。此时线性搜索方法必须修正 $p_k$,使其既包含二阶导数信息,又满足下降条件。在 2.3 节结构正则化部分将介绍相应的修正方法。

在确定式(2.8)中步长 $\alpha_k$ 时希望使目标函数值明显下降。显然可以求解优化问题

$$\min_{\alpha} f(x_k + \alpha p_k)$$

并取 $\alpha_k$ 为该问题的解 $\alpha^*$。但该方法计算代价较高,而且在远离最优解 $x^*$ 时,花费大的计算代价去确定 $\alpha^*$ 对算法的最终收敛意义如何并不明确。因此,通常采用代价较小的线性搜索方法,使目标函数值得到"充分下降"。所谓的"充分下降"以 Armijo 条件来衡量,即要求

$$f(x_k + \alpha_k p_k) \leqslant f(x_k) + \eta \alpha_k\,\nabla f_k^T p_k \qquad (2.10)$$

其中 $\eta \in (0, 1/2]$。考虑到条件(2.10)可以被任何充分小的 $\alpha_k$ 满足,因此在 Armijo 条件之外,可引入以下任何一个条件来保证步长 $\alpha_k$ 不会太小:

(1) Wolfe 条件

$$\nabla f(x_k + \alpha_k p_k)^T p_k \geqslant \zeta\,\nabla f_k^T p_k, \quad \zeta \in (\eta, 1)$$

(2) 强 Wolfe 条件

$$|\nabla f(x_k + \alpha_k p_k)^T p_k| \leqslant \zeta|\nabla f_k^T p_k|, \quad \zeta \in (\eta, 1)$$

(3) Goldstein 条件

$$f(x_k + \alpha_k p_k) \geqslant f(x_k) + (1-\eta)\alpha_k \nabla f_k^{\mathrm{T}} p_k$$

在实际中可以通过回溯(backtracking)线性搜索来确定步长 $\alpha_k$,算法如下。

**算法 2.1** 回溯线性搜索。

选择 $\bar{\alpha} > 0$, $\rho \in (0,1)$, $\eta \in (0,1/2]$,令 $\alpha \leftarrow \bar{\alpha}$;

(循环起始)重复以下操作直到 $f(x_k + \alpha p_k) \leqslant f(x_k) + \eta\alpha \nabla f_k^{\mathrm{T}} p_k$

   $\alpha \leftarrow \rho\alpha$;

(循环结束)

取 $\alpha_k \leftarrow \alpha$。

在适当假设下,可以证明线性搜索方法根据式(2.8)生成的迭代点序列 $\{x_k\}$ 收敛到无约束优化问题的局部最优解[1,2]。

### 2. 信赖域方法

线性搜索方法在生成搜索方向后再确定沿该方向的步长。而信赖域方法的迭代方向在信赖域范围内生成,并且当信赖域范围变化后,迭代方向通常也随之改变。

信赖域方法在当前迭代点处定义原问题的如下二次模型:

$$m_k(p) = f_k + \nabla f_k^{\mathrm{T}} p + \frac{1}{2} p^{\mathrm{T}} B_k p \tag{2.11}$$

其中 $B_k$ 为对称有界矩阵,并信任该模型在当前迭代点的信赖域范围内足以表达原问题。通过求解信赖域问题

$$\min_{p \in R^n} m_k(p) = f_k + \nabla f_k^{\mathrm{T}} p + \frac{1}{2} p^{\mathrm{T}} B_k p \tag{2.12}$$

$$\text{s. t.} \quad \| p \| \leqslant \Delta_k$$

来得到迭代方向,其中 $\Delta_k > 0$ 为信赖域半径。由该迭代方向产生的模型 $m_k$ 的下降称为预测下降,相对地,原问题目标函数 $f$ 的下降则称为实际下降。二者的比值

$$\rho_k = \frac{\text{ared}}{\text{pred}} = \frac{f(x_k) - f(x_k + p_k)}{m_k(0) - m_k(p_k)} \tag{2.13}$$

反映了信赖域模型与原问题的契合程度,因此可作为信赖域半径调整的依据。下面给出基本的信赖域算法。

**算法 2.2** 基本信赖域算法。

给定 $\bar{\Delta} > 0$, $\Delta_0 \in (0, \bar{\Delta})$, $0 < \kappa_1 < \kappa_2 < 1$, $\gamma \in (0,1/4)$;

(循环起始)对于 $k = 0, 1, 2, \cdots$

   求解问题(2.12)得到 $p_k$;

根据式(2.13)计算 $\rho_k$；

如果 $\rho_k < \kappa_1$，则令 $\Delta_{k+1} = \kappa_1 \parallel p_k \parallel$；

否则如果 $\rho_k > \kappa_2$ 并且 $\parallel p_k \parallel = \Delta_k$，则令 $\Delta_{k+1} = \min(2\Delta_k, \bar{\Delta})$；

否则，令 $\Delta_{k+1} = \Delta_k$；

如果 $\rho_k > \gamma$，则令 $x_{k+1} = x_k + p_k$；

否则，令 $x_{k+1} = x_k$；

(循环结束)

　　正如线性搜索方法的全局收敛性不依赖于寻求最优步长,信赖域方法的全局收敛性也并不要求精确求解信赖域问题(2.12),而只要求在信赖域范围内近似求解该问题使模型 $m_k$ "充分下降"。这里"充分下降"是相对于 Cauchy 方向而言的, Cauchy 方向定义为

$$
p_k^c = \begin{cases} -\dfrac{\Delta_k}{\parallel \nabla f_k \parallel} \nabla f_k, & \nabla f_k^{\mathrm{T}} B_k \nabla f_k \leqslant 0 \\[3mm] -\min(\parallel \nabla f_k \parallel^3 / (\Delta_k \nabla f_k^{\mathrm{T}} B_k \nabla f_k), 1) \dfrac{\Delta_k}{\parallel \nabla f_k \parallel} \nabla f_k, & \text{其他} \end{cases} \tag{2.14}
$$

如果每个迭代方向 $p_k$ 使模型 $m_k$ 的下降至少达到 Cauchy 方向的水平,那么信赖域方法将全局收敛。注意虽然 Cauchy 方向本身即可实现全局收敛,但 Cauchy 方向本质上是最速下降方向,只有线性收敛速度,因此有必要利用二阶信息 $B_k$ 实现快速收敛。当 $B_k$ 正定时,dogleg 方法通过将模型 $m_k$ 的无约束极小 $-B_k^{-1} \nabla f_k$ 与最速下降方向 $-(\nabla f_k^{\mathrm{T}} \nabla f_k / \nabla f_k^{\mathrm{T}} B_k \nabla f_k) \nabla f_k$ 相结合来确定方向 $p_k$；如果 $B_k$ 不满足正定条件,通过估计 $B_k$ 的最小负特征值,可将 dogleg 方法扩展到二维子空间最小化方法,从而处理不定矩阵的情形;此外,Steihaug 方法通过共轭梯度(conjugate gradient, C-G)迭代实现问题(2.12)的近似求解,因此适用于大规模稀疏问题。其迭代过程从 Cauchy 方向开始,并在三种情况下结束:在信赖域范围内找到近似解、方向的模达到信赖域边界、遇到不定矩阵 $B_k$ 的负曲率方向。关于信赖域问题的上述近似求解方法详见文献[1]。

　　上述对于无约束优化问题,决定一个试验点是否可被接受为新的迭代点时,只需要考察在该点处目标函数值是否得到充分下降。然而对于约束优化问题,优化目标不再仅仅是降低目标函数值,还要满足约束限制。因此必须在目标函数和约束可行性二者之间进行权衡,典型地有评价函数方法和过滤方法。

　　3. 评价函数方法

　　评价函数方法通过定义所谓的评价函数将目标函数与约束的可行性结合在一起。对 NLP 问题(2.1),常选择如下 $l_1$ 惩罚函数作为评价函数:

$$\phi_1(x;\upsilon) = f(x) + \upsilon \sum_{i \in \mathcal{E}} |c_i(x)| + \upsilon \sum_{i \in \mathcal{I}} \max\{0, c_i(x)\} \qquad (2.15)$$

其中惩罚参数 $\upsilon > 0$ 决定了约束可行性相对于目标函数值的权重。当 NLP 问题只有等式约束 $c(x) = 0$ 时,也常选择如下 $l_p$ 惩罚函数作为评价函数:

$$\phi_p(x;\upsilon) = f(x) + \upsilon \parallel c(x) \parallel_p \qquad (2.16)$$

其中 $p \geqslant 1$。评价函数(2.15)、(2.16)均为精确惩罚函数,即惩罚函数的局部极小点与 NLP 问题的局部极小点相对应,而且这一特性不需要惩罚参数 $\upsilon$ 趋于无穷。

对于给定的评价函数 $\phi(x;\upsilon)$,线性搜索算法判断试验点 $x_+ = x + \alpha p$ 是否使评价函数充分下降。对照 Armijo 条件(2.10),当满足以下不等式时:

$$\phi(x + \alpha p;\upsilon) \leqslant \phi(x;\upsilon) + \eta \alpha D(\phi(x;\upsilon);p) \qquad (2.17)$$

试验点被接受,其中 $D(\phi(x;\upsilon);p)$ 是评价函数 $\phi(x;\upsilon)$ 沿方向 $p$ 的方向导数。

信赖域方法建立评价函数的二次模型 $m_\upsilon$,并通过监视如下比值来判断是否接受迭代方向 $p$:

$$\rho = \frac{\text{ared}}{\text{pred}} = \frac{\phi(x;\upsilon) - \phi(x+p;\upsilon)}{m_\upsilon(0) - m_\upsilon(p)} \qquad (2.18)$$

评价函数方法的明显缺陷在于难以确定适当的惩罚参数 $\upsilon$ 值,以实现目标函数和约束可行性的权衡。此外难以确定 $\upsilon$ 值的更新策略,使得随着迭代的进行达到可行点。如果 $\upsilon$ 的初始值太小而增大速度太慢,那么需要很多次迭代才能达到可行点;反之,则在远离最优点时就必须削减步长以满足可行性要求,结果导致优化算法收敛缓慢。

4. 过滤方法

过滤方法把目标函数和约束的可行性分开来考察。定义 NLP 问题(2.1)的可行性误差为

$$\theta(x) = \sum_{i \in \mathcal{E}} |c_i(x)| + \sum_{i \in \mathcal{I}} \max\{0, c_i(x)\} \qquad (2.19)$$

满足如下充分下降条件的试验点可被接受:

$$\theta(x_+) \leqslant (1 - \gamma_\theta)\theta(x) \qquad (2.20a)$$

$$\text{或} \quad f(x_+) \leqslant f(x) - \gamma_f \theta(x) \qquad (2.20b)$$

其中常数 $\gamma_\theta, \gamma_f \in (0,1)$。在试验点不被接受时,线性搜索方法进行回溯搜索;信赖域方法缩减信赖域半径并计算新的迭代步。

过滤方法若要实现全局收敛并具有良好的应用性能,必须实现以下重要策略:

(1)根据条件(2.20),算法有可能接受一系列只降低约束不可行性的迭代点,而对目标函数没有改进,结果收敛到一个可行点而非最优点。为避免出现这种情况,在试验点的不可行性已经很小而继续利用条件(2.20a)已不足以推进算法的进

展时,应要求试验点必须使目标函数值充分下降。

（2）过滤方法需要解决的另一问题就是循环情况,例如出现两个迭代点交替降低目标函数值和不可行性。为了避免这种情况,定义过滤区域

$$\mathcal{F} = \{(\theta, f)\} \tag{2.21}$$

试验点可被接受的条件是 $x_+ \notin \mathcal{F}$,此时对 $\forall (\theta, f) \in \mathcal{F}$,条件（2.20）成立。过滤区域通常初始化为

$$\mathcal{F}_0 = \{(\theta, f) \in R^2 : \theta \geqslant \bar{\theta}\} \tag{2.22}$$

其中 $\bar{\theta} > \theta(x_0)$。在迭代过程中维护和更新该过滤区域并保证 $\mathcal{F}_k \subseteq \mathcal{F}_{k+1}$,这意味着如果在迭代点 $x_k$ 扩张了过滤区域,那么此后的所有迭代点对 $x_k$ 而言,均满足充分下降条件。

（3）迭代过程中遇到的病态系统可能生成极小的迭代步而相应的试验点不能被接受。此时求解过程需要转入可行性恢复阶段（feasibility restoration phase）,该阶段尝试通过改进当前迭代点的可行性来继续推进迭代进程。2.4 节将介绍可行性恢复相关内容。

5. Maratos 效应

对于约束优化问题（2.1）,即使在任意接近局部最优解时,很多评价函数和过滤方法仍然会拒绝接受能够很好地推进收敛的迭代步,原因在于相应迭代步导致目标函数值和可行性误差同时上升。这种现象被称为 Maratos 效应,该效应导致小的迭代步从而阻碍优化算法的快速收敛。

克服 Maratos 效应一方面可以采用不受该效应影响的评价函数（如增广 Lagrange 函数）,另一方面可以通过二阶校正步方法或者非单调策略来处理 Maratos 效应。二阶校正步的计算方法并不唯一,基本思想是基于迭代步 $p_k$ 计算校正步 $\hat{p}_k$ 以改进可行性。如果相对于当前迭代点 $x_k$,迭代步 $p_k + \hat{p}_k$ 能够满足充分下降条件,则由此确定新的迭代点,否则放弃校正步 $\hat{p}_k$ 继续常规的迭代搜索过程。结合评价函数和过滤方法的二阶校正步实现细节见文献[1]和文献[3]。非单调策略通过尝试接受不满足充分下降条件的迭代步来避免 Maratos 效应的影响。但是如果在经过一定次数的尝试后仍然不能达到充分下降,则返回当前迭代点执行常规的迭代搜索过程。以尝试一次非单调迭代的 watchdog 方法为例,首先接受迭代步 $p_k$ 得到迭代点 $x_{k+1}$,然后从该点出发计算满足充分下降条件的迭代步从而得到迭代点 $x_{k+2}$。如果 $x_{k+2}$ 相比于 $x_k$ 达到了充分下降,则取 $x_{k+2}$ 为新的迭代点、结束 watchdog 过程并继续优化计算;否则若 $x_{k+2}$ 改进了迭代点 $x_k$,那么基于 $x_{k+2}$ 计算满足充分下降条件的迭代步并由此确定新的迭代点;但是如果 $x_{k+2}$ 没能改进迭代点 $x_k$,则返回到基于 $x_k$ 和 $p_k$ 的搜索过程。文献[4]给出了基于评价函数线性搜索的 watchdog 方法。

二阶校正步与非单调策略均引入了额外的计算代价,而且有研究表明在优化迭代的开始阶段采用非单调线性搜索并没有优势[5]。因此,在优化求解过程中需要以适当机制来激活上述方法处理 Maratos 效应。

# 2.2　非线性规划算法及其简约空间实现

## 2.2.1　序列二次规划算法——SQP

### 1. 迭代方向的计算

序列二次规划算法(SQP)是求解约束优化问题的最有效的算法之一。其基本思想是通过求解一系列的 QP 子问题来得到原 NLP 问题的解。暂不考虑问题(2.1)中的不等式约束,则问题简化为

$$\min_{x \in R^n} f(x)$$
$$\text{s. t. } c(x)=0 \tag{2.23}$$

其中 $f: R^n \to R$ 和 $c: R^n \to R^m$ 为光滑函数。记约束的 Jacobian 矩阵为 $A(x)^{\mathrm{T}}$,即

$$A(x)=[\nabla c_1(x), \nabla c_2(x), \cdots, \nabla c_m(x)] \tag{2.24}$$

问题(2.23)的 KKT 条件为

$$\nabla f(x)+A(x)\lambda=0$$
$$c(x)=0 \tag{2.25}$$

利用 Newton 法求解(2.25)得到迭代点序列 $\{(x_k, \lambda_k)\}(k \geqslant 0)$:

$$\begin{bmatrix} x_{k+1} \\ \lambda_{k+1} \end{bmatrix} = \begin{bmatrix} x_k \\ \lambda_k \end{bmatrix} + \begin{bmatrix} d_k^x \\ d_k^\lambda \end{bmatrix} \tag{2.26}$$

其中迭代方向 $d_k^x, d_k^\lambda$ 通过以下 KKT 系统求得:

$$\begin{bmatrix} W_k & A_k \\ A_k^{\mathrm{T}} & 0 \end{bmatrix} \begin{bmatrix} d_k^x \\ d_k^\lambda \end{bmatrix} = -\begin{bmatrix} \nabla f_k + A_k \lambda_k \\ c_k \end{bmatrix} \tag{2.27}$$

这里 $W_k = \nabla_{xx}^2 L(x_k, \lambda_k)$ 为 Lagrange 函数的 Hessian 矩阵。适当假设下 Newton 法即式(2.26)、(2.27)二次收敛到问题(2.23)的最优解。

SQP 方法的导出得益于从另一个角度观察 Newton 迭代方法。设想在迭代点 $(x_k, \lambda_k)$ 定义原问题(2.23)的二次模型

$$\min_{p \in R^n} \frac{1}{2} p^{\mathrm{T}} W_k p + \nabla f_k^{\mathrm{T}} p$$
$$\text{s. t. } A_k^{\mathrm{T}} p + c_k = 0 \tag{2.28}$$

如果在问题(2.28)的解 $(p, u)$ 处,二阶充分条件及 LICQ 条件成立,那么 $(p, u)$ 是(2.28)的唯一解并且满足

$$W_k p - \nabla f_k + A_k u = 0$$
$$A_k^T p + c_k = 0 \tag{2.29}$$

对照式(2.26)、(2.27)即可得到 Newton 方向与 QP 问题解的等价关系如下：

$$\begin{cases} d_k^x = p \\ \lambda_{k+1} = \lambda_k + d_k^\lambda = u \end{cases} \tag{2.30}$$

因此在理论分析方面，基于 Newton 法的分析同样适用于 SQP 算法；而在算法构建方面，SQP 框架使我们可以基于 QP 问题的求解来构造实用的 NLP 问题的求解算法。

2. 不等式约束的处理

现在考虑 NLP 问题(2.1)中的不等式约束。此时上述 SQP 算法仍然适用，区别在于迭代点$(x_k, \lambda_k)$处的局部二次模型还需要包含不等式约束的线性近似，即

$$\min_{p \in R^n} \frac{1}{2} p^T W_k p + \nabla f_k^T p$$
$$\text{s. t.} \quad \nabla c_i(x_k)^T p + c_i(x_k) = 0, \quad i \in \mathcal{E} \tag{2.31}$$
$$\nabla c_i(x_k)^T p + c_i(x_k) \leqslant 0, \quad i \in \mathcal{I}$$

QP 问题(2.31)通常采用有效集方法求解：在 QP 问题的当前迭代点处，所有等式约束和有效不等式约束的子集共同构成该点的工作集(working set)$\mathcal{W}$。基于该工作集求解等式约束下的 QP 问题，而忽略工作集以外的不等式约束。然后根据求解情况对迭代点和工作集作相应更新。重复这一 QP 求解和工作集更新过程直到得到问题(2.31)的解。求解过程中无论当前迭代点处有效约束的全集是否具有线性相关的梯度，都必须要保证工作集 $\mathcal{W}$ 内的约束梯度线性无关。

SQP 方法的一个重要困难是遇到不可行 QP 问题。QP 问题(2.31)不可行的原因之一是原问题(2.1)本身可行域为空；另一方面，即使原问题可行域非空，在不可行点对非线性约束 $c(x)$ 的线性化也可导致 QP 问题(2.31)没有可行域。因此，在出现不可行 QP 问题时需要特殊策略使迭代过程继续进行以达到 NLP 问题的解，或者至少将不可行性最小化。通常有两种处理方法：可行性恢复方法通过改进当前迭代点的可行性来促进 NLP 问题的求解，该方法将在 2.4 节介绍；另外可以通过松弛 QP 问题的约束来构造一个可行域并保证改写后的 QP 问题有解[6]。

SQP 方法的性能受到 QP 算法性能的重要影响。目前大多数 QP 求解器都是基于有效集方法实现的。当 NLP 问题的最优解满足二阶充分条件时，在最优解附近 QP 问题的有效集不再发生变化。因此如果 QP 算法能够结合对有效集的良好猜测(warm start)，就可以迅速达到 QP 问题的解。例如可以将前一 QP 子问题的

解作为当前子问题的初始点;也可以将前一 SQP 迭代点的有效集作为 QP 子问题的初始工作集。但是,在优化进程的开始阶段却可能需要花费大量的时间去识别有效集,这是一个 NP-hard 组合问题,最坏情况下计算时间随问题的规模指数增长。

QP 算法的另一种实现途径是基于内点法[7]。内点 QP 算法避免了寻找有效集的组合问题,因此在优化进程的开始阶段,当有效集变化较明显时,该方法的效率高于有效集 QP 算法。然而另一方面,目前内点法在利用 warm start 信息方面缺乏有效方法,因此随着优化进程的推进,当有 warm start 信息可用时,其效率可能低于有效集方法。

总之,将 SQP 方法用于求解大规模 NLP 问题时,其 QP 求解过程对有效集的识别成为 SQP 方法的瓶颈。下节将介绍能够完全避免该缺陷的非线性规划障碍法或称内点法。

## 2.2.2　内点法——IPM

### 1. 内点法基本框架

对于 NLP 问题(2.1),可以通过引入松弛变量将一般不等式约束转化为等式约束:

$$
\begin{aligned}
&\min_{x,s} f(x) \\
&\text{s.t.}\quad c_i(x)=0, \quad i\in\mathcal{E} \\
&\qquad\quad c_i(x)+s_i=0, \quad i\in\mathcal{I} \\
&\qquad\quad s_i\geqslant 0, \quad i\in\mathcal{I}
\end{aligned}
\tag{2.32}
$$

其中 $s_i\geqslant 0 (i\in\mathcal{I}$ 为松弛变量的边界约束。为了简化后文的描述,我们将基于该命题形式进行内点法的讨论。不失一般性,考虑如下 NLP 问题:

$$
\begin{aligned}
&\min_{x\in R^n} f(x) \\
&\text{s.t.}\quad c(x)=0 \\
&\qquad\quad x\geqslant 0
\end{aligned}
\tag{2.33}
$$

其中 $f:R^n\to R, c:R^n\to R^m$。为了处理变量 $x$ 的边界约束,障碍法在求解问题(2.33)时考虑如下问题:

$$
\begin{aligned}
&\min_{x\in R^n}\varphi_\mu(x) = f(x) - \mu\sum_{i=1}^{n}\ln(x^{(i)}) \\
&\text{s.t.}\ c(x) = 0
\end{aligned}
\tag{2.34}
$$

其中 $\mu>0$ 为障碍参数,$\varphi_\mu(x)$ 称为障碍函数。随着障碍参数 $\mu$ 的下降,障碍问题

(2.34)的解趋于原问题(2.33)的解 $x^*$ [3]。由此可见障碍法的一个重要优势在于避免了对最优解 $x^*$ 的有效集识别。

如果约束 $c(x)=0$ 满足 LICQ 条件,那么障碍问题(2.34)的解满足如下一阶条件:

$$
\begin{aligned}
\nabla f(x)+A(x)\lambda-\mu X^{-1}e&=0\\
c(x)&=0
\end{aligned}
\tag{2.35}
$$

其中 $x>0$,对角矩阵 $X=\mathrm{diag}(x)$,向量 $e=[1,1,\cdots,1]^\mathrm{T}$,后文将沿用这种符号表示方法。系统(2.35)称为 primal 最优条件,直接将 Newton 法用于求解(2.35)的方法称为 primal 方法。然而 primal 方法具有明显缺陷。障碍问题(2.34)的 Hessian 矩阵以及系统(2.35)在变量边界 $x=0$ 处无定义,而在 $x$ 趋近边界时变得越来越病态(ill-conditioned),这导致了障碍问题的求解困难。由此出现了对 primal 系统的重要改进,即引入对偶变量

$$
v^{(i)}=\frac{\mu}{x^{(i)}}
\tag{2.36}
$$

得到所谓的 primal-dual 系统:

$$
\begin{aligned}
\nabla f(x)+A(x)\lambda-v&=0\\
c(x)&=0\\
Xv-\mu e&=0
\end{aligned}
\tag{2.37}
$$

该系统可以看做原问题(2.33)的扰动的 KKT 条件,对偶变量 $v$ 对应其边界约束的 Lagrange 乘子。primal-dual 方法以 Newton 法求解系统(2.37),并要求所有迭代点满足

$$
x_k>0,\quad v_k>0
\tag{2.38}
$$

而只有当 $\mu\to0$ 时 $x_k$ 和 $v_k$ 才可以渐近趋于 0,这就是"内点法"名称的由来。当 $\mu=0$ 时,系统(2.37)与不等式

$$
x\geqslant0,\quad v\geqslant0
$$

共同构成原 NLP 问题(2.33)的 KKT 条件。

现在考虑通过将 Newton 法用于 primal-dual 系统(2.37)来实现原 NLP 问题(2.33)的求解。这里采用嵌套的方法实现求解:外层循环调整障碍参数值 $\mu$,构造障碍问题;内层循环对固定的 $\mu$ 值近似求解障碍问题。定义障碍问题(2.34)的优化误差为

$$
E_\mu(x,\lambda,v)=\max\{\|\nabla f(x)+A(x)\lambda-v\|_\infty,\|c(x)\|_\infty,\|Xv-\mu e\|_\infty\}
\tag{2.39}
$$

如果障碍问题的近似解 $(x^*(\mu),\lambda^*(\mu),v^*(\mu))$ 满足

$$
E_0(x^*(\mu),\lambda^*(\mu),v^*(\mu))\leqslant\varepsilon_{\mathrm{tol}}
\tag{2.40}
$$

其中 $\varepsilon_{\mathrm{tol}}>0$ 为 NLP 问题(2.33)的收敛容差,此时整个算法结束。该算法中需要

注意以下几点:

(1) 当障碍参数 $\mu_l$ 较大时,并不需要对相应障碍问题(2.34)精确求解。一般地,障碍问题的收敛容差 $\varepsilon_{\mu_l}$ 与 $\mu_l$ 相关,例如,可要求其近似解满足

$$E_{\mu_l}(x^*(\mu_l), \lambda^*(\mu_l), v^*(\mu_l)) \leqslant \kappa_\varepsilon \mu_l \qquad (2.41)$$

其中常数 $\kappa_\varepsilon > 0$,通常取 $\kappa_\varepsilon = 10$。

(2) 如果障碍参数下降太慢,那么需要大量的迭代才能实现原 NLP 问题 (2.33)的收敛;但如果障碍参数下降太快,可能使变量 $x$ 和 $v$ 的某些分量过早趋近 0,同样会减慢迭代进程。这里取

$$\mu_{l+1} = \max\left\{\frac{\varepsilon_{\text{tol}}}{10}, \min\{\kappa_\mu \mu_l, \mu_l^{\theta_\mu}\}\right\} \qquad (2.42)$$

其中常数 $\kappa_\mu \in (0,1)$,$\theta_\mu \in (1,2)$,通常取 $\kappa_\mu = 0.2$,$\theta_\mu = 1.5$。式(2.42)一方面使障碍参数最终达到超线性收敛,另一方面控制障碍参数的值相对于给定的收敛容差 $\varepsilon_{tol}$ 不必太小,以免引起障碍问题求解的数值困难[1,2,9]。

(3) 这种将障碍参数的值固定,直到扰动的 KKT 条件(2.37)得到某种程度的满足,然后再降低障碍参数值的方法称为 Fiacco-McCormick 方法[10]。不同于该方法,稍后介绍的自适应 $\mu$ 值策略在每次迭代中改变障碍参数的值。

2. Primal-Dual 系统的求解

根据上述内点法框架,对于给定的 $\mu$ 值,内层迭代求解相应的障碍问题。设当前迭代点为 $(x_k, \lambda_k, v_k)$,将 Newton 法用于 primal-dual 系统(2.37)得到

$$\begin{bmatrix} W_k & A_k & -I \\ A_k^T & 0 & 0 \\ V_k & 0 & X_k \end{bmatrix} \begin{bmatrix} d_k^x \\ d_k^\lambda \\ d_k^v \end{bmatrix} = -\begin{bmatrix} \nabla f_k + A_k \lambda_k - v_k \\ c_k \\ X_k v_k - \mu e \end{bmatrix} \qquad (2.43)$$

其中 $W_k = \nabla_{xx}^2 L(x_k, \lambda_k, v_k)$ 是 Lagrange 函数 $L(x, \lambda, v) = f(x) + c(x)^T \lambda - v$ 的 Hessian 矩阵。通常并不直接求解该线性系统,而是将其简化为如下较小的对称系统:

$$\begin{bmatrix} W_k + \Sigma_k & A_k \\ A_k^T & 0 \end{bmatrix} \begin{bmatrix} d_k^x \\ d_k^\lambda \end{bmatrix} = -\begin{bmatrix} \nabla \varphi_\mu(x_k) + A_k \lambda_k \\ c_k \end{bmatrix} \qquad (2.44)$$

其中 $\Sigma_k = X_k^{-1} V_k$。系统(2.44)与(2.43)等价,对偶变量的迭代方向 $d_k^v$ 可以由下式得到:

$$d_k^v = \mu X_k^{-1} e - v_k - \Sigma_k d_k^x \qquad (2.45)$$

这里未必适合以 Newton 迭代(2.26)确定下一迭代点 $(x_{k+1}, \lambda_{k+1}, v_{k+1})$,因为条件(2.38)有可能在新的迭代点不被满足。解决方法之一是限制迭代步长,令迭代容许的最大步长 $\alpha_{k,\max}$,$\alpha_{k,\max}^v$ 满足 fraction-to-the-boundary 规则:

$$\alpha_{k,\max} = \max\{\alpha \in (0,1] : x_k + \alpha d_k^x \geqslant (1-\tau)x_k\}$$
$$\alpha_{k,\max}^v = \max\{\alpha \in (0,1] : v_k + \alpha d_k^v \geqslant (1-\tau)v_k\}$$
(2.46)

参数 $\tau$ 取值如下:

$$\tau = \max\{\tau_{\min}, 1-\mu\}$$
(2.47)

其中 $\tau_{\min} \in (0,1)$ 通常取为接近 1 的常数,如 $\tau_{\min}=0.99$,注意当 $\mu \to 0$ 时 $\tau \to 1$。此外,当 NLP 问题(2.33)的局部最优解满足二阶充分条件时,式(2.41)、(2.42)、(2.47)使前述基本内点算法超线性收敛[11]。

3. 自适应 $\mu$ 值调整策略

不同于 Fiacco-McCormick 策略,自适应策略每次迭代都改变障碍参数 $\mu$ 的值。自适应策略大多是基于互补性来设置 $\mu$ 值,如

$$\mu_{k+1} = \sigma_k \frac{x_k^{\mathrm{T}} v_k}{n}$$
(2.48)

其中参数 $\sigma_k > 0$。计算经验表明,当 $x_k^{(i)} v_k^{(i)} (i=1,\cdots,n)$ 以统一速率趋于 0 时算法具有最佳性能。值得借鉴的是内点法软件包 LOQO 对 $\sigma_k$ 的选择:

$$\sigma_k = 0.1 \min\left(0.05 \frac{1-\xi_k}{\xi_k}, 2\right)^3, \quad \xi_k = \frac{\min\limits_i x_k^{(i)} v_k^{(i)}}{x_k^{\mathrm{T}} v_k / n}$$
(2.49)

注意 $\xi_k$ 反映了最小互补乘积与互补乘积均值之间的偏差。当 $\xi_k \approx 1$ 时每一对 primal-dual 变量的乘积近似等于其均值,此时障碍参数值明显下降。另外,由于 $\sigma_k \leqslant 0.8$,所以即使障碍参数值会出现 $\mu_{k+1} > \mu_k$ 的情况,但是障碍参数值总是小于当前的互补均值 $x_k^{\mathrm{T}} v_k / n$。

## 2.2.3 简约空间方法

前面描述的 NLP 算法都是在整个变量空间中进行寻优,可称为全空间算法。然而在有些情况下,虽然优化问题的规模很大但自由度却很小,此时能被用于寻优的变量空间维度很低。典型的例子是复杂化工过程系统的优化问题,问题包含大量的过程变量和描述化工过程的方程,但只有少数几个决策变量(又称设计变量/控制变量/操作变量)决定问题的最优解。如果能在优化求解中合理利用这一特征,将显著提高求解效率。简约空间方法(reduced space methods)就是这样一类优化方法,它与全空间方法的主要区别在于迭代方向的计算。简约空间 SQP 方法(rSQP)和简约空间内点法(rIP)有很多共通之处。本节主要基于 2.2.2 节的内点法展开描述,而关于简约空间 SQP 方法的更详细的描述和算法性能分析可参考文献[12]。

### 1. 简约空间内点法

考虑 NLP 问题(2.33),其自由度为 $n-m$,高维低自由度问题满足 $n-m \ll n$。定义 $n$ 维非奇异矩阵

$$[Y_k \quad Z_k] \tag{2.50}$$

其中 $Z_k \in R^{n \times (n-m)}$ 为 NLP 问题(2.33)中等式约束的零空间基矩阵,即

$$A_k^T Z_k = 0 \tag{2.51}$$

而相应选择 $Y_k \in R^{n \times m}$ 使(2.50)非奇异。对照 KKT 系统(2.44),第 $k$ 次迭代的搜索方向 $d_k^x$ 可以表达为

$$d_k^x = Y_k d_y + Z_k d_z \tag{2.52}$$

其中 $d_y \in R^m, d_z \in R^{n-m}$。定义矩阵

$$Q_k = \begin{bmatrix} [Y_k \quad Z_k] & \\ & I_m \end{bmatrix} \tag{2.53}$$

对系统(2.44)作如下等价变换:

$$Q_k^T \begin{bmatrix} W_k + \Sigma_k & A_k \\ A_k^T & 0 \end{bmatrix} Q_k Q_k^{-1} \begin{bmatrix} d_k^x \\ \lambda_{k+1} \end{bmatrix} = -Q_k^T \begin{bmatrix} \nabla \varphi_\mu(x_k) \\ c(x_k) \end{bmatrix} \tag{2.54}$$

其中 $\lambda_{k+1} = \lambda_k + d_k^\lambda$,并根据零空间基的性质(2.51)得到空间分解后的 KKT 系统

$$\begin{bmatrix} Y_k^T B_k Y_k & Y_k^T B_k Z_k & Y_k^T A_k \\ Z_k^T B_k Y_k & Z_k^T B_k Z_k & 0 \\ A_k^T Y_k & 0 & 0 \end{bmatrix} \begin{bmatrix} d_y \\ d_z \\ \lambda_{k+1} \end{bmatrix} = -\begin{bmatrix} Y_k^T \nabla \varphi_\mu(x_k) \\ Z_k^T \nabla \varphi_\mu(x_k) \\ c(x_k) \end{bmatrix} \tag{2.55}$$

其中 $B_k = W_k + \Sigma_k$。需要注意的是,该系统比原系统(2.44)难解。一方面,空间分解使系统矩阵不再具有稀疏性,(2.55)通常是稠密系统,因此利用系统稀疏结构的求解方法不再适用;另一方面,系统(2.55)涉及大量的矩阵和向量运算,大规模问题需耗费极大的计算代价。

许多简约空间方法研究[12-14]表明,系统(2.55)可以进一步简化为

$$\begin{bmatrix} 0 & 0 & Y_k^T A_k \\ 0 & Z_k^T B_k Z_k & 0 \\ A_k^T Y_k & 0 & 0 \end{bmatrix} \begin{bmatrix} d_y \\ d_z \\ \lambda_{k+1} \end{bmatrix} = -\begin{bmatrix} Y_k^T \nabla \varphi_\mu(x_k) \\ Z_k^T \nabla \varphi_\mu(x_k) + \omega_k \\ c(x_k) \end{bmatrix} \tag{2.56}$$

其中 $\omega_k = Z_k^T B_k Y_k d_y$ 称为交叉项。这种简化并不影响方向 $d_y$ 和 $d_z$ 的计算,而只影响对乘子 $\lambda$ 的估计。随着求解过程的收敛,$d_y$ 和 $d_z$ 渐趋于 0,此时 $\lambda$ 也将收敛到精确值。简化后的系统可以按照 $d_y \rightarrow d_z \rightarrow \lambda$ 的顺序序贯求解。由此带来的好处是可以降低内存需求,并且能够利用模型结构高效求解大规模问题。

大规模问题对交叉项 $\omega_k$ 的直接计算代价较大。一种简单的处理方法是将交叉项忽略不计。那么忽略交叉项会对算法性能带来怎样的影响?简约空间方法将

优化变量 $x$ 划分为依赖变量 $y \in R^m$ 和独立变量 $z \in R^{n-m}$。小规模系统的基矩阵 $Y_k$ 和 $Z_k$ 通常是通过矩阵 $A_k$ 的 QR 分解得到,但此方法对大规模系统计算代价太高而无法应用。一种可用的方法是正交基方法。将 Jacobian 矩阵表示为

$$A_k^T = [\nabla_y^T c_k \quad \nabla_z^T c_k] = [C_k \quad N_k] \tag{2.57}$$

则正交基定义如下:

$$Y_k = \begin{bmatrix} I_m \\ N_k^T C_k^{-\mathrm{T}} \end{bmatrix}, \quad Z_k = \begin{bmatrix} -C_k^{-1} N_k \\ I_{n-m} \end{bmatrix} \tag{2.58}$$

这种情况下 $Y_k d_y$ 比 $Z_k d_z$ 更快趋于 0,所以令交叉项 $\omega_k = 0$ 不会引起显著误差。如果以 BFGS 方法得到近似 Hessian 矩阵,那么算法将具有 2-步超线性收敛性[14,15]。然而另一方面,正交基(2.58)没有完全保持 Jacobian 矩阵的稀疏性,对大规模问题可能计算代价仍然较大。

坐标基是能够保持 Jacobian 矩阵的稀疏性、也从而是对大规模问题计算代价最小的空间分解方法。坐标基的定义如下:

$$Y_k = \begin{bmatrix} I_m \\ 0 \end{bmatrix}, \quad Z_k = \begin{bmatrix} -C_k^{-1} N_k \\ I_{n-m} \end{bmatrix} \tag{2.59}$$

但此时令 $\omega_k = 0$ 却可能会影响算法性能。原因在于坐标基下的 $Y_k d_y$ 既可能近似于正交基下的移动方向,也可能比正交基下的移动方向大得多,这有赖于对变量 $y$ 和 $z$ 的选择。在极端的情况下 $Y_k d_y$ 几乎与线性化的等式约束空间平行而变得非常大。既然交叉项不能忽略,又要避免其直接计算代价,那么可行的方法是采用近似计算,文献[12]中提出了有限差分和 Broyden 两种近似方法。如果 Hessian 矩阵由 BFGS 方法近似得到,那么算法将达到 1-步超线性收敛[12,16]。

现在考虑如何计算(2.56)中的简约 Hessian 矩阵 $Z_k^T B_k Z_k$。对于高维低自由度问题,简约 Hessian 矩阵是一个很小的稠密矩阵,维数为 $(n-m) \times (n-m)$,实际应用中通常以 BFGS 等方法进行近似计算。考虑 Taylor 展开式:

$$\nabla L(x_{k+1}, \lambda_{k+1}) = \nabla L(x_k, \lambda_{k+1}) + \nabla^2 L(x_{k+1}, \lambda_{k+1})(x_{k+1} - x_k) + O(\| x_{k+1} - x_k \|^2) \tag{2.60}$$

由前两项可知

$$Z_k^T B_{k+1} \cdot \alpha_k d_k^x = Z_k^T [\nabla L(x_{k+1}, \lambda_{k+1}) - \nabla L(x_k, \lambda_{k+1})] \tag{2.61}$$

将(2.52)代入(2.61)得到

$$Z_k^T B_{k+1} Z_k \cdot \alpha_k d_z = Z_k^T [\nabla L(x_{k+1}, \lambda_{k+1}) - \nabla L(x_k, \lambda_{k+1})] - \alpha_k Z_k^T B_{k+1} Y_k d_y \tag{2.62}$$

从而可以定义 BFSG 更新公式中向量 $s_k$ 和 $q_k$ 如下:

$$\begin{cases} s_k = \alpha_k d_z \\ q_k = Z_k^T [\nabla L(x_{k+1}, \lambda_{k+1}) - \nabla L(x_k, \lambda_{k+1})] - \tilde{\omega}_k \end{cases} \tag{2.63}$$

其中 $\tilde{\omega}_k = \alpha_k Z_k^T B_{k+1} Y_k d_y$ 与 $\omega_k$ 具有相似意义，是 Hessian 矩阵近似计算中涉及的交叉项。$\tilde{\omega}_k$ 同样可以通过近似计算得到。

### 2. 简约空间 SQP 算法

如下是简约空间 SQP 算法的基本思路。SQP 算法对 NLP 问题（2.33）构造 QP 子问题：

$$
\begin{aligned}
&\min_{d \in R^n} \frac{1}{2} d^T W_k d + \nabla f_k^T d \\
&\text{s. t. } A_k^T d + c_k = 0 \\
&\qquad x_k + d \geqslant 0
\end{aligned}
\tag{2.64}
$$

同样地引入空间分解（2.50）。根据零空间基的性质（2.51）和（2.64）中线性化的等式约束可知，$d_y$ 由线性系统

$$
d_y = -[A_k^T Y_k]^{-1} c_k
\tag{2.65}
$$

唯一确定。因此将（2.52）代入（2.64）并将 $d_y$ 作常数处理，得到如下 QP 问题：

$$
\begin{aligned}
&\min_{d_z \in R^{n-m}} \frac{1}{2} d_z^T (Z_k^T W_k Z_k) d_z + (Z_k^T \nabla f_k + Z_k^T W_k Y_k d_y)^T d_z \\
&\text{s. t. } x_k + Y_k d_y + Z_k d_z \geqslant 0
\end{aligned}
\tag{2.66}
$$

这是一个降维的 QP 子问题，其维度是 NLP 问题（2.33）的自由度。由于 QP 问题的求解代价高于线性系统的求解代价，因此上述处理方法非常适合求解相对于问题规模而言自由度很小的优化问题。需要注意的是，简约空间方法只能降低 QP 问题的规模，却没有减少不等式约束的数目，因此有效集方法的瓶颈问题依然存在。

关于 QP 子问题（2.66）的求解可参考文献[16]，简约空间 SQP 算法的细节及算法性能分析与测试可参考文献[12]、[4]。

### 3. 关于简约空间方法的更多讨论

（1）如前所述，对依赖变量 $y$ 和独立变量 $z$ 的选择影响到基于坐标基分解的简约空间算法的性能。然而事先很难确定把哪些变量选为独立变量最好，而且实际上这种"最佳"选择会随迭代过程而变化。文献[16]，[4]提出了监测坐标基性能的启发策略，并且对于变量空间被重新划分的情况，提出了将简约空间算法中涉及的向量和矩阵映射到新的变量空间的方法。

（2）根据简化系统（2.56），Hessian 矩阵可被近似表达为

$$
\begin{bmatrix} 0 & 0 \\ 0 & Z_k^T B_k Z_k \end{bmatrix} \quad \text{或} \quad \begin{bmatrix} 0 & 0 \\ 0 & Z_k^T W_k Z_k \end{bmatrix} + \Sigma_k
\tag{2.67}
$$

如果采用坐标基（2.59），那么由（2.67）可知交叉项 $\omega_k = 0$ 或者简化为 $\omega_k =$

$Z_k^T \Sigma_k Y_k d_y$。类似的简化同样适用于交叉项 $\bar{\omega}_k$。

（3）在过程系统优化问题中，通常决策变量是独立变量的自然选择。对于只有决策变量具有边界约束的情况，在坐标基下上述交叉项为 0，而且矩阵 $Z_k^T \Sigma_k Z_k$ 的计算代价极小。

（4）由简约空间方法的描述可知，实施简约空间方法的一个重要前提是 NLP 问题(2.33)的等式约束满足 LICQ 条件。否则约束的 Jacobian 矩阵不是行满秩，因而空间分解基矩阵(2.50)不存在。那么当优化问题具有线性相关约束时，怎样才能应用简约空间方法？这一问题将在下一节的变维法中进行讨论。

## 2.3　线性相关系统求解

LICQ 条件和正定 Hessian 矩阵是建立基于 Newton 法的 NLP 算法的收敛性理论的重要依据。然而在实际的优化求解中，这两个条件不成立的情况却很常见。首先，Newton 法对非线性约束的局部线性化即可导致线性相关约束，由此可见线性相关约束是不可完全避免的；双线性等式约束、互补约束(complementarity constraint)的非线性重构[17]均可引起线性相关约束；具有 high-index 路径约束的动态问题的离散化，随着离散网格的细化约束的线性相关性增强[18]；线性相关约束还存在于包含冗余约束或者矛盾约束的模型中。无论约束的线性相关性是局部的还是结构性的，由此导致奇异的 KKT 系统，很多基于 Newton 法的 NLP 算法都会遇到收敛困难：NLP 迭代获得的进展非常小、Lagrange 乘子计算遇到病态情况、基于惩罚函数的线性搜索方法惩罚参数变得非常大、简约空间方法因无法实现空间分解而立即失败。

另一方面，当 NLP 问题不是凸问题、而且迭代点没有位于满足二阶充分条件的局部最优解的邻域中时，Hessian 矩阵就有可能出现不正定的情况。不定 Hessian 矩阵同样可以导致病态 KKT 系统，而且会导致线性搜索方法生成的迭代方向不是下降方向，从而阻碍算法收敛。

本节分别在全空间和简约空间内点法框架下描述线性相关约束和不定 Hessian 矩阵的处理方法。

### 2.3.1　结构正则化方法

#### 1. 算法描述

考虑 KKT 系统(2.44)，由该系统生成下降方向的前提是迭代矩阵非奇异并且 Hessian 矩阵在约束的零空间的投影矩阵正定。当迭代矩阵的惯性指数为 $(n,$

$m$,0)时,也就是说当矩阵具有 $n$ 个正特征值、$m$ 个负特征值、并且没有 0 特征值时,上述要求被满足。因此,当惯性指数不是$(n,m,0)$时,需要重新求解如下变更的 KKT 系统:

$$\begin{bmatrix} W_k + \Sigma_k + \delta_w I & A_k \\ A_k^{\mathrm{T}} & -\delta_c I \end{bmatrix} \begin{bmatrix} d_k^x \\ d_k^\lambda \end{bmatrix} = -\begin{bmatrix} \nabla\varphi_\mu(x_k) + A_k\lambda_k \\ c_k \end{bmatrix} \tag{2.68}$$

其中 $\delta_w, \delta_c \geqslant 0$ 为标量参数,分别处理不定 Hessian 矩阵和线性相关约束。尝试 $\delta_w, \delta_c$ 的取值并反复求解上述系统直到惯性指数变为$(n,m,0)$为止。当出现线性相关约束时,$A_k^{\mathrm{T}}$ 不是行满秩,KKT 系统(2.44)的迭代矩阵奇异。如果按照(2.68)的方法进行惯性指数校正,存在的一个问题就是 $\delta_c$ 如何取值。$\delta_c$ 对可行性计算引入 $O(\delta_c)$ 的误差,因此较大的 $\delta_c$ 值有可能使相应 Newton 方向无法取得充分进展;但如果 $\delta_c$ 的值太小则有可能增加系统(2.68)的病态特征。鉴于此,结构正则化方法[19]提出依据线性相关结构实现迭代矩阵的校正,避免参数 $\delta_c$ 的取值问题。

在不引起歧义的情况下以下描述省略迭代次数下标 $k$。将约束的梯度矩阵 $A$ 表示为$[A_I|A_D]$,$A_D$ 由线性相关的列组成。可以通过 LU 分解来确定这些线性相关的列,即

$$LA^{\mathrm{T}} = \begin{bmatrix} U_1 & U_2 \\ 0 & 0 \end{bmatrix} \tag{2.69}$$

相应地,对 KKT 系统(2.44)定义 $\lambda = L^{\mathrm{T}}\begin{bmatrix} \lambda_I \\ \lambda_D \end{bmatrix}$ 和 $Lc = \begin{bmatrix} (Lc)_I \\ (Lc)_D \end{bmatrix}$,则得到如下等价系统:

$$\begin{bmatrix} W + \Sigma & \begin{matrix} U_1^{\mathrm{T}} & 0 \\ U_2^{\mathrm{T}} & 0 \end{matrix} \\ \begin{matrix} U_1 & U_2 \\ 0 & 0 \end{matrix} & 0 \end{bmatrix} \begin{bmatrix} d^x \\ \lambda_I \\ \lambda_D \end{bmatrix} = -\begin{bmatrix} \nabla\varphi_\mu \\ (Lc)_I \\ (Lc)_D \end{bmatrix} \tag{2.70}$$

为了求解系统(2.70),如下加入校正项:

$$\begin{bmatrix} W + \Sigma & \begin{matrix} U_1^{\mathrm{T}} & 0 \\ U_2^{\mathrm{T}} & 0 \end{matrix} \\ \begin{matrix} U_1 & U_2 \\ 0 & 0 \end{matrix} & \begin{matrix} 0 & 0 \\ 0 & -\delta_D I \end{matrix} \end{bmatrix} \begin{bmatrix} d^x \\ \lambda_I \\ \lambda_D \end{bmatrix} = -\begin{bmatrix} \nabla\varphi_\mu \\ (Lc)_I \\ (Lc)_D \end{bmatrix} \tag{2.71}$$

由此可得$-\delta_D\lambda_D + (Lc)_D = 0$。当 $\delta_D > 0$ 相对于 $(Lc)_D$ 是非常大的正数时,$\lambda_D$ 的值可以忽略不计,此时求解如下系统与求解系统(2.71)具有相同的效果:

$$\begin{bmatrix} W+\Sigma & \begin{matrix} U_1^{\mathrm{T}} \\ U_2^{\mathrm{T}} \end{matrix} \\ [U_1 \quad U_2] & 0 \end{bmatrix} \begin{bmatrix} d^x \\ \lambda_I \end{bmatrix} = - \begin{bmatrix} \nabla\varphi_\mu \\ (Lc)_I \end{bmatrix} \tag{2.72}$$

更进一步,由此可知实际上并不需要作(2.69)中的 LU 分解,因为系统(2.72)就等价于

$$\begin{bmatrix} W+\Sigma & A_I \\ A_I^{\mathrm{T}} & 0 \end{bmatrix} \begin{bmatrix} d^x \\ \lambda \end{bmatrix} = - \begin{bmatrix} \nabla\varphi_\mu \\ c_I \end{bmatrix} \tag{2.73}$$

显然,根据该方法,改进线立独立约束可行性的 Newton 方向不会受到线性相关性的影响,而线性相关约束不参与当前迭代。如果线性相关约束在最优点处不导致矛盾系统(inconsistent system),那么在迭代中去掉这部分约束会收敛到相同的最优解;否则矛盾的约束将仍然保持不可行性并可提示用户修正模型,相关内容将在可行性恢复部分详细介绍,更多关于矛盾约束的讨论可参考文献[20]、[6]。

将结构正则化方法与 Hessian 矩阵的校正相结合得到如下线性系统:

$$\begin{bmatrix} W+\Sigma+\delta_w I & A \\ A^{\mathrm{T}} & -M \end{bmatrix} \begin{bmatrix} d^x \\ \lambda \end{bmatrix} = - \begin{bmatrix} \nabla\varphi_\mu \\ c \end{bmatrix} \tag{2.74}$$

其中$-M$对应(2.71)中的校正矩阵。对照系统(2.74),基于线性搜索的惯性指数校正算法描述如下。

**算法 2.3** 惯性指数校正方法。

给定常数 $0<\bar{\delta}_w^{\min}<\bar{\delta}_w^0<\bar{\delta}_w^{\max}$ 和 $0<\kappa_s<1<\kappa_u$;令 $\delta_w^{\mathrm{last}}=0$;

对于每次迭代 $k$:

**Step 1** 尝试分解矩阵(2.74),其中 $\delta_w=0$ 且 $M=0$。如果该矩阵惯性指数为$(n,m,0)$,则使用由此得到的 Newton 方向;否则继续 Step 2。

**Step 2** 如果矩阵奇异或者负特征值数小于 $m$,则相应于 $A$ 的每个线性相关的列,将 $M$ 的对角线元素置为 $\delta_D$。

**Step 3** 如果 $\delta_w^{\mathrm{last}}=0$,则令 $\delta_w=\bar{\delta}_w^0$;否则令 $\delta_w=\max\{\bar{\delta}_w^{\min},\kappa_l\delta_w^{\mathrm{last}}\}$。

**Step 4** 根据修正后的 $\delta_w$ 和 $M$ 值,尝试分解矩阵(2.74)。如果惯性指数为$(n,m,0)$,则令 $\delta_w^{\mathrm{last}}=\delta_w$,并将相应方向用于线性搜索;否则继续 Step 5。

**Step 5** 继续增加 $\delta_w$ 的值,令 $\delta_w=\kappa_u\delta_w$。

**Step 6** 如果 $\delta_w>\bar{\delta}_w^{\max}$,则矩阵严重病态,放弃对搜索方向的计算;否则返回Step 4。

在惯性指数校正失败的情况下,基于过滤方法的优化算法将转入可行性恢复阶段,尝试通过特殊的迭代过程改进迭代点的可行性并借此改善问题的数值特性。可行性恢复的相关内容详见 2.4 节。

结构正则化方法对线性相关约束的处理与有效集方法有相似之处,而有效集

方法是通过选择迭代点处的工作集来检测和摒除线性相关约束的。在惯性指数校正过程中,可能需要多次求解 KKT 系统(2.74),通过合理利用线性系统求解器能够改善计算效率。例如,HSL(Harwell Subroutine Library)的 MA57 可以利用大规模系统的稀疏结构提高计算速度。特别是大多线性系统求解器都分为系统分析、分解、求解三部分,三部分的计算代价依次降低。因此在反复求解具有相似结构的线性系统时,如果有系统分解序列可用,那么可以省略系统分析阶段、反复调用系统分解和求解部分,从而显著提高计算效率。此外,对不定 Hessian 矩阵也可以采用结构化的方法进行校正,但需要以零空间方法求解 KKT 系统并且对简约 Hessian 矩阵进行特征值分解,从而找到不定性的来源。因此计算代价较高,通常只适用于低自由度问题。

### 2. 数值实验

基于 FORTRAN 版本的内点法求解器 IPOPT[9]实现上述结构正则化方法,利用稀疏对称不定系统求解器 MUMPS 求解线性系统(2.74)。MUMPS 允许检测对称系统中的线性相关行,并提供了多个检测阈值设置方法。这里采用默认阈值

$$\varepsilon \times 10^{-5} \times \| K \|_{\infty} \tag{2.75}$$

其中 $\varepsilon$ 是机器精度,$\| K \|_{\infty}$ 表示 KKT 矩阵的无穷范数。线性相关的行索引包含在 MUMPS 的输出向量 PIVNUL_LIST 中。HSL 的线性求解器 HSL_MA57 和 HSL_MA97 也实现了类似功能。

在 IPOPT 中选择过滤线性搜索作为全局收敛策略,分别采用传统正则化方法(2.68)和结构正则化方法(2.74)求解源自 CUTE/COPS 的算例和两个大规模非线性 blending 算例。这些算例被设计为具有相关约束,从而引入 NLP 求解困难。数值实验中 IPOPT 的收敛容差为 $10^{-6}$,其他优化选项采用默认设置;传统正则化方法(2.68)中 $\delta_c$ 取固定值 $10^{-8}$。

表 2-1 和表 2-2 中列出 47 个来自 CUTE、COPS 算例库的问题,将这些算例的第一个等式约束 $c_1(x)=0$ 替换为[21]

$$\begin{cases} c_1(x)=0 \\ c_1(x)-c_1^2(x)=0 \end{cases} \quad 或 \quad \begin{cases} c_1(x)=0 \\ c_1(x)-c_1^2(x)=1 \end{cases} \tag{2.76}$$

分别构造具有相容/不相容(矛盾)相关约束的算例。

首先,我们期望所有不相容算例都收敛到使不可行性极小化的驻点。表 2-1 给出了在两种正则化方法下收敛所需的迭代次数。收敛失败的算例原因是超过了迭代次数上限、无法改进可行性、或者出现非常病态的系统。在此测试中两种正则化方法的性能相似,对收敛性没有显著影响。原因在于对不相容问题的求解过程触发了可行性恢复,此后的迭代中可行性恢复起到主导作用(详见 2.4 节)。

**表 2-1　正则化方法比较(不相容算例)**

| 算例 | 传统正则化 | 结构正则化 | 算例 | 传统正则化 | 结构正则化 |
|---|---|---|---|---|---|
| avion2 | 34 | 45 | methanol | failed | 32 |
| catmix | 34 | 23 | minc44 | 210 | 116 |
| dallasl | 359 | 49 | minperm | 220 | 238 |
| dallasm | 167 | 34 | optcdeg2 | 25 | 17 |
| dallass | 34 | 248 | optcdeg3 | 27 | 20 |
| dittert | 229 | 104 | optcntrl | 77 | 42 |
| gasoil | 651 | 53 | optctrl3 | 62 | 74 |
| himmelbj | failed | 72 | optctrl6 | 62 | 74 |
| hong | 18 | 14 | prodpl0 | 54 | 42 |
| hs032 | 19 | 14 | prodpl1 | 29 | 29 |
| hs042 | 16 | 16 | rk23 | 45 | 38 |
| hs054 | 20 | 22 | smbank | 45 | failed |
| hs060 | 43 | 93 | smmpsf | 120 | 156 |
| hs062 | 13 | 13 | spanhyd | 304 | 44 |
| hs063 | 25 | 24 | ssebnln | 79 | 143 |
| hs067 | 35 | 35 | ssnlbeam | 25 | 21 |
| hs080 | failed | failed | steenbrb | 100 | failed |
| hs081 | 79 | failed | steenbrd | failed | failed |
| hs099 | failed | failed | steenbre | 93 | 91 |
| hs112 | 23 | 19 | steenbrg | 1151 | failed |
| hs99exp | failed | failed | swopf | 43 | 37 |
| loadbal | 14 | 13 | try-b | 23 | 23 |
| lsnnodoc | 10 | 10 | zigzag | 29 | 41 |
| marine | 957 | 187 | | | |

另一方面,在具有相容约束的算例求解中结构正则化方法表现出明显优势。此时传统方法成功求解 28 个算例,19 个算例求解失败,求解失败多出现在不可行迭代点处无法取得进一步的收敛进展。结构化方法的收敛成功率提高 54%,收敛失败出现在迭代点已经非常接近最优解但是已达到迭代次数上限的情形。表 2-2 列出了成功收敛的算例所需迭代次数。

需要注意的是算例 ssebnln/steenbre/steenbrg 的求解过程中,结构正则化方法达到收敛所需的迭代次数明显多于传统方法,原因在于结构化方法受到线性相关阈值设置的影响。根据该阈值,结构化方法只校正线性相关约束,而传统方法校正所有约束并不需要辨别线性相关结构。在这三个算例中，MUMPS 在默认的阈值设置下没有正确检测到线性相关约束，从而影响到结构化方法的性能。改变(2.75)中的阈值有助于检测到这些相关约束，减少结构正则化方法的迭代次数。

**表 2-2　正则化方法比较(相容算例)**

| 算例 | 传统正则化 | 结构正则化 | 算例 | 传统正则化 | 结构正则化 |
|---|---|---|---|---|---|
| avion2 | failed | 74 | methanol | 14 | 15 |
| catmix | 169 | 17 | minc44 | failed | 215 |
| dallasl | 58 | failed | minperm | 60 | 13 |
| dallasm | failed | 225 | optcdeg2 | 34 | 30 |
| dallass | 74 | 52 | optcdeg3 | 29 | 27 |
| dittert | failed | 128 | optcntrl | 115 | 33 |
| gasoil | 20 | 15 | optctrl3 | failed | 45 |
| himmelbj | 75 | 98 | optctrl6 | failed | 45 |
| hong | failed | 20 | prodpl0 | 56 | 40 |
| hs032 | 11 | 12 | prodpl1 | 15 | 15 |
| hs042 | 9 | 7 | rk23 | failed | 14 |
| hs054 | failed | 19 | smbank | 14 | 14 |
| hs060 | failed | 47 | smmpsf | 1118 | failed |
| hs062 | 6 | 6 | spanhyd | 48 | 28 |
| hs063 | 17 | 28 | ssebnln | 77 | 255 |
| hs067 | failed | 82 | ssnlbeam | failed | 54 |
| hs080 | failed | 41 | steenbrb | failed | 155 |
| hs081 | failed | 133 | steenbrd | failed | 260 |
| hs099 | 21 | 18 | steenbre | 101 | 206 |
| hs112 | 34 | 44 | steenbrg | 82 | 257 |
| hs99exp | 51 | failed | swopf | failed | 24 |
| loadbal | 9 | 13 | try-b | 38 | 23 |
| lsnnodoc | 1 | 2 | zigzag | failed | 21 |
| marine | failed | failed | | | |

现在考虑工业中的两个 blending 优化问题。典型的 blending 问题出现在炼油加工过程，此时具有不同品质或者特性的物料被混合以得到最终产品，然后配送到各个地点。提出 blending 问题的目的在于将出售最终混合物的收益与购买原料的花费之间的差额最大化。一般的炼油 bending 问题可表达为如下形式[2]：

$$\max \sum_{t\in T}\left(\sum_{k\in K}c_k s_{t,k}-\sum_{i\in I}c_i s_{t,i}\right)$$

$$\text{s. t.}\quad \sum_{k\in K}s_{t,jk}-\sum_{i\in I}s_{t,ij}+v_{t+i,j}=v_{t,j},\quad t\in T,\quad j\in J$$

$$\sum_{k\in K}q_{t,j}s_{t,jk}-\sum_{i\in I}q_{t,i}s_{t,ij}+q_{t+1,j}v_{t+1,j}=q_{t,j}v_{t,j},\quad t\in T,\quad j\in J \qquad (2.77)$$

$$q_{t,k}s_{t,k}-\sum_{j\in J}q_{t,jk}s_{t,jk}=0,\quad t\in T,\quad k\in K$$

其中产品 $k\in K$, 物料来源 $i\in I$, 中间储罐 $j\in J$, 整个时间区间包含 $N_t$ 个时间段, 即 $t\in T=\{1,\cdots,N_t\}$。具有索引的变量 $s_{t,lm}$ 表示在索引为 $l$ 和 $m$ 的储罐之间的流股, $q_{t,l}$ 和 $v_{t,l}$ 分别表示索引为 $l$ 的混合流股特性和储罐容积。通过这种多时间段的命题形式很容易扩展问题的规模, 相应地自由度也成比例增加。

非线性 blending 模型的关键特征在于具有双线性非凸项。当 blending 网络中的特定流股在求解过程中被置为 0 时, blending 模型就成为退化的、具有线性相关约束的形式。考虑中间储罐 $j$ 的 blending 约束:

$$\sum_{k\in K}s_{t,jk}-\sum_{i\in I}s_{t,ij}+v_{t+i,j}=v_{t,j},\qquad\qquad t\in T$$

$$\sum_{k\in K}q_{t,j}s_{t,jk}-\sum_{i\in I}q_{t,i}s_{t,ij}-q_{t+1,j}v_{t+1,j}=q_{t,j}v_{t,j},\quad t\in T$$

当 $s_{t,ij}=0, v_{t,j}=0$ 并且 $q_{t,i}$ 不变时, 线性化的 blending 约束如下:

$$\sum_{k\in K}\Delta s_{t,jk}-\sum_{i\in I}\Delta s_{t,ij}+\Delta v_{t+,j}=\Delta v_{t,j},\qquad\qquad t\in T$$

$$\sum_{k\in K}q_{t,j}\Delta s_{t,jk}-\sum_{i\in I}q_{t,i}\Delta s_{t,ij}-q_{t+1,j}\Delta v_{t+1,j}=q_{t,j}\Delta v_{t,j},\quad t\in T$$

这是一个不满秩系统, 根据该系统无法唯一确定 Newton 方向 $\Delta q_{t,j}$ 和 $\Delta q_{t+1,j}$。本测试中两个不同规模的 blending 问题由于存在该退化特性, 结合传统正则化方法的 IPOPT 不能成功求解任何一个问题, 然而利用结构正则化方法的 IPOPT 能够顺利求解这两个问题。两个 blending 问题的描述和优化计算结果见表 2-3, 其中 $\sharp$ var 为变量个数, $\sharp$ con 为等式约束个数, $\sharp$ depcon 表示 MUMPS 在迭代中检测到的线性相关约束的最大数目, $\sharp$ iter 为求解过程的迭代次数。在该项数值测试中结构正则化方法促进了优化求解器 IPOPT 的稳定收敛。

表 2-3　正则化方法比较(非线性 blending 算例)

| | $\sharp$ var | $\sharp$ con | $\sharp$ depcon | 传统正则化 | 结构正则化 |
|---|---|---|---|---|---|
| Blend1 | 833 | 772 | 4 | failed with no possible improvement | optimum found $\sharp$ iter $=78$ |
| Blend2 | 5176 | 4702 | 60 | failed with more than 3000 iterations | optimum found $\sharp$ iter $=510$ |

### 2.3.2 变维法

1. 算法描述

正如前文提到的,线性相关约束给简约空间算法带来的困扰是无法实现变量的空间分解,从而无法实施简约空间算法。此时假设 Jacobian 矩阵的秩为 $\text{rank}(A^T)=r<m$,对应式(2.57),将 Jacobian 矩阵表示为[22]

$$A^T = \begin{bmatrix} \widetilde{C} & \widetilde{N} \\ \hat{C} & \hat{N} \end{bmatrix} = \begin{bmatrix} \widetilde{A}^T \\ \hat{A}^T \end{bmatrix} \tag{2.78}$$

其中 $\widetilde{C} \in R^{r \times r}$ 为满秩矩阵,$\widetilde{N} \in R^{r \times (n-r)}$,$\hat{C} \in R^{(m-r) \times r}$,$\hat{N} \in R^{(m-r) \times (n-r)}$,并且满足

$$\hat{N} - \hat{C}\widetilde{C}^{-1}\widetilde{N} = 0 \tag{2.79}$$

对照(2.78)中的变量划分,选择满秩子矩阵 $\widetilde{C}$ 对应的 $r$ 维变量为依赖变量,此外的所有变量都归为独立变量。由此可知该问题的自由度为 $n-r$,相应地定义坐标基矩阵为

$$Y = \begin{bmatrix} I_r \\ 0 \end{bmatrix}, \quad Z = \begin{bmatrix} -\widetilde{C}^{-1}\widetilde{N} \\ I_{n-r} \end{bmatrix} \tag{2.80}$$

并对约束作相应划分

$$c = \begin{bmatrix} \tilde{c} \\ \hat{c} \end{bmatrix} \tag{2.81}$$

然后根据(2.56)求解下列非奇异线性系统:

$$\widetilde{C} \cdot d_y = -\tilde{c}$$
$$Z^T(W + \Sigma)Z \cdot d_z = -(Z^T \nabla\varphi_\mu + \omega) \tag{2.82}$$
$$\widetilde{C}^T \cdot \lambda = -Y^T \nabla\varphi_\mu$$

前面讨论的不满秩系统求解,都是在系统相容的情况下进行的。也就是说,若对线性系统 $A^T d^x = -c$ 作如(2.78)和(2.81)的划分,则(2.79)和

$$\hat{c} - \hat{C}\widetilde{C}^{-1}\tilde{c} = 0 \tag{2.83}$$

同时成立。此时,只要在当前迭代点求解(2.82)所示的满秩系统,并忽略约束的相关性即可。但是不满秩系统也有可能是不相容的,这是需要特别考虑的情况。当出现不相容系统时,相应的优化问题是不可行的(至少是局部不可行的)。导致不可行系统的原因,可能是由于存在建模错误,或者是源于对非线性约束的线性近似。此外,还需要注意 Jacobian 矩阵只是局部奇异而非结构性奇异的情况。例如,$A^T$ 在某些迭代点出现线性相关行,导致 $\text{rank}(A^T)<m$;而在其他迭代点又变为满秩,即 $\text{rank}(A^T)=m$。鉴于这种 Jacobian 矩阵的秩随迭代点变化的情况,对系统自由度的识别以及(2.78)相应的变量空间划分也应该是动态的。对于这两个问题可以设计相容性检查过程,用于发现系统的不相容性,同时检测系统在迭代过

程中秩的变化,从而及时修正变量划分。

相容性检查通过矩阵分解实现,其执行效率对优化进程有较大影响。由于大规模系统通常是稀疏的,这里采用 HSL 中的稀疏线性系统求解例程 MA48 来完成。如前文所述,MA48 的三个例程 MA48A/B/C 分别实现线性系统的分析、分解、和求解,三个例程的计算代价依次降低。据此可以制定相容性检查方法:

(1) 在第 $k$ 次迭代,如果无法计算 $\tilde{C}_k^{-1}\tilde{N}_k$ 或者 $\hat{N}_k - \hat{C}_k\tilde{C}_k^{-1}\tilde{N}_k \neq 0$,则利用 MA48A 对 $A_k$ 进行 LU 分解得到新的划分(2.78),并重新计算 $Y_k, Z_k, d_y$;

(2) 否则,$\mathrm{rank}(A_k^{\mathrm{T}}) = \mathrm{rank}(A_{k-1}^{\mathrm{T}})$ 并利用旧的分解序列由 MA48B/C 得到 $Z_k, d_y$;

(3) 计算 $d_z$ 和 $d^x$,继续优化求解过程。

需要注意的是,具有变维法的简约空间算法仍然保持原有的收敛特性。结合 2.2 节对(简约空间)内点法的算法描述以及过滤线性搜索策略,给出如下收敛性定理。

**定理 2.3**[23]　　假设具有变维法的简约空间内点法生成的迭代点序列 $\{x_k\}$ 包含于满足如下性质的凸集 $\mathcal{D}$ 中:

(1) 函数 $f(x):R^n \to R$ 和 $c(x):R^n \to R^m$ 及其一阶和二阶(近似)导数的模在 $\mathcal{D}$ 上一致有界;

(2) 函数 $f(x):R^n \to R$ 在 $x \in \mathcal{D}$ 上有下界。

并且可行域某邻域内的所有 $x_k$ 满足:

(1) 矩阵 $A(x_k)$ 列满秩,并且存在常数 $\gamma_0$ 和 $\beta_0$ 满足 $\|Y(x_k)[A(x_k)^{\mathrm{T}} \cdot Y(x_k)]^{-1}\| \leqslant \gamma_0$ 和 $\|Z(x_k)\| \leqslant \beta_0$;

(2) $\Sigma_k$ 与 $\mu(X_k)^{-2}$ 的偏差有界;

(3) $W_k + \mu(X_k)^{-2}$ 在 $A(x_k)$ 的零空间一致正定。

那么过滤线性搜索算法具有以下性质:

$$\lim_{k \to \infty} \|c(x_k)\| = 0 \text{ 且 } \liminf_{k \to \infty} \|\nabla\varphi_\mu(x_k) + \nabla c(x_k)\lambda_k\| = 0$$

上述定理表明,$\{x_k\}$ 所有极限点都是可行点;并且如果 $\{x_k\}$ 有界,那么存在 $\{x_k\}$ 的极限点 $x^*$,$x^*$ 是 NLP 问题(2.33)的一阶最优点。

最后,在 Hessian 矩阵修正方面,如果简约空间算法采用 BFGS 等方法近似得到正定的简约 Hessian 矩阵,则可以直接通过 Cholesky 分解计算相应系统;否则对不定矩阵的处理,可以采用与上述惯性指数校正中类似的方法,但修正的对象是简约 Hessian 矩阵 $Z^{\mathrm{T}}(W + \Sigma)Z$。

## 2. 数值实验

前文已经提到对于简约空间算法而言,不满秩 Jacobian 矩阵使空间分解无法实现,从而导致算法立即失败。以下数值测试的目的在于展示变维法在不满秩 Jacobian矩阵处理中的良好性能，基于该方法不满秩问题不会对简约空间算法带来空间分解和求解困难。

在简约空间内点法求解器 rIPOPT[22] 中实现变维法求解策略，并根据 primal-dual 系统(2.37)的残差定义 rIPOPT 的收敛容差为

$$\left\| \begin{matrix} \nabla f(x) + A(x)\lambda - v \\ c(x) \\ Xv - \mu e \end{matrix} \right\|_{\infty} \leqslant \varepsilon$$

其中 $\varepsilon = 10^{-6}$。算例采用 2.3.1 节中由 CUTE/COPS 算例改写得到的相容问题。线性求解器为 MA48。

表 2-4 给出了用于测试的算例描述，其中 ♯var、♯c、♯lb/♯ub 分别为问题中的变量、等式约束，以及下边界/上边界约束个数。对于改写前的原 47 个算例，rIPOPT 能够全部顺利收敛(求解过程中不需要可行性恢复)。对于改写后具有线性相关约束的算例，表中 ♯iter 表示求解所需的迭代次数。如表所示，基于变维法，大部分算例都能够顺利收敛，两个例外的算例是 catmix 和 ssebnln。catmix 由于在驻点处转入可行性恢复，因此可行性恢复对求解过程没有进行任何处理；ssebnln 在经过可行性恢复后达到收敛，根据不同的可行性恢复算法，达到收敛的迭代次数分别是 109(RESTO_PG)、208(TRON)、158(L-BFGS-B)。

表 2-4　变维法求解结果

| 算例 | ♯ var | ♯ c | ♯ lb/♯ ub | ♯ iter | 结果 |
|---|---|---|---|---|---|
| avion2 | 49 | 16 | 49/49 | 27 | opt |
| catmix | 280 | 221 | 60/60 | 2463 | * stationary |
| dallasl | 906 | 668 | 906/906 | 20 | opt |
| dallasm | 196 | 152 | 196/196 | 14 | opt |
| dallass | 46 | 32 | 46/46 | 41 | opt |
| dittert | 327 | 265 | 327/327 | 31 | opt |
| gasoil | 206 | 204 | 3/0 | 14 | opt |
| himmelbj | 45 | 17 | 45/0 | 23 | opt |
| hong | 4 | 2 | 4/4 | 12 | opt |
| hs032 | 4 | 3 | 4/0 | 12 | opt |
| hs042 | 4 | 3 | 4/0 | 7 | opt |
| hs054 | 6 | 2 | 6/6 | 7 | opt |
| hs060 | 3 | 2 | 3/3 | 7 | opt |
| hs062 | 3 | 2 | 3/3 | 9 | opt |

续表

| 算例 | # var | # c | # lb/# ub | # iter | 结果 |
|---|---|---|---|---|---|
| hs063 | 3 | 3 | 3/0 | 12 | opt |
| hs067 | 24 | 22 | 10/10 | 13 | opt |
| hs080 | 5 | 4 | 5/5 | 8 | opt |
| hs081 | 5 | 4 | 5/5 | 7 | opt |
| hs099 | 23 | 19 | 7/7 | 8 | opt |
| hs112 | 10 | 4 | 10/0 | 17 | opt |
| hs99exp | 31 | 22 | 7/7 | 19 | opt |
| loadbal | 51 | 32 | 51/11 | 13 | opt |
| lsnnodoc | 5 | 5 | 3/3 | 13 | opt |
| marine | 350 | 328 | 15/0 | 17 | opt |
| methanol | 250 | 246 | 5/0 | 14 | opt |
| minc44 | 311 | 263 | 303/56 | 41 | opt |
| minperm | 1113 | 1034 | 1113/100 | 6 | opt |
| optcdeg2 | 1199 | 801 | 799/400 | 24 | opt |
| optcdeg3 | 1199 | 801 | 799/400 | 21 | opt |
| optcntrl | 33 | 22 | 20/11 | 18 | opt |
| optctrl3 | 123 | 82 | 0/1 | 28 | opt |
| optctrl6 | 123 | 82 | 0/1 | 28 | opt |
| prodpl0 | 69 | 30 | 69/0 | 15 | opt |
| prodpl1 | 69 | 30 | 69/0 | 15 | opt |
| rk23 | 17 | 12 | 6/0 | 10 | opt |
| smbank | 117 | 65 | 85/0 | 14 | opt |
| smmpsf | 743 | 264 | 743/0 | 98 | opt |
| spanhyd | 97 | 34 | 81/81 | 51 | opt |
| ssebnln | 218 | 97 | 192/192 | 109/208/158 | * opt |
| ssnlbeam | 33 | 21 | 20/20 | 33 | opt |
| steenbrb | 468 | 109 | 468/0 | 60 | opt |
| steenbrd | 468 | 109 | 468/0 | 105 | opt |
| steenbre | 540 | 127 | 540/0 | 118 | opt |
| steenbrg | 540 | 127 | 540/0 | 219 | opt |
| swopf | 97 | 93 | 24/10 | 19 | opt |
| try-b | 2 | 2 | 2/0 | 46 | opt |
| zigzag | 74 | 51 | 40/40 | 21 | opt |

# 2.4　可行性恢复阶段

可行性恢复[9,20,24]是在优化算法遇到求解困难时进行的特殊的迭代阶段。根据前面的内容可以看到典型的转入可行性恢复阶段的情况包括：迭代步长太小算法无法取得充分进展、非线性约束的局部线性化导致不可行模型、病态/奇异系统校正失败等。

可行性恢复阶段通过改进迭代点的可行性帮助算法跳出导致求解困难的区域，是基于过滤方法的优化算法全局收敛性的重要保障，也因此可行性恢复算法本身应该是鲁棒的。可行性恢复阶段的另一重要作用在于对不可行系统的识别。对于建模错误等原因导致的不可行问题，可行性恢复阶段通过收敛到不可行驻点来表明问题的不可行性。

### 2.4.1　障碍法可行性恢复

设想优化算法在迭代点 $x_k$ 转入可行性恢复阶段，通过改进该点的可行性，生成一个可被接受的迭代点 $x_{k+1}$，重新回到常规迭代过程；或者在生成可被接受的迭代点之前可行性恢复阶段本身收敛到不可行驻点，表明问题至少是局部不可行的。对 NLP 问题（2.33）建立如下可行性恢复问题[9]：

$$\min_{x \in R^n} \| c(x) \|_1 + \frac{\zeta}{2} \| D_R (x - x_R) \|_2^2 \tag{2.84}$$
$$\text{s. t.}\quad x \geqslant 0$$

其中参考点 $x_R$ 即为转入可行性恢复阶段的迭代点 $x_k$；加权参数 $\zeta > 0$；标度矩阵 $D_R$ 定义为

$$D_R = \mathrm{diag}(\min\{1, 1/|x_R^{(1)}|\}, \cdots, \min\{1, 1/|x_R^{(n)}|\}) \tag{2.85}$$

（2.84）中目标函数第二项的作用在于限制可行性恢复阶段生成远离参考点的新的迭代点。该可行性恢复问题可以表达为[9]

$$\min_{x \in R^n, p, n \in R^m} \sum_{i=1}^m (p^{(i)} + n^{(i)}) + \frac{\zeta}{2} \| D_R (x - x_R) \|_2^2 \tag{2.86}$$
$$\text{s. t.}\quad c(x) - p + n = 0$$
$$x, p, n \geqslant 0$$

注意问题（2.86）与 NLP 问题（2.33）具有相同的命题形式，但是该问题中等式约束的 Jacobian 矩阵必定是行满秩的。

本章 2.2.2 节介绍的内点算法可以直接用于求解问题（2.86），以下给出迭代方向的计算细节。将（2.86）转化为障碍问题形式，得到

$$\min_{x \in R^n, p, n \in R^m} \sum_{i=1}^{m} (p^{(i)} + n^{(i)}) + \frac{\zeta}{2} \parallel D_R(x - x_R) \parallel_2^2$$

$$- \mu \sum_{i=1}^{n} \ln(x^{(i)}) - \mu \sum_{i=1}^{m} \ln(p^{(i)}) - \mu \sum_{i=1}^{m} \ln(n^{(i)}) \qquad (2.87)$$

$$\text{s. t.} \quad c(x) - p + n = 0$$

将 Newton 法用于障碍问题(2.87)得到 KKT 系统如下：

$$\begin{bmatrix} \overline{W} + \zeta D_R^2 + \Sigma_x & \nabla c(x) \\ \nabla c(x)^T & -\Sigma_p^{-1} - \Sigma_n^{-1} \end{bmatrix} \begin{bmatrix} d^x \\ d^\lambda \end{bmatrix}$$

$$= - \begin{bmatrix} \zeta D_R^2(x - x_R) + \nabla c(x)\lambda - \mu X^{-1} e \\ c(x) - p + n + V_p^{-1}(\mu e - p) + V_n^{-1}(\mu e - n) \end{bmatrix} \qquad (2.88)$$

其中 Hessian 矩阵 $\overline{W} = \sum_{i=1}^{m} \lambda^{(i)} \nabla_{xx}^2 c(x)$；$\Sigma_x = X^{-1} V_x$，$\Sigma_p = P^{-1} V_p$，$\Sigma_n = N^{-1} V_n$。由 (2.88) 得到 Newton 方向 $d^x, d^\lambda$ 后，可以得到其他变量的迭代方向如下：

$$d^v = \mu X^{-1} e - v - \Sigma_x d^x$$

$$d^p = V_p^{-1}(\mu e + P(\lambda + d^\lambda)) - p, \quad d^{v_p} = \mu P^{-1} e - v_p - \Sigma_p d^p \qquad (2.89)$$

$$d^n = V_n^{-1}(\mu e - N(\lambda + d^\lambda)) - n, \quad d^{v_n} = \mu N^{-1} e - v_n - \Sigma_n d^n$$

### 2.4.2　投影梯度可行性恢复

#### 1. 算法描述

可行性恢复问题(2.86)的自由度为 $n + m$，所以对于大规模问题，(2.86)不适合作为简约空间算法的可行性恢复问题在简约空间框架下求解。文献[22]给出了能够与简约空间优化算法共享空间分解结构的基于投影梯度算法的可行性恢复策略。建立如下相似的可行性恢复问题(并扩展到变量具有上/下边界的情形)：

$$\min_{x \in R^n} \phi(x) = \frac{1}{2} \parallel c(x) \parallel_2^2 + \frac{\zeta}{2} \parallel D_R(x - x_R) \parallel_2^2 \qquad (2.90)$$

$$\text{s. t.} \quad x_L \leqslant x \leqslant x_U$$

$\phi(x)$ 的梯度和 Hessian 矩阵定义如下：

$$\nabla \phi(x) = \zeta D_R^2(x - x_R) + Ac$$

$$\nabla^2 \phi(x) = \zeta D_R^2 + AA^T + R(x) \qquad (2.91)$$

其中矩阵 $R(x) = \sum_{j=1}^{m} \nabla^2 c_j(x) c_j(x)$。对于(2.90)相应的无约束问题，可以给出 Cauchy 方向和 Newton 方向如下：

$$d^C = -\beta(\zeta D_R^2(x - x_R) + Ac), \quad \beta = \frac{\parallel \nabla \phi \parallel_2^2}{\nabla \phi^T \nabla^2 \phi \nabla \phi} \qquad (2.92)$$

$$(\zeta D_R^2 + AA^T + R(x)) d^N = -(\zeta D_R^2(x - x_R) + Ac)$$

为了使可行性恢复问题与常规迭代过程共享空间分解结构,给出下列赋值($\mathrm{rank}(A^\mathrm{T})=r\leqslant m$):

$$R(x)=0, \quad D_R^2=\begin{bmatrix}0 & 0\\ 0 & I_{n-r}\end{bmatrix}, \quad A^\mathrm{T}=\begin{bmatrix}\widetilde{C} & \widetilde{N}\\ \hat{C} & \hat{N}\end{bmatrix}$$

$$Y=\begin{bmatrix}I_r\\ 0\end{bmatrix}, \quad Z=\begin{bmatrix}-\widetilde{C}^{-1}\widetilde{N}\\ I_{n-r}\end{bmatrix}, \quad d^N=Yd_y+Zd_z, \quad D_R^2Y=0$$

(2.93)

从而得到

$$\nabla\phi(x)=\begin{bmatrix}0\\ \zeta(z-z_R)\end{bmatrix}+Ac$$

$$\nabla^2\phi(x)=\begin{bmatrix}0 & 0\\ 0 & \zeta I_{n-r}\end{bmatrix}+AA^\mathrm{T}$$

(2.94)

因此 Newton 方向可表示为

$$(AA^\mathrm{T})Yd_y+(\zeta D_R^2)Zd_z=-(\zeta D_R^2(x-x_R)+Ac)$$

将上式两边左乘矩阵 $[Y|Z]^\mathrm{T}$ 得到

$$(Y^\mathrm{T}(AA^\mathrm{T})Y)d_y=-Y^\mathrm{T}Ac$$

$$d_z=z_R-z$$

如果该系统是相容的,那么(2.83)成立,从而得到 $d_y=-\widetilde{C}^{-1}\tilde{c}$;否则可利用 Sherman-Morison-Woodbury 公式计算 $d_y$ 如下:

$$d_y=-\widetilde{C}^{-1}(I-\widetilde{C}^{-\mathrm{T}}\hat{C}^\mathrm{T}(I+\hat{C}\widetilde{C}^{-1}\widetilde{C}^{-\mathrm{T}}\hat{C}^\mathrm{T})^{-1}\hat{C}\widetilde{C}^{-1})(\tilde{c}+\widetilde{C}^{-\mathrm{T}}\hat{C}^\mathrm{T}\hat{c}) \quad (2.95)$$

当 $m-r$ 很小时上述计算代价很低。

注意该方法并不需要显式地计算和分解矩阵 $AA^\mathrm{T}$;此外虽然推导过程采用的是易于计算的坐标基,但 Newton 方向和 Cauchy 方向与所选择的空间分解基矩阵无关。

为了处理(2.90)中的边界约束,定义如下投影运算:

$$P[x^{(i)}]=\begin{cases}x_L^{(i)}, & x^{(i)}\leqslant x_L^{(i)}\\ x^{(i)}, & x_L^{(i)}<x^{(i)}<x_U^{(i)}\\ x_U^{(i)}, & x^{(i)}\geqslant x_U^{(i)}\end{cases}$$

定义如下集合[25]:

$$\mathcal{A}(x)=\{i\,|\,x^{(i)}=x_L^{(i)}\ \text{且}\ \nabla\phi\,(x)^{(i)}>0,\text{或}\ x^{(i)}=x_U^{(i)}\ \text{且}\ \nabla\phi\,(x)^{(i)}<0\}$$

并将该集合的补集记作 $\mathcal{I}(x)$,相应得到如下定义的简约 Hessian 矩阵:

$$\nabla_R^2\phi\,(x)^{(ij)}=\begin{cases}1, & i=j\in\mathcal{A}(x)\\ 0, & i\neq j,i\in\mathcal{A}(x)\ \text{或}\ j\in\mathcal{A}(x)\\ \nabla^2\phi\,(x)^{(ij)}, & \text{其他}\end{cases}$$

将变量按照集合 $\mathcal{A}$ 进行重排和划分,得到

$$\nabla_R^2 \phi(x) = \begin{bmatrix} \nabla_{\mathcal{I}}^2 \phi(x) & 0 \\ 0 & I \end{bmatrix}$$

其中 $\nabla_{\mathcal{I}}^2 \phi(x)$ 是变量索引 $i,j \in \mathcal{I}(x)$ 的变量对应的 Hessian 矩阵中的元素构成的子矩阵。再根据(2.94)得到投影 Newton 方向如下:

$$d^N = -(\nabla_R^2 \phi(x))^{-1} \nabla \phi(x) = \begin{bmatrix} d_{\mathcal{I}}^N \\ d_{\mathcal{A}}^N \end{bmatrix} = -\begin{bmatrix} (\nabla_{\mathcal{I}}^2 \phi(x))^{-1} \nabla \phi(x)^{(j \in \mathcal{I}(x))} \\ \nabla \phi(x)^{(j \in \mathcal{A}(x))} \end{bmatrix} \quad (2.96)$$

显然 $d_{\mathcal{A}}^N$ 可以直接得到,我们希望 $d_{\mathcal{I}}^N$ 的计算能够利用简约空间求解器的矩阵分解。

考虑如下向量:

$$\hat{d} = \begin{bmatrix} d_{\mathcal{I}}^N \\ 0 \end{bmatrix} = Y d_y + Z d_z$$

为了简化推导描述,将 $\hat{d}$ 中的元素按照空间分解($y$ 和 $z$)的变量顺序重排,得到向量 $\bar{d}$(集合 $\mathcal{A}$、$\mathcal{I}$ 等相关变量索引随之改变)。注意 $E^T \bar{d} = 0$,其中矩阵 $E$ 的列向量由单位向量 $e_j (j \in \mathcal{A}(x))$ 构成。定义如下线性系统:

$$\begin{bmatrix} \nabla^2 \phi(x) & E \\ E^T & 0 \end{bmatrix} \begin{bmatrix} \bar{d} \\ \omega \end{bmatrix} = -\begin{bmatrix} \nabla \phi(x) \\ 0 \end{bmatrix}$$

矩阵 $\nabla^2 \phi(x)$ 被分解后,可得 $\bar{d}$ 并利用 Schur complement 方法得到 $\omega$。在简约空间框架下有该系统的如下等价系统:

$$\begin{bmatrix} Y^T \nabla^2 \phi(x) Y & Y^T \nabla^2 \phi(x) Z & Y^T E \\ Z^T \nabla^2 \phi(x) Y & Z^T \nabla^2 \phi(x) Z & Z^T E \\ E^T Y & E^T Z & 0 \end{bmatrix} \begin{bmatrix} d_y \\ d_z \\ \omega \end{bmatrix} = -\begin{bmatrix} Y^T \nabla \phi(x) \\ Z^T \nabla \phi(x) \\ 0 \end{bmatrix}$$

将(2.93)代入上述系统得到

$$\begin{bmatrix} Y^T A A^T Y & 0 & Y^T E \\ 0 & \zeta \cdot I & Z^T E \\ E^T Y & E^T Z & 0 \end{bmatrix} \begin{bmatrix} d_y \\ d_z \\ \omega \end{bmatrix} = -\begin{bmatrix} Y^T A c \\ \zeta(z - z_R) \\ 0 \end{bmatrix} \quad (2.97)$$

对于自由度很低、有效约束很少的问题,Schur complement 求解中计算代价最高的部分是分解矩阵 $Y^T A A^T Y$,因此利用(2.95)中的 Sherman-Morison-Woodbury 公式,有

$$(Y^T A A^T Y) u = Y^T A c$$
$$u = \tilde{C}^{-1} (I + \tilde{C}^{-T} \hat{C}^T \hat{C} \tilde{C}^{-1})^{-1} (\tilde{c} + \tilde{C}^{-T} \hat{C}^T \hat{c}) \quad (2.98)$$
$$= \tilde{C}^{-1} (I - \tilde{C}^{-T} \hat{C}^T (I + \hat{C} \tilde{C}^{-1} \tilde{C}^{-T} \hat{C}^T)^{-1} \hat{C} \tilde{C}^{-1}) (\tilde{c} + \tilde{C}^{-T} \hat{C}^T \hat{c})$$

以及

$$(Y^T A A^T Y)U = Y^T E$$
$$U = \tilde{C}^{-1}(I + \tilde{C}^{-T}\hat{C}^T\hat{C}\tilde{C}^{-1})^{-1}\tilde{C}^{-T}Y^T E \qquad (2.99)$$
$$= \tilde{C}^{-1}(I - \tilde{C}^{-T}\hat{C}^T(I + \hat{C}\tilde{C}^{-1}\tilde{C}^{-T}\hat{C}^T)^{-1}\hat{C}\tilde{C}^{-1})\tilde{C}^{-T}Y^T E$$

从而通过 Schur complement 方法求解如下线性系统得到 $\omega$：

$$S\omega = \sigma$$
$$S = -\left(\frac{1}{\zeta}E^T Z Z^T E + E^T Y U\right), \quad \sigma = E^T Z(z - z_R) + E^T Y u \qquad (2.100)$$

这是一个稠密对称系统，维数为集合的势 $|\mathcal{A}(x)|$，因此应该是一个小规模系统（例如满足 $|\mathcal{A}(x)| \leqslant n - r$）。计算 $\omega$ 后可以由（2.97）得到

$$d_y = -(u + U\omega), \quad d_z = \frac{z_R - z - Z^T E\omega}{\zeta}, \quad \bar{d} = Y d_y + Z d_z \qquad (2.101)$$

以 $d_{\mathcal{A}}^N$ 替换 $\bar{d}^{(j \in \mathcal{A}(x))}$ 中对应元素得到（2.96）中的 Newton 方向 $d^N$。

Newton 方向 $d^N$ 对有效集的投影定义为

$$p^N(\alpha) = P[x + \alpha d^N] - x \qquad (2.102)$$

为了确定其中的步长 $\alpha$，定义 $\phi(x)$ 的二次模型如下：

$$m(p) = \nabla\phi(x)^T p + \frac{1}{2}p^T \nabla^2\phi(x)p$$

相应地要求投影 Newton 方向 $p^N = p^N(\alpha^N)$ 满足二次模型充分下降，即

$$m(p^N(\alpha^N)) \leqslant \rho \nabla\phi(x)^T p^N(\alpha^N) \qquad (2.103)$$

其中 $\rho \in (0, 1/2)$。类似地定义沿 Cauchy 方向的投影

$$p^C(\alpha) = P[x - \alpha\nabla\phi(x)] - x \qquad (2.104)$$

并确定投影 Cauchy 方向 $p^C = p^C(\alpha^C)$ 满足

$$m(p^C(\alpha^C)) \leqslant -(\rho/\alpha^C)\|p^C(\alpha^C)\|_2^2, \quad \alpha^C \in (\varepsilon, \|p^N\|_2/\|p^C(1)\|_2] \qquad (2.105)$$

由 $p^N$ 和 $p^C$ 得到 dogleg 方向如下：

$$p^D(\eta) = \begin{cases} \eta p^C, & \eta \leqslant 1 \\ p^C + (\eta - 1)(p^N - p^C), & \eta \in (1, 2] \end{cases} \qquad (2.106)$$

其中 $\eta \in (0, 2]$ 满足

$$\phi(x + p^D(\eta)) - \phi(x) \leqslant \rho \nabla\phi(x)^T p^D(\eta) \qquad (2.107)$$

设置新的迭代点为 $x(\eta) = x + p^D(\eta)$。根据以上描述得到基于线性搜索的投影梯度可行性恢复算法如下。

**算法 2.4** 投影梯度可行性恢复（RESTO_PG）。

（循环起始）当可行性恢复问题（2.90）未收敛时，执行：

　　如果分解（2.93）不成立，则重新分解矩阵 $A$；

　　根据（2.96）计算 $d_{\mathcal{A}}^N$；

根据(2.98)~(2.101)计算 $\bar{d}$；

组合 $d_A^N$ 和 $\bar{d}$ 得到 $d^N$；

根据(2.102)、(2.103)通过对 $\alpha^N$ 的线性搜索确定投影 Newton 步 $p^N$；

如果不能找到相应 $\alpha^N$，则令 $\alpha^C = 1, \eta = 1$；

根据(2.104)、(2.105)通过对 $\alpha^C$ 的线性搜索确定投影 Cauchy 步 $p^C$；

如果不能找到相应 $\alpha^C$，则令 $\alpha^C = 1, \eta = 1$；

确定 $\eta$ 得到相应 dogleg 步(2.106)，使其满足(2.107)；

令 $x = x(\eta)$；

(循环结束)

### 2. 收敛性分析

算法 RESTO_PG 收敛性分析的复杂性在于出现 zigzag 现象时，有效集 $\mathcal{A}(x)$ 和相应简约 Hessian 矩阵都产生变化。因此采用如下扩展有效集的方法[25]来避免这一困难：

$$\mathcal{A}^\epsilon(x_k) = \left\{ i \left| \begin{array}{l} x_L^{(i)} \leqslant x_k^{(i)} \leqslant x_L^{(i)} + \varepsilon_k \text{ 且 } \nabla\phi(x_k)^{(i)} > 0 \text{ 或} \\ x_U^{(i)} - \varepsilon_k \leqslant x_k^{(i)} \leqslant x_U^{(i)} \text{ 且 } \nabla\phi(x_k)^{(i)} < 0 \end{array} \right. \right\}$$

其中 $\varepsilon_k = \min\{\min_i(x_U^{(i)} - x_L^{(i)})/2, \|x_k - P[x_k - \nabla\phi(x_k)]\|_2\}$。简约 Hessian 矩阵 $\nabla_R^2\phi(x_k)$ 须与 $\mathcal{A}^\epsilon(x_k)$ 相一致。以下引理表明对迭代过程中的任意点均存在非 0 步长满足 Armijo 条件(2.107)。

**定理2.4**　设有 $x \in \Omega = \{x \in R^n \mid x_L \leqslant x \leqslant x_U\}$，$\nabla\phi(x)$ 在 $\Omega$ 上 Lipschitz 连续，$L$ 为 Lipschitz 常数。那么 $\exists \bar{\alpha} > 0$，使得(2.107)对所有 $\alpha \leqslant \bar{\alpha}$ 均成立。

**证明**　根据 Lipschitz 连续假设，有

$$\begin{aligned}
\phi(x(\eta)) &= \phi(x) + \nabla\phi(x)^T(x(\eta) - x) \\
&\quad + \int_0^1 (\nabla\phi(x + t(x(\eta) - x)) - \nabla\phi(x))^T(x(\eta) - x)\mathrm{d}t \quad (2.108) \\
&\leqslant \phi(x) + \nabla\phi(x)^T(x(\eta) - x) + L\|x(\eta) - x\|_2^2/2
\end{aligned}$$

注意 $\eta \leqslant 1$ 时采用 Cauchy 方向，即 $x(\eta) = P[x - \alpha^C \nabla\phi(x)]$。对于 $\alpha = \eta\alpha^C$ 和任意 $x, y \in \Omega$，下式成立[26]：

$$(y - P[x - \alpha\nabla\phi(x)])^T(P[x - \alpha\nabla\phi(x)] - x + \alpha\nabla\phi(x)) \geqslant 0 \quad (2.109)$$

通过令 $y = x$ 得到如下特殊情形：

$$\begin{aligned}
\|P[x - \alpha\nabla\phi(x)] - x\|_2^2 &\leqslant -\alpha\nabla\phi(x)^T(P[x - \alpha\nabla\phi(x)] - x) \\
\|x(\eta) - x\|_2^2 &\leqslant -\alpha\nabla\phi(x)^T(x(\eta) - x)
\end{aligned} \quad (2.110)$$

因此由(2.108)和(2.110)可知对 $\eta \in (0, 1]$ 有

$$\phi(x(\eta)) - \phi(x) \leqslant \nabla\phi(x)^T(x(\eta) - x) - (\alpha L/2)\nabla\phi(x)^T(x(\eta) - x)$$

$$(2.111)$$

根据 Armijo 条件(2.107),如果(2.111)中的 $\alpha$ 使得下式

$$\nabla\phi(x)^{\mathrm{T}}(x(\eta)-x)-(\alpha L/2)\nabla\phi(x)^{\mathrm{T}}(x(\eta)-x)$$
$$=(1-\alpha L/2)\nabla\phi(x)^{\mathrm{T}}p^{D}(\eta)\leqslant\rho\,\nabla\phi(x)^{\mathrm{T}}p^{D}(\eta)$$

对所有

$$\eta\alpha^{C}=\alpha\leqslant\frac{2(1-\rho)}{L}$$

成立,则步长 $\alpha$ 可被接受。因此,令 $\bar{\alpha}=\min(\alpha^{C},2(1-\rho)/L)$ 即得到引理结论。

□

可行性恢复问题(2.90)的驻点 $x^{*}$ 满足

$$\nabla\phi(x^{*})(x-x^{*})\geqslant0,\quad\forall\,x\in\Omega \qquad (2.112)$$

并且对 $\eta\in(0,2]$ 所确定的 dogleg 方向,(2.111)与引理 2.4 仍然成立。从而可以基于以下结论来证明算法 RESTO_PG 全局收敛到满足(2.112)的驻点。

**定理 2.5**　设有 $\nabla\phi(x)$ 满足常数为 $L$ 的 Lipschitz 连续。那么算法 RESTO_PG 生成的序列 $\{x_{k}\}$ 的任意极限点均为可行性恢复问题(2.90)的驻点。

**证明**　按照文献[26]中定理 5.4.6 可直接证明该定理。

□

此外,文献[26]中定理 5.4.7 关于投影梯度方法对正确有效集的识别同样适用于算法 RESTO_PG,这得益于该算法中的 Cauchy 方向。因此,如果 $\nabla\phi(x)$ 是 Lipschitz 连续的并且 $\{x_{k}\}$ 收敛于非退化局部极小 $x^{*}$,那么在有限次迭代后 $\mathcal{A}(x_{k})=\mathcal{A}(x^{*})$。在有效集保持不变并且 $\nabla_{R}^{2}\phi(x_{k})$ 正定的情况下,全步长$(\alpha^{N}=1)$ 投影 Newton 方向将被接受,从而 $\{\|x_{k}-x^{*}\|\}$ 的收敛速度是二次的。对于算法 RESTO_PG 而言,当 $x^{*}$ 为可行点时可得到二次收敛。

### 3. 数值实验

将算法 RESTO_PG、TRON、L-BFGS-B 分别用于简约空间内点法求解器 rIPOPT[22] 的可行性恢复阶段,通过求解问题(2.90)来比较三个算法的性能。其中 TRON 是用于求解边界约束问题的信赖域算法,L-BFGS-B 是用于求解具有边界约束的大规模非线性规划问题的有限内存算法,二者都是通用的投影梯度方法,因此并不利用简约空间求解器的分解。此外,TRON 利用的精确 Hessian 矩阵不忽略(2.91)中的 $R(x)$。算法 RESTO_PG、TRON、L-BFGS-B 在可行性恢复时被调用,可行性恢复的终止准则采用如下投影梯度条件:

$$\|\nabla_{\Omega}\phi(x)\|_{2}\leqslant\varepsilon_{\phi}$$

其中

$$\nabla_{\Omega}\phi(x)^{(i)}=\begin{cases}0,&i\in\mathcal{A}(x)\\\nabla\phi(x),&\text{其他}\end{cases}$$

容差 $\varepsilon_\phi = 10^{-6}$。算例采用 2.3.1 节中由 CUTE/COPS 算例改写得到的不相容问题。线性求解器为 MA48。要求这些不可行算例收敛到不可行驻点来表明模型的不可行性。

表 2-5 给出了不可行算例的求解结果。其中 ♯iter 表示常规迭代和可行性恢复迭代(♯riter)的总数;"—"表示已达到迭代次数上限(3000 次);"F2"表示可行性恢复无法取得更多进展。对于 TRON 来说当信赖域半径太小时会出现这种情况,对 L-BFGS-B 来说这种情况意味着连续的迭代几乎得到相同的结果;"F3"表示可行性恢复中遇到非常病态的线性系统。

在这组测试中 RESTO_PG 算法的鲁棒性最好,能够求解 85% 的算例,TRON 和 L-BFGS-B 分别求解了 70% 和 66% 的算例。由于 TRON 利用了可行性恢复问题的精确 Hessian 矩阵,因此在收敛到驻点时所需迭代次数较少。另一方面,RESTO_PG 和 L-BFGS-B 每次迭代所需的 CPU 时间较少,所以收敛所需的总时间较少。

**表 2-5　可行性恢复算法比较**

| 算例 | RESTO_PG | | | TRON | | | L-BFGS-B | | |
|---|---|---|---|---|---|---|---|---|---|
| | ♯iter<br>(♯riter) | 结果 | CPU/s | ♯iter<br>(♯riter) | 结果 | CPU/s | ♯iter<br>(♯riter) | 结果 | CPU/s |
| avion2 | 180(35) | stationary | 0.344 | 149(6) | stationary | 0.422 | — | | — |
| catmix | 572(565) | stationary | 11.531 | 18(12) | F2 | 0.344 | — | | — |
| dallasl | 47(16) | stationary | 14.000 | 38(8) | F2 | 13.719 | 1080(1049) | stationary | 14.313 |
| dallasm | 39(21) | stationary | 0.453 | 24(8) | stationary | 0.453 | 402(369) | stationary | 0.750 |
| dallass | 43(19) | stationary | 0.047 | 28(6) | stationary | 0.031 | 227(170) | stationary | 0.141 |
| dittert | 752(192) | stationary | 55.406 | 104(14) | F2 | 6.766 | 2085(194) | stationary | 115.828 |
| gasoil | 33(14) | stationary | 0.313 | 250(235) | stationary | 12.719 | | | |
| himmelbj | — | | — | 127(17) | stationary | 0.438 | 672(240) | stationary | 1.188 |
| hong | 23(18) | stationary | 0.016 | 14(6) | stationary | 0.031 | 25(15) | stationary | 0.016 |
| hs032 | 44(38) | stationary | 0.016 | 10(6) | stationary | <0.001 | 43(37) | stationary | <0.001 |
| hs042 | 15(9) | stationary | <0.001 | 10(6) | stationary | <0.001 | 10(4) | stationary | <0.001 |
| hs054 | 23(18) | stationary | 0.016 | 8(6) | stationary | <0.001 | 13(9) | stationary | <0.001 |
| hs060 | 13(13) | stationary | <0.001 | 9(5) | F2 | <0.001 | 13(8) | stationary | <0.001 |
| hs062 | 83(6) | stationary | 0.016 | 934(118) | stationary | 0.469 | 235(75) | stationary | 0.109 |
| hs063 | 895(261) | stationary | 0.359 | 225(48) | stationary | 0.078 | 43(20) | stationary | 0.016 |

续表

| 算例 | RESTO_PG | | | TRON | | | L-BFGS-B | | |
|---|---|---|---|---|---|---|---|---|---|
| | #iter (#riter) | 结果 | CPU/s | #iter (#riter) | 结果 | CPU/s | #iter (#riter) | 结果 | CPU/s |
| hs067 | 1795(15) | stationary | 1.344 | 130(39) | stationary | 0.063 | 2417(653) | stationary | 1.469 |
| hs080 | 937(230) | stationary | 0.484 | 194(49) | stationary | 0.141 | 374(124) | stationary | 0.188 |
| hs081 | 1966(409) | stationary | 0.766 | 271(54) | stationary | 0.094 | 412(117) | stationary | 0.156 |
| hs099 | 185(35) | stationary | 0.094 | 14(9) | F2 | 0.031 | 46(40) | F2 | 0.016 |
| hs112 | 201(16) | stationary | 0.125 | 99(20) | stationary | 0.063 | — | — | — |
| hs99exp | — | — | — | 20(10) | stationary | 0.016 | 881(869) | F2 | 0.094 |
| loadbal | — | — | — | 134(23) | stationary | 0.297 | 207(70) | stationary | 0.250 |
| lsnnodoc | 40(20) | stationary | 0.031 | 25(7) | stationary | 0.016 | 31(11) | stationary | 0.016 |
| marine | 34(15) | stationary | 0.906 | 38(22) | F2 | 1.234 | — | — | — |
| methanol | 27(12) | stationary | 0.516 | 164(151) | stationary | 6.281 | — | — | — |
| minc44 | 104(77) | stationary | 11.547 | 40(15) | stationary | 1.469 | — | — | — |
| minperm | — | — | — | 201(34) | stationary | 75.438 | — | — | — |
| optcdeg2 | 23(14) | stationary | 10.750 | 18(11) | stationary | 6.078 | 940(931) | stationary | 6.563 |
| optcdeg3 | 22(12) | stationary | 8.484 | 19(11) | stationary | 7.391 | 871(861) | stationary | 7.484 |
| optcntrl | 38(12) | stationary | 0.047 | 32(6) | F2 | 0.063 | 1687(1660) | stationary | 0.250 |
| optctrl3 | — | — | — | 134(111) | F2 | 0.375 | — | — | — |
| optctrl6 | — | — | — | 134(111) | F2 | 0.375 | — | — | — |
| prodpl0 | 33(20) | stationary | 0.063 | 17(6) | stationary | 0.016 | 84(71) | stationary | 0.031 |
| prodpl1 | 13(0) | stationary | 0.031 | 13(2) | stationary | 0.047 | 13(0) | stationary | 0.047 |
| rk23 | 39(28) | stationary | 0.016 | 22(9) | stationary | 0.016 | 1152(1075) | stationary | 0.250 |
| smbank | 43(31) | stationary | 0.125 | 16(6) | stationary | 0.094 | 295(283) | F2 | 0.172 |
| smmpsf | 194(107) | stationary | 45.859 | 91(6) | stationary | 23.453 | — | — | — |
| spanhyd | 68(14) | stationary | 0.391 | 61(9) | stationary | 0.344 | 138(84) | stationary | 0.281 |
| ssebnln | — | — | — | 213(10) | stationary | 3.875 | 700(542) | F3 | 3.047 |
| ssnlbeam | 189(27) | stationary | 0.219 | 85(12) | stationary | 0.094 | 496(368) | stationary | 0.172 |
| steenbrb | 73(26) | stationary | 8.141 | 50(5) | F2 | 6.781 | 231(185) | stationary | 6.797 |
| steenbrd | 129(25) | stationary | 21.234 | 108(5) | F2 | 20.016 | 309(205) | stationary | 20.078 |
| steenbre | 132(23) | stationary | 31.453 | 113(6) | F2 | 29.438 | 382(274) | stationary | 29.609 |
| steenbrg | 208(36) | stationary | 51.391 | 176(6) | F2 | 49.016 | 369(198) | stationary | 49.266 |
| swopf | 326(60) | stationary | 0.828 | 95(86) | stationary | 0.609 | — | — | — |
| try-b | 221(59) | stationary | 0.172 | 41(5) | F2 | 0.031 | 196(50) | stationary | 0.109 |
| zigzag | 138(42) | stationary | 0.172 | 125(14) | stationary | 0.281 | 288(177) | stationary | 0.266 |

### 2.4.3　无可行性恢复的鲁棒算法

在基于评价函数线性搜索的内点法研究中,文献[27]提出了一种具有良好的全局收敛性的鲁棒算法。对于 NLP 问题(2.33),定义相应障碍子问题(2.34)的 $l_2$ 罚函数为

$$\phi_{\mu,\upsilon}=\varphi_\mu(x)+\upsilon\parallel c(x)\parallel_2 \qquad (2.113)$$

求解过程中并不直接利用 KKT 条件(2.37),而是利用如下扰动的 KKT 条件:

$$\nabla_x L(x,\lambda,\upsilon)=0$$
$$Xv-\mu e=0 \qquad (2.114)$$
$$c(x)-\delta_x\lambda=0$$

其中 $\delta_x=\parallel c(x)\parallel_2/\upsilon$。显然当 $\delta_x=0$ 时,(2.114)即为 KKT 条件(2.37)。以 Newton 法求解(2.114)得到线性系统

$$\begin{bmatrix} W_k & -I & A_k \\ V_k & X_k & 0 \\ A_k^{\mathrm{T}} & 0 & -\delta_{x_k}I \end{bmatrix}\begin{bmatrix} d_k^x \\ d_k^v \\ \lambda_{k+1} \end{bmatrix}=-\begin{bmatrix} \nabla\varphi_\mu(x_k) \\ X_k v_k-\mu e \\ c_k \end{bmatrix} \qquad (2.115)$$

同样可将该系统转化为对称系统形式:

$$\begin{bmatrix} W_k+\Sigma_k & A_k \\ A_k^{\mathrm{T}} & -\delta_{x_k}I \end{bmatrix}\begin{bmatrix} d_k^x \\ \lambda_{k+1} \end{bmatrix}=-\begin{bmatrix} \nabla\varphi_\mu(x_k) \\ c_k \end{bmatrix} \qquad (2.116)$$

$d_k^v$ 可由 $d_k^v=\mu X_k^{-1}e-v_k-\Sigma_k d_k^x$ 得到。

现在考虑引入扰动项 $-\delta_{x_k}I$ 对问题求解带来的影响。由(2.116)的第二个方程可知

$$\parallel c_k\parallel_2\left(\lambda_{k+1}-\upsilon_k\frac{c_k}{\parallel c_k\parallel_2}\right)=\upsilon_k A_k^{\mathrm{T}}d_k^x \qquad (2.117)$$

若定义

$$\omega_k=\lambda_{k+1}-\upsilon_k\frac{c_k}{\parallel c_k\parallel_2}$$

则(2.117)表明,如果序列 $\{\omega_k\}$ 不为 0 并且罚因子 $\{\upsilon_k\}$ 有上界,那么当 $\{d_k\}\to 0$ 时, $\{\parallel c_k\parallel_2\}$ 也将趋于 0。该算法的鲁棒性体现在,在适当假设下,算法不会收敛到非驻点。也就是说,算法生成的迭代点序列的极限点或者是不可行驻点,或者是不满足 MFCQ 条件的 FJ 点,或者是 KKT 点[27]。

为保证得到上述全局收敛性,必须在每次迭代中满足如下条件:

$$\begin{cases} d^{\mathrm{T}}\widetilde{B}_k d\geqslant\varepsilon\parallel d\parallel_2^2,\forall d\neq 0 \ \exists \ A_k^{\mathrm{T}}d=0; & \parallel c_k\parallel_2=0 \\ d^{\mathrm{T}}\widetilde{B}_k d\geqslant\varepsilon\parallel d\parallel_2^2,\forall d\in R^n\backslash\{0\}; & \parallel c_k\parallel_2>0 \end{cases} \qquad (2.118)$$

其中,$\varepsilon$ 为一小正数,$\widetilde{B}_k$ 定义为

$$\begin{cases} W_k + \Sigma_k, & \|c_k\|_2 = 0 \\ W_k + \Sigma_k + \delta_{x_k}^{-1} A_k A_k^{\mathrm{T}}, & \|c_k\|_2 > 0 \end{cases} \quad (2.119)$$

通常该条件在障碍问题(2.34)满足二阶充分条件的局部极小点的邻域内成立。在此邻域外,可能需要通过修正 Hessian 矩阵 $W_k$ 来满足条件(2.118)。如果 NLP 问题(2.33)中实值函数 $f$ 和 $c$ 在子空间 $\{x \in R^n \mid x \geqslant 0\}$ 二阶连续可微,迭代点序列 $\{x_k\}$ 有界,修正后的 Hessian 矩阵序列 $\{W_k\}$ 有界;那么可以证明该算法的全局收敛性[27]。

以下要证明的是,如果将该方法用于简约空间算法,特别是经过简化处理的简约空间算法(如(2.56)),其全局收敛性仍然能够保持。证明过程基于坐标基空间分解(2.59)。

对系统(2.116)作空间分解,并作如(2.56)的近似处理,得到带有扰动项的空间分解矩阵(这里省略迭代标注 $k$ 以简化描述)

$$\begin{bmatrix} 0 & 0 & Y^{\mathrm{T}} A \\ 0 & Z^{\mathrm{T}} B Z & 0 \\ A^{\mathrm{T}} Y & 0 & -\delta_x I \end{bmatrix} \quad (2.120)$$

其中 $B = W + \Sigma$。设想(2.120)是某矩阵 $\overline{M}$ 的精确分解矩阵,那么只要证明矩阵 $\overline{M}$ 能够保持原系统(2.116)的全局收敛性即可。

定义矩阵

$$Q = \begin{bmatrix} \begin{bmatrix} Y & Z \end{bmatrix} & \\ & I \end{bmatrix}$$

则

$$Q^{-1} = \begin{bmatrix} \begin{bmatrix} Y & Z \end{bmatrix}^{-1} & \\ & I \end{bmatrix} = \begin{bmatrix} \begin{bmatrix} I & C^{-1} N \\ 0 & I \end{bmatrix} & \\ & I \end{bmatrix}$$

令

$$Q^{\mathrm{T}} \overline{M} Q = \begin{bmatrix} 0 & 0 & Y^{\mathrm{T}} A \\ 0 & Z^{\mathrm{T}} B Z & 0 \\ A^{\mathrm{T}} Y & 0 & -\delta_x I \end{bmatrix}$$

可得到矩阵 $\overline{M}$ 为

$$\overline{M} = Q^{-\mathrm{T}} \begin{bmatrix} 0 & 0 & Y^{\mathrm{T}} A \\ 0 & Z^{\mathrm{T}} B Z & 0 \\ A^{\mathrm{T}} Y & 0 & -\delta_x I \end{bmatrix} Q^{-1}$$

$$
=\begin{bmatrix} I & 0 \\ (C^{-1}N)^{\mathrm{T}} & I \\ & & I \end{bmatrix}\begin{bmatrix} 0 & 0 & Y^{\mathrm{T}}A \\ 0 & Z^{\mathrm{T}}BZ & 0 \\ A^{\mathrm{T}}Y & 0 & -\delta_x I \end{bmatrix}\begin{bmatrix} I & C^{-1}N \\ 0 & I \\ & & I \end{bmatrix}
$$

$$
=\left[\begin{array}{cc|c} 0 & 0 & Y^{\mathrm{T}}A \\ 0 & Z^{\mathrm{T}}BZ & (C^{-1}N)^{\mathrm{T}}Y^{\mathrm{T}}A \\ \hline A^{\mathrm{T}}Y & A^{\mathrm{T}}Y(C^{-1}N) & -\delta_x I \end{array}\right]
$$

$$
=\left[\begin{array}{cc|c} 0 & 0 & C^{\mathrm{T}} \\ 0 & Z^{\mathrm{T}}BZ & N^{\mathrm{T}} \\ \hline C & N & -\delta_x I \end{array}\right]=\left[\begin{array}{c|c} \begin{matrix} 0 & 0 \\ 0 & Z^{\mathrm{T}}BZ \end{matrix} & A \\ \hline A^{\mathrm{T}} & -\delta_x I \end{array}\right]
$$

对照 $\overline{M}$ 与(2.116)的系数矩阵,可以看到二者的区别在于 $\overline{M}$ 的 Hessian 矩阵仅包含了原 Hessian 矩阵的零空间投影。以下证明系数矩阵的这一不同不影响算法的全局收敛性。

**定理 2.6** 如果系统(2.116)能够满足全局收敛条件(2.118),那么以矩阵 $\overline{M}$ 取代其系数矩阵,得到的系统仍然满足全局收敛条件。

**证明** 将 $\overline{M}$ 中的 Hessian 矩阵记作 $\overline{B}$,即

$$
\overline{B}=\begin{bmatrix} 0 & 0 \\ 0 & Z^{\mathrm{T}}BZ \end{bmatrix}
$$

根据(2.119)中 $\widetilde{B}$ 的定义,分两部分进行证明。

(1) 若 $\|c_k\|_2=0,\widetilde{B}_k=\overline{B}_k$。对任意满足 $A_k^{\mathrm{T}}d=0$ 的非零向量 $d$,可以将其表示为

$$
d=Z_k q,\quad q\in R^{n-m},\quad q\neq 0
$$

如果(2.116)满足全局收敛条件,那么根据(2.118),$\exists\varepsilon>0,B_k$ 满足

$$
d^{\mathrm{T}}B_k d=q^{\mathrm{T}}Z_k^{\mathrm{T}}E_k Z_k q\geqslant\varepsilon\|d\|_2^2
$$

即 $Z_k^{\mathrm{T}}B_k Z_k$ 正定。此时必然有

$$
d^{\mathrm{T}}\widetilde{B}_k d=d^{\mathrm{T}}\overline{B}_k d=q^{\mathrm{T}}Z_k^{\mathrm{T}}B_k Z_k q\geqslant\varepsilon\|d\|_2^2
$$

(2) 若 $\|c_k\|_2>0,\widetilde{B}_k=\overline{B}_k+\delta_{x_k}^{-1}A_k A_k^{\mathrm{T}}$。任意非零向量 $d$ 可表示为

$$
d=\begin{bmatrix} d_1 \\ d_2 \end{bmatrix},\quad d_1\in R^m,\quad d_2\in R^{n-m}
$$

则

$$
d^{\mathrm{T}}\widetilde{B}_k d=d_2^{\mathrm{T}}(Z_k^{\mathrm{T}}B_k Z_k)d_2+d^{\mathrm{T}}(\delta_{x_k}^{-1}A_k A_k^{\mathrm{T}})d \tag{2.121}
$$

令

$$
d=Z_k d_2+Y_k q=\begin{bmatrix} -C_k^{-1}N_k \\ I \end{bmatrix}d_2+\begin{bmatrix} I \\ 0 \end{bmatrix}q,\quad q\in R^m
$$

可知

$$d_1 = -C_k^{-1}N_k d_2 + q$$

因此

$$A_k^{\mathrm{T}}d = A_k^{\mathrm{T}}\left(Z_k d_2 + \begin{bmatrix} I \\ 0 \end{bmatrix} q\right) = C_k q \tag{2.122}$$

将(2.122)代入(2.121),可得

$$d^{\mathrm{T}}\widetilde{B}_k d = d_2^{\mathrm{T}}(Z_k^{\mathrm{T}}B_k Z_k)d_2 + \delta_{x_k}^{-1}q^{\mathrm{T}}(C_k^{\mathrm{T}}C_k)q$$

由于 $C_k$ 满秩,$Z_k^{\mathrm{T}}B_k Z_k$ 正定,因此有

$$d^{\mathrm{T}}\widetilde{B}_k d \geqslant \bar{\varepsilon}(d_2^{\mathrm{T}}d_2 + q^{\mathrm{T}}q)$$

$$= \bar{\varepsilon}(d^{\mathrm{T}}\begin{bmatrix} Z_k & Y_k \end{bmatrix}^{-\mathrm{T}}\begin{bmatrix} Z_k & Y_k \end{bmatrix}^{-1}d)$$

$$\geqslant \varepsilon \| d \|_2^2$$

由(1)和(2)可知,定理 2.6 成立。

□

需要注意的是,系统(2.116)(或者简约空间下(2.120)对应系统)的系数矩阵右下角元素非 0,从而通过 Lagrange 乘子计算引入了误差,使得算法的收敛速度下降。另外,由扰动因子 $\delta_x$ 的定义可知,该算法的性能会受惩罚参数 $\upsilon$ 的较大影响。

## 2.5 小　　结

本章介绍了非线性规划中的基本概念和方法,包括对 NLP 问题最优解的定义和最优性判定条件、优化算法的收敛速度评价,以及保障优化算法从任意初始点出发收敛到极值点的全局化策略,并介绍了全局化策略在约束优化问题求解中可能遇到的 Maratos 效应对收敛速度的影响及其处理方法。

SQP 算法是一类应用较多的 NLP 算法,其性能受到 QP 算法性能的重要影响。对于具有不等式约束的问题,分析了基于有效集方法和内点法的 QP 求解器在 NLP 求解中的特点。鉴于 SQP 方法在不等式约束处理方面的不足,描述了求解 NLP 问题的 primal-dual 内点法的基本算法,讨论了不同的障碍参数调整策略对内点法求解性能的影响。在上述算法描述基础上,对过程系统优化中常见的高维低自由度问题介绍了 SQP 与内点法的简约空间算法,讨论了空间分解和求解中的关键问题。简约空间算法的性能不依赖于精确的二阶导数信息,因此对于二阶导数难以获得或者计算代价较大的优化求解极具吸引力。

促进 NLP 算法收敛性的阐述主要基于内点法展开。其中结构正则化方法通过利用线性相关结构减小不满秩系统的迭代方向对 Newton 方向的偏离,从而促进算法的收敛效率,并与不定 Hessian 矩阵的修正相结合,提出了 KKT 系统的惯

性指数校正方法;变维法依据线性相关信息动态调整空间分解结构,克服了简约空间算法对线性相关问题的求解局限性;基于障碍法和投影梯度算法的可行性恢复阶段分别利用全空间及简约空间算法特征,促进算法在求解困难情况下的全局收敛性,并且实现(局部)不可行系统的识别。本章给出了上述鲁棒求解策略的描述、性质分析/证明,以及数值实验结果,最后分析了基于罚函数的鲁棒算法的全局收敛性。

　　rIPOPT 中实现了本章所有关于简约空间算法的鲁棒求解策略,其原型是 FORTRAN 环境下的 primal-dual 内点法求解器 IPOPT。此外,Matlab 环境下的 RSQP 工具箱[28,29]实现的是简约空间 SQP 算法[12]。该工具箱基于 Matlab7.1 开发,主函数与 Matlab 优化工具箱的求解器 fmincon 具有完全相同的参数接口。目前该工具箱可以在 Matlab CENTRAL 网站下载。

## 参 考 文 献

[1] Nocedal J, Wright S J. Numerical Optimization(second edition) [M]. New York: Springer, 2006.

[2] Biegler L T. Nonlinear Programming: Concepts, Algorithms, and Applications to Chemical Processes [M]. Philadelphia: SIAM, 2010.

[3] Wächter A. An Interior Point Algorithm for Large-Scale Nonlinear Optimization with Applications in Process Engineering [D]. Carnegie Mellon University, 2002.

[4] Biegler L T, et al. Numerical experience with a reduced Hessian method for large scale constrained optimization [J]. Computational Optimization and Applications, 2000, 15(1): 45-67.

[5] Toint Ph L. An assessment of non-monotone line search techniques for unconstrained optimization [J]. SIAM Journal on Scientific Statisical Computing, 1996, 17(3): 725-739.

[6] Gill P E, Murray W, Saunders M A. SNOPT: An SQP algorithm for large-scale constrained optimization [J]. SIAM Review, 2005, 17(1): 99-131.

[7] Ternet D J, Biegler L T. Interior-point methods for reduced Hessian successive quadratic programming [J]. Computers and Chemical Engineering, 1999, 23(7): 859-783.

[8] Forsgren A, Gill P E, Wright M H. Interior methods for nonlinear optimization [J]. SIAM Review, 2002, 44(4): 525-597.

[9] Wächter A, Biegler L T. On the implementation of an interior-point filter line-search algorithm for large-scale nonlinear programming [J]. Mathematical Programming, 2006, 106 (1): 25-57.

[10] Fiacco A V, McCormick G P. Nonlinear Programming: Sequential Unconstrained Minimization Techniques [M]. New York: John Wiley & Sons, 1968.

[11] Byrd R H, Liu G, Nocedal J. On the local behavior of an interior point method for nonlinear programming [M] //Griffiths D F and Higham D J eds. Numerical Analysis. Boca Raton: CRC Press, 1997: 37-56.

[12] Biegler L T, Nocedal J, Schmid C. A reduced Hessian method for large-scale constrained optimization [J]. SIAM Journal on Optimization, 1995, 5(2): 314-347.

[13] Byrd R H, Nocedal J. An analysis of reduced Hessian methods for constrained optimization [J]. Mathematical Programming, 1991, 49(1-3): 285-323.

[14] Nocedal J, Overton M. Projected Hessian updating algorithms for nonlinear constrained optimization [J]. SIAM Journal on Numerical Analysis, 1985, 22(5): 821-850.

[15] Xie Y. Reduced Hessian Algorithms for Solving Large-Scale Equality Constrained Optimization Problems [D]. University of Colorado, 1991.

[16] Schmid C. Reduced Hessian Successive Quadratic Programming for Large-Scale Process Optimization [D]. Carnegie Mellon University, 1994.

[17] Fletcher R, et al. Local convergence of SQP methods for mathematical programs with equilibrium constraints [J]. SIAM Journal on Optimization, 2006, 17(1): 259-286.

[18] Kameswaran S, Biegler L T. Advantages of nonlinear-programming-based methodologies for inequality path-constrained optimal control problems-A numerical study [J]. SIAM Journal on Scientific Computing, 2008, 30(2): 957-981.

[19] Wang K, et al. Barrier NLP methods with structured regularization for optimization of degenerate optimization problems [J]. Computers and Chemical Engineering, 2013, 57: 24-29.

[20] Fletcher R, et al. Global convergence of a trust-region SQP-filter algorithm for general nonlinear programming [J]. SIAM Journal on Optimization, 2002, 13(3): 635-659.

[21] Curtis F E, Nocedal J, Wächter A. A matrix-free algorithm for equality constrained optimization problems with rank-deficient Jacobians [J]. SIAM Journal on Optimization, 2009, 20(3): 1224-1249.

[22] Wang K, et al. Robust extensions for reduced-space barrier NLP algorithms [J]. Computers and Chemical Engineering, 2011, 35(10): 1994-2004.

[23] Wächter A, Biegler L T. Line search filter methods for nonlinear programming: Motivation and global convergence [J]. SIAM Journal on Optimization, 2005, 16(1): 1-31.

[24] Fletcher R, Leyffer S. Nonlinear programming without a penalty function [J]. Mathematical Programming, 2002, 91(2): 239-269.

[25] Bertsekas D P. Projected Newton methods for optimization problems with simple constraints [J]. SIAM Journal on Control and Optimization, 1982, 20(2): 221-246.

[26] Kelley C T. Iterative Methods for Optimization [M]. Philadelphia: SIAM, 1999.

[27] Chen L, Goldfarb D. Interior-point l2-penalty methods for nonlinear programming with strong global convergence properties [J]. Mathematical Programming, 2006, 108(1):

1-36.

[28] RSQP toolbox for Matlab: A solver for large-scale constrained optimization [EB/OL]. 2008, http://www. mathworks. cn/matlabcentral/fileexchange/13046-rsqp-toolbox-for-matlab.

[29] RSQP toolbox for use with Matlab-User's guide [EB/OL]. 2008, http://www. mathworks. cn/matlabcentral/fileexchange/13046-rsqp-toolbox-for-matlab.

# 第 3 章　回溯同伦法——HBM

本章针对大规模变工况流程模拟中初值差、难收敛的问题,提出了一种结合同伦思想与回溯搜索方法的回溯同伦法(homotopy-based backtracking method,HBM)。该方法利用工况变量构造同伦参数,提高了同伦辅助问题的可解性。采用回溯法自动搜索同伦参数并作为非线性方程组求解器的外壳,解决了求解器的初值敏感问题。将 HBM 与 Aspen Plus 中内部求解算法结合,对变工况算例进行了模拟与优化,结果表明 HBM 能够扩大收敛范围,可有效达到问题的物理边界。同时,使用回溯法搜索工况参数能保证 HBM 找到同伦工况点,帮助分析过程瓶颈。在此基础上提出了结合灵敏度分析的回溯同伦法,可进一步提高模拟计算的效率。

## 3.1　背景和问题介绍

有些工业过程会因原料波动和产品调整而进行大幅度的变工况操作,常规的控制策略是通过预先计算的几套标准工况数据提供控制参数。如果过程模拟的备用数据库足够大,可以涵盖过程操作中出现的各种工况,那么变工况的平稳操作就很容易实现。然而由于过程对象模型可能呈现非常明显的大规模、非线性特征,流程模拟计算耗时长、收敛性差,无论是离线或是在线计算多个工况点都很困难,需要通过改善算法提高收敛性。通常变工况操作或优化要求计算快速,一般采用联立方程法求解流程模拟的大规模非线性方程组,这种方法的缺点是对计算初值要求比较高。当变工况偏离标准设计较远时,采用设计数据作为初值直接进行流程模拟不易收敛,特别是对于变量达到几千维甚至上万维而收敛域又比较狭窄的大规模流程模拟,即使是经验丰富的工程师也很难快速逐一给定各种工况的合理初值。因此,为了使流程模拟软件有效适应于大范围变工况过程实时模拟,需要一种具备大范围收敛特性的算法。

基于联立方程的流程模拟本质上是求解非线性方程组,经典算法是牛顿法及其各种修正算法。牛顿法在解附近可以快速收敛,但是对初值的依赖性强,收敛范围窄。要使算法具有大范围收敛性,也就是在任意初始点都能收敛到问题的解或者驻点,则需要加入全局搜索方法修正迭代方向。折线法(dogleg method)[1]在提高算法收敛性上具有一定效果,但是对初值仍有较高的依赖性。区间法(interval method)[2]在数学上能保证找到问题的一个或多个解,但是当方程维数很高时,用于表示区间的向量维数很高,区间树非常复杂,计算工作量很大。同伦法(homotopy method)[3-6]通过引入同伦参数,将复杂非线性方程组转变为一系列同伦问题求解,从最简单的有解原始问题出发向目标问题过渡,有效降低初值对求解的制约。同伦的观点与工业过程的变工况操作具有一定的相似性,前者是一系列有解问题之间的连续过渡,而后者则是一系列物理可行工况的连续过渡。如果能够构造出合适的同伦问题序列,那么采用同伦法就可以巧妙地求解变工况问题。

采用经典同伦法求解大规模变工况流程模拟问题并不容易,构造同伦问题时引入的同伦参数往往只有纯数学意义而不具备任何物理意义,如果每个问题都要根据方程组的特征"凑"出同伦参数以构造可解的同伦问题序列,那么很难将同伦法应用到实际问题中去。因此,应用同伦法的关键问题是如何有效地给出同伦参数的取值机制和可行同伦序列问题的搜索方式,让同伦问题容易建立,保证收敛。

早期同伦法主要针对求解数学问题的多解和稳定性进行研究,不考虑实际问题的同伦参数设定方法和同伦问题解的物理可行性。Wayburn 和 Seader[3]将同伦法不成功原因归结为三点:问题存在多解;同伦路径部分落在原方程组的定义域之外;同伦路径发散到无穷远。他们提出了解决前两个问题的方法[7,8],Seader 同伦法找到了问题的多解。对第三个问题,Paloschi[9]提出了有界同伦法(bounded homotopy method)约束同伦序列的计算,强制过程计算符合模拟与优化问题的约束上、下界,将同伦法的计算范围拓宽到稀疏特征的有约束非线性规划问题[6],并求解了精馏塔算例。

从已有的研究来看,同伦法求解大规模模拟优化问题还是有一定困难的。首先方法中纯数学意义的同伦参数比较难定,原理上同伦参数可以有很多选择,但是选择不同变量可能会导致命题更加难以求解甚至求解失败。为了使同伦法适用于实际流程模拟优化问题,需要提出一种普遍适用于各种变工况问题的同伦参数确定原则。其次,只有当整组同伦问题都有解时,才可以从简单的原始问题过渡到复杂的目标问题。对大规模变工况模拟优化这么复杂的实际问题,仅仅确定同伦参数是很难保证整个同伦问题序列都有解的,这时需要一种机制来帮助确定同伦问题的搜索路径。

接下来我们将利用同伦法的求解路径思想提出一种回溯同伦算法[10,11],用于求解大范围变工况的过程模拟问题。其重点是提出可以利用变工况流程模拟中固有的工况参数作为同伦参数的想法,利用设计标准工况作为原始初值进行同伦问题求解,采用回溯机制自动搜索同伦参数将可求解点从标准设计工况过渡到目标工况。

## 3.2　回溯同伦算法及其实现

### 3.2.1　变工况同伦序列问题构造

流程模拟问题的最终数学命题是求解非线性方程组 $f(x)=0$，$x$ 是 $m$ 维的变量向量而 $f$ 为 $n$ 维的向量函数。求解方程组时，需要确定 $n-m$ 个独立变量的取值方案，满足方程 $f$ 的自由度，方程组就有可能有唯一解。采用经典同伦法求解流程模拟问题时需引入同伦参数向量 $t$，构造形如式（3.1）的问题帮助求解 $f(x)=0$。

$$h(x,t)=t\times f(x)+(1-t)\times g(x),t\in[0,1] \tag{3.1}$$

其中 $g$ 为 $n$ 维向量函数。

当 $t=0$ 时，$h(x,0)=g(x)$；$t=1$ 时，$h(x,1)=f(x)$。$t$ 在 $[0,1]$ 中取值变化时，即可从易解问题 $g(x)=0$ 过渡到难解问题 $f(x)=0$。这样就可以从原始问题 $g(x)=0$ 出发，经过式（3.2）所示的一系列方程组求解目标问题 $f(x)=0$。

$$h(x,t_i)=0;\quad i=0,1,2,\cdots,N$$
$$0\leqslant t_0<t_1<t_2<\cdots<t_N=1 \tag{3.2}$$

式中 $i$ 为同伦问题序号；$N$ 为总求解次数。同伦法求解问题过程就是从 $x^*(0)$ 这一解集追踪到解集 $x^*(1)$ 的过程。它要求当 $i>0$ 时，每一步求解 $h(x,t_i)=0$ 都成功，就能有效地克服初值约束从原始问题过渡到目标问题求解。

以同伦问题序列的观点分析装置的变工况模拟问题。首先，当化工装置在操作时，如果进料状态和操作方案一定，装置就会获得特定的产品，这就是所谓的工况。当装置从原始工况 1 转向目标工况 2 时，工况 1 和工况 2 都应该是物理上可行的解，工况之间的过渡过程也可以近似认为是一组可行解构成的，这与同伦法中 $x^*(0)$ 所代表的原始解集追踪到 $x^*(1)$ 所代表的目标解集非常相似。符合同伦序列所有问题可解的要求。其次，构建同伦问题需要参数，变工况的同伦序列是从工况 1 到工况 2 的转变序列，不同的同伦工况实际上是不同的进料和/或不同的控制方案所决定的流程模拟问题。工况 1 和工况 2 的流程模拟问题中，$n$ 维的向量函数 $f$ 没有差别而表征特定工况的一些变量发生变化，那么这些变量可以写成向量的形式，这个向量的变化就可以表征装置操作工况的变化。变工况流程模拟的数学命题是在 $f(x)=0$ 的基础上扩展为：

$$f(\overline{X},X')=0 \tag{3.3}$$

式中 $\overline{X}$ 是代表工况变化的 $k$ 维变工况向量，每一个变量代表装置变工况时发生变化的一个独立变量；$X'$ 是其他变量。定义变工况参数向量 $\alpha$ 为

$$\alpha=[\alpha_1,\alpha_2,\cdots,\alpha_k]^{\mathrm{T}}=\left[\frac{\overline{X}_1-\overline{X}_{1,bp}}{\overline{X}_{1,bp}},\frac{\overline{X}_2-\overline{X}_{2,bp}}{\overline{X}_{2,bp}},\cdots,\frac{\overline{X}_k-\overline{X}_{k,bp}}{\overline{X}_{k,bp}}\right]^{\mathrm{T}} \tag{3.4}$$

式中下标 $bp$ 表示有已知解的原始工况；$tp$ 表示待求的目标工况。变工况参数向量 $\alpha$ 的物理意义是变工况向量 $X_1$ 从原始工况变化到目标工况的变化幅度；

在此基础上定义同伦参数 $t$ 为

$$
\begin{aligned}
t &= \left[ \frac{\alpha_1}{\alpha_{1,tp}}, \frac{\alpha_2}{\alpha_{2,tp}}, \cdots, \frac{\alpha_k}{\alpha_{k,tp}} \right]^{\mathrm{T}} \\
&= \left[ \frac{\overline{X}_1 - \overline{X}_{1,bp}}{\overline{X}_{1,tp} - \overline{X}_{1,bp}}, \frac{\overline{X}_2 - \overline{X}_{2,bp}}{\overline{X}_{2,tp} - \overline{X}_{2,bp}}, \cdots, \frac{\overline{X}_k - \overline{X}_{k,bp}}{\overline{X}_{k,tp} - \overline{X}_{k,bp}} \right]^{\mathrm{T}}
\end{aligned}
\tag{3.5}
$$

式中的每项分子是某中间（同伦）工况与原始工况变工况向量 $X_1$ 变化的距离，表示原始工况和任意同伦工况之间变工况向量的差异；分母是原始工况与目标工况变工况向量 $X_1$ 变化的距离，表示原始工况和目标工况之间变工况向量的差异。

同伦参数 $t$ 表示任意同伦工况下变工况向量在原始工况与目标工况之间的相对位置。以单维同伦参数为例，当 $t=0$ 时，$X_1=X_{1,bp}$，$\alpha=0$，同伦点处于原始工况；当 $t=1$ 时，$X_1=X_{1,tp}$，$\alpha=\alpha_{tp}$，同伦点处于目标工况。因此，同伦参数 $t$ 表示的是同伦序列问题工况在出发点和目标点之间的位置，每一个 $t$ 代表一个变工况的同伦问题。这样，(3.1)式构造的同伦函数可以改写成

$$
h(x,t) = f(x,\alpha(t)) = 0
\tag{3.6}
$$

易知式(3.6)的解 $x^*$ 是变工况参数 $\alpha$ 的函数，以一维问题为例说明同伦问题的求解方式。变工况之前，流程模拟问题是 $f(x,\alpha_{bp})=0$，假定它的解为 $x^*(\alpha_{bp})$。变工况模拟就是从原始工况解 $x^*(\alpha_{bp})$ 出发求解目标工况问题 $f(x,\alpha_{tp})=0$ 的解，首先需要求解 $f(x^*(\alpha_{bp}),\alpha_{tp})$。但是带耦合的流程模拟问题，当初值点较远时，不在牛顿法的收敛域内，会导致目标工况求解失败，如图 3-1(a)所示。

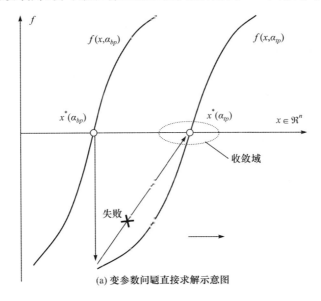

(a) 变参数问题直接求解示意图

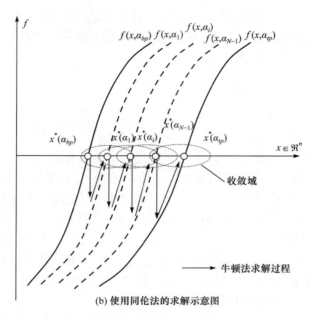

(b) 使用同伦法的求解示意图

图 3-1　使用同伦法法求解变参数非线性方程组的算法对比示意图

此时可以考虑采用同伦法求解目标工况问题。$f(x, \alpha_{bp}) = 0$ 的解已知为 $x^*(\alpha_{bp})$。下一步并不直接求解 $t=1$ 时的目标工况命题，而是让 $t$ 在 $[0,1]$ 区间内过渡。构造一组如图 3-1(b) 所示的同伦问题 $f(x, \alpha_i(t)) = 0$，首先从 $x^*(\alpha_{bp})$ 出发求解 $x^*(\alpha_1)$，然后依次以当前解为初值求取下一个问题的解，每一个初值都在各问题的收敛域内。如图所示，当整组 $f(x^*(\alpha_i), \alpha_{i+1})$ 都存在时，同伦法就可以帮助求解变工况问题。

利用上述设定我们可以方便地确定同伦参数以求解变工况问题。如果式(3.6)表示的所有问题都有解，那么用这些解就可以构造同伦路线从原始工况已知解出发，求解目标工况问题 $f(x, \alpha_{tp}(t)) = 0$。这样，我们可以根据流程模拟问题的特征确定同伦参数，同伦参数也有明确的物理意义。

另外，本章还根据回溯的自动搜索方法[10]帮助确定同伦问题序列。与传统的静态流程模拟不同，为了确保最有效地追踪同伦路线实现目标点的求解，需要确定有收敛解的变工况参数 $\alpha(t)$。与传统同伦问题的同伦参数从零逐步变到一不同，为保证同伦序列的所有问题有物理可行解，需要提供自动收敛搜索机制。本章所提出的回溯同伦法通过失败即回溯、成功即前进的策略来搜索同伦路线。当过程从对应于 $\alpha_{bp}$ 的原始工况过渡到 $\alpha_{tp}$ 所代表的新工况时，所构造的目标同伦问题 $h(x,1) = f(x, \alpha(1)) = f(x, \alpha_{tp}) = 0$ 首先采用原始工况的解 $x^*(\alpha_{bp})$ 作为初值进行求解，此时 $t$ 设置为 1。当工况变化很大时，方程的求解过程有可能无法收敛，试探目标点工作失败则计算回溯至初值和目标点之间的某个位置,也就是转而求解原始工况和目标工况之间的一个中间工况,$t$ 回溯至 $t/d$。回溯系数 $d$ 大于 1,所以 $t$ 回溯到了一个小于 1 的位置。这个 $d$ 在整个同伦路线的构造过程中可以始终设置为常数,本章缺省设置为 2,同伦路线按等分回溯。此时的回溯点处于原始工况和目标工况的中间。如图 3-2 所示,从前一个收敛点作为原始工况出发求解目标工况命题时,同伦参数 $t$ 设置为 1,如果求解失败则回退到同伦参数 $t=1/d$ 的工况求解。

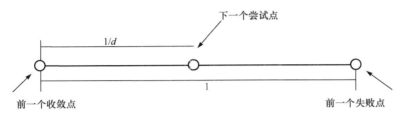

图 3-2　回溯系数的设定方法

这样,新的同伦工况可按下式设置:

$$c(t)=t\times\alpha_{tp} \tag{3.7}$$

$$t=t/d \tag{3.8}$$

如果新的同伦工况成功收敛,那么就将比工况确定为同伦点,以同伦点为初值点出发继续求解目标工况。如果求解不能成功收敛,那么继续回溯至这一点和原始工况的等分工况计算,等分点更接近原始工况。只要初值点到目标点都处在物理收敛的边界之内,通过合理的回溯路径总是可以找到计算区间内的各个同伦点。这样求解时以标准工况为初值,选取合适的同伦工况即可逐步从已知的标准工况过渡到目标工况。如果目标工况超越了物理边界,也就是物理上不合理了,那么这一回溯同伦法可以搜索到问题的边界。

相对于经典同伦法,变工况的回溯同伦方法的优点如下:

(1)提出了同伦参数的确定机制,有明确的物理意义,所有变工况的流程模拟问题都可以按照这一机制确定同伦参数,取值方便。

(2)可以自动搜索同伦路线,通过回溯法确定同伦计算所需的各个中间参数点,不必依赖于人工经验。

### 3.2.2　HBM 算法的实现

HBM 利用变工况特征值作为同伦参数,通过回溯法自动搜索同伦路线,可以有效地提高流程模拟的收敛性。由于引入的同伦参数是具有物理意义的流程变量,HBM 可以很容易地与通用的流程模拟软件进行数据通信,用于同伦路线搜索的 HBM 外壳对流程模拟的各种算法均能良好支持,这也拓展了 HBM 的实用性。

Aspen Plus 是公认的使用较为广泛的商用流程模拟软件,基于开放方程的计算模式对复杂大规模流程有较好的收敛效果。为提高算法的通用性,本章利用 Aspen Plus 平台进行 HBM 程序的开发设计,采用 Open Object Model Framework (OOMF)脚本语言与 AOS NLA 接口编程[12]。

　　基于脚本语言的 HBM 算法与 Aspen Plus 平台的通信框架如图 3-3 所示。在对过程模型进行计算时,原始工况和目标工况的相关信息都可以通过 Aspen Plus 的 AOS NLA 接口写入 HBM 程序,HBM 外壳则带动流程模拟软件的内嵌求解器自动搜索流程模拟的同伦路线,求解给定的目标工况。非线性方程组求解采用 Aspen Plus 内设的 LSSQP 求解器,HBM 则以外壳的形式与 LSSQP 求解器结合。利用 AOS NLA 接口集生成求解器,这样不仅可以利用商业流程模拟软件的计算功能,还可以实现软件内部数据和外部相关信息的交换,对同伦路线中的求解结果进行分析和修正。这一程序的设计方法同样也可以适用于其他商业流程模拟软件。

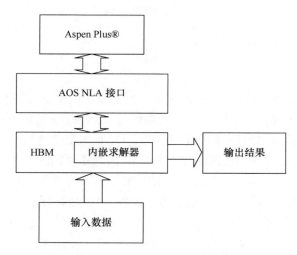

图 3-3　Aspen Plus 中 HBM 算法实现框架

　　内嵌流程模拟求解器的通用 HBM 计算程序框图可见图 3-4。图中 $x^*(\alpha_{bp})$ 表示原始工况的解,$x^*(\alpha_{tp})$ 表示目标工况的解。计算步骤如下:

**Step 1**　赋值终止误差 $\varepsilon$ 和回溯系数 $d$。

**Step 2**　初始化区间变量 temp 和同伦序号 $i$ 分别为 0 和 1。

**Step 3**　令 $\alpha_i = \alpha_{tp} - \text{temp}$,如果 $\alpha_i - \alpha_{i-1} < \varepsilon(\alpha_{tp} - \alpha_{bp})$ 则求解失败跳出程序,否则继续。

**Step 4**　以 $x(\alpha_{i-1})$ 为初值求解 $f(x, \alpha_i) = 0$。求解收敛则转 Step6,否则继续。

**Step 5**　令 $\text{temp} = \text{temp} + (\alpha_i - \alpha_{i-1})/d$ 并转 Step3。

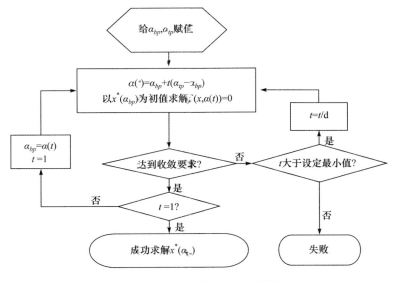

图 3-4　HBM 的算法程序框图

**Step 6**　保存计算结果为 $x(\alpha_i)$。如果 temp＝0 转 Step7；否则初始 temp 为 0 并令 $i$ 加 1 后转 Step3。

**Step 7**　求解成功,输出 $x(\alpha_i)$ 为最终解。

## 3.3　性能分析与讨论

采用如图 3-5 所示的算例——乙烯深冷分离工段进行 HBM 算法测试[10,11]。本节以该算例比较 Aspen Plus 软件使用传统牛顿型算法——LSSQP 算法和 HBM 算法的收敛效果,主要针对以下几个问题进行测试:

（1）HBM 算法是否在大范围变工况模拟时都能搜索到合适的同伦路线,与 LSSQP 算法相比收敛稳定性如何?

（2）HBM 不能收敛的点是否有可行解?

（3）HBM 的性能是否受同伦参数的影响?

（4）变工况向量维数增加对 HBM 测试的影响如何?

为了使流程在比较大的范围内都有物理收敛解,该算例中没有控制每台设备的分离指标。除了关键的乙烯精馏塔和丙烯精馏塔有特殊的控制点之外,其他精馏塔基本采用塔顶或塔釜流量控制,这样整个流程在比较大的变化范围内都能满足物理意义上的收敛条件。

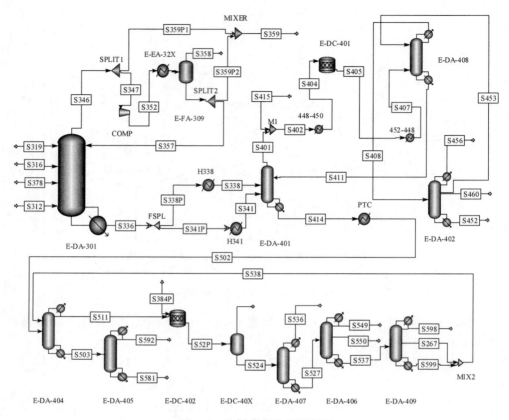

图 3-5　乙烯分离流程示意图

### 3.3.1　算法大范围性能收敛测试

　　首先针对本节算例中脱甲烷塔第四个进料 S312 的流量波动进行测试,单维变工况参数 $\alpha$ 表征波动后进料量偏离标准工况的幅度。当进料量正方向增长时,流量控制的单元没有物理约束上限,收敛性能良好的算法理论上可以求解 $\alpha$ 在大范围内改变时的模拟问题。而进料量负方向下降时,流量控制单元的物理下界是某股物料流量为零或换热量为零。因此在测试 HBM 算法大范围收敛稳定性的同时,还可以通过负方向变化测试 HBM 算法搜索流程物理边界的能力。

　　本节算例的正方向共 10 个测试点,变工况参数向量 $\alpha$ 从 0.01 变化到 0.10,每点增幅 0.01;负方向 1♯ 测试共 10 个点,$\alpha_{tp}$ 从 −0.01 变化到 −0.10,每点降幅 0.01;负方向 2♯ 测试共 5 个点,$\alpha_{tp}$ 从 −0.02 变化到 −0.03,每点降幅 0.002。三个测试的收敛点数对比列于表 3-1,收敛点的计算时间和路径列于表 3-2。从计算结果来看,正方向测试中使用 LSSQP 算法直接进行模拟计算仅有 $\alpha_{tp}=0.01$ 成功而采用 HBM 加强后 10 个变工况点都收敛。负方向测试中直接模拟时有 3 个点计算成功而使用 HBM 后扩展到 5 个点。测试说明 HBM 可以扩大 LSSQP 的收敛范围,利用流程工况参数做同伦参数可行,HBM 在较大范围内的收敛效果还是相当稳定的。

表 3-1　单变量测试收敛点数对比

| 测试序号 | 测试点个数 | 采用 LSSQP 算法的收敛点数 | 采用 HBM 算法的收敛点数 | 变化范围 |
|---|---|---|---|---|
| 正方向测试 | 10 | 1 | 10 | 0.01～0.10 |
| 1#负方向测试 | 10 | 2 | 2 | −0.01～−0.10 |
| 2#负方向测试 | 5 | 1 | 3 | −0.022～−0.030 |

表 3-2 列出了收敛路线和收敛时间计算结果。最长的计算时间在 360s 左右,大部分计算在 200s 以下即可完成,计算时间比较合理,可以用于现场变工况模拟。表中加粗的数字表示收敛点的 $\alpha_i$,也就是用于求解同伦参数的值,绝大部分计算路线中只出现一次同伦工况,也就是说目前程序在回溯搜索上花费的时间还比较多,如果进行改进,同伦计算的时间还可缩短,更适用于现场计算。

表 3-2　单变量测试收敛路径与时间

| $\alpha_{tt}$ | $\alpha$ 的回溯同伦路径 | 计算时间/s |
|---|---|---|
| 正方向测试 | | |
| 0.01 | **0.01** | 60.265 |
| 0.02 | 0.02→**0.01**→0.02 | 131.844 |
| 0.03 | 0.03→**0.015**→0.03 | 114.86 |
| 0.04 | 0.04→0.02→**0.01**→0.04 | 189.235 |
| 0.05 | 0.05→0.025→**0.0125**→0.05 | 188.484 |
| 0.06 | 0.06→0.03→**0.015**→0.06 | 173.485 |
| 0.07 | 0.07→0.035→0.0175→**0.00375**→0.07 | 260.39 |
| 0.08 | 0.08→0.04→0.02→**0.01**→0 08→**0.045**→0.08 | 362.828 |
| 0.09 | 0.09→0.045→0.0225→**0.01125**→0.09 | 255.969 |
| 0.1 | 0.1→0.05→0.025→**0.0125**→0.1 | 287.765 |
| 1#负方向测试 | | |
| −0.01 | **−0.01** | 41.484 |
| −0.02 | **−0.02** | 59.578 |
| 2#负方向测试 | | |
| −0.022 | **−0.022** | 67.406 |
| −0.024 | −0.024→**−0.012**→−0.024 | 133.438 |
| −0.026 | −0.026→**−0.013**→−0.026 | 126.688 |

　　将 $\alpha_{tp}=0.1$ 时的回溯搜索结果绘于图 3-6,其中 HBM 算法的终止误差 $\varepsilon$ 在本章中统一设为 $10^{-4}$,回溯系数取为 2。图中横坐标为 $\alpha$,纵坐标为计算耗时,图中柱形表示每步试探求解的时间,黑色表示求解成功而条纹表示失败。求解时首先从 $\alpha_{bp}=0$ 的原始工况出发,第 1 步到达的目标工况,求解失败后仍以 $\alpha_{bp}$ 工况为初值进行第 2 步回溯求解 $\alpha_{bp}=0$ 与 $\alpha_{tp}=0.1$ 的中点工况,再次失败后回溯求解 1/4 点工况,仍以 $\alpha_{bp}=0$ 工况为初值。第 4 步 1/8 工况计算收敛后确定 $\alpha_1=0.0125$,将该收敛解定义为回溯搜索的同伦工况点。第 5 步以新的同伦工况点为初值求解 $\alpha_{tp}=0.1$ 的目标工况,一步收敛即停止搜索。通过以上结果可以看出,当 LSSQP 算法不能直接收敛时,HBM 算法通过回溯寻找到了流程模拟区间内的变工况同伦参数 $\alpha_1=0.0125$,完成了目标工况的计算,扩大了普通算法的收敛范围。

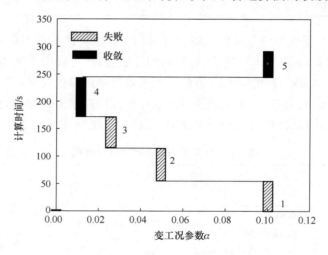

图 3-6　　正方向测试收敛步骤($\alpha_{tp}=0.1$)

### 3.3.2　流程物理边界搜索

　　从表 3-2 中可以看出负方向测试时,$\alpha$ 在 $[-0.03,-0.02]$ 范围到达了 HBM 算法的计算边界,对计算边界进行分析以评判 HBM 算法是否搜索到了流程的物理边界。

　　负方向测试中发生波动的进料 S312 是脱甲烷塔中 C2 以上重组分含量比较高的一股料,进料重组分减少而塔釜出料量恒定造成脱甲烷塔釜出料中轻组分氢气和甲烷含量升高,后续的脱乙烷塔中轻组分含量也相应升高。由于脱乙烷塔也是塔釜流量控制,因此从塔顶产出的乙烯精馏塔进料流量不变,但氢气和甲烷含量比原设计值高很多。恰好乙烯精馏塔除了侧线产品流量控制以外还增加了塔顶尾冷排放温度恒定的控制点。为了能够达到尾冷排放温度,进入尾冷器的气相 C2

以上重组分增加,这要求乙烯精馏塔顶冷凝器负荷降低而尾冷器冷凝负荷增加。当乙烯精馏塔的塔顶冷凝器冷凝负荷趋向于零时,流程的模拟计算达到物理边界,收敛失败。在正向测试中,只有乙烯精馏塔进料中 C2 以下轻组分含量偏低至零时尾冷器负荷才会为零,而正向测试的变化范围还没有达到物理边界,因此测试整个范围内所有计算都收敛。

将负方向♯1 测试和♯2 测试的结果中乙烯精馏塔顶主冷凝器和尾冷器的冷凝负荷随工况的变化绘于图 3-7,横坐标为 $\alpha$ 而纵坐标为冷凝负荷。从图中可以看出,当 $\alpha$ 逐渐减小时,乙烯精馏塔顶主冷凝器负荷降低而尾冷器冷凝负荷增加。$\alpha$ 在[$-0.022$,$-0.01$]范围时,两个冷凝器负荷的变化比较平缓,采用 LSSQP 也可以直接求解目标工况。而当 $\alpha$ 继续减小时,冷凝器负荷变化梯度明显增加,需要 HBM 强化才能求解。图中还增加了 $\alpha = -0.0265$ 的测试点,这一点的尾冷器负荷已经很接近 0,变化梯度也很大,基本可以认为 HBM 的计算已经达到了流程的物理边界。从负方向的两个测试中可以看出 HBM 明显改善了变化梯度较大工况点的收敛效果,可以通过搜索同伦工况确定计算的合适步长,适用于流程物理边界点的计算。计算各个同伦工况点对分析流程的瓶颈也很有帮助。

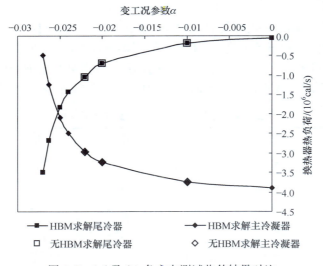

图 3-7　1♯及 2♯负方向测试收敛结果对比

### 3.3.3　回溯系数的影响

针对大规模复杂变工况化工流程模拟中初值要求高,求解收敛性差的问题,本章结合同伦参数思想提出了一种回溯搜索方法。当工况变化很大时,方程的求解过程有可能无法收敛,试探目标点的工作失败。计算回溯至初值和目标点之间的某个位置,也就是转而求解原始工况和目标工况之间的一个中间工况,$t$ 回溯至 $t/d$。即回溯位置由回溯系数来确定。回溯系数 $d$ 要大于 1,可以保障 $t$ 回溯到了一个目标工况与前收敛工况之间的某个位置。前述结果我们都将回溯系数 $d$ 缺省设置为 2。本节我们将通过仿真实验表明此系数的取值对过程的最终收敛性能没有影响。仍以进料 S312 的流量波动作为负荷变化进行回溯同伦算法的测试。测试范围选择在设计工况的 $-5\%\sim12\%$,每隔 $1\%$ 变化工况进行一次模拟,共计 17 个工况点。回溯系数 $d$ 的选择如表 3-3 所示,包括黄金分割点在内共计 4 种不同的选择。

表 3-3   回溯系数的取值方法

| 序号 | 1 | 2 | 3 | 4 |
|---|---|---|---|---|
| 回溯系数取值 | 2 | 2.618 | 3 | 4 |

表 3-4～表 3-7 列出了不同回溯系数下的算法收敛结果。从结果中可以看出,回溯系数不影响问题的收敛效果。在变化工况为 $-5\%\sim-3\%$ 时,无论系数如何选择都无法收敛,这与前一节的物理边界分析一致。而在其他工况点,所有系数下的计算都收敛。各表中也列出了收敛时的计算时间。虽然回溯系数不影响问题的收敛效果,但会影响最终的计算收敛时间。图 3-8 比较了不同负荷下、不同回溯系数下的收敛时间。对于此命题,总体上当回溯参数加大时,会加快收敛,但不同条件下也会有不同的结果。总之,回溯系数的选择对收敛效果没有影响,但会影响计算时间,这种影响的效果也具有不确定性,对算例的依赖性较大。

表 3-4   回溯系数为 2 时的收敛测试结果

| 序号 | 结果 | 计算时间/s | 序号 | 结果 | 计算时间/s |
|---|---|---|---|---|---|
| 1 | 失败 | — | 10 | 收敛 | 118.375 |
| 2 | 失败 | — | 11 | 收敛 | 121.468 |
| 3 | 失败 | — | 12 | 收敛 | 351.562 |
| 4 | 收敛 | 180.016 | 13 | 收敛 | 379.203 |
| 5 | 收敛 | 76.563 | 14 | 收敛 | 370.359 |
| 6 | 收敛 | 44.25 | 15 | 收敛 | 518.5 |
| 7 | 收敛 | 99.922 | 16 | 收敛 | 410.25 |
| 8 | 收敛 | 163.422 | 17 | 收敛 | 387.516 |
| 9 | 收敛 | 207.204 | | | |

表 3-5　回溯系数为 2.618 时的收敛测试结果

| 序号 | 结果 | 计算时间/s | 序号 | 结果 | 计算时间/s |
|---|---|---|---|---|---|
| 1 | 失败 | — | 10 | 收敛 | 253.625 |
| 2 | 失败 | — | 11 | 收敛 | 235.11 |
| 3 | 失败 | — | 12 | 收敛 | 309.844 |
| 4 | 收敛 | 160.032 | 13 | 收敛 | 319.687 |
| 5 | 收敛 | 136.125 | 14 | 收敛 | 260.297 |
| 6 | 收敛 | 44.672 | 15 | 收敛 | 264.078 |
| 7 | 收敛 | 76.25 | 16 | 收敛 | 475.172 |
| 8 | 收敛 | 147.563 | 17 | 收敛 | 482.672 |
| 9 | 收敛 | 151.875 | | | |

表 3-6　回溯系数为 3 时的收敛测试结果

| 序号 | 结果 | 计算时间/s | 序号 | 结果 | 计算时间/s |
|---|---|---|---|---|---|
| 1 | 失败 | — | 10 | 收敛 | 136.453 |
| 2 | 失败 | — | 11 | 收敛 | 300.407 |
| 3 | 失败 | — | 12 | 收敛 | 345.016 |
| 4 | 收敛 | 62.969 | 13 | 收敛 | 313.593 |
| 5 | 收敛 | 62.266 | 14 | 收敛 | 374.766 |
| 6 | 收敛 | 75.781 | 15 | 收敛 | 328.516 |
| 7 | 收敛 | 166.203 | 16 | 收敛 | 341.407 |
| 8 | 收敛 | 201.813 | 17 | 收敛 | 301.531 |
| 9 | 收敛 | 153.093 | | | |

表 3-7　回溯系数为 4 时的收敛测试结果

| 序号 | 结果 | 计算时间/s | 序号 | 结果 | 计算时间/s |
|---|---|---|---|---|---|
| 1 | 失败 | — | 10 | 收敛 | 59.953 |
| 2 | 失败 | — | 11 | 收敛 | 62.39 |
| 3 | 失败 | — | 12 | 收敛 | 225.703 |
| 4 | 收敛 | 160.578 | 13 | 收敛 | 256.468 |
| 5 | 收敛 | 97.813 | 14 | 收敛 | 181.75 |
| 6 | 收敛 | 78.157 | 15 | 收敛 | 138.89 |
| 7 | 收敛 | 67.891 | 16 | 收敛 | 207.156 |
| 8 | 收敛 | 76.655 | 17 | 收敛 | 156.265 |
| 9 | 收敛 | 193.141 | | | |

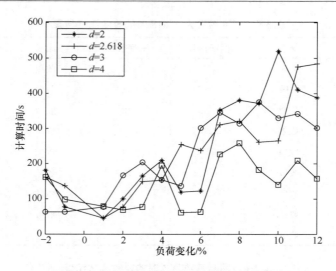

图 3-8　不同回溯系数取值对计算时间的影响

### 3.3.4　多维工况变量

3.3 节算例中的变工况参数是一维向量,代表脱甲烷塔第四个进料 S312 的流量变化。而我们提出的回溯同伦算法是不局限于一维问题的,完全适用于多维问题。仍以该乙烯分离过程为例,变工况参数 $\alpha$ 表示进料状态的变化,该过程包括 7 个不同的进料,变工况参数就是一个 7 维变量。7 维变工况向量 $\overline{X}$ 的详细信息如表 3-8 所示。该表中列出了各个分量的位号和设计工况值。

表 3-8　多维工况参数详细信息

| 变工况向量变量序号 | 说　明 | 初值/(kmol/h) |
|:---:|:---:|:---:|
| 1 | S312. BLK. MOLES | 1331.98 |
| 2 | S267. BLK. MOLES | 308.47 |
| 3 | S319. BLK. MOLES | 225.45 |
| 4 | S415. BLK. MOLES | 45.48 |
| 5 | S316. BLK. MOLES | 167.89 |
| 6 | S378. BLK. MOLES | 1331.98 |
| 7 | S384P. BLK. MOLES | 33.8 |

根据表 3-8 所列变量定义 7 维工况矢量 $\overline{X}$ 并依据设计工况情况赋初值为
$$\overline{X} = \{1331.98, 308.47, 225.45, 45.48, 167.89, 1331.98, 33.8\}$$

为了测试在多维情况下的算法性能,我们利用 $D$-最优设计方法对七个因素设计了 100 组不同的变化工况。利用 Matlab 的 Statistics Toolbox 中的 cordexch 函数生成 100 个 7 维向量,$e_1, e_2, e_3, e_4, \cdots, e_{100}$,每个向量的元素只有 0,1,−1 三种选择。例如，$e_1 = \{1, 0, 0, -1, 0, -1, 1\}$。

定义运算符"$\otimes$"如下：

如果 $a = \{a_1, a_2, a_3, \cdots, a_n\}$，$b = \{b_1, b_2, b_3, \cdots, b_n\}$，则有

$$a \otimes b = \{a_1 \times b_1, a_2 \times b_2, a_3 \times b_3, \cdots, a_n \times b_n\}$$

同时定义

$$c_i = \overline{X} \otimes \frac{e_i}{10 \times |e_i|} (i = 1, 2, 3, \cdots, 100) \tag{3.9}$$

$$\overline{X}_{tp} = \overline{X}_{bp} + c_i (i = 1, 2, 3, \cdots, 100) \tag{3.10}$$

这样可以产生 100 组不同的工况变量，每组工况的变化范围是初始工况的 10% 以内。例如针对上述的 $e_1 = \{1, 0, 0, -1, 0, -1, 1\}$，则有

$$c_1 = \overline{X} \otimes \frac{e_1}{10 \times |e_1|}$$

$$= \{0.025 \times 1331.98, 0, 0, 0.025 \times 45.48, 0, -0.025 \times 1331.98, 0.025 \times 33.8\}$$

$$= \{33.30, 0, 0, 1.137, 0, -33.30, 0.845\} \tag{3.11}$$

$$\overline{X}_{tp} = \overline{X}_{bp} + c_1$$

$$= \{1331.98 + 33.30, 308.47, 225.45, 45.48 + 1.137, 167.89, 1331.98$$

$$- 33.30, 33.8 + 0.845\}$$

$$= \{1365.28, 308.47, 225.45, 46.617, 167.89, 1298.68, 34.645\} \tag{3.12}$$

针对这 100 组不同的工况，分别使用 Aspen Plus 自带缺省算法和我们提出的 HBM 算法进行计算比较，结果见表 3-9。

表 3-9　100 组模拟计算的统计数据对比

| 运行次数 | 收敛次数 | | HBM 计算平均用时 |
| --- | --- | --- | --- |
| | Aspen | HBM | |
| 100 | 17 | 63 | 162.505s |

对这 100 组不同的工况，Aspen 只在 17 种工况下模拟收敛，其余 83 组全都模拟失败。而与此对应，HBM 算法在 63 个工况下获得成功收敛，平均计算时间是 162.505s。我们可以看出，HBM 算法可以大大改善模拟的收敛效果。

## 3.4　基于灵敏度的回溯同伦算法——sHBM

回溯同伦算法将变工况参数作为同伦参数，这样对于实际的过程系统而言，对应于每一个同伦参数的同伦问题都能保证解的存在。回溯同伦算法的不足之处在于当工况对操作条件变化十分敏感的时候，会导致回溯同伦算法进展缓慢甚至求解失败。本节将在回溯同伦算法的基础上，对当前工况点做灵敏度分析，在把当前工况点作为初始点之前对其进行校正，从而提高回溯同伦算法的鲁棒性。

### 3.4.1　sHBM 方法

过程系统通常是采用一组如下的连续可微的 MESH 方程来进行描述：

$$f(x,a)=0 \tag{3.13}$$

其中 $x \in R^n$ 为变量向量，$a \in A \subseteq R^p$ 为操作条件参数或工况参数向量，$f: R^{n+p} \to R^m$ 为方程组。在当前操作条件 $a_c$ 下，模拟结果 $x(a_c)$ 是已知的，当操作条件变为 $a_t$ 时，需要求解目标操作条件下的模拟结果。过程系统在合理的物理边界范围内，各个操作条件下的状态一定是唯一的，因此在各个操作条件下对方程组（3.13）进行模拟的结果是非退化的。回溯同伦算法将同伦参数 $\theta$ 定义为

$$a(\theta)=a_b+\theta \cdot (a_t-a_b) \tag{3.14}$$

其中参数 $\theta$ 表征了基准操作条件 $a_b$ 和目标操作条件 $a_t$ 之间的相对距离，构造如下形式的同伦函数：

$$h(x,\theta)=f(x,a(\theta)) \tag{3.15}$$

**假设 3.1**

（1）$f(x,a)$ 关于 $x$ 和 $a$ 是二次可微的。

（2）对于所有的 $a \in A$，$x(a)$ 是非退化的，也就是 $\nabla_x f(x(a),a)$ 非奇异。

在假设 3.1 下，同伦函数关于 $x$ 和 $\theta$ 是二次可微的，于是有

$$\nabla_x h(x,\theta)=\nabla_x f(x,a(\theta)) \tag{3.16}$$

根据隐函数定理，$x(\theta)$ 关于 $\theta$ 是二次可微的，以下是 $x(\theta)$ 在点 $\theta=\theta_b$（对应于基准操作条件 $a_b$）进行泰勒展开：

$$x(\theta)=x(\theta_b)+\nabla_\theta x(\theta_b) \cdot (\theta-\theta_b)+O((\theta-\theta_b)^2) \tag{3.17}$$

$x(\theta)$ 和 $x(\theta_b)$ 之间的距离可以采用如下公式进行描述：

$$\| x(\theta)-x(\theta_b) \| \approx \| \nabla_\theta x(\theta_b) \| \cdot |(\theta-\theta_b)| \tag{3.18}$$

回溯策略能够使得 $\theta-\theta_b$ 足够小，如果 $\nabla_\theta x(\theta_b)$ 是有界的，那么在假设 3.1 下，理论上牛顿法能够成功求解（3.15）。但是 $\nabla_\theta x(\theta_b)$ 的范数可能会非常大，由于只有在 $\theta-\theta_b$ 变得非常小的情况下才能保证牛顿法的成功求解，因此这时回溯同伦算法就变得效率低下甚至求解失败。

接下来考虑使用灵敏度分析来求得一个校正步长，对基准点 $x(\theta_b)$ 进行校正改进后再用作初始点。在假设 3.1 下，$x(\theta)$ 关于 $\theta$ 的灵敏度信息可以通过下式来求得：

$$\nabla_x h(x,\theta)\frac{\mathrm{d}x}{\mathrm{d}\theta}+\nabla_\theta h(x,\theta)=0 \tag{3.19}$$

$$\frac{\mathrm{d}x}{\mathrm{d}\theta}=(\nabla_x h(x,\theta))^{-1} \cdot \nabla_\theta h(x,\theta) \tag{3.20}$$

则校正步长 $d$ 为

$$d(\theta)=(\theta-\theta_b) \cdot (\nabla_x h(x,\theta))^{-1} \cdot \nabla_\theta h(x,\theta) \tag{3.21}$$

根据以上分析,基于灵敏度分析的回溯同伦算法(sHBM)可以描述为:

**Step 1**　将当前操作条件和目标操作条件赋值给 $\alpha_c$ 和 $\alpha_t$,令 $\theta \leftarrow 1, \alpha_b \leftarrow \alpha_c, i \leftarrow 0$, $x_i \leftarrow x(\alpha_c)$,用存储模拟结果。

**Step 2**　采用式(3.21)计算校正步长,令 $x_0 \leftarrow x_i + d(\theta)$, $x_0$ 作为 Step 3 的初始点。

**Step 3**　采用牛顿法求解方程(3.15)。

**Step 4**　若模拟求解失败则检查 $\theta$,如果 $\theta < \eta$,那么算法失败并退出;否则令 $\theta = \theta/\lambda, \lambda$ 为大于 1 的回溯常数,并且返回 Step 2。

**Step 5**　如果模拟求解成功那么令 $i:=i+1$, $x_i \leftarrow x(\theta)$ 并且检查 $\alpha_b$,如果 $\alpha_b = \alpha_t$,那么算法成功并退出程序;否则计算(3.14),并且令 $\alpha_b \leftarrow \alpha(\theta)$ 以及 $\theta \leftarrow 1$,返回到 Step 2。

由 sHBM 算法可以产生一组解的序列 $\{x_i = x(\theta_i)\}$。对于问题 $h(x, \theta_{i+1}) = 0$ 的解为 $x(\theta_{i+1})$,考虑 $x(\theta_{i+1})$ 的一个邻域 $N(x(\theta_{i+1}), \varepsilon), 0 < \varepsilon < 1$。假定在这个邻域内,$\nabla_x h(x, \theta_{i+1})$ 是 Lipschitz 连续并且有上界的,则牛顿法是可以成功求解该问题的。同伦参数 $\theta_{sHBM}$ 对应于 $h(x, \theta_{i+1}) = 0$ 之前的一个同伦问题 $h(x, \theta_{sHBM}) = 0$,接下来分析 $\theta_{sHBM}$ 与 $\theta_{i+1}$ 之间相差为多少时,同伦问题 $h(x, \theta_{sHBM}) = 0$ 的解才能够进入到邻域 $N(x(\theta_{i+1}), \varepsilon)$ 中从而保证 $h(x, \theta_{i+1}) = 0$ 被成功求解。

在 $\theta_{sHBM}$ 点对 $x(\theta_{i+1})$ 进行泰勒展开得到

$$x(\theta_{i+1}) = x(\theta_{sHBM}) + \nabla x(\theta_{sHBM}) \cdot (\theta_{i+1} - \theta_{sHBM}) + O((\theta_{i+1} - \theta_{sHBM})^2) \tag{3.22}$$

由式(3.22)可以看出,如果满足 $|\theta_{i+1} - \theta_{sHBM}| = O(\sqrt{\varepsilon})$,则由 sHBM 算法得到的 $x(\theta_{sHBM})$ 就能够进入邻域 $N(x(\theta_{i+1}), \varepsilon)$ 中;而原 HBM 算法则需要满足 $|\theta_{i+1} - \theta_{HBM}| = O(\varepsilon)$ 才能进入邻域 $N(x(\theta_{i+1}), \varepsilon)$ 中。也就是说 sHBM 算法产生的相邻的两个同伦参数的距离远远大于原 HBM 方法,从而具有更好的性能。

### 3.4.2　数值实验

通过高压深冷空分模拟问题对上述 sHBM 方法和原 HBM 方法进行比较。实验以回流比为 30 的工况为基准点,模拟计算回流比为 50 时的工况。采用 HBM 算法进行计算时,在以回流比为 43.6153 的工况为基准点进行下一步模拟时求解失败,整个计算过程耗时 891.2s。各个成功模拟的工况点的回流比、同伦参数以及灵敏度信息如表 3-10 所示。

由表 3-10 可以看出随着模拟的推进,$\|\nabla_\theta x(\theta)\|$ 变得越来越大,只能通过减小同伦参数的变化来保证模拟问题的成功求解,从而导致回流比从 42.5 开始进展变得十分缓慢。

**表 3-10    HBM 算法成功模拟的工况点的回流比、同伦参数以及灵敏度信息**

| 序号 | 回流比 | 相应同伦参数 | $\|\nabla_\theta x(\theta)\|$ |
|------|--------|--------------|-------------------------------|
| 1 | 30 | 0 | 186.2831 |
| 2 | 40 | 0.5 | 194.6611 |
| 3 | 42.5 | 0.625 | 355.169 |
| 4 | 43.4375 | 0.6719 | 1044.7 |
| 5 | 43.54 | 0.677 | 1776.8 |
| 6 | 43.5905 | 0.6795 | 3283.3 |
| 7 | 43.6155 | 0.6808 | 7778.5 |

对该问题采用 sHBM 算法进行计算,经过 149.5s 成功模拟了回流比为 50 时的工况。各成功模拟的工况点的回流比、同伦参数如表 3-11 所示。可以看出 sH-BM 算法在以回流比为 43.4375 的工况为基准点时可以直接模拟出回流比为 50 的工况。

**表 3-11    sHBM 算法成功模拟的工况点的回流比、同伦参数**

| 序号 | 1 | 2 | 3 | 4 | 5 |
|------|-----|-----|-------|---------|-----|
| 回流比 | 30 | 40 | 42.5 | 43.4375 | 50 |
| 同伦参数 | 0 | 0.5 | 0.625 | 0.6719 | 1 |

该数值实验结果表明 sHBM 算法在计算稳定性和计算效率上远优于原 HBM 方法。

# 3.5  小    结

针对大规模复杂变工况化工流程模拟中初值要求高,求解收敛效果差的问题,本章结合同伦法中同伦参数思想以及回溯搜索方法,提出了一种能够解决初值约束的方法——回溯同伦法(HBM)。该方法利用工况变量作为同伦参数求解非线性方程组并采用回溯法自动搜索同伦参数。经算例测试表明:

(1)HBM 能大幅度提高普通 LSSQP 算法求解的收敛范围。

(2)HBM 使用流程工况参数作为同伦参数,计算的收敛效果较强。

(3)使用回溯法搜索工况参数能保证 HBM 找到同伦工况点,有助于分析流程瓶颈。

(4)回溯参数的选择会影响收敛速度,但不影响收敛效果。对速度的影响也是依赖于具体算例的。

(5)HBM 算法可以有效地处理多维工况变量变化的情况。

　　此外,在 HBM 方法的基础上基于灵敏度分析提出了 sHBM 方法。通过理论分析证明了 sHBM 算法生成的相邻两个的同伦参数的距离远远大于原 HBM 方法,也就是说 sHBM 方法的回溯次数要远小于 HBM 方法。数值实验结果验证了该结论。

## 参 考 文 献

[1] Powell M J. A hybrid method for nonlinear equations [J]. Numerical Methods for Nonlinear Algebraic Equations, 1970, 7: 87-114.

[2] Shacham M, Kehat E, Converging interval methods for the iterative solution of a non-linear equation [J]. Chemical Engineering Science, 1973, 28(12): 2187-2193.

[3] Wayburn T, Seader J. Homotopy continuation methods for computer-aided process design [J]. Computers and Chemical Engineering, 1987, 11(1): 7-25.

[4] Harker P T, Pang J S. Finite-dimensional variational inequality and nonlinear complementarity problems: A survey of theory, algorithms and applications [J]. Mathematical Programming, 1990, 48(1-3): 161-220.

[5] Watson L T, Haftka R T. Modern homotopy methods in optimization [J]. Computer Methods in Applied Mechanics and Engineering, 1989, 74(3): 289-305.

[6] Paloschi J R. Bounded homotopies to solve systems of sparse algebraic nonlinear equations [J]. Computers and Chemical Engineering, 1996, 21(5): 531-541.

[7] Seader J, et al. Mapped continuation methods for computing all solutions to general systems of nonlinear equations [J]. Computers and Chemical Engineering, 1990, 14(1): 71-85.

[8] Gritton K S, Seader J, Lin W-J. Global homotopy continuation procedures for seeking all roots of a nonlinear equation [J]. Computers and Chemical Engineering, 2001, 25(7): 1003-1019.

[9] Paloschi J R. Using sparse bounded homotopies in steady state simulation packages [J]. Computers and Chemical Engineering, 1996, 20: S285-S290.

[10] 祝铃钰,陈智强,陈曦,等. 大规模变工况流程模拟的回溯同伦法 [J]. 高校化学工程学报, 2009, 23(4): 690-695.

[11] 祝铃钰. 复杂分离过程模拟与优化中的若干问题研究 [D]. 浙江大学, 2009.

[12] ASPEN. Aspen OOMF programmers guide, 2003.

# 第 4 章　记忆增强型实时优化算法——MEO

RTO 系统运行的周期性和其优化问题的重复性是流程系统稳态双层实时优化的重要特征[1, 2]。许多研究工作都从问题的重复性和相似性发展起来并取得了很好的效果。如 Gondzio 和 Grothey 观察到内点法中的线性规划子问题序列具有很大的相似性,从而开发出再优化(re-optimization)技术使得优化计算的迭代步数和求解时间分别减少了 40％和 25％[3]。Gao 和 Engell 利用过程系统优化的重复特性,结合优化和参数估计构造了综合算法,其在反复进行优化计算的过程中可逐渐消除模型和实际过程之间的失配[4]。Biegler 和 Zavala 提出的 advanced-step NMPC 技术也利用了系统的重复性特点。

本章 4.1 节从 RTO 的重复特性出发,研究 RTO 优化命题系列之间的相似性,采用参数优化命题统一表达这些 RTO 优化问题,提出了记忆增强优化(mnemonic enhancement optimization,MEO)思想提高 RTO 的性能。4.2 节给出了 MEO 框架和主干算法,在此基础上对约束非线性参数优化问题以及 MEO 的多个方面特性进行了分析讨论;4.3 节提出基于灵敏度的 MEO 方法,针对参数敏感和经验积累效率对零阶逼近 MEO 方法进行改进;4.4 节针对过程系统优化中的多解问题,提出全局 MEO 方法改进零阶 MEO 方法的全局寻优性能;4.5 节介绍了 MEO 软件架构设计并开发了相应的功能模块;4.6 节介绍了 MEO 的功能模块开发;4.7 节将 MEO 功能模块与 ASPEN 相结合,并对脱丙烷脱丁烷双塔优化问题和乙烯分离过程模拟问题进行了数值仿真实验。

## 4.1　MEO 思想

对于非线性优化算法来说,初值问题非常重要[5,6]。好的初值会使优化计算收敛速度很快,差的初值不但影响收敛速度,而且会影响收敛性。这对于 RTO 中的大规模非线性优化问题尤为重要。

在 RTO 中,构造初值的传统方法是当 RTO 进行新一轮优化计算时,采用前一次优化计算的最优解作为当前优化计算的初值。该方法没有考虑到 RTO 中优化计算的重复性,仅保留最近的优化计算经验,而抛弃所有其他计算经验。本文所提出的 MEO 方法针对 RTO 中优化计算问题重复性和相似性的特点,将先前的优化计算经验保留下来,并据此对待求的最优解进行逼近。采用该逼近值作为初值进行优化计算在很大程度上提高了 RTO 的性能。随着 RTO 的反复运行,MEO

逼近值将以概率 1 收敛于真实的最优解。

　　实际过程中的 RTO 可看作由一系列相似的运行周期组成。绪论中的图 1-1 和图 1-2 描述了典型双层 RTO 系统及其单次运行周期内的具体执行情况。如图 4-1 所示,当系统参数进行第 $k(k \geqslant 1)$ 次波动时,RTO 系统依次进行稳态检测、数据调和、模型更新和优化计算。当优化计算结束时,第 $k$ 轮 RTO 运行周期结束。优化解将被传递给控制层进行实现,RTO 系统将等待下一次运行周期的到来。当检测到第 $k+1$ 次参数波动时,RTO 系统进入新一轮第 $k+1$ 次运行周期。上述参数是指可能随时间变化,并使过程的最佳工况发生漂移的各种内部和外部不确量,如进料量组分、温度、流量和产品规格等。这些不确定性可分为系统的内部不确定性和外部不确定性[7]。

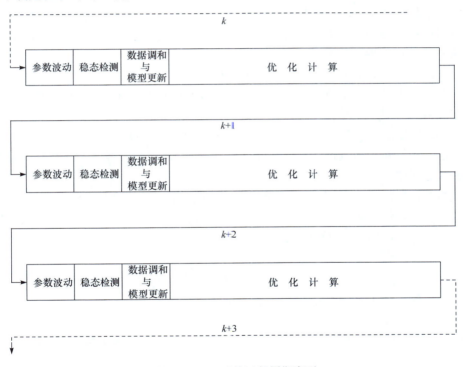

图 4-1　RTO 系统运行周期序列

　　在上述 RTO 运行周期中,数据调和子系统对变化的参数值进行估计,模型更新子系统对系统模型中的相应参数值进行刷新,优化算法子系统将更新后的系统模型作为约束来求解新的最优设置点。需要注意的是当优化命题的目标函数中也包含前述参数时,这些参数值也要进行更新。

　　从以上分析中可以看出,RTO 各个运行周期所对应的一系列优化命题具有完全相同的结构,包括约束和目标函数。这些命题之间唯一的不同之处在于约束和目标函数中的参数值有所不同。因此可将 RTO 优化命题写为如下参数形式优化命题：

$$\min f(x,\alpha)$$
$$\text{s. t.} \quad c_i(x,\alpha) \geqslant 0, \quad i \in \mathcal{I} \cup \mathcal{E} \tag{4.1}$$

其中 $f$ 和 $c_i, i \in \mathcal{I} \cup \mathcal{E}$ 在 $R^n \times R^d$ 的子集上关于变量 $x \in R^n$ 和参数 $\alpha \in R^d$ 有界。

本章对于命题(4.1)进行如下基本假设：

**假设 4.1**

(1) 本书中如无特别说明均假设优化问题(4.1)在实际可行域中只有唯一解。即不考虑多解问题。

在工业应用中通常认为合理构造的优化问题具有唯一局部极值解，且这些极值解一般均位于可行域的边界上。这使得局部寻优算法能有效地求解这类问题。至于目前报道的一些具有多解情况的过程系统优化问题[8]，本章将在全局 MEO 方法一节进行分析和讨论。

(2) 变量 $x$ 的定义域 $D_x \subset R^n$ 为有界闭集。

在实际生产过程中所有有意义的变量的变化范围均是有限的，因此假设变量的定义域为有界闭集是合理的。

(3) 目标函数 $f$ 和约束函数 $c_i, i \in \mathcal{E} \cup \mathcal{I}$ 二阶连续可微。

这一假设对于多数过程系统来说是成立的，并且该假设经常用于优化算法的构造和分析中。

需要注意的是 RTO 优化命题的约束中既包含不等式约束也包含等式约束。命题(4.1)将其中的等式约束转化为两个等价的不等式约束进行统一表达，即 $c_i(x,\alpha) = 0, i \in \mathcal{E}$ 可以等价地写为

$$\begin{cases} c_i(x,\alpha) \geqslant 0 \\ c_i(x,\alpha) \leqslant 0 \end{cases}, \quad i \in \mathcal{E}$$

为了便于分析，命题(4.1)也可以写为

$$\min\{f(x,\alpha) \mid x \in M(\alpha)\} \tag{4.2a}$$

其中 $\alpha \in D \subset R^d$，根据假设 4.1 可知 $D$ 是有界闭区域。**约束集映射** $M(\alpha)$ 定义为

$$M(\alpha) := \{x \in R^n \mid c_i(x,\alpha) \geqslant 0, i \in \mathcal{I} \cup \mathcal{E}\} \tag{4.2b}$$

这时参数优化命题(4.1)和(4.2)的解 $x^*$ 可以写为参数 $\alpha$ 的函数，有

$$x^* = \varphi(\alpha) := \{x \mid f(x,\alpha) = \psi(\alpha)\} \tag{4.3}$$

其中**极值函数** $\psi(\alpha)$ 定义为

$$\psi(\alpha) := \inf_{x \in M(\alpha)} f(x,\alpha) \tag{4.4}$$

称 $\varphi$ 为**最优集映射**[9, 10]。本文中为方便起见在后面也会将 $\varphi(\alpha)$ 等价地写为 $x^*(\alpha)$。

从参数优化的角度看，在命题(4.1)和(4.2)中 $\alpha$ 对应于图 4-1 所示 RTO 系统

运行周期中的参数,即系统的内部不确定性和外部不确定性。当 RTO 系统检测到 $\alpha$ 值发生第 $k$ 次波动时,则第 $k$ 轮 RTO 运行周期开始。这时 RTO 系统将求解参数优化命题 $\min\{f(x,\alpha_k)\,|\,x\in M(\alpha_k)\}$,从而得到最优解 $x^*=\varphi(\alpha_k)$。这个最优解等价于根据图 1-1 典型 RTO 系统对传统优化命题(4.1)求解所得的结果。当参数 $\alpha$ 的值再次波动时,RTO 系统将检测到新参数值 $\alpha_{k+1}$,通过求解 $\min\{f(x,\alpha_{k+1})\,|\,x\in M(\alpha_{k+1})\}$ 可得新的最优解 $x^*=\varphi(\alpha_{k+1})$。

这样,可以将 RTO 中的优化命题序列看做对带有不同参数值的相同参数优化命题的反复求解。

接下来我们分析一个简单的例子并从中总结出 MEO 的基本思想。

**例 4.1**　考虑下列具有单变量和单参数的参数优化命题

$$\min f(x,\alpha)=0.03\,(x-\alpha^2)^2+\alpha \qquad (4.5)$$

其中 $0\leqslant\alpha\leqslant10$。这时最优集映射为

$$\varphi(\alpha)=\alpha^2$$

极值函数为

$$\psi(\alpha)=\alpha$$

令 $\alpha$ 从整数 1 变化至 9,则对应了 9 次优化计算。图 4-2 是目标函数和最优点随参数变化的情况。其中 9 条曲线分别是 9 个参数值所对应的目标函数 $f(x,i)$,$i=1,\cdots,9$,每条曲线最底部的极值点用五角星 ★ 标记,坐标为 $(i^2,i)$,$i=1,\cdots,9$。当参数 $\alpha$ 在 [0,10] 内连续变化时,$f(x,\alpha)$ 的极值点集合在 $x-f$ 平面上是 $(\alpha^2,\alpha)$,$\alpha\in[0,10]$,如图 4-2 中的粗实线所示。

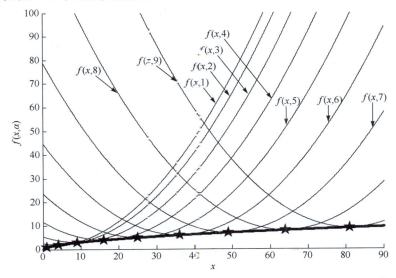

图 4-2　目标函数和最优点随参数的变化

例 4.1 的最优集映射 $\varphi(\alpha)$ 的图像如图 4-3 所示。为了方便后面的分析，这里用横坐标轴表示变量 $x$，用纵坐标轴表示参数 $\alpha$。可知 $\varphi(\alpha)$ 是光滑曲线。

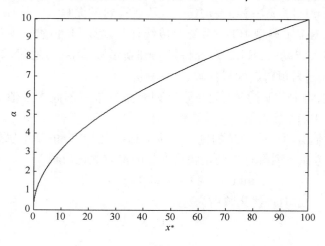

图 4-3　最优集映射

接下来让参数 $\alpha$ 做无规律变化，则可从中分析 MEO 的基本原理。图 4-4 中左半图是参数 $\alpha$ 的 9 次波动，右半图是对应的最优集映射函数图像。每当参数 $\alpha$ 波动一次，就要重求解一次优化命题(4.5)以确定变化的最优解 $x^*$。

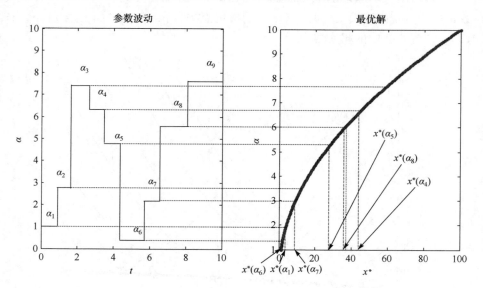

图 4-4　MEO 基本原理

当 $\alpha$ 的数值变化到 $\alpha_6$ 时，RTO 中传统方法将采用 $x^*(\alpha_5)$ 作为初值来求解

$x^*(\alpha_6)$。但这时如果将先前 5 次优化计算经验 $(\alpha_i, x^*(\alpha_i))$, $i = 1, \cdots, 5$ 保留下来，我们会发现在 5 组求解经验当中 $x^*(\alpha_1)$ 离待求的最优解 $x^*(\alpha_6)$ 最近。因为初值距离最优解的远近对于优化计算来说很关键，所以这时最好采用 $x^*(\alpha_1)$ 而非 RTO 中传统方法对应的 $x^*(\alpha_5)$ 作为初值来求解 $x^*(\alpha_6)$。虽然在实际过程中待求最优解 $x^*(\alpha_6)$ 是未知的，但是当最优集映射 $x^*(\alpha)$ 连续时可知若 $\alpha$ 距离 $\alpha_6$ 足够近则 $x^*(\alpha)$ 和 $x^*(\alpha_6)$ 之间的误差足够小。因此有理由从 $\alpha_1 \sim \alpha_5$ 中选择距离 $\alpha_6$ 最近的参数值，即 $\alpha_1$，从而将相应的 $x^*(\alpha_1)$ 作为初值来求解 $x^*(\alpha_6)$。

当参数值变化到 $\alpha_8$ 时，注意到 $\alpha_4$ 和 $\alpha_5$ 距离 $\alpha_8$ 最近，且有 $\alpha_8 \in [\alpha_5, \alpha_4]$。因此有内插 $x^*(\alpha_8) \approx \dfrac{\alpha_8 - \alpha_5}{\alpha_4 - \alpha_5}(x^*(\alpha_4) - x^*(\alpha_5))$。这一逼近值显示为图 4-4 中右半图里的虚线。可以看出这一逼近值较单独的 $x^*(\alpha_4)$ 或 $x^*(\alpha_5)$ 都更为接近 $x^*(\alpha_8)$。

根据上述分析，定义零阶逼近方法为

$$\bar{\varphi}(\alpha) = \varphi(\alpha_i) \tag{4.6}$$

其中

$$\alpha_i = \arg\min_{\alpha_j, j=1, \cdots, l} \| \alpha_{l+1} - \alpha_j \| \tag{4.7}$$

这里 $l$ 表示保存下来的经验点 $(\alpha_i, x^*(\alpha_i))$ 的个数。对式 (4.7) 进行扩展可得一般的最近节点选择原则。按照最近节点选择原则从 $l$ 个经验点 $(\alpha_i, x^*(\alpha_i))$, $i = 1, \cdots, l$ 中选取距离 $\alpha_{l+1}$ 最近的 $s$ 个节点 (不妨设为 $\alpha_1, \cdots, \alpha_s, s < l$) 的方法如下：

$$\| \alpha_{l+1} - \alpha_i \| \leqslant \| \alpha_{l+1} - \alpha_j \| \tag{4.8}$$

其中 $1 \leqslant i \leqslant s$ 且 $s+1 \leqslant j \leqslant l$。而对 $x^*(\alpha_8)$ 进行估计的插值方法可以看做高于零阶的高阶逼近，如重心坐标插值或 Lagrange 插值。

MEO 基本思想可以归纳为：将先前成功的优化计算经验以 $(\alpha, x^*(\alpha))$ 的形式保存下来，在新一轮 RTO 优化计算之前根据新的参数值和保存的求解经验对待求的最优解进行适当的逼近，然后将逼近值作为初值传递给优化算法以得到精确最优解。

简单优化算例演示：

对于无约束优化问题

$$\min f(x, \alpha) \tag{4.9}$$

一阶最优必要条件为

$$\nabla_{x^*} f := \frac{\partial f(x^*, \alpha)}{\partial x^*} = 0 \in R^n$$

当 (4.9) 存在唯一解时，若 $f$ 在 $R^n \times R^d$ 的子集上二阶可微，根据式 (4.3) 知 $x^*$ 关于 $\alpha$ 一阶可导，有

$$\nabla^2_{x*\alpha} f := \frac{\partial^2 f}{\partial x^{*2}} \frac{\mathrm{d}x^*}{\mathrm{d}\alpha} + \frac{\partial^2 f}{\partial x^* \partial \alpha} = 0 \in R^{n \times d}$$

从而当

$$\left| \frac{\partial^2 f}{\partial x^{*2}} \right| \neq 0$$

时，可得

$$\frac{\mathrm{d}x^*}{\mathrm{d}\alpha} = -\left( \frac{\partial^2 f}{\partial x^{*2}} \right)^{-1} \frac{\partial^2 f}{\partial x^* \partial \alpha}$$

对于有约束优化问题，情况将会复杂许多，在后面将证明 $x^*$ 关于 $\alpha$ 连续但为分段可微。

我们用简单例子来对比 MEO 方法和 RTO 中传统方法。

**例 4.2**　考虑以下参数优化命题：

$$\min_{x \in R^2} f(x, \alpha) = (x_1^2 x_2 - \alpha^2)^2 + (x_2 - \alpha \sin\alpha)^2$$

其中 $0 \leqslant \alpha \leqslant 50$。$f$ 的梯度为

$$g(x, \alpha) = \begin{bmatrix} 4x_1^3 x_2^2 - 4\alpha^2 x_1 x_2 \\ 2x_1^4 x_2 - 2\alpha^2 x_1^2 + 2x_2 - 2\alpha\sin\alpha \end{bmatrix}$$

且 $f$ 的 Hessian 阵为

$$\nabla^2_{xx} f(x, \alpha) = \begin{bmatrix} 12x_1^2 x_2^2 - 4\alpha^2 x_2 & 8x_1^3 x_2 - 4\alpha^2 x_1 \\ 8x_1^3 x_2 - 4\alpha^2 x_1 & 2x_1^4 + 2 \end{bmatrix}$$

令 $\alpha$ 波动 100 次，采用 Newton 法进行求解并比较 RTO 传统方法和零阶 MEO 方法可得如下统计结果。

**表 4-1　简单优化算例结果统计**

|  | 平均迭代步数 | 平均逼近误差 |
| --- | --- | --- |
| RTO 传统方法 | 9.4 | 2.7 |
| 零阶逼近 MEO | 8.9 | 2.0 |

表 4-1 中的平均逼近误差是指优化计算的初值和最优解之间的误差。从统计结果可以看出，零阶逼近 MEO 方法相比 RTO 传统方法在平均迭代步数和逼近误差上均有所提高。

MEO 思想也可应用于过程系统中的模拟问题，即参数化方程组的求解中。这是因为当参数方程组满足一定条件时（如二阶可导和唯一解假设），根据隐函数定理可知方程组的解是参数的函数。

# 4.2 MEO 方法和分析

本节具体给出 MEO 框架结构和主干算法,并对约束非线性参数优化问题和 MEO 其他方面进行分析。

### 4.2.1 MEO 框架

基于 MEO 的 RTO 体系框架如图 4-5 所示。在图 4-5 中,系统模型保持不变,测量所得数据经数据调和与参数估计转化为新的参数值,随后该参数值被传递给 MEO 模块。而在典型 RTO 系统(图 1-1)中,测量数据在经数据调和与参数估计后被用来对系统模型进行更新。MEC 模块根据新的参数值 $\alpha_{l+1}$ 和经验库中的求解经验 $(\alpha_i, x^*(\alpha_i))$, $i=1,2,\cdots,l$ 以适当的逼近算法对待求的最优解进行逼近。随后 MEO 模块将新参数值和逼近值传递给参数模型和优化算法模块,优化算法模块随即调用带有新参数值的参数模型进行优化计算。计算收敛时,优化算法模块将最优解传递给控制层进行实现。

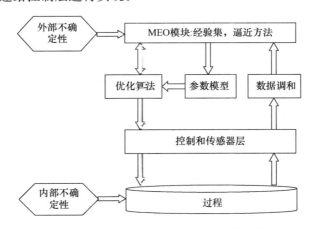

图 4-5 采用 MEO 的 RTO 结构示意图

比较图 4-5(略去显著误差检测模块、稳态检测模块和命令调节模块)和图 1-1 可看出采用 MEO 的 RTO 体系同经典 RTO 间主要差异在于经验集和逼近算法。经典 RTO 系统可看做采用 MEO 的 RTO 系统的特殊情况,即只有短期记忆(上一次的求解经验),而缺乏长期记忆机制。换句话说,当 RTO 进行第 $l$ 次运行时,经典 RTO 系统中的经验库为 $(\alpha_{l-1}, x^*(\alpha_{l-1}))$,构造初值的方法为零阶逼近。

下面从优化计算的角度给出 MEO 的算法步骤。不失一般性地我们假设每一次优化计算均收敛。

MEO 计算流程如下：

---

**Step 1**　设置 $l=1$。在第一次 RTO 中，采用用户提供的点作为初值点。当优化计算成功结束时存储计算经验 $(\alpha_1, x^*(\alpha_1))$，继续。

**Step 2**　当参数发生波动而需要进入新一轮 RTO 计算周期时，设置 $l=l+1$。根据新参数值 $\alpha_l$ 和经验库 $(\alpha_i, x^*(\alpha_i))$，$i=1,\cdots,l-1$ 采用适当的逼近算法逼近待求的最优解 $x^*(\alpha_l)$。继续。

**Step 3**　将逼近值作为初值进行优化计算，得到精确最优解 $x^*(\alpha_l)$。将 $x^*(\alpha_l)$ 传递给控制层进行实现，同时以 $(\alpha_l, x^*(\alpha_l))$ 的形式作为求解经验保存在经验库中，返回至步骤 2。

---

在 MEO 运行过程中，当优化算法成功得到最优解时，MEO 首先根据求解过程的具体信息判断是否需要将当前求解经验纳入到经验库中。如果 MEO 逼近所得到的初值估计和最终的最优解之间相差不大，那么根据优化理论来看，此时的收敛成功率相对很高且优化计算速度很快。这种情况下只需要保持原来的经验库就足够了，没有必要加入新的经验点。

迭代步数是从优化计算角度来看的衡量初值点远近的最好标准。因此我们通过迭代步数来大致估计初值和最优值之间的距离。即，可以设定一个阈值 $\text{iter}_{\min}$，当优化计算的步数 $\text{iter} \leqslant \text{iter}_{\min}$ 时，认为 MEO 的逼近已经足够好，不需要进行经验库更新；当优化计算的步数 $\text{iter} > \text{iter}_{\min}$ 时，认为 MEO 经验库局部信息尚不充分，对经验库进行更新。这是一个对经验库规模进行控制的简单有效的方法。

本节最后基于脱丙烷脱丁烷联塔系统[5]来比较传统方法和零阶 MEO 方法以及基于单变量 Lagrange 插值的 MEO 方法。其中所用到的节点选择方法均为最近距离节点选择方法。在文献[5]中的联塔系统优化命题之上构造参数优化命题，取 S502 的流量为参数。令其参数波动 100 次，这对应了 100 次 RTO 运行周期。图 4-6 列举了若干标度化后的参数波动。这里使用的求解器为 SNOPT[11]。

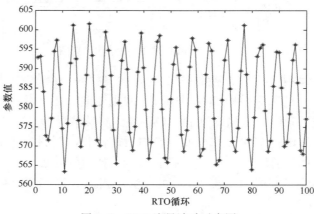

图 4-6　S502 流量波动示意图

图 4-7 和图 4-8 分别比较了优化计算的迭代步数和求解时间,其中用 MEO A 表示零阶 MEO 方法,用 MEO B 表示一阶 Lagrange 插值 MEO 方法。表 4-2 给出了统计结果。可以看出两种 MEO 方法均好于传统 RTO 方法。

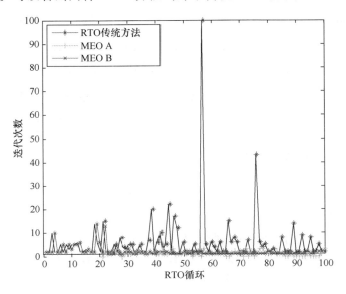

图 4-7　传统方法、零阶 MEO 和—阶 Lagrange 插值 MEO 的迭代步数比较

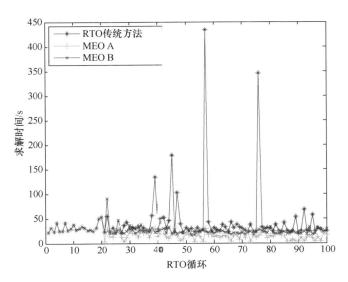

图 4-8　传统方法、零阶 MEO 和—阶 Lagrange 插值 MEO 的求解时间比较

**表 4-2　单参数波动情况下的优化结果统计比较**

|  | 总迭代步数 | 总求解时间/s |
|---|---|---|
| RTO 传统方法 | 587 | 4153.578 |
| 零阶 MEO | 172 | 1804.039 |
| 一阶 Lagrange 插值 MEO | 199 | 2575.316 |

从表 4-2 可以看出,零阶 MEO 方法在迭代步数和求解时间上均好于采用一阶 Lagrange 插值的 MEO 方法。这是因为一阶 Lagrange 插值 MEO 采取的是最近距离节点选择原则。该原则对于零阶逼近 MEO 是适用的。但是对于一阶 Lagrange插值 MEO 来说,该原则会使许多原本可以进行内插的情况变为外推,这样反而增加了 MEO 逼近误差。

### 4.2.2　理论分析

本节主要讨论有约束参数优化命题对应的最优集映射 $\varphi(\alpha)$ 的连续性以及 MEO 逼近在 RTO 迭代过程中的收敛性和初值的各向异性。

在 4.2.1 节中曾经讨论过无约束参数优化问题中最优集映射的连续性,只要目标函数对于变量和参数均二阶可微,则最优解 $x^*$ 关于参数 $\alpha$ 可导。但是对于带有约束尤其是不等式约束的优化问题,这一结果并不容易得到。首先来看带有等式约束的参数优化命题

$$\begin{aligned} &\min f(x,\alpha) \\ &\text{s. t.} \quad c_i(x,\alpha)=0, \quad i\in\mathcal{E} \end{aligned} \tag{4.10}$$

其 Lagrange 函数为

$$L(x,\lambda,\alpha) = f(x,\alpha) - \sum_{i\in\mathcal{E}}\lambda_i c_i(x,\alpha) \tag{4.11}$$

其中 $\lambda_i \geqslant 0, i\in\mathcal{E}$ 是 Lagrange 乘子。若用 $(x^*,\lambda^*)$ 表示命题(4.10)的最优解,则其 KKT 条件为

$$\begin{cases} \nabla_x L(x^*,\lambda^*,\alpha)=0 \\ c_i(x^*,\alpha)=0, \quad i\in\mathcal{E} \end{cases} \tag{4.12}$$

这是一个 $m+n$ 维的非线性方程组,其中 $m$ 是 $\mathcal{E}$ 的势,即等式约束的个数。当假设

4.1 成立时,根据隐函数定理[12],若 $\partial F/\partial y$ 可逆,其中 $F:=\begin{bmatrix} \nabla_x L(x^*,\lambda^*,\alpha) \\ c_1(x^*,\alpha) \\ \vdots \\ c_m(x^*,\alpha) \end{bmatrix}$ 且

$y=\begin{bmatrix} x^* \\ \lambda^* \end{bmatrix}\in R^{m+n}$,则可知最优解 $x^*$ 和该点处的 Lagrange 乘子 $\lambda^*$ 均是参数 $\alpha$ 的连

续可微函数,有

$$x^* = x^* (\alpha) \tag{4.13}$$

且

$$\lambda^* = \lambda^* (\alpha) \tag{4.14}$$

且当目标函数 $f$ 和约束 $c_i, i \in \mathcal{E}$ 关于 $(x, \alpha)$ 可微时 $x^* (\alpha)$ 和 $\lambda^* (\alpha)$ 可导。其导函数为

$$\frac{\partial y}{\partial \alpha} = -\left(\frac{\partial F}{\partial y}\right)^{-1} \left(\frac{\partial F}{\partial \alpha}\right) \tag{4.15}$$

对于带有不等式约束的参数优化命题(4.1)和(4.2),其最优集映射的连续性值得深入讨论。命题(4.1)和(4.2)的 Lagrange 函数为

$$L(x, \lambda, \alpha) = f(x, \alpha) - \sum_{i \in \mathcal{E} \cup \mathcal{I}} \lambda_i c_i(x, \alpha) \tag{4.16}$$

相应的 KKT 条件为

$$\begin{cases} \nabla_x L(x^*, \lambda^*, \alpha) = 0 \\ c_i(x^*, \alpha) = 0, & i \in \mathcal{E} \\ c_i(x^*, \alpha) \geqslant 0, & i \in \mathcal{I} \\ \lambda_i^* \geqslant 0, & i \in \mathcal{I} \\ \lambda_i^* c_i(x^*, \alpha) = 0, & i \in \mathcal{E} \cup \mathcal{I} \end{cases} \tag{4.17}$$

定义最优点 $(x^*, \lambda^*)$ 处的最优有效集 $AS^* (\alpha)$ 为

$$AS^* (\alpha) := \{i \in \mathcal{E} \cup \mathcal{I} | c_i(x^* (\alpha), \alpha) = 0\} \tag{4.18}$$

则当 $\alpha$ 在一定区域内变化而 $AS^* (\alpha)$ 不变时,Lagrange 函数(4.16)和 KKT 条件(4.17)可以写为类似(4.11)和(4.12)仅含等式约束的形式

$$L(x, \lambda, \alpha) = f(x, \alpha) - \sum_{i \in AS^* (\alpha)} \lambda_i c_i(x, \alpha) \tag{4.19}$$

和

$$\begin{cases} \nabla_x L(x^*, \lambda^*, \alpha) = 0 \\ c_i(x^*, \alpha) = 0, & i \in AS^* (\alpha) \end{cases} \tag{4.20}$$

这时可得类似(4.13)、(4.14)和(4.15)的结论。

但是当 $AS^* (\alpha)$ 随 $\alpha$ 的变化而变化时,(4.19)和(4.20)中的有效约束 $c_i(x^*, \alpha) = 0, i \in AS^* (\alpha)$ 会改变。不同的约束对应着不同的优化问题。$AS^* (\alpha)$ 改变时 $x^* (\alpha)$ 是否连续成为研究的关键所在。为此首先来看一些定义和定理。

以 $x^0$ 为中心 $\varepsilon$ 为半径的**开球**定义为

$$V_\varepsilon(x^0) = \{x | \| x^0 - x \| < \varepsilon\} \tag{4.21}$$

定义 $d$ 维欧氏空间 $R^d$ 中的距离 dist 为 $\mathrm{dist}(\alpha, \beta) = \sqrt{\sum_{i=1}^{d} (\alpha_i - \beta_i)^2}$。若 $M \in R^d$ 则

定义

$$\text{dist}(\alpha, M) := \inf_{\beta \in M} \text{dist}(\alpha, \beta)$$
$$\text{cl} M := \{\alpha \in R^d \mid \text{dist}(\alpha, M) = 0\}$$

$N \subset M$ 在 $M$ 中是**稠密的**,若 $M \subseteq \text{cl} N$。若 $M$ 中存在可数的稠密子集 $N \subset M$,则 $M$ 是**可分的**。$\alpha$ 是 $M$ 的**聚点**,当 $\alpha \in \text{cl} M$。度量空间 $R^d$ 中的子集 $M$ 是**紧**的,若每个非空可数子集 $N \subset M$ 在 $M$ 中有一个聚点。

定义集合 $X$ 的**幂集** $2^X$ 是 $X$ 所有子集的集合。

令 $D \in R^d$ 且 $X \in R^n$,则定义点集映射 $\Gamma: D \to 2^X$ 在点 $\alpha_0 \in D$ 处是

(1) **闭的**,若对每一对满足以下条件的点列 $\{\alpha_t\} \subset D$ 和 $\{x_t\} \subset X, t = 1, 2, \cdots,$

$$\alpha_t \to \alpha_0, \quad x_t \in \Gamma(\alpha_t), \quad x_t \to x_0$$

有 $x_0 \in \Gamma(\alpha_0)$。

(2) **Berge 上半连续的**(upper semicontinuous according to Berge, 简记为 u. s. c. -B),若对包含 $\Gamma(\alpha_0)$ 的每个开集 $\Omega$ 存在 $\delta = \delta(\Omega) > 0$ 使得下列性质成立:

$$\Gamma(\alpha) \bigcap \Omega \neq \varnothing, \quad \forall \alpha \in V_\delta(\alpha_0)$$

(3) **Berge 下半连续的**(lower semicontinuous according to Berge, 简记为 l. s. c. -B),若对每个满足 $\Gamma(\alpha_0) \bigcap \Omega \neq \varnothing$ 的开集 $\Omega$,存在 $\delta = \delta(\Omega) > 0$ 使得

$$\Gamma(\alpha) \bigcap \Omega \neq \varnothing, \quad \forall \alpha \in V_\delta(\alpha_0)$$

(4) **Hausdorff 上半连续的**(upper semicontinuous according to Hausdorff, 简记为 u. s. c. -H)若对 $\forall \varepsilon > 0, \exists \delta > 0$ 使得下列性质成立:

$$\Gamma(\alpha) \subset V_\varepsilon(\Gamma(\alpha_0)), \quad \forall \alpha \in V_\delta(\alpha_0)$$

(5) **Hausdorff 下半连续的**(lower semicontinuous according to Hausdorff, 简记为 l. s. c. -H)若对 $\forall \varepsilon > 0, \exists \delta > 0$ 使得下列性质成立:

$$\Gamma(\alpha_0) \subset V_\varepsilon(\Gamma(\alpha)), \quad \forall \alpha \in V_\delta(\alpha_0)$$

(6) **强下半连续的**(strongly l. s. c.)若对 $\forall x \in \Gamma(\alpha_0), \exists \varepsilon > 0, \delta > 0$ 使得

$$V_\varepsilon(x) \subset \Gamma(\alpha), \quad \forall \alpha \in V_\delta(\alpha_0)$$

以上各种连续性定义有如下关系:

$$\text{u. s. c.} -\text{B} \Rightarrow \text{u. s. c.} -\text{H}$$
$$\text{l. s. c.} -\text{H} \Rightarrow \text{l. s. c.} -\text{B}$$
$$\text{strongly l. s. c.} \Rightarrow \text{l. s. c.} -\text{B}$$

**定理 4.1**(文献[9]中引理 2.2.4)　令 $I$ 为任意指标集,$\Gamma_i: \Lambda \to 2^X, i \in I$ 是 $\alpha_0$ 处的闭映射,则映射

$$(\bigcap \Gamma_i) \alpha = \bigcap_{i \in I} \Gamma_i \alpha$$

在 $\alpha_0$ 处是闭的。

**定理 4.2**(文献[9]中定理 4.2.1)　设映射 $M$ 在 $\alpha_0$ 处是闭的,且 $K$ 是 $X$ 上的非空紧子集,则:

（1）当 $f$ 在 $(M(\alpha_0)\bigcap K)\times\{\alpha_0\}$ 上下半连续，且对所有 $\alpha\in\Lambda$ 有 $\psi(\alpha)\bigcap K\neq\varnothing$ 时，$\varphi$ 在 $\alpha_0$ 处是下半连续的；

（2）当 $f$ 在 $(\psi(\alpha_0)\bigcap K)\times\{\alpha_0\}$ 处上半连续，且对所有 $\alpha\in\Lambda$ 有 $\psi(\alpha)\bigcap K\neq\varnothing$，且映射 $\psi$ 在 $\alpha_0$ 处连续时，$\varphi$ 在 $\alpha_0$ 处是上半连续的；

（3）当 $\varphi$ 在 $\alpha_0$ 处上半连续，且 $f$ 在 $X\times\{\alpha_0\}$ 处下半连续时，$\psi$ 在 $\alpha_0$ 处是闭的；

（4）当（3）中假设成立且 $\psi(\alpha)\subset K$ 对所有 $\alpha\in\Lambda$ 均成立时，有 $\psi$ 在 $\alpha_0$ 处是 u. s. c. -B 的。

**定理4.3**　（文献[9]中定理4.2.2)

（1）若 $M$ 在 $\alpha_0$ 处是 l. s. c. -B 的，且 $f$ 在 $M(\alpha_0)\times\{\alpha_0\}$ 处上半连续，则 $\varphi$ 在 $\alpha_0$ 处上半连续；

（1′）若 $M$ 在 $\alpha_0$ 处是 l. s. c. -B 的，且 $\exists \alpha_0\in\psi(\alpha_0)$ 使得 $f$ 在 $(x^0,\alpha_0)$ 处上半连续，则 $\varphi$ 在 $\alpha_0$ 处上半连续；

（2）若 $M$ 在 $\alpha_0$ 处是 u. s. c. -H 的，且 $M$ 是紧的，且 $f$ 在 $M(\alpha_0)\times\{\alpha_0\}$ 处下半连续，则 $\varphi$ 在 $\alpha_0$ 处下半连续；

（3）若 $\varphi$ 在 $\alpha_0$ 处上半连续，且（2）中假设成立，则 $\psi$ 在 $\alpha_0$ 处是 u. s. c. -B 的。

**引理4.4**　假设 $\Gamma$ 是——映射且为 u. s. c-B，则 $\Gamma$ 连续。

**证明**　根据 u. s. c-B 的定义可知对 $\forall\varepsilon>0$，存在 $\delta>0$ 使得当

$$\|\alpha-\alpha^0\|<\delta$$

时存在一个开集 $\Omega$ 满足

$$\Gamma(\alpha)\in\Omega\subset V_\varepsilon(\Gamma(\alpha^0))$$

这表示

$$\|\Gamma(\alpha)-\Gamma(\alpha^0)\|<\varepsilon$$

　　　　　　　　　　　　　　　　　　　　□

根据这个引理知，当最优集映射是——映射且为 u. s. c-B 时，它同时也是连续的。为了证明最优集映射是 u. s. c-B 的，接下来检查

$$\Gamma_i(\alpha):=\{x\in R^n\ c_i(x,\alpha)\geqslant0\},\quad i\in\mathcal{I}$$

的封闭性。

**引理4.5**　若假设 4.1(2)成立时，点集映射 $\Gamma_i(\alpha)$ 是闭的。

**证明**　对于序列对 $\{\alpha^t\}\subset R^d$ 和 $\{x^t\}\subset R^n$ 来说，若 $x^0\notin\Gamma_i(\alpha^0)$ 满足

$$\alpha^t\to\alpha^0,\quad x^t\in\Gamma_i(\alpha^t),\quad x^t\to x^0$$

则 $\exists\varepsilon>0$ 使得

$$c_i(x^0,\alpha^0)<-\varepsilon<0$$

根据 $\Gamma_i(\alpha)$ 的定义可得

$$c_i(x^t,\alpha^t)\geqslant0$$

即 $\forall\delta>0$ 使当

$$\left\|\begin{bmatrix} x^t \\ \alpha^t \end{bmatrix} - \begin{bmatrix} x^0 \\ \alpha^0 \end{bmatrix}\right\| > \delta$$

时,有

$$|c_i(x^t, \alpha^t) - c_i(x^0, \alpha^0)| > \varepsilon$$

这同假设 4.1(3)中约束的连续性相矛盾。因此 $\Gamma_i(\alpha)$ 在 $\alpha^0$ 处是闭的。

$\square$

这时根据定理 4.2 可知只要约束集映射 $M$ 是 l.s.c-B 的,就能够得到最优集映射的连续性。

**引理 4.6**　当假设 4.1(3)成立时,约束集映射 $M$ 是 l.s.c-B 的。

**证明**　令 $\Omega$ 为满足

$$\Omega \cap M(\alpha^0) \neq \varnothing$$

的任意开集。并令 $x^0$ 满足

$$x^0 \in \Omega \cap M(\alpha^0)$$

假设不存在 $\delta = \delta(\Omega) > 0$ 使得对任意 $\alpha \in V_\delta(\alpha^0)$ 有

$$M(\alpha) \cap \Omega \neq \varnothing$$

成立。即对 $\forall \delta > 0$,存在 $\alpha \in V_\delta(\alpha^0)$ 使得

$$M(\alpha) \cap \Omega = \varnothing$$

因为 $x^0 \in \Omega$ 所以有 $x^0 \notin M(\alpha)$。这表示存在一个指标 $j$ 使得

$$c_j(x^0, \alpha) < -\varepsilon < 0 \tag{4.22}$$

其中 $\varepsilon > 0$。

但是因为 $c_j(x^0, \alpha)$ 在 $(x^0, \alpha^0)$ 处连续,所以对 $c_j(x^0, \alpha^0) \geqslant 0$, $\exists \delta > 0$ 使得

$$c_j(x^0, \alpha^0) > -\frac{\varepsilon}{2}$$

这和式(4.22)矛盾。因此对 $\forall \alpha \in V_\delta(\alpha^0)$, $\exists \delta = \delta(\Omega) > 0$ 使得 $\Omega \cap M(\alpha) \neq \varnothing$。这表示约束集映射 $M$ 是 l.s.c-B 的。

$\square$

**定理 4.7**　当假设 4.1(1)～(3)成立时,参数优化问题(4.1)或(4.2)的最优集映射 $x^*(\alpha)$ 连续。

**证明**　根据假设 4.1(3)可知目标函数 $f$ 同时是上半连续和下半连续的。根据引理 4.1 和引理 4.5 可知,约束集映射 $M$ 是闭的。

因为有限维空间中的有界集是紧的,所以存在非空紧集 $K$ 满足 $\forall \alpha \in D$ 有 $x^*(\alpha) \in K$,其中 $D$ 是 $\alpha$ 的定义域。

根据引理 4.6 可知约束集映射 $M$ 是 l.s.c-B 的。且由于目标函数 $f$ 是上半连续的,所以极值函数 $\psi(\alpha)$ 也是上半连续的。

根据定理 4.2 和定理 4.3 可得最优集映射 $x^*(\alpha)$ 是 u.s.c-B 的。根据假

设 4.1(1)和引理 4.4 可知 $x^*(\alpha)$ 是连续的。

在假设 4.1(2)的基础上,根据定理 4.7 可得最优集映射在参数的有界闭定义域上是一致连续的。这样当参数 $\alpha$ 的经验密度在有界闭区域上不断增长时,MEO 提供的初值将随着 RTO 的反复运行而逐渐逼近最优解。

对于脱丙烷塔和脱丁烷塔联塔系统参数优化命题,令两股进料量 S502 和 S538 为参数,可得相应的参数优化问题。图 4-9 演示了脱丙烷塔最优回流量同 S502 和 S538 流量参数之间的关系。图 4-10 演示了极值函数同这两个流量参数之间的关系。其中 $x$ 轴和 $y$ 轴分别代表标度化后的流量 S502 和 S538,$z$ 轴代表最优回流量和极值函数。可以看出这两个函数曲面都是连续的且十分光滑。

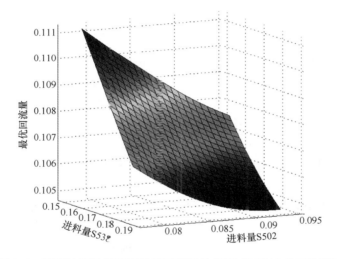

图 4-9  脱丙烷塔最优回流量关于进料量 S502 和 S538 的函数图像

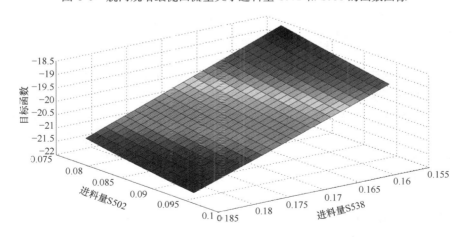

图 4-10  极值函数和流量参数 S502 和 S538 的函数图像

对于点列 $\{\alpha_i\}$，$i=1,2,\cdots$，定义点 $\alpha_j$ 的邻域 $V(\alpha_j)$ 是 **$p$-充足的**，若 $V(\alpha_j)$ 至少包含有 $\alpha_1 \sim \alpha_{j-1}$ 中的 $p$ 个点[13]。在假设 4.1(2) 之下，可从概率的角度进行分析。若定义 $\alpha$ 是 $D \subset R^d$ 上的随机变量，则可得当 $j$ 充分大时必有 $V(\alpha_j)$ 是 $p$-充足的。下面先看单参数情况。

**引理 4.8**　设 $\alpha$ 是定义在 $[a,b] \subset R$ 上的单参数随机变量，$p$ 是任意正整数。则对 $\alpha$ 的采样序列 $\{\alpha_i\}$，$i=1,2,\cdots$，存在充分大的正整数 $n \in Z^+$ 使得当 $j > n$ 时，$\alpha_j$ 的开球邻域 $V_\delta(\alpha_j)$ 是 $p$-充足的概率为 1。

**证明**　将区间 $[a,b]$ 分为 $l$ 个等宽子区间，使 $l$ 满足

$$l \geq \frac{b-a}{\delta}$$

其中 $\frac{b-a}{l} \leq \delta$ 是子区间的宽度。这些子区间可分为两类，第一类是 $\alpha$ 概率为 0 的子区间，其他情况为第二类。

对于第一类区间，$\alpha$ 落入其中的概率为 0。对于第二类区间，$\alpha$ 落入其中的概率为 1。可知 $\exists n_k \in Z^+$ 满足当 $j > n_k$ 时，$[a_k, b_k]$ 内有 $\{\alpha_i\}$ $(i=1,2,\cdots)$ 中的 $p$ 个或 $p$ 以上个点。若 $\alpha_j \in [a_k, b_k]$，则有 $[a_k, b_k] \subset V_\delta(\alpha_j) = (\alpha_j - \delta, \alpha_j + \delta)$，可知 $V_\delta(\alpha_j)$ 此时是 $p$-充足的。

综上可知当 $j \geq \max\limits_{k=1,\cdots,l} n_k$ 时 $V_\delta(\alpha_j)$ 是 $p$-充足的概率为 1。

$\square$

某事件的概率为 1 是指在反复采样过程中，除了有限次采样之外该事件均发生。因此引理 4.8 的结果也可看为对定义在 $[a,b] \subset R$ 上的序列 $\{\alpha_i\}$，$i=1,2,\cdots$，$\alpha_j$ 的开球邻域 $V_\delta(\alpha_j)$ 是 $p$-充足的概率为 1。下面来看多参数情况。其证明思路和引理 4.8 相似。

**引理 4.9**　设 $\alpha$ 是定义在 $D \subset R$ 上的随机变量，$p$ 是任意正整数。若假设 4.1 (2) 成立，则对 $\alpha$ 的采样序列 $\{\alpha_i\}$，$i=1,2,\cdots$，有 $\alpha_j$ 的开球邻域 $V_\delta(\alpha_j)$ 是 $p$-充足的概率为 1。

**证明**　根据假设 4.1(2) 知，$D$ 是紧的，因此可被有限个半径为 $\delta/2$ 的开球覆盖。这些开球分为两类，其中 $\alpha$ 的概率密度始终为 0 的为第一类开球，其他是第二类。对第一类开球，$\alpha$ 落入其中的概率为 0。而对第二类开球，$\alpha$ 落入其中的概率为 1。可知 $\exists n_k \in Z^+$ 满足当 $j > n_k$ 时第二类开球中的第 $k$ 个开球 $V_{\delta/2, k}$ 内有 $\{\alpha_i\}$ $(i=1,2,\cdots)$ 中的 $p$ 个或 $p$ 以上个点。若此时 $\alpha_j \in V_{\delta/2, k}$，则有 $V_{\delta/2, k} \subset V_\delta(\alpha_j)$，可知 $V_\delta(\alpha_j)$ 此时是 $p$-充足的。综上可知 $V_\delta(\alpha_j)$ 是 $p$-充足的概率为 1。

$\square$

当不作 $\alpha$ 是随机变量的假设时，也可以得到类似的结果。即无概率分布假设情况下几乎每个 $V_\delta(\alpha_j)$ 都是 $p$-充足的。

**引理 4.10**　对定义在 $D \subset R$ 上的序列 $\{\alpha_i\}$ $(i=1,2,\cdots)$ 和任意正整数 $p$，若假

设 4.1(2)成立,则其中几乎每个点的开球邻域都是 $p$-充足的。

**证明** 根据假设 4.1(2)知,$D$ 是紧的,因此可被有限个半径为 $\delta/2$ 的开球覆盖。设这些开球为 $\{V_{\delta/2,j}\}$,$j=1,\cdots,l$,有

$$D\subseteq\bigcup_{j=1}^{l}V_{\delta/2,j}$$

对于 $\alpha_k$,当 $k>lp$ 时,根据鸽笼原理可知在 $\{V_{\delta/2,j}\}$,$j=1,\cdots,l$ 中必然存在某一 $p$-充足的开球 $V_{\delta/2,j_1}$。若 $\alpha_k\in V_{\delta/2,j_1}$ 则可知 $V_{\delta/2,j_1}\subset V_{\delta}(\alpha_k)$,从而有 $V_{\delta}(\alpha_k)$ 是 $p$-充足的。设此时所有 $p$-充足的开球为 $V_{\delta/2,j_1}\sim V_{\delta/2,j_{m(k)}}$,其中 $1\leqslant m(k)\leqslant l$。令

$$idx(k)=\{1,\cdots,l\}-\{j_1,\cdots,j_{m(k)}\}$$

根据鸽笼原理可知随着 $k$ 的增加,若 $\alpha_e$ 有充分多次落入 $V_{\delta/2,j}$,$j\in idx(k)$ 中,则在 $idx(k)$ 所对应的开球中,必然有某个将转变为 $p$-充足的。从而有

$$idx(k)\sqsupseteq idx(k+1),\quad k\in Z^+$$

由开覆盖中开球数量的有限性可知在 $k$ 持续增加的过程中真包含关系至多只会出现 $l$ 次。等号的几乎次次(即除有限多次之外)成立表示 $\alpha_k$ 将只有有限多次落在 $p$-充足的开球之外,否则会对应着无限多个开球,这和有限开覆盖相矛盾。

综上可知序列 $\{\alpha_i\}$($i=1,2,\cdots$)中几乎每个点的开球邻域都是 $p$-充足的。

$\square$

综合定理 4.7 的最优集映射 $x^*(c)$ 的连续性以及引理 4.9 和引理 4.10 关于参数邻域中经验点的充足性,可以讨论在 RTO 周期的不断循环过程中,MEO 逼近同最优解之间的关系。

数值逼近算法一般根据插值节点和相应的函数值来估计目标点上的函数值。MEO 中可采用各种插值算法,如 Lagrange 插值[14]。设点 $\alpha_1,\cdots,\alpha_p$ 是构造插值函数所需的 $p$ 个节点,$f$ 是连续函数,$F$ 是插值函数,$\alpha_k$ 是插值点,定义

$$kmax=\max_{i,j\in\{1,\cdots,p\}\cup\{k\}}\|\alpha_i-\alpha_j\|$$

设所考察的插值算法中基函数连续(这在绝大多数情况下是成立的),因此对于 $\forall\varepsilon>0$,$\exists\delta>0$,当 $kmax<\delta$ 时,有

$$\|F(\alpha_k)-F(\alpha_i)\|<\varepsilon$$

且

$$\|f(\alpha_k)-f(\alpha_i)\|<\varepsilon$$

由 $F(\alpha_i)=f(\alpha_i)$ 可得

$$\lim_{kmax\to 0}\|F(\alpha_k)-f(\alpha_k)\|=0 \tag{4.23}$$

设 RTO 运行到第 $k$ 个周期($k>p$),此时 MEO 经验库中有 $k-1$ 个经验点。设 $F(\alpha_k)$ 是 MEO 中的插值函数,其中所需的节点选择为距离插值点 $\alpha_k$ 最近的 $p$ 个节点,不妨设为 $\alpha_1,\cdots,\alpha_p$,且设 $x^*(\alpha_k)$ 是待求的最优解,同时以 $P(\cdot)$ 表示概率。有如下定理。

**定理 4.11**　设 $\alpha$ 是定义在 $D \subset R^d$ 上的随机变量,若假设 4.1 成立,则对于采用具有式(4.14)性质逼近算法的 MEO 方法来说,对 $\forall \varepsilon > 0$ 有

$$\lim_{k \to \infty} P(\| F(\alpha_k) - x^*(\alpha_k) \| < \varepsilon) = 1 \qquad (4.24)$$

**证明**　根据引理 4.9 可知,当 $k \to \infty$ 时 $V_\delta(\alpha_k)$ 是 $p$ 充分的概率为 1。当 $V_\delta(\alpha_k)$ 是 $p$ 充分时,在经验节点 $\alpha_1 \sim \alpha_{k-1}$ 中距离 $\alpha_k$ 最近的 $p$ 个点位于 $V_\delta(\alpha_k)$ 内,将其记为 $\alpha_1 \sim \alpha_p$,$p < k-1$,满足

$$\| \alpha_k - \alpha_i \| \leqslant \| \alpha_k - \alpha_j \|, 1 \leqslant i \leqslant p, p < j \leqslant k-1$$

且

$$\| \alpha_k - \alpha_i \| < \delta, \quad i = 1, \cdots, p$$

即

$$\mathrm{kmax} < \delta$$

从定理 4.7 可知 $x^*(\alpha)$ 是连续的。因此根据式(4.23)可以得到

$$\| F(\alpha_k) - x^*(\alpha_k) \| < \varepsilon$$

从而可得式(4.24)。命题得证。

□

**定理 4.12**　设 $\alpha$ 定义在 $D \subset R^d$ 上,若假设 4.1 成立,则对于采用具有式(4.23)性质逼近算法的 MEO 方法来说,对 $\forall \varepsilon > 0$ 有

$$\lim_{k \to \infty} P(\| F(\alpha_k) - x^*(\alpha_k) \| < \varepsilon) = 1$$

**证明**　命题中没有假设 $\alpha$ 是随机变量,但是引理 4.10 中的"几乎每个 $V_\delta(\alpha_j)$ 都是 $p$ 充足的"是指除有限多个开球邻域之外的其他所有开球邻域都是 $p$ 充足的。这和命题(4.18)中"$V_\delta(\alpha_j)$ 是 $p$ 充足的概率为 1"的含义相等价。所以定理 4.12 的证明和定理 4.11 相似,这里不再赘述。

□

定理 4.11 和定理 4.12 表明,当假设 4.1 成立,在 MEO 中采用满足式(4.23)性质的逼近算法时,随着 RTO 的反复运行,MEO 的逼近值将向最优解收敛,而例外情况只会发生有限多次。在实际情况中,当 MEO 积累的经验足够丰富时,这种例外情况发生的可能性并不高。

## 4.3　基于灵敏度的 MEO 方法——sMEO

4.2 节中讲到的零阶逼近 MEO 方法相比于传统的 RTO 方法而言具有更好的效果,但是 MEO 方法本身是非常依赖于经验库的积累量和积累效率的,如果说经验库本身的积累效率不高并且过程参数的变化又是比较剧烈时,零阶逼近 MEO 方法很难得到一个好的逼近解,从而影响 RTO 的运行效果。针对该情形本

节将给出一种基于灵敏度分析的 MEO 方法(sensitivity-based MEO，sMEO)。

### 4.3.1　sMEO 方法

可以将 RTO 的优化命题看做是参数优化命题，其中的参数用来表征过程中的随时间变化的实际物理量，因此这些参数肯定是有界的，并且参数的个数也是有限的，则由这些参数所构成的度量空间 $A$ 是一个紧集，也就是说能够被有限个开集完全覆盖。RTO 的参数优化命题表示成以下形式：

$$\min_x f(x,\alpha)$$
$$\text{s. t. } c(x,\alpha)=0, \quad x\geqslant 0 \tag{4.25}$$

其中 $x\in R^n$ 为 $n$ 维变量向量，$\alpha\in A\subset R^p$ 为 $p$ 维参数向量，$f(x,\alpha):R^{n+p}\rightarrow R$ 为目标函数，$c(x,\alpha):R^{n+p}\rightarrow R^m$ 为等式约束方程组。针对参数优化命题(4.25)的 KKT 条件为

$$\begin{cases} \nabla L=(\nabla_x f(x^*(\alpha),\alpha)+\nabla_c c(x^*(\alpha),\alpha)\lambda^*(\alpha)-v^*(\alpha))=0 \\ c(x^*(\alpha),\alpha)=0 \\ 0\leqslant x^*(\alpha)\perp v^*(\alpha)\geqslant 0 \end{cases} \tag{4.26}$$

接下来的假设条件是为了得到关于命题(4.25)的最优解 $x^*(\alpha)$ 的一些性质。根据如下假设，$x^*(\alpha)$ 关于 $\alpha$ 是二次可微的[15]。

**假设 4.2**　对于所有的 $\alpha\in A$

(1) 在最优解 $x^*(\alpha)$ 处，线性独立约束条件(LICQ)成立；

(2) 在最优解 $x^*(\alpha)$ 处，对于相应的边界乘子 $v^*(\alpha)$ 严格互补松弛条件成立；

(3) 在最优解 $x^*(\alpha)$ 处，二阶充分条件成立；

(4) $f(x,\alpha)$ 和 $c(x,\alpha)$ 关于参数 $\alpha$ 是二次可微的，关于变量 $x$ 是三次可微的。

零阶逼近 MEO 方法中关键的两步为经验库的积累 $\{(\alpha_1,x^*(\alpha_1)),\cdots,(\alpha_k,x^*(\alpha_k))\}$ 和逼近解的求取：

$$x_{k+1}=x^*(\alpha_{i*}), \; i^*=\arg\min_{j=1,\cdots,k}\|\alpha_{k+1}-\alpha_j\|_2 \tag{4.27}$$

在假设 4.2 下，可以对逼近解和真实最优解之间的误差 $E_{\text{MEO}}$ 进行估计，即

$$E_{\text{MEO}}=\|x^*(\alpha_{k+1})-x_{k+1}\|=O(\|\alpha_{k+1}-\alpha_{i^*}\|) \tag{4.28}$$

由式(4.28)可知 $E_{\text{MEO}}$ 和 $\|\alpha_{k+1}-\alpha_{i^*}\|$ 是成比例的，当过程参数变化较为剧烈时，特别是在 RTO 运行的初始阶段，逼近的精度不高。另一方面，由于参数空间 $A$ 可以被有限个开集所覆盖，所以在理想情况下，对于给定精度 $\xi$(一个很小的正数)，经验库经过一定程度的积累，肯定可以使得后续的所有逼近解与真实最优解之间的误差满足 $E_{\text{MEO}}<\xi$。对于零阶逼近 MEO 方法的解集库的积累效率 $R_{\text{MEO}}$，可以用每个最优解所生成的开球的大小来进行度量

$$R_{\text{MEO}}=O(\xi^p) \tag{4.29}$$

式(4.29)显示了零阶逼近 MEO 方法的积累效率是与 $\xi^p$ 成比例的。

灵敏度分析的引入可以改进逼近解的精度和经验库的积累效率。对式(4.26)采用隐函数定理,变量向量和乘子向量对 $\alpha$ 的灵敏度信息可以通过以下方程得到,

$$\begin{bmatrix} \nabla_{xx}L & \nabla_x c & -I \\ \nabla_x c^{\mathrm{T}} & 0 & 0 \\ V & 0 & X \end{bmatrix} \cdot \frac{\mathrm{d}\left[x^{\mathrm{T}},\lambda^{\mathrm{T}},\nu^{\mathrm{T}}\right]^{\mathrm{T}}}{\mathrm{d}\alpha} + \begin{bmatrix} \nabla_{x\alpha}L \\ \nabla_\alpha c^{\mathrm{T}} \\ 0 \end{bmatrix} = 0 \qquad (4.30)$$

其中 $X=\mathrm{diag}\{x\}$,$V=\mathrm{diag}\{v\}$,在假设 4.2 下,$\begin{bmatrix} \nabla_{xx}L & \nabla_x c & -I \\ \nabla_x c^{\mathrm{T}} & 0 & 0 \\ V & 0 & X \end{bmatrix}$ 是非奇异的,故

方程(4.30)有解。在本节中,我们采用最为简单的切触有理插值来计算逼近解,即

$$x_{k+1} = x^*(\alpha_{i^*}) + \frac{\mathrm{d}x^*(\alpha_{i^*})^{\mathrm{T}}}{\mathrm{d}\alpha}(\alpha_{k+1}-\alpha_{i^*}),\ i^* = \arg\min_{j=1,\cdots,k} \|\alpha_{k+1}-\alpha_j\|_2$$

$$(4.31)$$

根据以上分析,基于灵敏度的 MEO 方法(sMEO)可以描述如下:

(1) 在 RTO 连续运行 $k$ 次以后,之前的最优解相关的信息 $\left\{ \left(\alpha_1, x^*(\alpha_1), \frac{\mathrm{d}x^*(\alpha_1)}{\mathrm{d}\alpha}\right), \cdots, \left(\alpha_k, x^*(\alpha_k), \frac{\mathrm{d}x^*(\alpha_k)}{\mathrm{d}\alpha}\right) \right\}$ 都被存储起来用于建立 $\alpha$ 和 $x^*(\alpha)$ 之间的映射关系;

(2) 基于经验库,针对新的参数向量 $\alpha_{k+1}$,采用(4.31)来计算逼近解 $x_{k+1}$;

(3) 将逼近解 $x_{k+1}$ 传送给优化算法作为优化算法的初始值。

sMEO 方法得到的逼近解与真实最优解之间的误差为

$$E_{\mathrm{sMEO}} = \|x^*(\alpha_{k+1}) - x_{k+1}\| = O(\|\alpha_{k+1}-\alpha_{i^*}\|^2) \qquad (4.32)$$

在给定精度 $\xi$ 下,解集库的积累效率为

$$R_{\mathrm{sMEO}} = O(\sqrt{\xi^p}) \qquad (4.33)$$

跟零阶逼近 MEO 方法相比,效率要高出 $O(1/\sqrt{\xi^p})$ 倍。

### 4.3.2　数值实验

在本节中,采用 IPOPT 作为优化求解器,考虑到 IPOPT 是内点算法,故将其内置的 warm-start 策略打开。在 sIPOPT[16] 的基础上实现 sMEO 方法,采用一个精馏塔的优化案例对其性能进行测试,并与零阶 MEO 方法以及传统的 RTO 方法进行比较。

深冷空分单元的高压精馏塔(high-pressure column, HPC)中有 32 块塔板,如图 4-11 所示。精馏塔的进料是不同温度和压力的压缩气流,如高压空气(high-pressure air, HPA)、主空气(main air, MA)和涡轮空气(turbine air, TA)。MA

和 TA 被送入 HPC 的底部,HPA 被送入第 4 块塔板。在 HPC 中空气被分离为高纯度的液氮(塔顶产品),富氧液体(塔底产品)以及富氮液体(副产品)。在 AMPL 环境下建立了基于 Peng-Robinson 热力学的机理模型。需要优化的命题为当进料 HPA 和 TA 发生变化时,在不违反纯度要求的前提下找到塔顶液氮的最大流量。

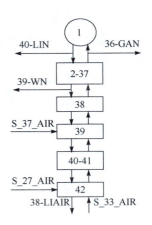

图 4-11　深冷空分单元中的高压精馏塔

在这个实验中,HPA 和 TA 的流量改变了 200 次,如图 4-12 所示,也就是对应于 200 次 RTO 运行。

图 4-13 显示了分别采用传统的 RTO 方法,零阶 MEO 方法以及 sMEO 方法时,最优解和初始点之间的相对欧氏距离。由图 4-13 可以看出,随着经验库的积累,零阶 MEO 和 sMEO 方法的相对欧氏距离呈现下降的趋势,而传统的 RTO 方法则是随机变化没有明显的

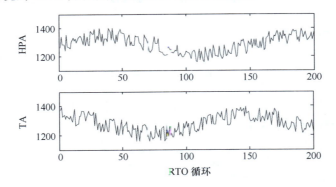

图 4-12　HPA 和 TA 的流量变化情况

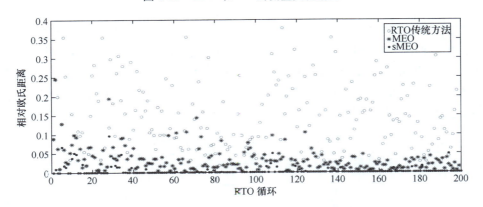

图 4-13　三种策略下最优解和初始点之间的相对欧氏距离

趋势。另外,sMEO 方法的相对欧氏距离整体小于传统 RTO 方法和零阶 MEO 方法。传统 RTO 方法的平均相对欧氏距离为 0.1398,零阶 MEO 方法为 0.0331,而 sMEO 方法为 0.0047,与前两者相差 1~2 个数量级。

图 4-14 显示了三种策略的迭代次数,纵坐标采用对数坐标,从图中可以看出 sMEO 方法的整体迭代次数是最小的,零阶 MEO 和传统 RTO 方法的迭代次数相差不大。

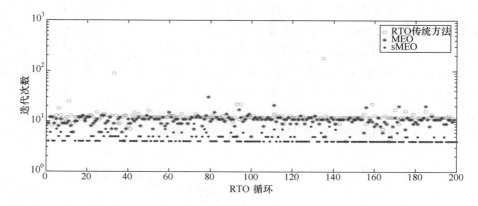

图 4-14　三种策略下优化计算的迭代次数

表 4-3 给出了三种策略下优化计算的迭代次数的统计信息,从表中可以看出 sMEO 方法要优于另外两种方法。

表 4-3　迭代次数统计信息

| | 最大迭代次数 | 最小迭代次数 | 平均值 | 中位数 |
|---|---|---|---|---|
| 传统 TRO 方法 | 178 | 7 | 13.43 | 12 |
| 零阶 MEO | 30 | 4 | 10.63 | 11 |
| sMEO | 11 | 4 | 4.67 | 4 |

接下来进一步分析三种策略下优化计算的迭代次数的变化趋势,将 200 次 RTO 运行等分为 4 段,每段 50 次,每一段的平均值(Mean)和标准方差(Std)见表 4-4。sMEO 方法的平均值呈现单调下降的趋势,标准方差也很小并且呈现下降趋势。零阶 MEO 方法的平均值和标准方差几乎是 sMEO 方法的两倍。

表 4-4　不同时间段的迭代次数统计信息

| | 第 1 段 (1~50) | | 第 2 段 (51~100) | | 第 3 段 (101~150) | | 第 4 段 (151~200) | |
|---|---|---|---|---|---|---|---|---|
| | Mean | Std | Mean | Std | Mean | Std | Mean | Std |
| 传统 RTO 方法 | 13.76 | 11.19 | 12.42 | 2.17 | 15.18 | 23.52 | 12.32 | 2.12 |
| 零阶 MEO | 9.92 | 2.11 | 11.22 | 3.56 | 10.84 | 2.21 | 10.53 | 3.04 |
| sMEO | 5.02 | 1.53 | 4.76 | 1.20 | 4.62 | 1.09 | 4.28 | 0.93 |

上述实验结果表明,无论是求解效率还是经验库的积累效率,sMEO 方法都优于传统 RTO 和零阶 MEO 方法。

# 4.4　MEO 方法的全局最优性扩展——gMEO

本节将针对过程系统优化问题中存在多解,而目前通用高性能实时优化算法均为局部寻优算法的情况,提出基于禁忌搜索的全局 MEO 方法(global MEO,gMEO)。通过为优化计算提供全体局部最优解的逼近值,提高局部优化算法的全局寻优性能。在不过多损失实时性的前提下,显著改善优化目标函数值,并提高过程系统运行的稳健性。

## 4.4.1　gMEO 方法

### 1. 过程系统全局优化问题

大规模过程系统优化命题通常采用高效的数学规划算法求解。这些数学规划算法在理论上已然十分成熟,同时具有计算速度快、收敛性好等优点。然而这些算法均是局部寻优算法,即只能收敛于局部最优解。

优化问题多解情况是指在该问题的可行域内存在两个或两个以上满足优化算法局部极值条件的点,其中每个点都是该问题的一个局部最优解。实际上,在过程系统优化中存在多解情况,并且这对系统的性能具有相当程度的影响。其中某些局部最优解的经济效益可能很低,甚至会存在安全性方面的问题[17,18]。全局优化算法在近些年得到长足的发展,并初步应用到模型预测控制等领域。然而,其应用或限于低维简单非线性优化问题[19-21],或限于算例测试[22,23],这些全局算法依然存在着计算量过大的问题[24,25]。由于实时性等因素的限制,极少见到这些全局优化算法在大规模过程系统优化方面的应用。因此,如何在现有高性能局部优化算法的基础上提高过程系统优化求解的全局性具有重要研究价值。

本节在前文 MEO 的基础上,提出了全局性 MEO 方法(global MEO,gMEO)。首先证明了局部最优解是参数的连续可导函数这一性质。在此基础上我们通过禁忌搜索方法[26]探测 MEC 经验节点上的多解信息,并分别从所选经验点的多个局部解出发进行寻优,从而达到一定的全局优化效果。禁忌搜索将以背景计算的方式离线进行,这相当于将全局搜索的大量计算负荷转移到优化计算之外的空闲时间,因此系统在实时性方面受到的影响不大。而在优化计算中,我们依然能采用高效实时优化算法来精确定位各个局部最优解,从而进行比较并选择出性能指标最好的一个局部解作为系统的设置点。

### 2. gMEO 思想

#### 1) 解轨迹的连续性和可导性

若命题(4.1)存在多个局部解,则约束集映射 $\varphi$ 的连续性被破坏。此时我们假设每个局部最优解都是严格最优的,从而有以下定理。

**定理 4.13**　若(i) $f$ 和 $c_{\mathcal{E}\cup\mathcal{I}}$ 二阶连续可微,(ii) $x$ 的定义域 $D_x$ 是有界闭集,(iii)优化问题(4.1)存在多个局部最优解,(iv)每个局部最优解都是严格最优的,则每个局部最优解都是关于 $\alpha$ 的连续函数。

该定理的证明比较直观,这里仅给出证明思路。根据假设(iv),针对问题(4.1)的任意一个严格局部最优解,人为缩小可行域,使之成为仅包含该局部最优解的邻域,且在 $\alpha$ 变化时始终如此。则以 $f$ 为目标函数,以该邻域为可行域的优化命题具有唯一的全局最优解。因此该命题满足[5]中定理 1 的假设条件,可知该局部最优解是参数的连续函数。

**定理 4.14**　若定理 4.13 中的条件成立,且 $\alpha$ 在某区域 $D_\alpha$ 上波动时,给定的局部最优解 $x^*$ 的有效集 $\mathcal{A}_\alpha(x^*) := \mathcal{E}\cup\{i\in\mathcal{I}|c_i(x^*,\alpha)=0\}$ 保持不变,则此时 $x^*$ 在 $D_\alpha$ 上关于 $\alpha$ 一阶可微。

**证明**　此时问题(4.1)可以转化为等式约束优化命题。根据定理 4.13 中的条件(i)可将其最优点处的 KKT 条件对 $\alpha$ 求导得到

$$
\begin{aligned}
\frac{\mathrm{d}x}{\mathrm{d}\alpha^{\mathrm{T}}} =\ & -H^{-1}(\nabla_{x^*}c_{\mathcal{A}_\alpha(x^*)})^{\mathrm{T}}B^{-1}\ \cdot \\
& (\nabla_{x^*}c_{\mathcal{A}_\alpha(x^*)}H^{-1}\nabla_\alpha F - \nabla_\alpha c_{\mathcal{A}_\alpha(x^*)}) \\
& -H^{-1}\nabla_\alpha F
\end{aligned}
\tag{4.34}
$$

其中 $H=\nabla^2_{x^*x^*}L(x^*,\lambda^*,\alpha)$ 是问题(4.1)的 Hessian 阵, $L(x^*,\lambda^*,\alpha)=f(x^*,\alpha)-\lambda^{\mathrm{T}}c_{\mathcal{A}_\alpha(x^*)}(x^*,\alpha)$ 是问题(4.1)的 Lagrange 函数, $F=\nabla_{x^*}L(x^*,\lambda^*,\alpha)$, $\nabla_y g := \partial g/\partial y^{\mathrm{T}}$( $g$ 可为 $F$ 或 $c_{\mathcal{A}_\alpha(x^*)}$, $y$ 可为 $x^*$ 或 $\alpha$)。

□

由定理 4.13 和 4.14 可知每个局部最优解的轨迹都是连续且可微的。这表明,当 MEO 中的两个参数点 $\alpha_1$ 和 $\alpha_2$ 相距很近时,它们所对应的位于同一条解轨迹上的两个点 $x_i^*(\alpha_1)$ 和 $x_i^*(\alpha_2)$ 也会比较接近。当 $x_i^*(\alpha_1)$ 与 $x_i^*(\alpha_2)$ 充分近时,采用局部优化算法以 $x_i^*(\alpha_1)$ 为初始点进行寻优容易得到 $x_i^*(\alpha_2)$。换句话说,即当 $\alpha_1$ 和 $\alpha_2$ 相距足够近时,可分别从 $\alpha_1$ 对应的大多数局部解出发,找到 $\alpha_2$ 对应的与它们位于相同解轨迹上的局部最优点。这相当于在初始点和局部最优解之间建立起一一对应的关系。根据这一关系,在一定条件下可针对每个局部最优解生成一个好的初值点。这能够在很大程度上提高全局搜索的效率。此外,所有优化计算都可以并行执行,有利于系统实时性的提高。

　　上述过程中若某个优化计算不收敛,则可在背景计算中采用简单回溯同伦算法[27]寻找待求的最优解,并补充进入相应的求解经验中。比如定义 $\alpha(\theta)=(1-\theta)\alpha_1+\theta\alpha_2,\theta\in[0,1]$,并让 $\theta$ 由 0 逐渐增加到 1。在这一过程中以上一个 $\theta$ 值对应的最优解 $x^*(\alpha(\theta))$ 作为初值求解下一个 $\theta$ 值对应的最优解,从而使得 $x_1^*=x^*(\alpha(0))$ 沿着其所在的局部解轨迹平滑地抵达 $x_2^*=x^*(\alpha(1))$。

　　本节将采用文献[26]中的禁忌搜索方法获取整个可行域上的局部解信息。我们对该方法进行了适当的修改以保存所得的所有局部最优解信息。

　　2）全局 MEO 的思想

　　当参数值波动时,命题(4.1)的全局最优解可能在不同的局部最优解轨迹上进行跳跃。因此 MEO 需要保存每个参数点对应的所有局部解信息,以对全局最优解进行追踪。

　　gMEO 的思想可以归纳为:以解轨迹的连续性为基础,探测并在 MEO 经验库中保存所有局部解的信息,以这些多解信息为基础对当前优化问题的多个局部解进行逼近,并分别以这些逼近值为初值同时求解优化问题,最后从所有局部解中选出性能指标最好的一个作为系统的设定值。

　　注意对于求解难度大的优化问题,gMEO 从多个经验点出发寻优,能够有效提高成功收敛的概率,从而增强了系统运行的平稳性。

　　3. gMEO 算法框架

　　全局 MEO 的算法框架如下:

　　**Step 1**　首次进行优化计算时(对应参数值为 $\alpha_1$),令 $k\leftarrow1$,采用用户提供的初值求解命题(4.1),并将所得的最优解作为设定值送到控制器中执行。

　　**Step 2**　基于禁忌搜索,以背景计算的方式探测 $\alpha_1$ 对应的所有局部最优解 $x_{(i)}^*(\alpha_1),i=1,\cdots,m_1$,并将其以 $(\alpha_1,x_{(1)}^*(\alpha_1),\cdots,x_{(i_1)}^*(\alpha_1))$ 的形式存储到 MEO 经验库中;

　　**Step 3**　新的参数值 $\alpha_{k+1}$ 来临。根据式(4.7)从 MEO 经验库中选择出经验点 $(\alpha_l,x_{(1)}^*(\alpha_l),\cdots,x_{(i_l)}^*(\alpha_l))$,并分别以其局部最优解 $x_{(1)}^*(\alpha_l)\sim x_{(i_l)}^*(\alpha_l)$ 作为初值求解问题(4.1)。当所有优化计算结束后,选出目标函数最好的解作为设定值传递给控制器;

　　**Step 4**　基于禁忌搜索,以背景计算的方式探测 $\alpha_{k+1}$ 是否具有其他未找到的局部最优解。若没有,且 Step 3 中所有优化计算的迭代步数均小于给定的阈值,则认为 $\alpha_l$ 处的求解经验能够代表 $\alpha_{k+1}$ 处的情况,这时放弃 $\alpha_{k+1}$ 的求解经验,并保持 $k$ 不变。否则将 $\alpha_{k+1}$ 和其对应的所有局部最优解作为新的经验点存入 MEO 经验库中,并令 $k\leftarrow k+1$。返回 Step 3。

gMEO 算法 Step 4 中设定阈值的主要目的是将 MEO 经验库的规模控制在可接受的程度内,使之不会无限制地增长。此外,单纯的禁忌搜索生成的初值不具有针对性,即无法针对每个局部解生成一个初值。当生成的初值点数量较少时,单纯禁忌搜索可能会遗漏某些局部解。相对而言,gMEO 方法存储并有效利用了以往的求解经验,能够针对每个局部解生成一个较好的初值。这样,gMEO 能够在不大幅损失实时性的前提下有效提高最终解的全局最优性,从而有效提高系统的经济性能。

### 4.4.2 数值实验

本数值实验的优化算法采用 Matlab 7.11 中基于有效集方法的 fmincon 算法,变量和目标函数的收敛容限均设为 $10^{-8}$。

考虑文献[28]中的一个简单原油混合问题(pooling problem)。如图 4-15 所示,该问题是一个小型原油混合问题,其中只有一个原料混合池。两股硫含量不同的原油 A 和 B 同时灌注进入该混合池。均匀混合后的原油从混合池中分为两股引出,并分别同第三股原油 C 的两股分流混合生成 X、Y 两种硫含量不同的产品。

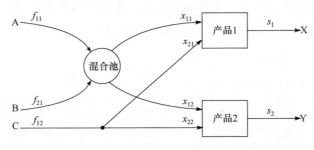

图 4-15　原油混合问题

设置该多解问题的参数为原料和产品的市场价格以及产品的市场需求量。则该问题的参数化形式如下:

$$\min \alpha_{11} f_{11} + \alpha_{21} f_{21} + \alpha_{12} f_{12} - \alpha_X (x_{11} + x_{21}) - \alpha_Y (x_{12} + x_{22})$$

$$\text{s. t. } f_{11} + f_{21} - x_{11} - x_{12} = 0$$

$$f_{12} - x_{21} - x_{22} = 0$$

$$q(x_{11} + x_{12}) - 3 f_{11} - f_{21} = 0$$

$$q x_{11} + 2 x_{21} - 2.5 (x_{11} + x_{21}) \leqslant 0 \qquad (4.35)$$

$$q x_{12} + 2 x_{22} - 1.5 (x_{12} + x_{22}) \leqslant 0$$

$$x_{11} + x_{21} \leqslant \alpha_{SX}$$

$$x_{12} + x_{22} \leqslant \alpha_{SY}$$

$$1 \leqslant q \leqslant 3$$

其中 $f_{11}, f_{21}, f_{12}, x_{11}, x_{21}, x_{12}, x_{22}$ 和 $a$ 为优化问题的变量。设问题(4.35)的七个参数分别是三个进料 $f_{11}$、$f_{21}$ 和 $f_{12}$ 的价格($a_{11}, a_{21}$ 与 $a_{12}$)、两个产品 X 和 Y 的价格($a_X$ 与 $a_Y$)及 X 和 Y 的最大需求量($a_{SX}$ 与 $a_{SY}$)。这七个参数的定义域依次指定为 $[5,7]$, $[13,16]$, $[8,11]$, $[9,12]$, $[13,17]$, $[100,1000]$ 和 $[150,1500]$。

令这七个参数在各自定义域内同时发生 800 次波动,然后比较 RTO 传统方法、零阶逼近 MEO 方法(见式(4.7))和 gMEO 方法在目标函数值及迭代步数上的性能表现。其中 RTO 传统方法是指采用前一次优化计算的结果 $x_k^*$ 为当前第 $k+1$ 次优化计算的初值 $x_{k+1}^0$ 来搜索待求的最优解 $x_{k+1}^*$,即有 $x_{k+1}^0 = x_k^*$ [5]。而零阶逼近 MEO 方法是指仅求出一个局部最优解并将其作为 MEO 经验保存下来。

图 4-16 比较了零阶逼近 MEO 和 gMEO 的目标函数值相对于 RTO 传统方法目标函数值的差别。从中可以看出,gMEO 相对于其他两种方法而言大幅度降低了系统目标函数值,从而在很大程度上改善了系统的经济性能。从表 4-5 中可以看出 gMEO 方法在平均目标函数值方面相比于 RTO 传统方法和零阶 MEO 方法分别提高了 97.7% 和 97.4%。另外,由于零阶逼近 MEO 不具有全局搜索性,且在本实验中采用零阶逼近 MEO 的优化计算经常与采用 RTO 传统方法的优化计算收敛于同一局部解,因此从图 4-16 中能够看出在多数 RTO 周期中两者对应了相同的目标函数值。而分散于横坐标轴附近的点是由于两者对应的优化计算收敛于不同局部最优点所致。根据表 4-5 的统计结果看,两者对应的平均目标函数值的差异在 1.5% 以内。正是由于两者对应的优化计算在多数情况下收敛于同一局部解,因此零阶逼近 MEO 在实时性方面的优点得以体现。表 4-5 显示,该方法对

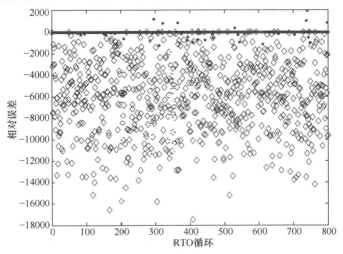

图 4-16 RTO 传统方法、零阶 MEO 和 gMEO 目标函数值比较

三者的目标函数值分别记为 $f_{trad}$、$f_{MEO}$ 和 $f_{gMEO}$,则菱形代表 $f_{gMEO} - f_{trad}$,点代表 $f_{MEO} - f_{trad}$

应的优化计算迭代步数相对于 RTO 传统方法减少了 25.6%。

表 4-5　优化计算统计结果

|  | RTO 传统方法 | 零阶 MEO | gMEO |
|---|---|---|---|
| 平均目标函数值 | −6176.7 | −6184.4 | −12209.6 |
| 平均迭代步数 | 13.3 | 9.9 | 17.0 |

　　图 4-17 中的纵坐标是指落在横坐标所示的相应迭代步数区间内的优化计算数量,其中 gMEO 所对应的迭代步数为所有从 gMEO 给定的一系列初值出发,并能收敛到最终被采纳的最优解的优化计算迭代步数的平均值。图 4-17 显示,传统 RTO 方法对应的优化计算迭代步数在[50,2150]范围内分布较均匀,其他部分集中在[0,50]区间上。相对而言,零阶 MEO 对应的分布特点是很大一部分迭代步数位于[0,50]内,其余均匀分布在[50,1100]内。且在[50,1100]内的平均分布密度小于传统 RTO 方法对应的平均分布密度。这直接体现为表 4-5 中零阶 MEO 方法的平均迭代步数显著小于 RTO 传统方法对应的平均迭代步数。从图 4-17 中可以看出 gMEO 所对应的大多数优化计算的迭代步数分布在[50,1100]内。这同

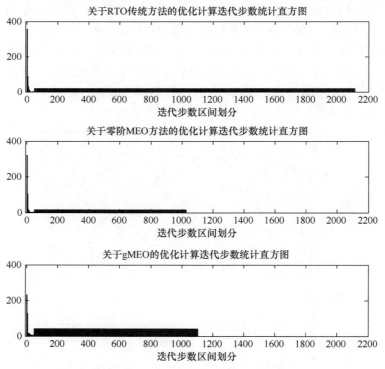

图 4-17　迭代步数统计直方图

零阶逼近 MEO 的分布相似。然而由于 gMEO 对应的迭代步数在该区间上分布密度很高,从而导致 gMEO 对应的平均迭代步数有所增加。表 4-5 中 gMEO 的平均迭代步数是图 4-17 所统计的 gMEO 迭代步数的平均值。

如图 4-18 所示,在许多计算过程中 gMEO 提供的初值点出现了不同程度的退化,即从多个初值点出发得到的局部解数量小于初值点的数量。这有两个原因,一是局部解的消亡所致[17],二是 gMEO 经验密度相对于可行域内解轨迹的数量来说仍显不够,从而造成部分优化计算从某条解轨迹出发却收敛到其他解轨迹上的结果。退化在一定程度上增加了图 4-17 中 gMEO 对应的平均迭代步数。从表 4-5 的统计数据上看,gMEO 相对于 RTO 传统方法在迭代步数上损失了27.8%。当 RTO 周期中以稳态为主时,相比起 97.7% 的目标函数值提高而言,这个损失是可以接受的。当充分积累 gMEO 的经验后,有望进一步减小该方法所对应的平均迭代步数。

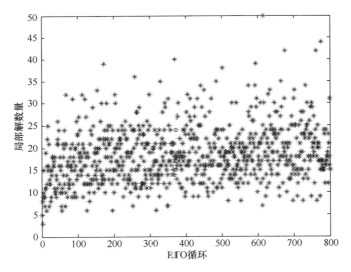

图 4-18　gMEO 求解经验中局部解数量的分布

需要指出的是当采用禁忌算法从有限个初始点出发去探测局部解时,可能会遗漏一部分局部最优解。这也能导致 gMEO 的不同经验点上局部最优解数量发生波动的情况。这同 gMEO 的初值点退化现象相结合就能产生图 4-18 的 gMEO 求解经验中局部解数量发生复杂波动的情况。因此图 4-18 中 gMEO 局部解数量随 RTO 反复运行而增加的趋势较为缓慢。

根据以上数值实验的结果和分析看,gMEO 方法能使局部优化算法具有全局优化的特性,并在很大程度上提高了系统优化的目标函数性能指标,是针对多解实时优化问题的一种高效、实用的优化计算方法。通过背景计算和主动积累的方式来扩大 gMEO 经验库规模有望进一步提高该方法的性能。

# 4.5　MEO 软件架构与功能模块开发

本节提出的 MEO 框架包括连接模拟优化软件、数值逼近、经验选择和经验库管理等主要功能。该框架提供事件处理机制,涉及了较多的软件开发技术。为了达到更好的兼容性,我们将 MEO 框架搭建于中间件技术之上,并采用 SAFEAR-RAY 数据结构作为标准的数据接口。

本节首先介绍 SOA(service-oriented architecture)思想和中间件技术,分析使用中间件技术的优点和必要性。其次,阐述基于 SOA 思想构架的 MEO 的优点,并提出使用 SAFEARRAY 保证 MEO 框架同模拟仿真应用程序之间的兼容性。

## 4.5.1　MEO 软件系统架构

SOA 作为一种框架设计思想,体现了可重用和可扩展等特点。MEO 框架的定位正是基于 SOA 思想和与之逐渐融合的中间件之上。

### 1. SOA——面向服务构架

SOA 是一种架构模型,它可以根据需求通过网络对松散耦合的粗粒度应用组件进行分布式部署、组合和使用。SOA 本质上是服务的集合,如图 4-19 所示,因此服务层是 SOA 的基础和关键概念。作为一种开发方法,SOA 还具有管理上的优点。例如,管理员可直接管理开发人员所构建的相同服务,这使管理员或分析师能够有针对性的优化业务流程。

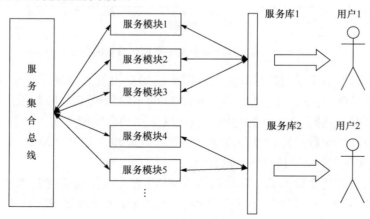

图 4-19　简单 SOA 构架示意图

比起传统的软件构架模式,SOA 的优点在于:①编码灵活性;②明确开发人员角色;③支持多种客户类型;④更易维护;⑤更好的伸缩性;⑥更高的可用性。

SOA 可以看做是浏览器/服务器(B/S)模型和 XML/Web Service 技术之后的自然延伸。它带给我们的启发是 MEO 的构架应该从服务集的概念出发,而不是简单地开发一个具有某些功能的应用程序。一系列服务集中的服务之间应该是松散的,这种组合方式给 MEO 框架带来的好处是更好的重用性和扩展性。

2. 中间件技术

中间件是位于平台和应用之间的通用服务,这些服务具有标准的程序接口和协议[29]。针对不同的操作系统和硬件平台,它们具有符合接口和协议规范的多种实现。中间件应具有如下特点:①满足大量应用的需要;②运行于多种硬件和 OS 平台;③支持标准的协议;④支持标准的接口。

由于标准接口和协议对于可移植性和互操作性的重要性,中间件成为许多标准化工作的主要部分。由于中间件要屏蔽分布环境中异构的操作系统和网络协议,它需要提供分布环境下的通信服务,即平台。基于目的和实现机制的不同,可以将平台分为以下主要几类:①远程过程调用(remote procedure call);②面向消息的中间件(message-oriented middleware);③对象请求代理(object request brokers)。

基于中间件开发的应用具有良好的可扩充性、易管理性、高可用性和可移植性。它为 MEO 各功能模块以及服务集的定义提供了参考依据。

## 4.5.2　MEO 框架总体设计

MEO 的框架的总体设计应该分为两个层面。

(1) 构架层面:使用 SOA 的思想体现框架的服务重用性,设计松散的服务并形成服务集;

(2) 平台层面:根据中间件设计标准为 MEO 框架确定实现的技术平台,设计标准数据接口和数据结构,体现框架的兼容性。

1. 符合 SOA 设计思想的中间件

SOA 思想的实质是以服务为导向设计软件,服务间的关系是松散的,软件内部有一定的逻辑将服务组合起来成为服务集提供给用户使用。为了更好地理解如何利用 SOA,这里先举一个网上购票系统的例子。假设我们基于 SOA 的思想实现了一个网上票务系统,这个系统的功能涵盖了包括购票者、出票员和系统管理员在内的各用户的所有操作。按照传统的客户/服务器(C/S)设计思想,这个系统应该有三个子系统,分别对应于购票者、操作员和系统管理员,如图 4-20 所示,子系统之间可能仅共享部分数据。C/S 的构架的优点是设计相对简单，功能划分清晰。但是相对的，它的重用性和可扩展性不如 SOA 构架的系统。

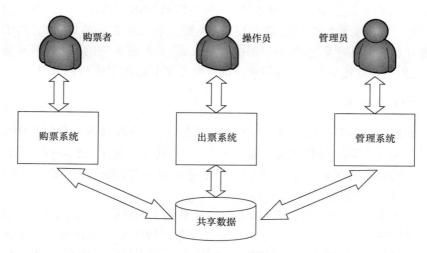

图 4-20　C/S构架的网上票务系统

　　我们来看基于 SOA 的网上票务系统的设计。如果把典型的票务系统的功能以服务为单位列出来，可以得出表 4-6。表中的服务并没有区分属于哪个用户，在完成服务的设计之后，再根据需求将一些服务组合成服务集，并提供相应的接口给用户使用。最终用户用来完成某一特定功能的是表 4-6 中的某个服务或是其中若干个服务所组成的服务集。例如，现在购票者需要在线购买机票，这就需要一个服务集来满足需求，其中的服务应包括：获取用户信息、获取航班信息、获取机票信息、提供票价和详细信息及接受支付。这些服务并不是自动形成在线购买机票的功能，而是通过服务集逻辑组织在一起，以标准接口的方式提供给用户使用。

表 4-6　典型网上票务系统提供的服务

| 服务 | 功能描述 |
| --- | --- |
| 用户注册 | 主要提供给购票者使用 |
| 用户登录 | 该系统的用户登录时使用 |
| 获取用户信息 | 查询或交易时从数据库调出用户信息 |
| 获取航班信息 | 从数据库调出某段时间内航班信息 |
| 获取机票信息 | 从数据库中调出机票销售情况 |
| 提供票价和详细信息 | 用于查询票价与相关具体信息 |
| 接受支付 | 用于在线支付 |
| 查看历史操作 | 用于查看一段时间内所有的交易 |
| 查看内部数据 | 用于查看公司内部统计数据 |
| 自助登机 | 用于乘客在登机前自助办理相关手续 |

同 C/S 构架不同的是,SOA 构架的系统在实现这些服务集时不需要做大量的代码工作,而只是简单地使用服务集逻辑组合已有的服务,这体现了 SOA 在重用性和可扩展性方面的优势。

SOA 的构架能改善 MEO 框架的重用性和可扩展性,而中间件的实现准则可以为 MEO 框架带来标准化和兼容性上的改善。这里我们采用的是广义的中间件的定义。中间件的开发标准要求确保 MEO 框架能够与不同的优化模拟软件协同工作,能够在不同的数据库上开发应用,而且可监控,有自己的消息机制。所以总的来说,MEO 框架具备良好的可重用性、可扩展性、兼容性和可监控性。

## 2. MEO 框架总体构架

MEO 框架的定位是符合 SOA 设计理念的中间件。因为 Aspen Plus 的外部接口是通过 COM 对象暴露出来,所以选择 COM 平台时可获得较高的开发效率。在 COM 平台的基础上选择进程外组件模式。这是因为 MEO 有自己的数据与消息机制,需要独占内存,所以必须采取主动运行而不仅是被动调用的组件模式。根据上述选择,MEO 框架提供的服务如表 4-7 所示。

表 4-7 MEO 框架的主要服务

| 服务集 | 服务 | 描述 |
| --- | --- | --- |
| MEO 计算<br>服务集 | 数据格式转换 | 在客户数据格式和 MEO 格式之间转换 |
| | 经验数据管理 | 负责经验数据库的维护 |
| | 经验节点选择 | 负责从经验数据库中选取数据 |
| | 数值逼近 | 根据经验数据进行逼近,求出优化初值解 |
| 监控配置集 | 设置经验管理模夬 | 对经验管理模块进行配置 |
| | 设置节点选择模夬 | 对接点选择模块进行配置 |
| | 设置数值逼近模夬 | 对数值逼近模块进行配置 |
| | 设置接受消息窗囗 | 对接受消息的程序窗口进行设置 |

基于 SOA 的 MEO 构架有一套总线结构和逻辑来整合整个系统,组织各项服务,形成服务集和用户接口。根据中间件开发标准,MEO 与外部程序的接口采用的标准的接口。MEO 框架的整体结构如图 4-21 所示,图中框内部分作为中间件的 MEOServer。此图的应用环境是 Aspen Plus。由于 MEOServer 具有标准对外接口,它可以与 VB,Java 或者 C/C++下的模拟环境通信,这些均体现了中间件有良好的兼容性的特点。

关于标准外部数据接口和内部数据结构以及它们之间的相互转换关系将在后面阐明。接下来要设计的是如何形成服务集,也就是应该以怎样的逻辑组织表 4-7 中的服务。MEO 最重要的功能是提供计算服务,在计算服务集中,并不是简单地运行某一个服务就可以了,它需要按照一定的顺序处理数据。MEO 计算服务集的组织逻辑如图 4-22 所示:按顺序调用的服务有数据格式转换、经验数据管理、经验数据选择、数值逼近和数据格式转换。这几个服务必须按照顺序执行才能得到正确的计算结果。而配置监控服务集不是这种顺序组织逻辑。如图 4-23 所示,它采用的是星形的逻辑,也就是几个服务是同等级的。

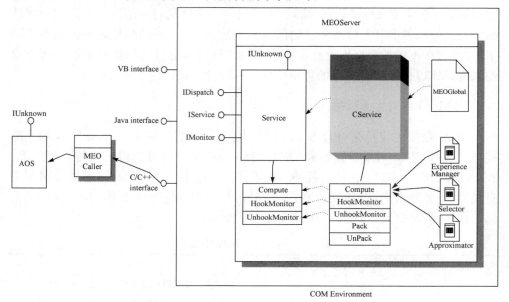

图 4-21　Aspen 环境下的 MEO 框架构造图

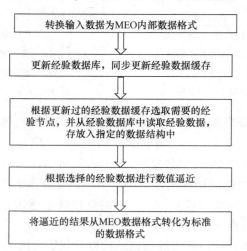

图 4-22　MEO 计算服务集的组织逻辑

图 4-23 配置监控服务集的组织逻辑

### 4.5.3 标准数据接口与数据结构设计

前一小节指出为满足中间件兼容性标准,MEO 框架外部接口是标准 IO 数据接口。为提高效率,其内部有自己的数据结构。本小节设计这些数据结构和接口。

1. MEO 框架 IO 标准数据接口

MEO 框架对外的数据接口及其与模拟客户端程序之间的程序均采用 SAFE-ARRAY 结构。它主要用于 automation 中的数组型参数的传递。其实质是将通常的数组增加一个描述符,说明其维数、长度、边界、元素类型等信息。数组在网络环境中不能直接传递,必须包装成 SAFEARRAY 以保证 MEO 框架被不同的模拟客户端所用。Visual C++、Visual Basic、Java 或其他许多编程环境下都可以方便地编写兼容的代码。以下是 SAFEARRAY 在 win32 下的定义。

```
typedef struct tagSAFEARRAY
    {
        unsigned short cDims;
        unsigned short fFeatures;
        unsigned long cbElements;
        unsigned long cLocks;
        void * pvData;
        SAFEARRAYBOUND rgsabound[1];
    } SAFEARRAY;
```

2. 框架内部使用数据结构

因为 MEO 框架是使用 C++编写的,但是对外接口是 SAFEARRAY,所以框架内部必须有自己的数据结构,并且这些数据结构的定义必须设计良好并具有高转换效率。MEO 框架内部用来传递数据的数据结构主要有 DataInfo 和 Experience Data。模拟优化客户端使用 SAFEARRAY 向 MEO 输入的数据将转化为内部数据结构,进行一系列的处理和计算后,结果重新转化为 SAFEARRAY 输出。

DataInfo 结构的声明如下：

```
struct DataInfo{
    double * pdData;
    int iDim;
    std::string strOptional;
    DataInfo();
    DataInfo(const DataInfo& another);
    DataInfo& operator=(const DataInfo& other);
    ~DataInfo();
};
```

　　DataInfo 结构中包括存放数据的双精度数组 pdData、表示数据维数的 iDim 以及一个可供任意用途的字符串变量，DataInfo 的主要用途是存放参数信息。

```
struct ExperienceData{
    double * pdSingleNode;
    double ** pdMultiNodes;
    int iDimSets;
    int iDimPara;
    int iDimX;
    ExperienceData();
```

　　另一个内部数据结构是 ExperienceData，它的声明如下：

```
    ~ExperienceData();
    ExperienceData(const ExperienceData& another);
    ExperienceData& operator =(const ExperienceData& other);
};
```

　　ExperienceData 结构描述 MEO 存储的经验数据的维数和组数，并在 iDim-Para 中记载了优化问题中变化的参数个数。实际数据存放在 pdSingleNode 或 pdMultiNodes 中。pdSingleNode 和 pdMultiNodes 是互斥的，其中只有一个不为空。当经验点只有一组时，数据存放在 pdSingleNode 中，当经验点有多组时，数据存放在二维数组 pdMultiNodes 中。

　　由于 MEO 框架使用 ATL 开发，而 ATL 的开发语言正是 C++，因此 DataInfo 和 ExperienceData 数据结构采用 C++编写。DataInfo 和 ExperienceData 里实际存放数据时都使用了双精度的指针，在运行时根据需要动态分配，释放内存。DataInfo 和 ExperienceData 分别满足在 MEO 内部传递参数数据和经验数据的需求，使用 MEO 的 PackData 和 UnPackData 函数能够方便地与 SAFEARRAY

结构交换数据。MEO 框架内部数据结构与 SAFEARRAY 之间的转换如图 4-24
所示。

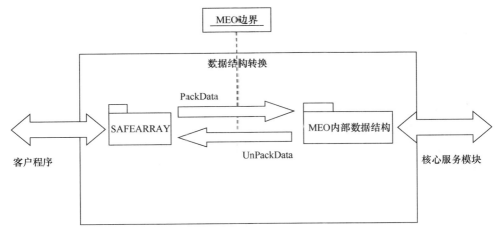

图 4-24　数据结构转换

## 4.6　MEO 功能模块开发

本节将对组成 MEO 主要功能的各个服务模块进行设计。

MEO 框架潜在的用户分为两类：

（1）第一类用户为普通用户，主要使用计算服务集；

（2）第二类用户使用 MEO 的监控配置服务集等发或扩展 MEO 的服务模块
并配置监控应用程序，也就是可以通过 MEO 平台发布自己的服务的用户。

### 4.6.1　MEO 全局函数及数据

在设计具体的服务集之前，必须先设计好 MEO 的"总线"，也就是被服务集共
享的全局存在的一些函数和数据，它们记载了一些全局性资源或是操作，同时它们
也使用了一些特殊的数据结构使得 MEO 能够以更高效率运行。

1. 全局操作参数信息缓存

我们采用"引用 MEO 的数据缓存"的方式实现 MEO 的节点选择服务，即
MEO 会将节点选择必需的信息以一定的组织形式存放在内存里，提供给需要的
服务模块使用。这种方式能够有效节省读写磁盘的时间，从而加速 MEO 的运行
速度。本文的数据缓存采用的数据结构是 DataSummary，定义如下：

```
struct DataSummary{
    std::list<DataInfo> Datalist;
```

```
        int iNum;
        DataSummary()
        {
            iNum = 0;
            Datalist = std::list<DataInfo>();
        };
    };
```

其中 Datalist 采用了 C++中 Standard Template Library 的 list 数据结构[30,31]，它是一个标准的链表结构[32]，里面的元素是 DataInfo 类型。Datalist 存放了经验节点空间位置以供节点选择使用，其中 DataInfo 结构中的 pstrOptional 填写节点数据在经验库中的存放位置。这样可以用少量的内存空间换取大量的文件读取的时间。

### 2. 全局函数和全局数据

MEO 框架中所有的全局函数和数据都保存在 MEOGlobal 类中。其中的全局函数有 GetExperienceNum 和 factorial。GetExperienceNum 用来计算确定一个 dim 维 p 阶多项式的系数所需的最少节点数，factorial 用来计算阶层。它们作为两个基本函数，是 MEOGlobal 的静态成员函数。

```
        class MEOGlobal
        {
        public:
            static int GetExperienceNum(int p, int dim);
            static int factorial(int);
            MEOGlobal(void);
            ~MEOGlobal(void);
        };
```

## 4.6.2　计算服务集对外接口设计

计算服务集提供的功能是 MEO 最重要的计算服务，我们为其设计了外部接口。其中的主要内容是 IService 接口，通过调用这个接口就可以使用计算服务。IService 的接口函数是 Compute。它把新的操作参数、上一次的操作参数及其优化结果作为输入，在计算后输出逼近结果。所有的函数参数均为 SAFEARRAY 类型，因此能够与任何语言编写的应用程序连接。如图 4-25 所示，模拟优化客户端首先将数据封装入 SAFEARRAY 结构中，然后通过 IService 接口连接 MEO，并通过 UnPackData 函数将内部数据结构转化为 SAFEARRAY 结构，在计算之后通过 IService 接口将数据返回模拟优化客户端,至此完成一次 MEO 框架的调用。新的操作参数 newpara、上一次的操作参数 lastpara 和上次优化结果 lastx 以 SAFEARRAY 的形式输入,经过 PackData 处理后以内部数据结构 DataInfo 和 ExperienceData 的形式传向计算服务集。PackData 函数的主要作用在于从 SAFEARRAY 结构读取数据。例如,读取新的操作参数 newpara 的过程如下,newpara 中的数据最终被存储于 pdData 数组中。

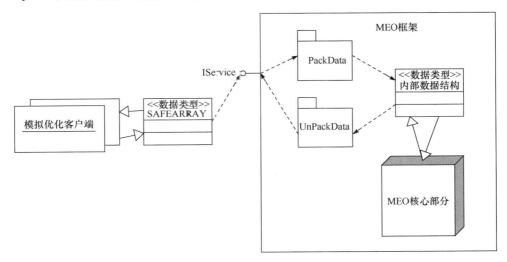

图 4-25　客户端使用 IService 接口

### 4.6.3　计算服务集各服务的设计与开发

计算服务集所包含的服务有经验库管理、经验节点选择和数值逼近,是 MEO 框架最重要的部分。

#### 1. 服务模块的技术实现手段

这里使用动态链接库(DLL)作为实现各计算服务模块的主要技术手段。图 4-26 是计算服务集的逻辑结构图。ExperienceManager、Selector 和 Approximator 是三个 DLL,分别包含了经验更新、节点选择和数值逼近三个服务模块,通过标准接口可在 MEO 平台下向其他用户提供他们所需的服务。当模拟优化客户端引用外部接口中的 Compute 方法之后,MEO 框架将通过调用 ExperienceManager 中的 UpdateExperience 函数、Selector 中的 SelectExperience 函数和 Approximator 中的 Approximate 函数,完成一系列的服务并得到最终结果。Selector 从全局数据缓存中挑选出需要的节点,再根据数据缓存中指定的经验存储路径从经验库中读取数据,并交给 Approximator。图 4-27 是计算服务集内的数据流图,新参数和上次经验点在经过更新、选择和逼近等过程后,得到新的初值解作为输出。

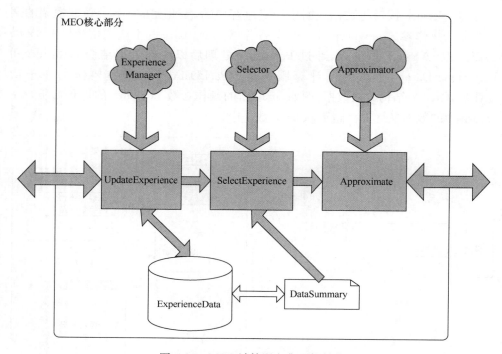

图 4-26　MEO 计算服务集逻辑结构

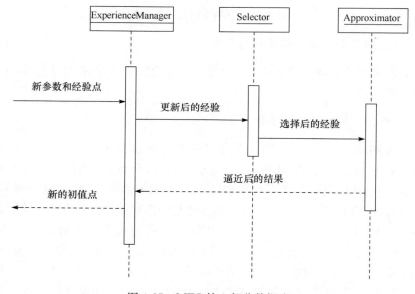

图 4-27　MEO 核心部分数据流

2. 计算服务模块详细设计

当前的计算服务组合后的功能实现的是零阶 MEO。其计算服务集主要由 DLL 形式的如下三个服务模块组成，各个模块中统一定义一个函数接口，互相独立。

（1）ExperienceManager 的函数接口是 UpdateExperience，声明如下：

bool UpdateExperience(ExperienceData lx, DataSummary * pds, std::string mainpath)

其中 ExperienceData 数据结构中存放的是上次优化的经验点；pds 是经验库的数据缓存，保存了各经验点的位置信息。MEO 根据用户指定的方法和路径在 UpdateExperience 中保存上次优化的经验数据。

（2）Selector 的函数接口是 SelectExperience，声明如下：

bool SelectExperience(DataSummary ds, DataInfo newpara, int dimx, ExperienceData * pdata, int count)

其中 ds 是已经更新过的经验数据缓存列表；newpara 是新的操作参数；dimx 是经验数据的维数；pdata 中储存了被选中的经验；count 指定了需要选择的节点次数。

（3）Approximator 的函数接口是 Approximate，声明如下：

bool Approximate(DataInfo newpara, ExperienceData lx, DataInfo * x, int * pMask)

其中由 newpara 提供新的操作参数；lx 提供别选择出的经验；pMask 对应 newpara，可以用来屏蔽参数中某个分量的作用。逼近的数据由 x 输出。

## 4.6.4　监控配置服务集的设计与开发

监控配置服务集是 MEO 框架中另外一个服务集，主要用于配置 MEO 并提供监控 MEO 的功能。其主要接口是 IMonitor，用于提供相应的服务。外部程序可以通过 IMonitor 挂接上 MEO 的消息机制，从而处理 MEO 事件。

1. 消息处理机制

MEO 的消息处理机制建立在 Windows 的消息机制之上。每个 Windows 窗口都有一个信息环（message loop），负责从信息队列（message queue）中获取消息并分发到指定的消息处理函数中去。MEO 可以利用这种机制，使得当 MEO 中发生某一事件时，能用 Windows API 将消息发送到指定的 Windows 窗口，并通过用户编写的消息处理函数处理 MEO 事件。

　　MEO 使用自定义消息机制。MEO 在发生事件时将会将相应的消息发送至 IMonitor 句柄所指向的窗口。用户通过响应各种消息并作出相应的分析和处理可以实现复杂的应用程序。

　　2. IMonitor 接口

　　IMonitor 接口对应配置监控服务集。用户程序可以通过它将窗口和 MEO 进行挂接以接收 MEO 事件，或对 MEO 经验库的位置及 ExperienceManager、Selector 和 Approximator 的路径进行设置。IMonitor 的 idl 定义如下：

```
interface IMonitor ：IDispatch{
    HRESULT HookMonitor（[in] LONG hinst，[in] LONG hwnd）；
    HRESULT UnhookMonitor（[in] LONG hinst，[in] LONG hwnd）；
    HRESULT SetExperiencePath（[in] BSTR p）；
    HRESULT SetManager（[in] BSTR p）；
    HRESULT SetSelector（[in] BSTR p）；
    HRESULT SetApproximator（[in] BSTR p）；
};
```

其构成如图 4-28 所示。MEO 框架一次只能将消息发送到一个窗口，HookMonitor 和 UnhookMonitor 应该成套使用，以保证消息被发送到正确的窗口。通过引用 IMonitor 接口，外接的程序可以修改 MEO 的经验库路径并替换经验库管理模块、节点选择模块和逼近算法模块。同时可以将一个外部程序的窗口挂接上 MEO，从而接收 MEO 发送的消息，并编写相应的事件处理函数。

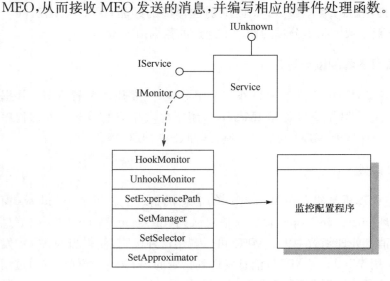

图 4-28　IMonitor 接口构成

# 4.7　MEO 在 Aspen Plus 下的应用

前面介绍了 MEO 的基本原理,框架设计及其编码实现。本节中,我们将主要介绍 MEO 在 Aspen Plus 下应用的一些具体问题和实现解决的方案。同时本节将介绍配套软件需求和 ScriptGenerator 设计,这使 Aspen Plus 下的 MEO 框架实现了高度的自动化。本节最后通过实例仿真说明 MEO 框架应用的具体情况。

## 4.7.1　Aspen Plus 中调用 MEO 框架

### 1. AOS 接口

Aspen Plus 中提供了 Aspen Open Solvers(AOS),允许用户嵌入自己模拟与优化的算法[33]。AOS 实质是 Aspen Plus 中为使用户能够深入优化求解过程的一个基于 COM 技术构建所得的中间件,用户通过 AOS 可以读取 Aspen Plus 的状态信息,与模拟优化过程进行数据交换。AOS 可以实现非线性方程组(NLA)或是非线性规划(NLP)求解算法的自定义。一套完整可用的 AOS NLA 接口应该包括三个部分:

(1) 服务接口(Services):访问共享资源(例如内存和输出)的方法。

(2) 方程系统接口(ESO):获取或更新方程相关的信息。

(3) 求解器接口(Solver):通过此接口驱动求解器的算法包。

三个部分中,服务接口是基础,求解器接口同时使用服务接口和方程系统接口。这也是 Aspen Plus 调用其自带 DLL 求解器的机理。表 4-8 列出了 Aspen Plus 自带的求解器。当用户实现自己的 AOS 求解器时,其主要的工作是完成求解器接口部分,而对内存的访问和 EO 方程数据信息的获取都可以通过已有的 AOS 接口函数来实现。

**表 4-8　Aspen Plus 预置求解器**

| 求解器类型 | 求解器 | DLL |
| --- | --- | --- |
| LA | MA28 | aos_ma28. dll |
| | MA48 | aos_ma48. dll |
| NLA | DMO | aos_dmo. dll |
| | Homotopy | aos_contin. dll |
| | LSSQP | aos_lssqp. dll |
| | SPARSE | aos_sparse. dll |

续表

| 求解器类型 | 求解器 | DLL |
|---|---|---|
| NLP | DMO | aos_dmo. dll |
| | LSSQP | aos_lssqp. dll |
| | SRQP | aos_srqp. dll |
| | OPTRND | aos_optrnd. dll |

表 4-8 表明 NLA 和 NLP 框架是通用的,因此 MEO 定制的 AOS 外部求解器同时适用于 NLA 和 NLP 的计算。AOS 求解器的实现如图 4-29 所示。编写 AOS 求解器时必须实现一系列 C++类和它们的类工厂,其中最关键的是 Numeric-NLASystem 类型中的 SolveStep 成员函数,其原形如下:

ATretcode SolveStep(const ATSolverDirective directive, int &iterations);

这使我们可以在每次优化计算时读取并改变 Aspen Plus 中的变量。通过在此成员函数中使用一个代理,也就是 MEOCaller,可间接使用 MEO 计算服务。MEOCaller 主要是通过 AOS 的服务接口和方程系统接口读取相关的数据,创建并维护 SAFEARRAY 数据结构,通过调用 MEO 进行逼近之后再将结果返回给 Aspen Plus。

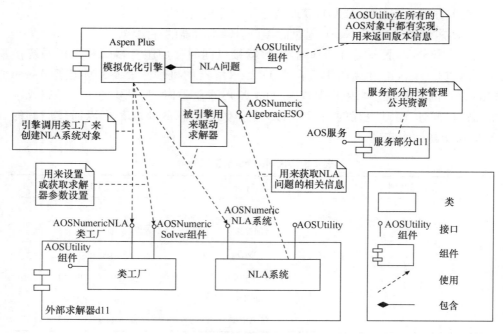

图 4-29　NLA AOS 构造

我们通过 AOS 调用 MEOCaller,再由 MEOCaller 使用 MEO 的对外接口部分进行数据的交互,整个过程如图 4-30 所示。首先启动 Aspen Plus 客户端,然后运行 OOMF 脚本,在脚本中调用我们编写的外部求解器,在求解过程中调用 MEOCaller,从而调用 MEO 框架,获取更好的初始值之后再换为使用自带的优化求解器解出确定的最优解。

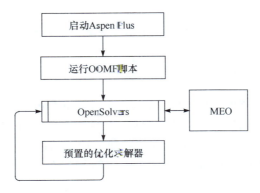

图 4-30　Aspen Plus 中调用 MEO 框架

### 2. OOMF 脚本自动生成器

Aspen Plus 在使用 MEO 时,需要运行 OOMF 脚本。OOMF 是 Aspen Plus 提供的一种脚本语言,用户通过它可以在优化过程中加载 AOS,并设定参数变化的规律。OOMF 脚本可以通过自动生成的方式来编写。我们在 C♯ 下开发了 ScriptGenerator 作为 MEO 框架在 Aspen Plus 下的附带软件。ScriptGenerator 在生成脚本时提供两种选择:①用户指定变化的参数,不输入它们的数值,这样会自动生成除了数据之外的脚本,之后用户可以自行填充数据;②从存储了数据的 Excel 文档中读取数据并生成完整的脚本。

ScriptGenerator 生成脚本时,先在脚本文件的开头加入一段固定的代码来初始化环境。通过判断用户是否从 Excel 中输入了参数变化的数据而决定是否在脚本中写入参数数据。然后,根据参数的个数写入相关的代码以此改变 Aspen Plus 中的参数,并在校本中根据一定的逻辑完成求解器之间的切换,数据的本地保存和读取以及运行结果保存。

如图 4-31 所示,ScriptGenerator 使得在 Aspen Plus 下使用 MEO 变得方便。它减少了原 MEO 框架下重复的脚本编写工作,并且在 Excel 中实现参数数据的传递,使整个 MEO 的运行实现了高度的自动化。

图 4-31　Aspen Plus 下使用 MEO 框架

### 4.7.2　MEO 框架在 Aspen Plus 下应用实例

为了测试 MEO 框架的应用效果,本节在 Aspen Plus 优化和模拟算例的基础上比较 MEO 和传统初值构造方法(也就是直接使用 Aspen Plus 中的 DMO 求解器)对求解过程的收敛速度、迭代步数和收敛成功率的影响,从而验证 MEO 框架的使用效果。本节中 MEO 逼近算法均为零阶,即选取离当前新操作参数最近的经验点。

1. 脱丙烷塔和脱丁烷塔的联塔系统优化算例

图 5-5 是脱丙烷塔和脱丁烷塔的联塔系统,是乙烯生产过程中两个重要的精馏操作系统装置单元。本算例采用的优化命题形式如(5.15)。优化的目标是在保证产品质量的情况下使产量最大化,其中作为优化变量的 S1_bw 和 S1_dw 分别为 C3 和 C4 的流速(kmol/h)。双塔在初始状态下输入流股的流量如表 4-9 所示。

表 4-9　双塔初始状态下输入流股流量

| 流股 | 流量/(kmol/h) |
| --- | --- |
| S502 | 582.6 |
| S538 | 310.94 |

求解器采用 DMO(Aspen Plus 内部求解器,算法内核为 SQP),并与不使用 MEO 而仅使用 DMO 的求解过程进行比较。

为了说明 MEO 在单参数和多参数的情况下都能够得到很好的运行效果,这里分别讨论单参数和双参数优化的算例,列出了详细的数据,并进行了比较。在单参数优化算例中,S502 的进料量作为波动参数,如图 4-32 所示波动 100 次。在双参数优化算例中,S502 和 S538 被同时作为变化的参数,分别按照图 4-33、图 4-34 的规律波动 100 次。单参数优化算例的优化求解时间比较如图 4-35 所示,使用过 MEO 框架后优化求解时间明显缩短,虽然由于框架本身运行需要额外时间的缘故在有些点 MEO 的求解速度不如 DMO 快,但是总体来说,MEO 的使用在相当程度上提高了优化求解的效率。图 4-36 给出了求解过程中单步收敛的迭代步数,可以看出 MEO 框架下的收敛过程中迭代步数均小于或等于单纯使用 DMO 的过程,这说明了 MEO 框架可以提供更好的初值解,能使优化问题更快地收敛。

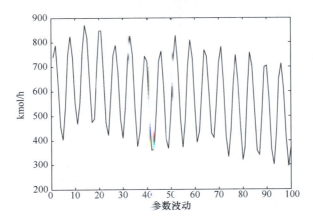

图 4-32　单参数优化算例中 S502.BLK.MOLES 变化规律

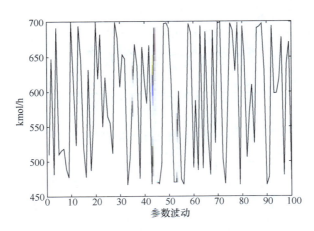

图 4-33　双参数优化算例中 S502.BLK.MOLES 变化规律

如图 4-37 和图 4-38 所示,双参数优化算例中,使用 MEO 的优化求解过程在计算时间和迭代步数上都比单纯使用 DMO 占优势。优化算例的总结数据如表 4-10所示,可以看出使用 MEO 之后,求解时间总体上减少了 20％左右,而总的迭代次数则减少了 30％以上,这说明了 MEO 框架与传统的优化求解方法相比有更快的求解速度。

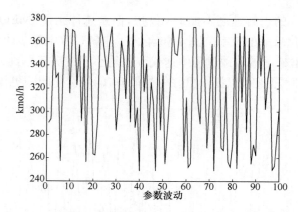

图 4-34　双参数优化算例中 S538. BLK. MOLES 变化规律

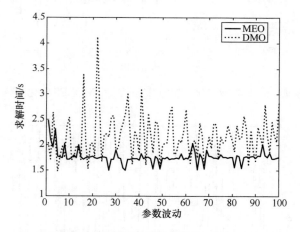

图 4-35　单参数优化算例求解时间比较

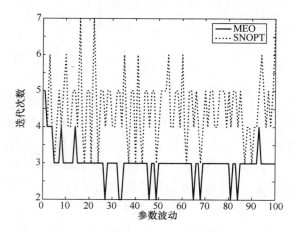

图 4-36　单参数优化算例求解迭代次数比较

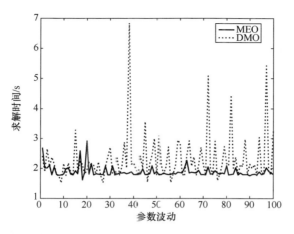

图 4-37 双参数优化算例求解时间比较

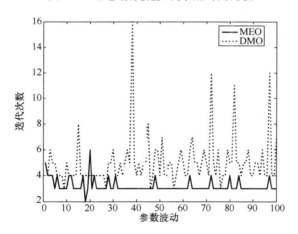

图 4-38 双参数优化算例求解迭代次数比较

**表 4-10 双塔优化结果比较**

| | | 总求解时间/s | 总迭代次数 | 收敛成功数 |
|---|---|---|---|---|
| 单参数优化算例 | MEO | 177.033 | 299 | 100/100 |
| | DMO | 216.528 | 453 | 100/100 |
| 双参数优化算例 | MEO | 188.907 | 320 | 100/100 |
| | DMO | 229.061 | 501 | 100/100 |

## 2. 乙烯生产流程模拟算例

大规模乙烯分离系统的流程图如图 5-5 所示。乙烯分离的工艺流程是乙烯裂解气经压缩并脱除大部分重烃和水、脱除酸性气体深度干燥后,进入脱甲烷塔系统,各组分按碳一、碳二、碳三等先后进行分离。完整的乙烯分离流程包括脱甲烷塔系统、脱乙烷塔和乙炔加氢系统、乙烯精馏塔及乙烯产品贮存系统、脱丙烷塔和脱丁烷塔系统、丙二烯甲基乙炔加氢系统[34],此流程初始状态时的输入流股流量如表 4-11 所示。

表 4-11　乙烯流程初始状态输入流股流量

| 流股 | 流量/(kmol/h) |
| --- | --- |
| S312 | 1331.98 |
| S316 | 167.98 |
| S319 | 225.45 |
| S378 | 1331.98 |

　　此过程对象模型含有变量 33839 维,方程数也为 33839,具有大规模、非线性的特征。将 MEO 应用于乙烯分离系统的模拟,求解器采用 DMO。S312,S316 的进料量作为波动参数,分别按照图 4-39、图 4-40 的规律波动 100 次。求解时间比较如图 4-41 所示,可以看出 MEO 在大多数求解中都更快地求解成功。求解迭代次数比较如图 4-42 所示,其结果分析与求解时间的结果一致,求解时间大幅超出平均值的地方均为求解失败的地方,所以迭代步数也相对多。表 4-12 是乙烯流程模拟结果的数值比较,可以看出 MEO 比传统的求解方法 DMO 更加稳定,在 100 次波动中,MEO 框架下的求解全部成功,而 DMO 则有三分之一的求解失败,MEO 在运行过程中经验库不断更新,求解将越来越快,稳定性也不断增强。

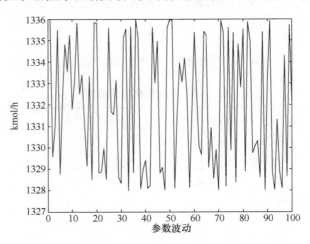

图 4-39　乙烯流程模拟 S312. BLK. MOLES 的变化规律

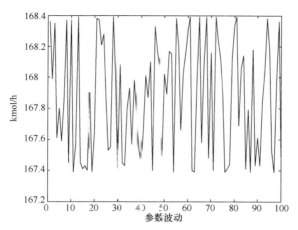

图 4-40　乙烯流程模拟 S316. BLK. MOLES 的变化规律

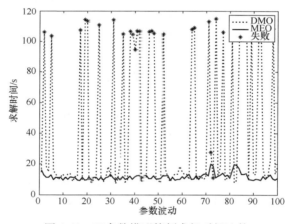

图 4-41　双参数模拟算例求解时间比较

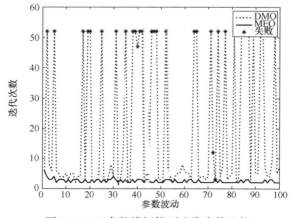

图 4-42　双参数模拟算例迭代次数比较

**表 4-12　乙烯流程模拟结果比较**

|  |  | 总求解时间/s | 总迭代次数 | 收敛成功数 |
|---|---|---|---|---|
| 双参数模拟算例 | MEO | 1174.502 | 252 | 100/100 |
|  | DMO | 4177.608 | 1913 | 67/100 |

## 4.8　小　　结

本章从整体系统的角度出发对 RTO 进行了深入的剖析。我们发现,典型 RTO 系统在运行过程中所遇到的一系列优化计算命题之间具有重复性和相似性特征。根据这些特征可以将 RTO 优化命题序列看做一个需反复求解的参数优化命题。基于这一参数优化命题,我们提出了记忆增强型优化方法(MEO)。该方法将以往成功的求解经验保存起来,并根据当前参数值和经验库中的经验来逼近待求的最优解。随后,该逼近值作为初值被传递给优化算法以精确定位最优解。理论分析和数值实验显示 MEO 方法优于 RTO 原先的传统方法,对优化计算的性能有着很大的提高作用。MEO 是一种开放性的方法,它适用于多种逼近方法和优化算法。

进一步地,在 MEO 的基础上基于灵敏度分析提出了 sMEO 方法。理论分析表明了 sMEO 方法能够生成更高精度的逼近解,并且具有更高的解集库积累效率。数值实验验证了该理论分析结果。

此外,针对过程系统优化问题中存在多解的情况,提出了全局 MEO 方法(gMEO)。证明了在一定条件下局部最优解是过程系统参数的连续可微函数,并基于这一点采用禁忌搜索方法以背景计算的方式获得优化计算经验点上的多解信息。以这些多解信息为初值进行优化计算提高当前通用的局部优化算法的全局寻优性能。原油混合问题的数值实验验证了 gMEO 方法的有效性,实验结果表明相比于局部优化算法,gMEO 能为优化性能指标带来大幅度的提升。

本章同时提出了适合编程实现的 MEO 算法框架,并在应用层面上进行软件的设计和实现,构建了面向服务的软件框架并在 Aspen Plus 完成了 MEO 框架的应用。通过双塔优化流程和乙烯模拟流程(变量维数 3 万多的方程组求解)下的多组数值实现,验证了 MEO 框架的实用性,通过分析实验数据证明了本文实现的 MEO 框架与传统工业方法相比有求解更快,稳定性更好的特点。经统计,在双塔优化算例下,MEO 与传统方法的收敛数量相同,但在求解时间上减少了 20% 左右;在乙烯流程模拟中,MEO 有着 100% 的成功求解率,而传统的方法只有 67% 的成功率。

# 参 考 文 献

[1] Chachuat B, Srinivasan B, Bonvin D. Adaptation strategies for real-time optimization [J]. Computers and Chemical Engineering, 2009, 33(10): 1557-1567.

[2] Yip W S, Marlin T E. The effect of model fidelity on real-time optimization performance [J]. Computers and Chemical Engineering, 2004, 28(1-2): 267-280.

[3] Gondzio J, Grothey A. Reoptimization with the primal-dual interior point method [J]. SIAM Journal on Optimization, 2003, 13(3): 842-864.

[4] Gao W H, Engell S. Iterative set-point optimization of batch chromatography [J]. Computers and Chemical Engineering, 2005, 29(6): 1401-1409.

[5] Fang X Y, et al. Mnemonic Enhancement Optimization (MEO) for Real-Time Optimization of Industrial Processes [J]. Industrial and Engineering Chemistry Research, 2009, 48(1): 499-509.

[6] Deuflhard P. Newton Method of Nonlinear Problems: Affine Invariance and Adaptive Algorithms [M]. Berlin Heidelberg: Springer-Verlag, 2004.

[7] Varma V A, et al. Enterprise-wide modeling and optimization - An overview of emerging research challenges and opportunities [J]. Computers and Chemical Engineering, 2007, 31(5-6): 692-711.

[8] Khaleghi S, Jalali F. Multiple solutions in stability analysis using homotopy continuation in complex space [J]. Chemical Engineering Communications, 2007, 194(9): 1241-1258.

[9] Bank B, Guddat J. Non-Linear Parametric Optimization [M]. Birkhäuser: Basel, 1983.

[10] Berge C. Topological spaces [M]. London: Oliver and Boyd, 1963.

[11] Gill P E, Murray W, Saunders M A. SNOPT: An SQP algorithm for large-scale constrained optimization, SIAM Review, 2005, 47(1): 99-131.

[12] Rudin W. 数学分析原理[M]. 北京: 机械工业出版社, 2004.

[13] Conn A R, Scheinberg K, Toint P L. On the convergence of derivative-free methods for unconstrained optimization[M]//Buhmann M D, Iserles A eds. Approximation Theory and Optimization. Cambridge: Cambridge University Press, 1996:83-108.

[14] Dwyer R A. Higher-dimensional Voronoi diagrams in linear expected time [J]. Discrete and Computational Geometry, 1991, 6(1): 343-367.

[15] Pirnay H, Lopez-Negrete R, Biegler L T. Optimal sensitivity based on IPOPT [J]. Mathematical Programming Computation, 2012, 4(4): 307-331.

[16] sIPOPT[CP/OL]. https://projects.coin-or.org/Ipopt/wiki/sIpopt.

[17] Lacks D. Real-time optimization in nonlinear chemical processes: Need for global optimizer [J]. AIChE Journal, 2003, 49(11): 2980-2983.

[18] Papamichail I, Adjiman C. Global optimization of dynamic systems [J]. Computers and Chemical Engineering, 2004, 28: 403-415.

[19] Long C, Polisetty P, Gatzke E. Deterministic global optimization for nonlinear model pre-

dictive control of hybrid dynamic systems [J]. International Journal of Robust and Nonlinear Control, 2007, 17(13): 1232-1250.

[20] Lin Y, Stadtherr M. Deterministic global optimization for parameter estimation of dynamic systems [J]. Industrial and Engineering Chemistry Research, 2006, 45(25): 8438-8448.

[21] Long C, Polisetty P, Gatzke E. Nonlinear model predictive control using deterministic global optimization [J]. Journal of Process Control, 2006, 16(6): 635-643.

[22] Lin Y, Stadtherr M. Deterministic global optimization of nonlinear dynamic systems [J]. AIChE Journal, 2007, 53(4): 866-875.

[23] Ji Y, Zhang K, Qu S. A deterministic global optimization algorithm [J]. Applied Mathematics and Computation, 2007, 185: 382 – 387.

[24] Floudas C, Gumus Z, Ierapetritou M. Global optimization in design under uncertainty: Feasibility test and flexibility index problems [J]. Industrial and Engineering Chemistry Research, 2001, 40: 4267-4282.

[25] Singer A, Barton Global solution of linear dynamic embedded optimization problems. Part I. Theory [J]. Journal of Optimization Theory and Application, 2004, 121(3):149-182.

[26] Chen X, Yang J, Li Z, et al. A combined global and local search method to deal with constrained optimization for continuous tabu search [J]. International Journal for Numerical Methods in Engineering, 2008, 76(12): 1869-1891.

[27] Deuflhard P. Newton Methods for Nonlinear Problems: Affine Invariance and Adaptive Algorithms I [M]. Berlin: Springer-Verlag Berlin Heidelberg, 2004.

[28] Nilanjan A, Mohit T, Nikolaos V. A Lagrangian approach to the pooling problem [J]. Industrial and Engineering Chemistry Research, 1999, 38: 1956-1972.

[29] 李昊. 基于网络的模拟与优化计算平台[D]. 浙江大学, 2006.

[30] 贺民. 标准模板库自修教程与参考手册: STL 进行 C++编程[M]. 第 2 版. 北京: 科学出版社, 2003.

[31] Graphics S, Inc. Standard template library programmer's guide. 2004.

[32] Ford W, et al. 数据结构 C++语言描述[M]. 北京: 清华大学出版社, 1998.

[33] 耿大钊, 等. 基于 COM 技术的 Matlab 与 Aspen Plus 接口及高级应用[J]. 化工自动化及仪表, 2006, 33(3): 30-34.

[34] 耿大钊. 乙烯分离过程的模拟与优化[D]. 浙江大学, 2006.

# 第 5 章　收敛深度控制算法——CDC

为提高优化计算的效率,权衡优化求解的精度和计算代价,本章提出收敛深度控制(convergence depth control,CDC)以取代传统的刚性收敛准则,目的是以适当的计算代价寻求优化问题的可接受近似解,同时对不可能收敛的情况进行识别,从而控制优化进程适时终止。本章分别对简约空间 SQP 算法及内点法提出收敛深度控制准则;证明相应准则的可满足性及合理性;并通过数值实验验证收敛深度控制方法的有效性。

## 5.1　收敛深度控制的提出

虽然数学与计算机技术的迅速发展使得求解更大规模、更复杂的优化问题成为可能,但是极大的计算代价仍然使得有必要权衡计算的实时性与计算精度要求,并促进优化问题的收敛。这一方面需要选择先进的、恰当的计算方法和技术,例如对于具有高维低自由度特征的问题采用简约空间算法提高计算效率;根据问题的规模和约束形式,选用 SQP 方法或者内点法提高求解效率;在计算过程中通过近似模型、近似求解等方法来降低求解难度和计算代价等。另一方面,高效的收敛准则可以判断求解过程的收敛状况,控制优化进程适时终止。然而,很难为优化算法定义适当的终止准则:过于宽松的准则会明显降低求解精度,而过于严格的准则会使求解过程出现大量计算后却对解的质量改进很小的情况。因此,对收敛准则的定义,必须考虑如下两个问题:

(1) 如何确定停止优化计算的适当时机?

(2) 对于似乎不能收敛的优化进程,什么才是放弃继续计算的适当标准?

对优化问题(2.33),传统的收敛准则依据一阶 KKT 条件判断优化进程的收敛性。这种收敛准则被广泛使用,并且当该准则被满足时,理论上可以证明此时得到的迭代点是(近似)最优解。然而,传统收敛准则的缺陷也非常明显。通过 CUTE 算例库中的算例 maratos、orthrds2、和 avion2,可以观察优化算法在传统收敛准则控制下求解问题的行为特征。三个算例求解过程中的目标函数值及可行性如图 5-1 所示。

其中,算例 maratos 在 104 次迭代后收敛,然而实际上算法只需要不足 $70\%$ 的迭代就可以达到一个迭代点,该点处的目标函数值和可行性与所得解的相应指标差别仅为 $O(10^{-5})$;算例 orthrds2 从求解开始直到结束,迭代点始终不可行,并且

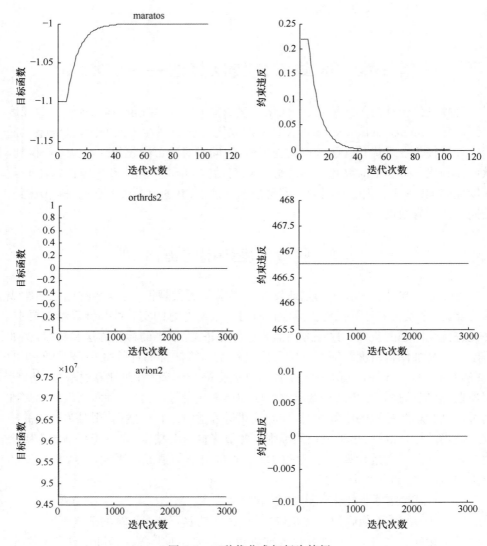

图 5-1　三种优化求解行为特征

目标函数值和可行性在整个迭代过程中变化很小。虽然从图中可以清楚地看到该问题不太可能收敛，但算法还是进行迭代计算直到超过迭代次数上限才终止；算例 avion2 也是在超过允许的最大迭代次数时终止，但不同于第二个算例，该问题的约束条件在迭代的初始阶段就已被满足，并在此后的计算中迭代点始终可行。

　　如果过程系统优化计算中出现这些行为特征，那么第一种情况在目标函数表示收益（或耗费）时意味着增加 30% 的计算代价只赚取（或节省）了微不足道的资金；第二和第三种情况表明算法在迭代过程中对不可能收敛的算例缺乏感知，二者均在花费极大的计算代价后才确认收敛失败。但是,第三种情况提示我们能否在松弛的最优性准则下考虑接受一个近似解。

因此,我们希望有一种新的收敛机制使算法在优化过程中表现出智能特性。它能够感知算法已经取得的、和将要取得的优化进展;能够控制优化进程适时终止,即无论进程最终能否成功收敛,只以适当代价追求优化目标。一个可用的合理观点是:迭代点满足最优条件的程度是随优化进程动态变化的。因此可以通过估计当前迭代点的“良好”程度来得到所期望的智能特性。本章中我们将量化迭代点的质量来反映其收敛程度,此即所谓的“收敛深度”。通过检测和利用迭代点的收敛深度,来帮助提高优化计算效率。

## 5.2　基于简约空间 SQP 算法的收敛深度控制

优化算法的收敛速度有助于理解为何当优化进程接近问题解时,其进展不再显著。当算法为 1-步超线性收敛时

$$\lim_{k \to \infty} \frac{\| x_{k+1} - x^* \|}{\| x_k - x^* \|} = 0$$

由于

$$
\begin{aligned}
\frac{\| x_{k+1} - x^* \|}{\| x_k - x^* \|} &= \frac{\| (x_{k+1} - x_k) + (x_k - x^*) \|}{\| x_k - x^* \|} \\
&\geqslant \left| \frac{\| x_{k+1} - x_k \| - \| x_k - x^* \|}{\| x_k - x^* \|} \right| \\
&= \left| \frac{\| x_{k+1} - x_k \|}{\| x_k - x^* \|} - 1 \right| \geqslant 0
\end{aligned}
$$

两端取极限可得[1]

$$\lim_{k \to \infty} \frac{\| x_{k+1} - x_k \|}{\| x_k - x^* \|} = 1 \tag{5.1}$$

上式表明,当迭代点序列 $\{x_k\}$ 越来越靠近最优点 $x^*$ 时,其取得的绝对进展也越来越小。这里提出 CDC 方法来检测优化进程的进展,以判断迭代点的可接受性,并避免进展过小的情况。此外,传统的收敛准则是刚性的,只有“收敛成功”和“收敛失败”两种结论。然而迭代点的收敛程度是动态变化的,所以基于 CDC 的准则将对算法的收敛行为作进一步的描述,例如算法在何种程度上达到了收敛等。

### 5.2.1　收敛深度控制准则

设想简约空间 SQP(rSQP)算法对 NLP 问题(2.33)生成迭代点序列 $\{x_k\}$,迭代点的特征可以分为两类,分别反映其最优性以及迭代进展情况。首先,定义迭代点 $x_k$ 的可行性误差和在该点的目标函数预测改进量分别为

$$\delta_k^{\text{feasErr}} = \| c(x_k) \|_\infty \tag{5.2a}$$

$$\delta_k^{\text{objErr}} = | \nabla f_k^T d_k | \tag{5.2b}$$

其次,定义优化进程在 $x_k$ 的进展为

$$\delta_k^{\text{feasChg}} = | \delta_k^{\text{feasErr}} - \delta_{k-1}^{\text{feasErr}} | \tag{5.3a}$$

$$\delta_k^{\text{objChg}} = | f_k - f_{k-1} | \tag{5.3b}$$

根据式(5.2)和式(5.3)生成迭代点 $x_k$ 的收敛深度,以及算法在该点的进展程度分别为[2]

$$\delta_k^{\text{Conv}} = S(\max\{\delta_k^{\text{feasErr}}, \delta_k^{\text{objErr}}\}, \varepsilon_{\text{var}}) \tag{5.4}$$

$$\delta_k^{\text{Prog}} = S(\max\{\delta_k^{\text{feasChg}}, \delta_k^{\text{objChg}}\}, \varepsilon_{\text{var}}) \tag{5.5}$$

其中 $\varepsilon_{\text{var}}$ 为指定的变量容差,通常 $\varepsilon_{\text{var}} = 10^{-r}(r > 0)$; $S$ 为如下变形的 sigmoid 函数:

$$S(\delta_k, \varepsilon_{\text{var}}) = \frac{\tanh(\xi \cdot \log\delta_k / \log\varepsilon_{\text{var}})}{\tanh\xi} \tag{5.6}$$

该函数反映了 $\delta_k$ 与容差 $\varepsilon_{\text{var}}$ 的一致程度。$\xi$ 为变形参数,借助该参数可以调整 $S$ 函数在区间 $[10^{-r}, 10^r]$ 的特性:一方面,当 $\delta_k$ 达到区间端点时,使函数值达到 1 或 $-1$;另一方面,原始 sigmoid 函数即双曲正切函数 tanh 在该区间内变化趋势平缓,导致相对过高估计具有较大 $\delta_k$ 值的迭代点的收敛性,而相对低估较小 $\delta_k$ 值对应迭代点的收敛性。因此利用参数 $\xi$ 将双曲正切函数变形,达到改进收敛性估计的目的。具体地说,当 $\xi < 1$ 时,$S$ 函数在该区间的变化趋势会更加平缓;反之,当 $\xi > 1$ 时,函数在该区间内的变化趋势则变得急剧。需要注意的是,该变形参数取决于用户的倾向和选择。本章的数值结果均通过设置 $\xi = 1.5$ 得到,图 5-2 为相应的 $S$ 函数图形。

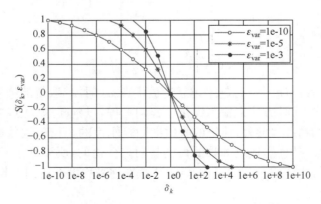

图 5-2 对应不同 $\varepsilon_{\text{var}}$ 值的 $S$ 函数图形($\xi = 1.5$)

与传统准则"收敛成功"或"收敛失败"的结论不同,收敛深度方法以 $S$ 函数 (5.6)的连续函数值表达迭代点动态变化的收敛程度。图 5-3 所示即为 5.1 节的

三个算例迭代过程的收敛深度变化。与图 5-1 相比,图 5-3 能够以单一指标反映迭代点的最优性,更有利于识别优化进展状况。

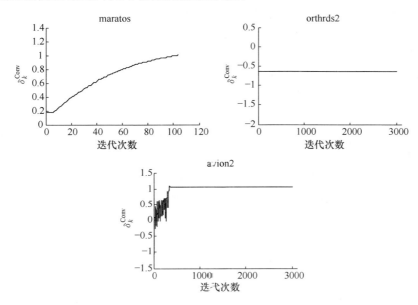

图 5-3    算例 maratos,orthrds2,avion2 的收敛深度变化

式(5.4)和式(5.5)可被作为对优化算法收敛状况的感知,用于优化进程控制。CDC 对迭代点这两方面的特性区别处理。只要当前迭代点的收敛深度 $\delta_k^{\text{Conv}}$ 达到了指定值 $\delta_0$,则优化进程成功结束,其输出为一个具有可接受最优性的近似解;否则,优化进程继续进行,直到进展程度指标表明已无改进空间为止,此时 $\delta_k^{\text{Prog}} \geqslant 1$。图 5-4 描述了 CDC 流程。

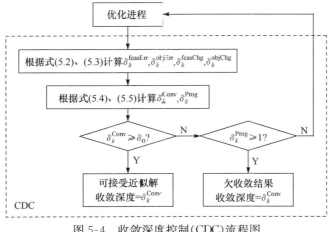

图 5-4    收敛深度控制(CDC)流程图

### 5.2.2　收敛准则性质证明

本节将对收敛深度控制准则建立以下结论：

（1）CDC 控制下的优化进程将最终结束；

（2）收敛深度反映了迭代点收敛到 KKT 点的程度。

**假设 5.1**[3]　对 NLP 问题（2.33），简约空间算法 rSQP 以 BFGS 方法近似简约 Hessian 矩阵，采用基于评价函数

$$\phi_v(x) = f(x) + v \parallel c(x) \parallel_1 \tag{5.7}$$

的线性搜索方法生成迭代点序列 $\{x_k\}$，其中 $v$ 为惩罚参数。$\{x_k\}$ 位于满足下列条件的凸集 $\mathcal{D}$ 内：

（1）目标函数 $f$ 与约束 $c$ 及其一阶和二阶导数的模在 $\mathcal{D}$ 上一致有界。

（2）对 $\forall x \in \mathcal{D}$，矩阵 $A(x)$ 列满秩；并存在常数 $\gamma_0$ 和 $\beta_0$，对 $\forall x \in \mathcal{D}$，满足

$$\parallel Y(x)[A(x)^T Y(x)]^{-1} \parallel \leqslant \gamma_0, \parallel Z(x) \parallel \leqslant \beta_0$$

（3）存在常数 $\beta_1, \beta_2, \beta_3 > 0$，对 $\forall k \geqslant 1$，迭代点 $x_k$ 满足

$$\cos\theta_k = \frac{s_k^T B_k s_k}{\parallel s_k \parallel \parallel B_k s_k \parallel} \geqslant \beta_1, \quad \beta_2 \leqslant \frac{\parallel B_k s_k \parallel}{\parallel s_k \parallel} \leqslant \beta_3$$

其中 $B_k$ 是 BFGS 更新方法得到的简约 Hessian 矩阵，$s_k = \alpha_k d_z$。

（4）存在常数 $\kappa > 0$，对 $\forall k$，交叉项 $\omega_k$ 满足

$$\parallel \omega_k \parallel \leqslant \kappa \parallel c_k \parallel^{1/2}$$

CDC 流程图 5-4 表明，如果收敛深度 $\delta_k^{\text{Conv}}$ 满足可接受值，那么优化进程将成功结束，得到满意近似解。否则，以下定理表明优化进程将由于没有改进空间而最终结束。

**定理 5.1**　如果假设 5.1(1)、(2)成立，那么存在整数 $K > 0$，满足 $\delta_K^{\text{Prog}} \geqslant 1$。

**证明**　当假设 5.1(1)、(2)成立时，可以证明存在某个 $k_0 > 0$，使得评价函数 (5.7)中的惩罚参数 $v$ 对所有迭代 $k > k_0$ 将不再变化[3]。由于要求评价函数值在每次迭代中都必须下降，而且该函数在 $\mathcal{D}$ 上有下界，所以 $\phi_v(x_k) \rightarrow \phi_v(x_{k-1})$。因此，由式(5.3)和式(5.7)可知，对任意小的 $\varepsilon_{\text{var}} > 0$，$\exists K > k_0$，满足

$$\delta_K^{\text{feasChg}} = |\delta_K^{\text{feasErr}} - \delta_{K-1}^{\text{feasErr}}| \leqslant \varepsilon_{\text{var}}$$

$$\delta_K^{\text{objChg}} = |f_K - f_{K-1}| \leqslant \varepsilon_{\text{var}}$$

由 $S$ 函数(5.6)对参数 $\delta_k$ 的单调递减性质可知

$$\delta_K^{\text{Prog}} = S(\max\{\delta_K^{\text{feasChg}}, \delta_K^{\text{objChg}}\}, \varepsilon_{\text{var}}) \geqslant S(\varepsilon_{\text{var}}, \varepsilon_{\text{var}}) = 1$$

从而证得定理结论。

□

现在证明收敛深度 $\delta_k^{\text{Conv}}$ 反映迭代点 $x_k$ 收敛到 KKT 点的程度。设

$$\delta_k = S^{-1}(\delta_k^{\text{Conv}}, \varepsilon_{\text{var}}) \tag{5.8}$$

其中 $S^{-1}$ 表示 $S$ 函数的反函数,由 $S$ 函数对参数 $\delta$ 的单调下降且连续性可知该反函数的存在性。以下通过建立 $\delta_k$ 与点 $x_k$ 处的 KKT 残差之间的关系来实现证明。

**定理 5.2** 如果假设 5.1 成立,那么 $\delta_k$ 可看做迭代点 $x_k$ 处的 KKT 误差估计。

**证明** 将 Taylor 定理用于评价函数(5.7)得到

$$\phi_v(x_k) - \phi_v(x_{k+1}) \leqslant -\alpha_k D\phi_v(x_k; d_k) \leqslant -D\phi_v(x_k; d_k)$$

其中 $D\phi_v(x_k; d_k)$ 为评价函数在点 $x_k$ 沿方向 $d_k$ 的导数,即[4]

$$D\phi_v(x_k; d_k) = \nabla f_k^T d_k - v \parallel c_k \parallel_1$$

从而得到

$$
\begin{aligned}
\phi_v(x_k) - \phi_v(x_{k+1}) &= |\nabla f_k^T d_k - v \parallel c_k \parallel_1| \\
&\leqslant |\nabla f_k^T d_k| + v \parallel c_k \parallel_1 \\
&\leqslant \delta_k^{objErr} + v m \delta_k^{feasErr}
\end{aligned}
$$

由式(5.8)中 $\delta_k$ 的定义和式(5.4)可知,

$$\delta_k = \max\{\delta_k^{feasErr}, \delta_k^{objErr}\}$$

因此

$$\phi_v(x_k) - \phi_v(x_{k+1}) \leqslant (1 + vm)\delta_k \qquad (5.9)$$

当假设 5.1 成立时,可以证明对所有足够大的 $k$,存在常数 $\gamma_v > 0$ 满足[3]

$$\phi_v(x_k) - \phi_v(x_{k+1}) \geqslant \gamma_v [\parallel Z_k^T \nabla f_k \parallel_2^2 + \parallel c_k \parallel_1] \qquad (5.10)$$

由式(5.9)和式(5.10)容易得到

$$\delta_k \geqslant \gamma_1 [\parallel Z_k^T \nabla f_k \parallel_2^2 + \parallel c_k \parallel_1] \qquad (5.11)$$

其中 $\gamma_1 = \gamma_v / (1 + vm)$。(5.11)表明 $\delta_k$ 可作为点 $x_k$ 处的 KKT 误差估计。

$\square$

此外,如果 $x_k$ 是一个满意近似解,即 $\delta_k^{Conv} \geqslant \delta_0$,那么 $S$ 函数对参数 $\delta_k$ 的单减性质表明,$\exists \gamma_2 > 0$,满足

$$\gamma_1 [\parallel Z_k^T \nabla f_k \parallel_2^2 + \parallel c_k \parallel_1] \leqslant \delta_k \leqslant \gamma_2 \varepsilon_{var} \qquad (5.12)$$

当 $\delta_0 > 1$(或 $\delta_0 < 1$)时,有 $\gamma_2 < 1$(或 $\gamma_2 > 1$),当 $\delta_0 = 1$ 时,有 $\gamma_2 = 1$。

## 5.2.3 数值实验

基于 Matlab 环境下的 RSQP 工具箱实现上述收敛深度控制方法,通过 CUTE 典型算例、变负荷联塔系统优化、催化剂混合优化三个数值实验,对具有 CDC 和传统收敛准则的 RSQP 算法进行比较。对 CDC 准则设置 $\varepsilon_{var} = 10^{-6}$;对传统收敛准则,设置目标函数和可行性容差为 $\varepsilon_{obj} = \varepsilon_{feas} = 10^{-6}$,并根据 KKT 条件定义传统收敛准则为

$$\left\| \begin{bmatrix} \nabla_x L(x_k, \lambda_k) \\ x_k^T v_k \end{bmatrix} \right\|_\infty \leqslant \varepsilon_{obj}$$

$$\| c(x_k) \|_\infty \leq \varepsilon_{\text{feas}} \tag{5.13}$$

其中 $v_k$ 为边界约束的 Lagrange 乘子。

### 1. CUTE 算例测试

从 CUTE 算例库中选择具有等式约束和/或边界约束的算例进行测试。对基于 CDC 的算法,选择可接受收敛深度为 $\delta_0 = 0.9$。表 5-1 给出了一些具有代表性的算例描述,其中 ♯var、♯bd、♯leq、♯nleq 分别表示算例中的变量、边界约束、线性等式约束,以及非线性等式约束的个数,♯dof 表示算例的自由度。将这些算例按照能够成功收敛的准则分为四组:第一组算例在两种准则下均可收敛;第二组算例在两种准则下均不收敛;第三组算例仅在 CDC 准则下收敛;最后一个特例仅在传统准则下收敛。

**表 5-1　CUTE 典型算例**

| 算例 | ♯ var | ♯ dof | ♯ bd | ♯ leq | ♯ nleq |
|---|---|---|---|---|---|
| deconvc | 51 | 50 | 51 | 0 | 1 |
| dtoc1nd | 735 | 245 | 0 | 10 | 480 |
| optcdeg3 | 1198 | 399 | 1199 | 400 | 399 |
| palmer7e | 8 | 8 | 1 | 0 | 0 |
| aljazzaf | 3 | 2 | 3 | 0 | 1 |
| djtl | 2 | 2 | 0 | 0 | 0 |
| lakes | 90 | 12 | 18 | 60 | 18 |
| orthregb | 27 | 21 | 0 | 0 | 6 |
| bdqrtic | 1000 | 1000 | 0 | 0 | 0 |
| nonmsqrt | 9 | 9 | 0 | 0 | 0 |
| palmer5e | 8 | 8 | 1 | 0 | 0 |
| mancino | 100 | 100 | 0 | 0 | 0 |

表 5-2 和表 5-3 分别为基于 CDC 和传统收敛准则的 rSQP 算法运行结果,其中 ♯iter、obj、$\| c \|$ 分别表示求解过程的迭代次数、达到的目标函数值和可行性误差。表 5-2 中 $\delta^{\text{Conv}}$ 列为 CDC 准则下各算例的收敛深度,其中的负值是由于误差度量 $\max\{\delta_k^{\text{feasErr}}, \delta_k^{\text{objErr}}\}$ 具有正的数量级,此时的误差与指定的容差相差甚远。比较表中各组算例的运行结果,可知:

(1) 对于在 CDC 和传统准则下均收敛的算例,基于 CDC 的算法收敛较快,而且就解的可行性和目标函数值而言,得到的解的质量与传统准则下解的质量相似。

(2) 对于在 CDC 和传统准则下均不收敛的算例,CDC 准则能够在优化计算的早期阶段即检测到迭代过程具有不可收敛的趋势,从而将算法适时终止;而基于传统收敛准则的算法则一直迭代到超过最大允许迭代次数才终止。

（3）对于仅在 CDC 准则下收敛的算例,基于 CDC 的算法所需迭代次数比基于传统准则的算法少得多,而且得到的近似解就所指定的收敛深度标准而言是可接受的;然而基于传统准则的算法在运行到超过最大迭代次数后结束。

（4）算例 mancino 是一个特例。对于该算例只有基于传统准则的算法收敛。这是因为在迭代过程中,优化进程经历了一个进展非常缓慢的阶段,当迭代次数 $k=98$ 时,有

$$\delta_k^{\mathrm{Prog}} = S(\max\{\delta_k^{\mathrm{feasChg}}, \delta_k^{\mathrm{objChg}}\}, \varepsilon_{\mathrm{var}})$$

$$= S(\max\{0, 1.3099 \times 10^{-7}\}, 10^{-6}) = 1.0362 > 1$$

而此时的优化进程远远没有达到收敛标准,即

$$\delta_k^{\mathrm{Conv}} = S(\max\{\delta_k^{\mathrm{feasErr}}, \delta_k^{\mathrm{objErr}}\}, \varepsilon_{\mathrm{var}})$$

$$= S(\max\{0, 0.0376\}, 10^{-6}) = 0.3778 < 0.9$$

从而导致了基于 CDC 准则的算法终止。

表 5-2 CUTE 典型算例求解结果(CDC 准则)

| 算例 | $\delta^{\mathrm{Conv}}$ | #iter | obj | $\|c\|$ | CPU/s | 是否收敛 |
|---|---|---|---|---|---|---|
| deconvc | 0.95 | 56 | 3.635e−3 | 5.143e−6 | 2.156 | Y |
| dtoc1nd | 0.90 | 167 | 12.251 | 2.548e−5 | 38.953 | Y |
| optcdeg3 | 0.92 | 42 | 47.693 | 1.631e−15 | 109.266 | Y |
| palmer7e | 0.94 | 79 | 12.167 | 0 | 2.579 | Y |
| aljazzaf | −0.19 | 2520 | 52.291 | 4.465e−1 | 84.968 | N |
| djtl | −1.09 | 35 | 1.000e+10 | 0 | 1.187 | N |
| lakes | 0.50 | 35 | 2.104e+12 | 3.129e−11 | 1.188 | N |
| orthregb | 0.24 | 37 | 9.861e−32 | 1.301e−1 | 1.250 | N |
| bdqrtic | 0.91 | 129 | 3983.820 | 0 | 108.000 | Y |
| nonmsqrt | 0.98 | 40 | 7.527e−1 | 0 | 1.297 | Y |
| palmer5e | 0.94 | 80 | 8.330e−2 | 0 | 2.609 | Y |
| mancino | 0.38 | 98 | 7.300e−2 | 0 | 117.828 | N |

表 5-3 CUTE 典型算例求解结果(传统准则)

| 算例 | #iter | obj | $\|c\|$ | CPU/s | 是否收敛 |
|---|---|---|---|---|---|
| deconvc | 71 | 3.353e−3 | 3.109e−13 | 2.672 | Y |
| dtoc1nd | 269 | 12.234 | 8.882e−16 | 60.563 | Y |
| optcdeg3 | 311 | 47.692 | 1.631e−15 | 342.907 | Y |
| palmer7e | 860 | 10.154 | 0 | 27.735 | Y |

续表

| 算例 | #iter | obj | ‖c‖ | CPU/s | 是否收敛 Y |
|---|---|---|---|---|---|
| aljazzaf | 3001 | 50.502 | 4.295e−1 | 96.188 | N |
| djtl | 3001 | 1.000e+10 | 0 | 96.360 | N |
| lakes | 3001 | 2.144e+12 | 1.091e−11 | 103.063 | N |
| orthregb | 3001 | 4.006e−32 | 2.551e−1 | 96.422 | N |
| bdqrtic | 3001 | 3983.818 | 0 | 2313.891 | N |
| nonmsqrt | 3001 | 7.518e−1 | 0 | 105.719 | N |
| palmer5e | 3001 | 2.137e−2 | 0 | 97.797 | N |
| mancino | 119 | 4.020e−21 | 0 | 137.750 | Y |

### 2. 变负荷联塔系统优化

脱丙烷塔与脱丁烷塔是乙烯生产过程中的重要精馏装置,图 5-5 为该联塔系统的流程图。其中 E-DA-404 为脱丙烷塔,该塔将轻组分 $C_3$ 与 $C_4$ 及 $C_4$ 以上重组分分离。脱丙烷塔有两股进料 S502 和 S538,其中 S502 是来自凝液气提塔的釜液和 $C_3$ 液化气再蒸馏塔的釜液;S538 是来自脱乙烷塔的釜液。脱丙烷塔的塔顶产品被冷凝后,一部分冷凝液作为回流,另一部分即为脱丙烷塔的产品 S511。含有 $C_4$ 及更重组分的釜液 S503 进入到脱丁烷塔 E-DA-405。脱丁烷塔将 $C_4$ 与其他组分分离,包含 $C_4$ 的产品从 S592 送出,其他较重组分从塔底 S581 送出。在 Matlab 环境下建立该联塔系统的严格机理模型。

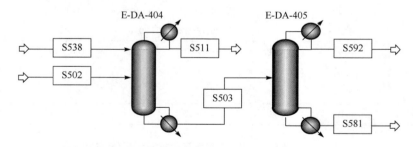

图 5-5　脱丙烷塔与脱丁烷塔流程图

该联塔系统的收益主要取决于系统产量、脱丙烷塔 $C_3$ 产品价格和脱丁烷塔 $C_4$ 产品价格。定义优化目标函数为[5]

$$\max F = \frac{(278.880 \times f_{dp}) + (227.752 \times f_{db})}{10000} \tag{5.14}$$

其中,$F$ 的单位为万元/h,$f_{dp}$ 和 $f_{db}$ 分别为脱丙烷塔和脱丁烷塔的塔顶产品流量,单位为 kmol/h,两个变量的系数为各自的单位产品价格。脱丙烷塔 $C_3$ 产品的纯度以 $C_3H_6$ 的含量衡量,而脱丁烷塔产品中必须控制 $C_5$ 及 $C_5$ 以上组分的含量,因此以 $C_5$ 组分的含量来衡量其产品纯度。综上所述,该联塔系统优化问题可描述为[5]:

$$\min(-F)$$
$$\text{s. t. MESH 方程}$$
$$连接方程 \tag{5.15}$$
$$C_3H_6 \geqslant 0.93$$
$$C_5 \leqslant 0.0095$$

该问题包含组分、流股压力及温度、塔板温度、塔板效率、操作条件等共 4190 个变量,而自由度仅为 2,即脱丙烷塔与脱丁烷塔的回流量。

在单塔系统中,系统负荷越偏离额定量,通常优化求解时间越长[6],多塔系统也具有类似情况。改变图 5-5 所示的联塔系统负荷 S502,使其与额定量的偏差沿正/负方向逐渐增大,然后以具有 CDC 和传统收敛准则的 rSQP 算法分别求解该变负荷系统的优化问题。CDC 方法设置可接受收敛深度为 $\delta_0 = 1$。

图 5-6(a)～(d)为算法运行结果比较。由图 5-6(a)、(b)可知,随着负荷量沿正/负方向逐渐偏离额定量,基于传统准则的算法求解所需迭代次数和 CPU 时间相应增加,而基于 CDC 的算法迭代次数和求解时间变化并不明显;再对照图 5-6(c),基于两种准则所得解的目标函数值几乎相等;图 5-6(d)表明,基于 CDC 准则所得解的可行性误差达到$10^{-7}$,显然基于传统准则所得解的可行性更好,误差达到$10^{-15}$。

求解结果分析表明,与传统准则相比,CDC 准则使求解所需总的迭代次数减少约 81.2%,总的求解时间减少约 85.9%,两种准则下所得解的目标函数值的最大差距为 $4.491 \times 10^{-10}$,可行性差距为 $9.102 \times 10^{-7}$。总之,实验结果表明,在 CDC 准则下算法的迭代次数和求解时间并不随负荷量变化幅度的增大而显著增加,同时所得解的最优性损失极小。在该实验中,CDC 能够适时终止算法并显著节约计算代价。

3. 催化剂混合优化

催化剂混合问题要求确定管状反应器中两种催化剂的最优混合策略,反应器中包含如下反应:

$$S_1 \rightleftharpoons S_2 \rightarrow S_3$$

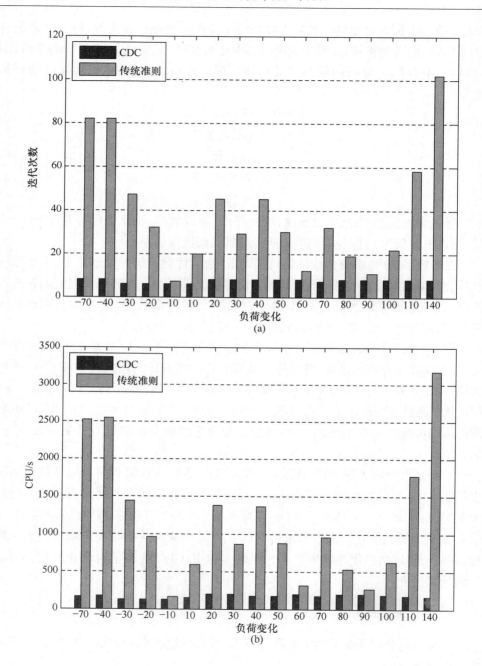

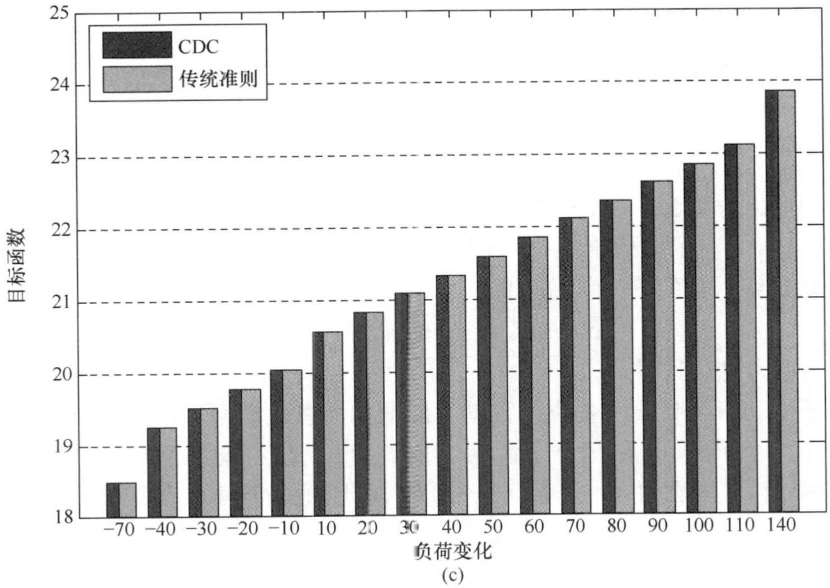


(c)

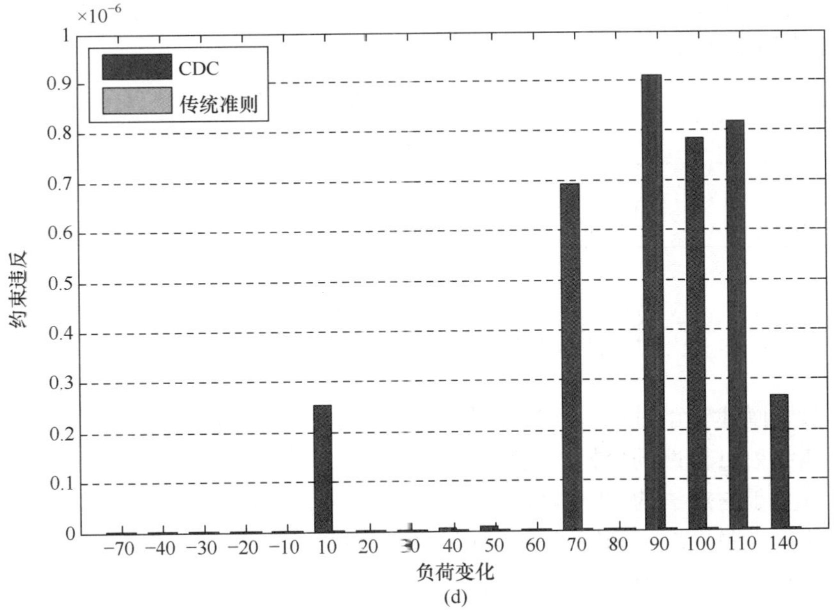


(d)

图 5-6　变负荷联苯系统优化求解比较

描述该反应的非线性模型为[7]

$$\begin{cases} \dot{x}_1(t) = u(t) \cdot (10x_2(t) - x_1(t)) \\ \dot{x}_2(t) = u(t) \cdot (x_1(t) - 10x_2(t)) - (1 - u(t)) \cdot x_2(t) \\ x_1(0) = 1 \\ x_2(0) = 0 \end{cases}$$

其中 $x_1$ 和 $x_2$ 分别为 $S_1$ 和 $S_2$ 的含量，$\dot{x}_1(t)$ 和 $\dot{x}_2(t)$ 分别为 $x_1$ 和 $x_2$ 随时间的变化率；控制变量 $u$ 表示催化剂混合比例，并且须满足 $0 \leqslant u(t) \leqslant 1$。要求确定变量 $u$ 以最大化最终得到的 $S_3$ 的含量，即

$$\min f(u) = -1 + x_1(t_f) + x_2(t_f)$$

其中 $t_f = 1$ 为终端时间。

求解 COPS 测试集中提供的该动态问题的离散化模型[8]，即将时间区间 $[0, 1]$ 均分为 100 个子区间，在每个子区间上取 3 个配置点，离散后的 NLP 问题共有 1098 个变量，自由度为 300。表 5-4 列出了基于两种准则的 rSQP 算法的求解结果，其中 CDC 方法设置可接受收敛深度为 $\delta_0 = 1$。表中各列含义与表 5-2（表 5-3）相同。CDC 准则下所得解的 $S_3$ 含量仅下降约 0.4%，但求解时间减少 81.6%，并且解的可行性良好。显然，在该数值实验中，CDC 准则在保证最优性损失较小的同时，极大减少了计算代价。

**表 5-4　催化剂混合优化求解比较**

|  | #iter | obj | ‖ c ‖ | CPU/s |
|---|---|---|---|---|
| CDC | 104 | −4.619e−2 | 6.100e−7 | 953.937 |
| 传统准则 | 873 | −4.637e−2 | 5.110e−12 | 5189.875 |

## 5.3　基于内点法的收敛深度控制

本节将阐述基于过滤线性搜索的内点算法的收敛深度控制准则。通过对目标函数值和约束可行性的分析，结合内点算法的固有特征，给出迭代点质量的量化描述。分析基于内点法的 CDC 准则的性质，对该准则的可满足性和合理性给出相关证明。并通过脱丙烷塔和脱丁烷塔联塔系统优化命题、大型空分装备的数据调和命题以及乙烯分离系统的优化命题的计算来比较基于 CDC 和传统收敛准则的内点法的性能。

### 5.3.1　收敛深度控制准则

设想内点算法对 NLP 问题 (2.33) 生成迭代点序列 $\{x_k\}$，如 5.2.1 节引入式 (5.2) 和式 (5.3) 分别表示迭代点 $x_k$ 的可行性误差、目标函数预测改进量，以及

取得的优化进展。由于内点法当障碍因子趋于 0 时,障碍子问题(2.34)的解趋于原问题(2.33)的解,因此在构建基于内点法的 CDC 准则时,有理由将障碍因子考虑在内。类似于式(5.4)和式(5.5),定义点 $x_k$ 的收敛深度,以及算法在该点的进展程度如下:

$$\delta_k^{\mathrm{Conv}}=S(\max\{\tilde{\sigma}_k^{\mathrm{feasErr}},\tilde{\delta}_k^{\mathrm{objErr}},\mu_k\},\varepsilon_0) \tag{5.16}$$

$$\delta_k^{\mathrm{Prog}}=S(\max\{\tilde{\sigma}_k^{\mathrm{feasChg}},\tilde{\delta}_k^{\mathrm{objChg}},\mu_k\},\varepsilon_0) \tag{5.17}$$

其中 $\varepsilon_0$ 是给定容差。

基于 CDC 准则,当优化进程没有明显进展时终止迭代计算。为了避免迭代过程被过早终止,导致一个欠收敛的结果(如 5.2.1 节例 mancino),本节对“没有进展”的优化进程进行重新定义。修正后的 CDC 准则实施框架如图 5-7 所示,为了尽可能地优先保证收敛深度指标 $\delta_k^{\mathrm{Conv}}$ 达到指定值 $\delta_0$,只有在进展程度指标 $\delta_k^{\mathrm{Prog}}$ 达到阈值 $\delta_1$ 的次数超过时 $\eta$ 才认为优化进程已没有明显进展[9]。

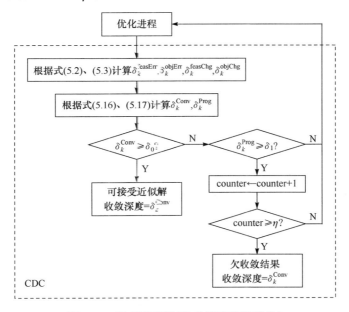

图 5-7 CDC 流程图(收敛深度指标优先)

## 5.3.2 收敛准则性质证明

在适当的假设条件下,由内点算法产生的迭代序列最终能够被上述收敛深度控制准则有效地终止,并且收敛深度定量地反映了当前迭代点与 KKT 点的距离。以下基于内点算法研究工作[10,11]给出关于 CDC 准则的性质证明。在无特别说明的情况下,范数 $\|\cdot\|$ 表示向量范数及其相容矩阵范数。

**假设 5.2** 基于过滤线性搜索的内点法对 NLP 问题(2.33)生成迭代点序

列 $x_{1,1},x_{2,1},\cdots,x_{m_1,1},x_{1,2},x_{2,2},\cdots,x_{m_2,2},x_{1,3},\cdots$，这里迭代索引以双下标表示，其中 $x_{i,j}$ 表示在求解障碍因子 $\mu_j$ 对应的障碍子问题时的第 $i$ 个迭代点，$x_{m_j,j}$ 是 $\mu_j$ 对应的障碍子问题的近似解。内点法的初始迭代点严格位于边界约束内，并且迭代过程中线性搜索的最大步长满足如下条件：

$$\alpha_{i,j}^{\max}:=\max\{a\in(0,1]:x_{i,j}+ad_{i,j}\geqslant(1-\tau)x_{i,j}\} \tag{5.18}$$

假设生成的迭代点序列满足：

(1) 存在一个包含闭区间 $[x_{i,j},x_{i,j}+a_{i,j}^{\max}d_{i,j}]$ 的开集 $C\subseteq R^n$，其中 $i\notin R_{\mathrm{inc}}$（$R_{\mathrm{inc}}$ 是由于 KKT 系统病态而转入可行性恢复的迭代序号的集合），目标函数 $f$ 和约束 $c$ 在集合 $C$ 上是可微的。并且在集合 $C$ 上 $f$ 和 $c$ 的函数值及其导数有界且 Lipschitz 连续。

(2) NLP 问题(2.33)的 Lagrange 函数的近似 Hessian 矩阵 $W_{i,j}$ 对所有的 $i\notin R_{\mathrm{inc}}$ 和 $j$ 一致有界。也就是存在常数 $M_W>0$，使得 $i\notin R_{\mathrm{inc}}$ 的每步迭代均满足 $\|W_{i,j}\|<M_W$。

(3) 矩阵 $H_{i,j}=W_{i,j}+\mu_j X_{i,j}^{-2}$ 在等式约束的 Jacobian 矩阵 $A_{i,j}^{\mathrm{T}}$ 零空间一致正定。即存在常数 $M_H>0$，对所有的 $i\notin R_{\mathrm{inc}}$ 和 $j$，$Z_{i,j}^{\mathrm{T}}H_{i,j}Z_{i,j}$ 的最小特征值 $\lambda_{\min}(Z_{i,j}^{\mathrm{T}}H_{i,j}Z_{i,j})\geqslant M_H$，其中 $Z_{i,j}\in R^{n\times(n-m)}$ 的列向量构成 $A_{i,j}^{\mathrm{T}}$ 零空间的一组标准正交基。

(4) 存在常数 $M_A>0$，对所有的 $i\notin R_{\mathrm{inc}}$ 和 $j$，矩阵 $A_{i,j}$ 的最小奇异值 $\sigma_{\min}(A_{i,j})\geqslant M_A$。

(5) 存在常数 $\theta_{\mathrm{inc}}>0$，当 $\theta(x_{i,j})\leqslant\theta_{\mathrm{inc}}$ 时，$i\notin R_{\mathrm{inc}}$，其中 $\theta(x_{i,j})=\|c(x_{i,j})\|$。

(6) 迭代点序列 $\{x_{i,j}\}$ 有界。即存在常数 $M_x>0$，所有迭代点满足 $\|x_{i,j}\|\leqslant M_x$。

(7) 对于每个障碍因子 $\mu_j$，在障碍子问题的最优点 $x_{\mu_j}^*$ 处，有效约束的梯度线性独立。

(8) 对于每个障碍因子 $\mu_j$，存在常数 $\tilde{\delta}_\theta,\tilde{\delta}_x>0$，以 $R$ 表示转入可行性恢复的所有迭代的序号集合，如果 $i\in R$ 并且 $\|c(x_{i,j})\|<\tilde{\delta}_\theta$ 时调用可行性恢复，那么总能够返回一个新的迭代点，对于满足 $x_{i,j}^{(k)}\leqslant\tilde{\delta}_x$ 的分量有 $x_{i+1,j}^{(k)}\geqslant x_{i,j}^{(k)}$。

(9) NLP 问题(2.33)的最优点 $x^*$ 满足 MFCQ 条件。

以下对采用 Fiacco-McCormick 障碍因子更新策略的内点法建立 CDC 准则的可满足性定理。设 $\mu_j$ 对应的障碍子问题的近似解 $x_{m_j,j}$ 满足

$$F_{\mu_j}(x_{m_j,j},\lambda_{m_j,j},v_{m_j,j})$$
$$=\max\left\{\frac{\|g_{m_j,j}+A_{m_j,j}\lambda_{m_j,j}-v_{m_j,j}\|_\infty}{s_d},\frac{\|X_{m_j,j}V_{m_j,j}-\mu_j e\|_\infty}{s_d},\frac{\|c_{m_j,j}\|_\infty}{s_c}\right\}$$
$$\leqslant\epsilon_{\mu_j} \tag{5.19}$$

其中 $g=\nabla f$ 为目标函数的梯度，

$$s_d=1+\frac{\|\lambda_{m_j,j}\|_1+\|v_{m_j,j}\|_1}{n+m},\quad s_c=1+\frac{\|x_{m_j,j}\|_1}{n} \tag{5.20}$$

障碍因子 $\mu_j$ 按下式进行更新：

$$\mu_{j+1}=\min\{\tau_\mu\mu_j,\mu_j^{\theta_\mu}\} \tag{5.21}$$

其中 $\tau_\mu\in(0,1),\theta_\mu\in(1,2)$。式(5.19)中收敛容差 $\varepsilon_{\mu_j}$ 取为

$$\varepsilon_{\mu_j}=\min\{\varepsilon_{\max},\tau_\varepsilon\min\{\mu_j,\mu_j^{\theta_\varepsilon}\}\} \tag{5.22}$$

其中 $\varepsilon_{\max}$ 和 $\tau_\varepsilon$ 为正的常数，$\theta_\varepsilon\in(1,2/\theta_\mu)$。为了建立 CDC 的性质定理，首先引入以下一系列引理。

**引理 5.3**　当 $j\to\infty$ 时，$\{\varepsilon_{\mu_j}\}$ 趋向于零，即 $\lim\limits_{j\to\infty}\varepsilon_{\mu_j}=0$。

**证明**　从 (5.21)可以得到 $\mu_{j+1}=\min\{\tau_\mu\mu_j,\mu_j^{\theta_\mu}\}\leqslant\tau_\mu\mu_j$，其中 $\tau_\mu\in(0,1)$，故有 $0\leqslant\mu_{j+1}\leqslant(\tau_\mu)^{j+1}\mu_0$，从而可知 $\lim\limits_{j\to\infty}\mu_j=0$。由 (5.22)可知，$0\leqslant\varepsilon_{\mu_j}\leqslant\tau_\varepsilon\min\{\mu_j,\mu_j^{\theta_\varepsilon}\}\leqslant\tau_\varepsilon\mu_j$，其中 $\tau_\varepsilon$ 是一个正数，从而可知 $\lim\limits_{j\to\infty}\varepsilon_{\mu_j}=0$。 □

设对等式约束的梯度矩阵 $A_{i,j}$ 进行 QR 分解得到矩阵 $Z_{i,j}\in R^{n\times(n-m)}$ 和 $Y_{i,j}\in R^{n\times m}$。矩阵 $[Z_{i,j}\ \ Y_{i,j}]$ 的列向量构成了 $R^n$ 的正交基，其中 $Z_{i,j}$ 是 Jacobian 矩阵 $A_{i,j}^T$ 的零空间基。

**引理 5.4**　在假设 5.2 成立的情况下，$\|[A_{i,j}^T Y_{i,j}]^{-1}\|_2\leqslant\dfrac{1}{M_A}$ 成立。

**证明**　由于 $[Z_{i,j}\ \ Y_{i,j}]$ 的列向量是 $R^n$ 的一组标准正交基，其中 $Z_{i,j}$ 的列向量是 $A_{i,j}^T$ 的零空间基，可以得到以下关系式：

$$|A_{i,j}A_{i,j}^T-\lambda I_n|=\left|\begin{bmatrix}Z_{i,j}^T\\-Y_{i,j}^T\end{bmatrix}(A_{i,j}A_{i,j}^T-\lambda I_n)[Z_{i,j}\ \ Y_{i,j}]\right|$$

$$=\left|\begin{bmatrix}Z_{i,j}^T(A_{i,j}A_{i,j}^T-\lambda I_n)Z_{i,j}&Z_{i,j}^T(A_{i,j}A_{i,j}^T-\lambda I_n)Y_{i,j}\\Y_{i,j}^T(A_{i,j}A_{i,j}^T-\lambda I_n)Z_{i,j}&Y_{i,j}^T(A_{i,j}A_{i,j}^T-\lambda I_n)Y_{i,j}\end{bmatrix}\right|$$

$$=\left|\begin{bmatrix}-\lambda I_{n-m}&0\\0&Y_{i,j}^T(A_{i,j}A_{i,j}^T-\lambda I_n)Y_{i,j}\end{bmatrix}\right|$$

$$=\lambda^{n-m}|Y_{i,j}^T A_{i,j}A_{i,j}^T Y_{i,j}-\lambda I_m|$$

因此，$A_{i,j}A_{i,j}^T$ 和 $Y_{i,j}^T A_{i,j}A_{i,j}^T Y_{i,j}$ 有相同的非零特征值，根据假设 5.2(4)可知 $A_{i,j}A_{i,j}^T$ 的 $m$ 个非零特征值中，最小的非零特征值要大于 $M_A^2$。由于 $A_{i,j}^T Y_{i,j}$ 是可逆的，故 $Y_{i,j}^T A_{i,j}A_{i,j}^T Y_{i,j}$ 的所有特征值是正值并且大于 $M_A^2$。因此

$$\lambda([Y_{i,j}^T A_{i,j}A_{i,j}^T Y_{i,j}]^{-1})\leqslant\frac{1}{M_A^2}$$

故有 $\|[A_{i,j}^T Y_{i,j}]^{-1}\|_2\leqslant\dfrac{1}{M_A}$。 □

**引理 5.5**　若假设 5.2 成立，则内点算法在迭代点 $x_{i,j}$ 处产生的搜索方向 $d_{i,j}$ 的范数是由可行性误差、对偶不可行性、互补松弛容差以及 $x_{i,j}$ 决定的，即

$$\| d_{i,j} \|_2 \leqslant \kappa_1 \| c_{i,j} \|_\infty + \kappa_2 \| g_{i,j} + A_{i,j}\lambda_{i,j} - v_{i,j} \|_\infty$$
$$+ \kappa_3 \| X_{i,j}^{-1} \| \cdot \| X_{i,j}V_{i,j}e - \mu_j e \|_\infty + \kappa_4 \| \mu_j X_{i,j}^{-2}e \| \cdot \| c_{i,j} \|_\infty$$

其中 $\kappa_1, \kappa_2, \kappa_3$ 和 $\kappa_4$ 是正的常数。

**证明**　设 $x_{i,j}$ 是障碍因子为 $\mu_j$ 的障碍子问题的第 $i$ 个迭代点。从引理 5.4 和假设 5.2(3) 可以得到

$$\| [A_{i,j}^T Y_{i,j}]^{-1} \|_2 \leqslant \frac{1}{M_A}, \quad \| [Z_{i,j}^T H_{i,j} Z_{i,j}]^{-1} \|_2 \leqslant \frac{1}{M_H} \tag{5.23}$$

假设 5.2(2)、(6) 保证了 $X_{i,j}$ 和 $W_{i,j}$ 是有界的，即

$$\| X_{i,j} \| \leqslant M_x, \quad \| W_{i,j} \|_2 \leqslant M_W \tag{5.24}$$

由向量范数的等价性可知

$$\| c_{i,j} \|_2 < M_{\text{Con}} \| c_{i,j} \|_\infty$$
$$\| g_{i,j} + A_{i,j}\lambda_{i,j} - v_{i,j} \|_2 < M_{\text{Lag}} \| g_{i,j} + A_{i,j}\lambda_{i,j} - v_{i,j} \|_\infty \tag{5.25}$$
$$\| X_{i,j}V_{i,j}e - \mu_j e \|_2 < M_{\text{Comp}} \| X_{i,j}V_{i,j}e - \mu_j e \|_\infty$$

其中 $M_{\text{Con}}, M_{\text{Lag}}, M_{\text{Comp}}$ 均是正的常数。

将搜索方向 $d_{i,j}$ 分解为

$$d_{i,j} = q_{i,j} + p_{i,j} \tag{5.26}$$

其中 $q_{i,j} = Y_{i,j}\tilde{q}_{i,j}, p_{i,j} = Z_{i,j}\tilde{p}_{i,j}, \tilde{q}_{i,j}$ 和 $\tilde{p}_{i,j}$ 的计算公式如下：

$$\tilde{q}_{i,j} = -[A_{i,j}^T Y_{i,j}]^{-1} c_{i,j} \tag{5.27}$$

$$\tilde{p}_{i,j} = -[Z_{i,j}^T H_{i,j} Z_{i,j}]^{-1} Z_{i,j}^T(g_{i,j} - \mu_j X_{i,j}^{-1}e + H_{i,j}q_{i,j}) \tag{5.28}$$

从式(5.23)~(5.28)可知

$$\| d_{i,j} \|_2 = \| q_{i,j} + p_{i,j} \|_2$$
$$= \| Y_{i,j}[A_{i,j}^T Y_{i,j}]^{-1} c_{i,j} + Z_{i,j}[Z_{i,j}^T H_{i,j} Z_{i,j}]^{-1} Z_{i,j}^T(g_{i,j} - \mu_j X_{i,j}^{-1}e + H_{i,j}q_{i,j}) \|_2$$
$$\leqslant \frac{1}{M_A} \| c_{i,j} \|_2 + \frac{1}{M_H} \| Z_{i,j}^T(g_{i,j} - \mu_j X_{i,j}^{-1}e + H_{i,j}q_{i,j}) \|_2$$
$$\xlongequal{A_{i,j}^T Z_{i,j} \equiv 0} \frac{1}{M_A} \| c_{i,j} \|_2$$
$$+ \frac{1}{M_H} \| Z_{i,j}^T(g_{i,j} + A_{i,j}\lambda_{i,j} - V_{i,j}e + V_{i,j}e - \mu_j X_{i,j}^{-1}e + H_{i,j}q_{i,j}) \|_2$$
$$\leqslant \frac{1}{M_A} \| c_{i,j} \|_2 + \frac{1}{M_H} \| g_{i,j} + A_{i,j}\lambda_{i,j} - v_{i,j} \|_2$$
$$+ \frac{1}{M_H} \| V_{i,j}e - \mu_j X_{i,j}^{-1}e \|_2 + \frac{1}{M_H M_A} \| W_{i,j} + \mu_j X_{i,j}^{-2}e \| \cdot \| c_{i,j} \|_2$$
$$= \frac{(M_H + M_W)M_{\text{Con}}}{M_H M_A} \| c_{i,j} \|_\infty + \frac{M_{\text{Lag}}}{M_H} \| g_{i,j} + A_{i,j}\lambda_{i,j} - v_{i,j} \|_\infty$$

$$+\frac{M_{\mathrm{Comp}}}{M_H}\parallel X_{i,j}^{-1}\parallel\cdot\parallel X_{i,j}V_{i,j}e-\mu_j e\parallel_{\infty}+\frac{M_{\mathrm{Con}}}{M_H M_A}\parallel\mu_j X_{i,j}^{-2}e\parallel\cdot\parallel c_{i,j}\parallel_{\infty}$$

$$(5.29)$$

令

$$\kappa_1=\frac{(M_H+M_W)M_{\mathrm{Con}}}{M_H M_A}\cdot\kappa_2=\frac{M_{\mathrm{Lag}}}{M_H},\kappa_3=\frac{M_{\mathrm{Comp}}}{M_H},\kappa_4=\frac{M_{\mathrm{Con}}}{M_H M_A}$$

得证。

$\square$

**引理 5.6**　若假设 5.2 成立,则存在 $J_1>0$,当 $j>J_1$ 时,在迭代点 $x_{m_j,j}$ 处产生的搜索方向 $d_{m_j,j}$ 的范数满足 $\parallel d_{m_j,j}\parallel_2\leqslant\rho\mu_j^{\bar{\omega}}$,其中 $\rho,\bar{\omega}$ 为正的常数。

**证明**　对于每一个 $j$,都存在 $m_j$,满足式(5.19)。由于 $XVe-\mu e=0$ 是双线性函数,因此当原变量 $x$ 收敛的时候,对偶变量 $v$ 也逐步收敛,文献[10]中引理 1 保证了 $\lambda$ 是一致有界的。从(5.20)可以得到 $s_d\leqslant M_{\mathrm{sd}},s_c\leqslant M_{\mathrm{sc}}$,其中 $M_{\mathrm{sd}}$ 和 $M_{\mathrm{sc}}$ 是正的常数。从 (5.22)可以得到 $\lim_{\mu_j\to 0}\varepsilon_{\mu_j}=0$。因此 $\lim_{\mu_j\to 0}F_{\mu_j}(x_{m_j,j},\lambda_{m_j,j},v_{m_j,j})=0$。由于 $\varepsilon_{\mu_j}\leqslant\tau_\varepsilon\mu_j^{\theta_\varepsilon}$ 并且 $\theta_\varepsilon\in(1,2)$,类似于文献[12]中的引理 3.13 可以得到 $\parallel x_{m_j,j}-x^*\parallel=O(\mu_j)$,其中 $x^*$ 是原问题(2.33)的最优解,即满足 $F_0(x^*,\lambda^*,v^*)=0$。

用 $\mathcal{A}(x^*)$ 表示 $x^*$ 处有效边界约束的集合,如果 $\mathcal{A}(x^*)$ 是空集,那么存在 $\bar{J}_1>0$,当 $j>\bar{J}_1$,$\parallel X_{m_j,j}^{-1}\parallel$ 是一致有界的并且 $\mu_j<1$。根据引理 5.5,可以得到

$$\parallel d_{m_j,j}\parallel_2\leqslant\kappa_1\parallel c_{m_j,j}\parallel_\infty+\kappa_2\parallel g_{m_j,j}+A_{m_j,j}\lambda_{m_j,j}-v_{m_j,j}\parallel_\infty$$
$$+\kappa_3\parallel X_{m_j,j}^{-1}\parallel\cdot\parallel X_{m_j,j}V_{m_j,j}e-\mu_j e\parallel_\infty+\kappa_4\parallel\mu_j X_{m_j,j}^{-2}e\parallel\cdot\parallel c_{m_j,j}\parallel_\infty$$
$$\leqslant\kappa_1 M_{\mathrm{sc}}\tau_\varepsilon\mu_j^{\theta_\varepsilon}+\kappa_2 M_{\mathrm{sd}}\tau_\varepsilon\mu_j^{\theta_\varepsilon}+\kappa_3 M_{\mathrm{sd}}\parallel X_{m_j,j}^{-1}\parallel\tau_\varepsilon\mu_j^{\theta_\varepsilon}+\kappa_4 M_{\mathrm{sc}}\parallel X_{m_j,j}^{-2}\parallel\tau_\varepsilon\mu_j^{\theta_\varepsilon}$$
$$\leqslant\rho_1\mu_j^{\bar{\omega}}$$

其中

$$\rho_1=\kappa_1 M_{\mathrm{sc}}\tau_\varepsilon+\kappa_2 M_{\mathrm{sd}}\tau_\varepsilon+\kappa_3 M_{\mathrm{sd}}\parallel X_{m_j,j}^{-1}\parallel\tau_\varepsilon+\kappa_4 M_{\mathrm{sc}}\parallel X_{m_j,j}^{-2}\parallel\tau_\varepsilon$$
$$\bar{\omega}=\theta_\varepsilon-1$$

如果 $\mathcal{A}(x^*)$ 不是空集,由于 $\parallel X_{m_j,j}^{-1}\parallel=\frac{1}{O(\mu_j)}$,根据引理 5.5 得到

$$\parallel d_{m_j,j}\parallel_2\leqslant\kappa_1\parallel c_{m_j,j}\parallel_\infty+\kappa_2\parallel g_{m_j,j}+A_{m_j,j}\lambda_{m_j,j}-v_{m_j,j}\parallel_\infty$$
$$+\kappa_3\parallel X_{m_j,j}^{-1}\parallel\cdot\parallel X_{m_j,j}V_{m_j,j}e-\mu_j e\parallel_\infty+\kappa_4\parallel\mu_j X_{m_j,j}^{-2}e\parallel\cdot\parallel c_{m_j,j}\parallel_\infty$$
$$\leqslant\kappa_1 M_{\mathrm{sc}}\tau_\varepsilon\mu_j^{\theta_\varepsilon}+\kappa_2 M_{\mathrm{sd}}\tau_\varepsilon\mu_j^{\theta_\varepsilon}+\kappa_3 M_{\mathrm{sd}}\tau_\varepsilon O(\mu_j^{\theta_\varepsilon-1})+\kappa_4 M_{\mathrm{sc}}\tau_\varepsilon O(\mu_j^{\theta_\varepsilon-1})$$

存在 $\bar{J}_2>0$,当 $j>\bar{J}_2$ 时,$O(\mu_j^{\theta_\varepsilon-1})<M_{\theta_\varepsilon}\mu_j^{\theta_\varepsilon-1}$,$M_{\theta_\varepsilon}$ 是一个正的常数并且 $\mu_j<1$。因此上式可取

$$\rho=\max\{\rho_1,\kappa_1 M_{\mathrm{sc}}\tau_\varepsilon+\kappa_2 M_{\mathrm{sc}}\tau_\varepsilon+\kappa_3 M_{\mathrm{sd}}M_{\theta_\varepsilon}\tau_\varepsilon+\kappa_4 M_{\mathrm{sc}}M_{\theta_\varepsilon}\tau_\varepsilon\}$$

$\bar{\omega}$ 取值同上。取 $J_1=\max\{\bar{J}_1,\bar{J}_2\}$,则引理得证。

$\square$

**引理 5.7** 若假设 5.2 成立,则对于任意给定的 $\varepsilon > 0$,存在一个整数 $J_2$,当 $j >$ $J_2$ 时,$|f(x_{m_j+1,j}) - f(x_{m_j,j})| < \dfrac{\varepsilon}{2}$。

**证明** 从假设 5.2(1)可知,目标函数 $f(x)$ 在区间 $[x_{m_j,j}, x_{m_j,j} + \alpha_{\max} d_{m_j,j}]$ 上是连续的。对任意给定的 $\varepsilon > 0$,存在 $\delta_{d_1}$,如果 $\| \alpha d_{m_j,j} \|_2 < \delta_{d_1}$,则有

$$|f(x_{m_j+1,j}) - f(x_{m_j,j})| = |f(x_{m_j,j} + \alpha d_{m_j,j}) - f(x_{m_j,j})| < \frac{\varepsilon}{2} \qquad (5.30)$$

由引理 5.6 可知,如果 $j > J_1$,则有 $\| \alpha d_{m_j,j} \|_2 < \rho \mu_j^{\bar{\omega}} < \delta_{d_1}$,于是得到

$$\mu_j < \left( \frac{\delta_{d_1}}{\rho} \right)^{\frac{1}{\bar{\omega}}} \qquad (5.31)$$

由引理 5.3 可知 $\lim\limits_{j \to \infty} \mu_j = 0$,故存在整数 $\bar{J}_3 > 0$,当 $j > \bar{J}_3$ 时,(5.31)成立。令 $J_2 = \max\{J_1, \bar{J}_3\}$,(5.30)成立。

$\square$

**引理 5.8** 若假设 5.2 成立,则对于任意给定的 $\varepsilon > 0$,存在一个整数 $J_3$,当 $j >$ $J_3$ 时,有 $|f(x_{1,j+1}) - f(x_{m_j,j})| < \varepsilon$。

**证明** 障碍因子 $\mu_j$ 对应的子问题以 $x_{m_j,j}$ 为初始点迭代一步得到 $x_{m_j+1,j}$。障碍因子 $\mu_{j+1}$ 对应的子问题同样以 $x_{m_j,j}$ 为初始点迭代一步得到 $x_{1,j+1}$。类似于引理 5.7 的证明过程,对任意给定的 $\varepsilon > 0$,存在 $\delta_{d_2}$,如果 $\| x_{m_j+1,j} - x_{1,j+1} \| < \delta_{d_2}$,则有

$$|f(x_{m_j+1,j}) - f(x_{1,j+1})| < \frac{\varepsilon}{2} \qquad (5.32)$$

从式(5.26)～式(5.28)可知

$$\| x_{m_j+1,j} - x_{1,j+1} \|$$
$$= \| \alpha_{m_j,j} d_{m_j,j} - \alpha_{1,j+1} d_{1,j+1} \|$$
$$\leqslant \| (\alpha_{m_j,j} - \alpha_{1,j+1}) d_{m_j,j} \| + \| \alpha_{1,j+1}(d_{m_j,j} - d_{1,j+1}) \|$$
$$\overset{j > J_1}{\leqslant} |(\alpha_{m_j,j} - \alpha_{1,j+1})| \rho \mu_j^{\bar{\omega}} + |\alpha_{1,j+1}| \cdot \| Z_{m_j,j} [Z_{m_j,j}^{\mathrm{T}} H_{m_j,j} Z_{m_j,j}]^{-1} Z_{m_j,j}^{\mathrm{T}} X_{m_j,j}^{-1} e(\mu_{j+1} - \mu_j) \|$$
$$\qquad (5.33)$$

如果问题(2.33)的最优解 $x^*$ 处有效边界约束的集合 $\mathcal{A}(x^*)$ 是空集,那么显然 $\| Z_{m_j,j} [Z_{m_j,j}^{\mathrm{T}} H_{m_j,j} Z_{m_j,j}]^{-1} Z_{m_j,j}^{\mathrm{T}} X_{m_j,j}^{-1} e \|$ 是有界的。如果 $\mathcal{A}(x^*)$ 不是空集,根据 $H_{m_j,j}$ 的定义以及 $\| x_{m_j,j} - x^* \| = O(\mu_j)$ 可知 $\lim\limits_{j \to \infty} \| Z_{m_j,j} [Z_{m_j,j}^{\mathrm{T}} H_{m_j,j} Z_{m_j,j}]^{-1} Z_{m_j,j}^{\mathrm{T}} X_{m_j,j}^{-1} e \|$ 同样也是有界的。故在任何一种情况下都存在一个整数 $\bar{J}_4 > 0$,当 $j > \bar{J}_4$ 时,$\| Z_{m_j,j} [Z_{m_j,j}^{\mathrm{T}} H_{m_j,j} Z_{m_j,j}]^{-1} Z_{m_j,j}^{\mathrm{T}} X_{m_j,j}^{-1} e \| < M_0$,其中 $M_0$ 是一个正数并且 $\mu_j < 1$。令 $\bar{J}_5 = \max\{J_1, \bar{J}_4\}$,当 $j > \bar{J}_5$ 时从(5.33)可以得到

$$\| x_{m_j+1,j} - x_{1,j+1} \| < (\rho + 2M_0) \mu_j^{\bar{\omega}} < \delta_{d_2} \qquad (5.34)$$

从引理 5.3 可知 $\lim\limits_{j \to \infty} \mu_j = 0$,故存在 $\bar{J}_6 > 0$,当 $j > \bar{J}_6$ 时,式(5.32)和式(5.34)都成

立。定义 $J_3 = \max\{\overline{J}_5, \overline{J}_6\}$，从引理 5.7 和 (5.32)可知，当 $j > J_3$ 时，下式成立：

$$
\begin{aligned}
& |f(x_{1,j+1}) - f(x_{m_j,j})| \\
& \leqslant |f(x_{m_j+1,j}) - f(x_{1,j+1})| + |f(x_{m_j+1,j}) - f(x_{m_j,j})| < \varepsilon
\end{aligned}
\tag{5.35}
$$

$\Box$

**引理 5.9**　若假设 5.2 成立，则对于任意给定的 $\varepsilon > 0$，存在一个整数 $J_4$，当 $j > J_4$ 时，有 $|\ \|c(x_{1,j+1})\|_\infty - \|c(x_{m_j,j})\|_\infty\ | < \varepsilon$。

该引理的证明过程与引理 5.8 类似，具体证明过程从略。

在建立上述引理后，可以引入以下定理，该定理保证了优化进程最终能够被 CDC 准则终止。

**定理 5.10**　若假设 5.2 成立，采用 Fiacco-McCormick 更新方式的内点算法对于任意给定的正整数 $N$ 和 $\varepsilon > 0$，存在整数 $K_1 > 0$，当 $k \geqslant K_1$ 时，满足

$$
\delta_k^{\text{Prog}} = S(\max\{\delta_k^{\text{feasChg}}, \delta_k^{\text{objChg}}, \mu_k\}, \varepsilon_0) \geqslant S(\varepsilon, \varepsilon_0)
\tag{5.36}
$$

的 $k$ 值的个数大于等于 $N$。

**证明**　由于内点法的初始点严格位于边界约束内，并且迭代过程中线性搜索的最大步长满足(5.18)。因此如果 $x_{i,j} > 0$，可得

$$
\begin{aligned}
& x_{i+1,j} = x_{i,j} + \alpha d_{i,j} \geqslant (1-\tau)x_{i,j} > 0 \\
& \text{或 } x_{1,j+1} = x_{m_j,j} + \alpha d_{m_j,j} \geqslant (1-\tau)x_{m_j,j} > 0
\end{aligned}
\tag{5.37}
$$

由于 $\lim\limits_{j \to \infty} \mu_j = 0$，故存在 $\overline{J}_7 > 0$，当 $j > \overline{J}_7$ 时有

$$
\mu_j < \varepsilon
\tag{5.38}
$$

令 $k(j) = 1 + \sum\limits_{l=1}^{j} m_l$，定义 $\overline{J}_8 = \max\{J_3, J_4, \overline{J}_7\}$。由引理 5.8 可知，当 $j \geqslant \overline{J}_8$ 时，有 $\delta_{k(j)}^{\text{objChg}} = |f(x_{1,j+1}) - f(x_{m_j,j})| < \varepsilon$。由引理 5.9 和(5.37)可知，当 $j \geqslant \overline{J}_8$ 时，有 $\delta_{k(j)}^{\text{feasChg}} < \varepsilon$。当 $j \geqslant \overline{J}_8$ 时(5.38)也成立。最后，定义 $K_1 = k(\overline{J}_8 + N)$，当 $k > K_1$ 时满足 $\delta_{k(j)}^{\text{Prog}} = S(\max\{\delta_{k(j)}^{\text{feasChg}}, \delta_{k(j)}^{\text{objChg}}, \mu_{k(j)}\}, \varepsilon_0) \geqslant S(\varepsilon, \varepsilon_0)$ 的 $k$ 的个数大于等于 $N$。如果 $\varepsilon < \varepsilon_0$，则有 $\delta_{k(j)}^{\text{Prog}} \geqslant 1$。

$\Box$

以下对采用障碍因子自适应更新策略的内点法建立 CDC 准则的可满足性定理。采用自适应更新方式的内点算法，障碍因子在每一步迭代中都是变化的，通常更新公式为

$$
\mu_{j+1} = \sigma_j \frac{x_j^{\text{T}} v_j}{n}
\tag{5.39}
$$

其中 $\sigma_j$ 是中心参数。为了保证算法的全局收敛性，可采用如下策略[11]：定义函数

$$
\phi(x, \lambda, v) = \|g(x) + A(x)\lambda - v\|^2 + \|XVe\|^2 + \|c(x)\|^2
\tag{5.40}
$$

如果迭代点 $(x_{i+1}, \lambda_{i+1}, v_{i+1})$ 满足

$$\phi(x_{i+1},\lambda_{i+1},v_{i+1})\leqslant\kappa M_i \tag{5.41}$$

则障碍因子 $\mu_{j+1}$ 采用(5.39)来更新,其中 $\kappa\in(0,1)$,$M_i=\max\{\phi_{i-l},\phi_{i-l+1},\cdots,\phi_i\}$,$l=\min\{i,l^{\max}\}$。否则障碍因子采用 Fiacoo-McCormick 方式进行更新,直到迭代点满足式(5.41),再切换到自适应更新的方式继续迭代。

**假设 5.3**　采用障碍因子自适应更新方式的内点算法产生的迭代点序列满足以下条件:

(1) 中心参数 $\sigma_j$ 在整个迭代序列中是一致有界的,即存在常数 $M_\sigma>0$,满足 $0<\sigma_j<M_\sigma$。

(2) 存在一个很小的常数 $\phi_0$,当 $\phi(x_{i+1},\lambda_{i+1},v_{i+1})<\phi_0$ 的时候,将不再转向 Fiacco-McCormick 方式更新障碍因子。

**定理 5.11**　若假设 5.1 和假设 5.2 成立,采用障碍因子自适应更新方式的内点算法[11],对任意给定的正整数 $N$ 和 $\varepsilon>0$,都存在整数 $K_2>0$,当 $k\geqslant K_2$ 时,满足

$$\delta_k^{\mathrm{Prog}}=S(\max\{\delta_k^{\mathrm{feasChg}},\delta_k^{\mathrm{objChg}},\mu_k\},\varepsilon_0)\geqslant S(\varepsilon,\varepsilon_0) \tag{5.42}$$

的 $k$ 值的个数大于等于 $N$。

**证明**　采用障碍因子自适应更新方式的内点算法产生的迭代序列满足

$$\lim_{j\to\infty}\phi(x_{m_j,j},\lambda_{m_j,j},v_{m_j,j})=0 \tag{5.43}$$

故由(5.40)可知

$$\lim_{j\to\infty}\|g_{m_j,j}+A_{m_j,j}\lambda_{m_j,j}-v_{m_j,j}\|_\infty=0$$
$$\lim_{j\to\infty}\|X_{m_j,j}V_{m_j,j}e\|_\infty=0,\quad\lim_{j\to\infty}\|c_{m_j,j}\|_\infty=0 \tag{5.44}$$

其中迭代点 $(x_{m_j,j},\lambda_{m_j,j},v_{m_j,j})$ 在 Fiacco-McCormick 更新方式下表示障碍因子为 $\mu_j$ 的子问题满足(5.19)时的近似解;在自适应更新方式下 $m_j=1$,表示障碍因子为 $\mu_j$ 的子问题迭代一步以后得到的点。

对于假设 5.3(2)中的 $\phi_0$,由式(5.43)可知,存在整数 $\bar{J}_9>0$,当 $j>\bar{J}_9$ 时,$\phi_j<\phi_0$ 成立。由假设 5.3(2)可知,当 $j>\bar{J}_9$ 时 $m_j=1$。根据式(5.39)、式(5.44)和假设 5.3(1)可得

$$\lim_{j\to\infty}\mu_j=0$$
$$\lim_{j\to\infty}x_{1,j}=x^* \tag{5.45}$$

由假设 5.2(1)可知,目标函数 $f(x)$ 在包含 $[x_{1,j},x_{1,j+1}]$ 的开集 $C$ 内是连续的,故可以得到 $\lim_{j\to\infty}f(x_{1,j})=f(x^*)$。对任意给定的 $\varepsilon>0$,存在 $\bar{J}_{10}>0$,当 $j>\bar{J}_{10}$ 时有

$$|f(x_{1,j+1})-f(x_{1,j})|=|f(x_{1,j+1})-f(x^*)+f(x^*)-f(x_{1,j})|$$
$$\leqslant|f(x_{1,j+1})-f(x^*)|+|f(x^*)-f(x_{1,j})|<\varepsilon \tag{5.46}$$

定义 $k(j)=1+\sum_{l=1}^{j}m_l$,当 $j>\bar{J}_{10}$ 时 $\delta_{k(j)}^{\mathrm{objChg}}=|f(x_{1,j+1})-f(x_{m_j,j})|<\varepsilon$ 成立。由

式(5.44)可知，存在 $\overline{J}_{11} > 0$，当 $j > \overline{J}_{11}$ 时 $\delta_{k(j)}^{\text{feasChg}} < \varepsilon$ 成立。令 $\overline{J}_{12} = \max\{\overline{J}_9, \overline{J}_{10},$ $\overline{J}_{11}\}$，定义 $K_1 = k(\overline{J}_{12} + N)$，当 $k > K_2$ 时满足 $\delta_{k(j)}^{\text{Prog}} = S(\max\{\delta_{k(j)}^{\text{feasChg}}, \delta_{k(j)}^{\text{objChg}}, \mu_{k(j)}\},$ $\varepsilon_0) \geqslant S(\varepsilon, \varepsilon_0)$ 的 $k$ 的个数大于或等于 $N$。如果 $\varepsilon < \varepsilon_0$，则有 $\delta_{k(j)}^{\text{Prog}} \geqslant 1$。

□

文献[10]采用 $\chi(x_{i,j}) = \|\tilde{p}(x_{i,j})\|_2$ 以及 $\theta(x_{i,j}) = \|c(x_{i,j})\|_\infty$ 来衡量障碍因子 $\mu_j$ 对应的子问题的最优性和可行性。接下来的定理表明收敛深度 $\delta_{i,j}^{\text{Conv}}$ 也可用来描述迭代点的最优性。$\delta_{i,j}^{\text{Conv}}$ 对应的误差可表示如下：

$$\delta_{i,j} = S^{-1}(\delta_{i,j}^{\text{Conv}}, \varepsilon_0) \tag{5.47}$$

其中 $S^{-1}$ 为 $S$ 函数(5.6)的反函数。

**定理 5.12**　若假设 5.2 成立，则无论障碍因子采用 Fiacco-McCormick 或者自适应更新方式，由内点算法生成的迭代序列中的每个迭代点都满足下列关系式：

$$\ell(x_{i,j}) \leqslant \delta_{i,j} \tag{5.48}$$

$$\chi(x_{i,j})^2 \leqslant \vartheta \delta_{i,j} \tag{5.49}$$

其中 $\vartheta$ 是一个正的常数。

**证明**　由式(5.16)、式(5.47)可知，

$$\delta_{i,j}^{\text{feasErr}} \leqslant \delta_{i,j}, \quad \delta_{i,j}^{\text{objErr}} \leqslant \delta_{i,j}, \quad \mu_j \leqslant \delta_{i,j} \tag{5.50}$$

又因为内点法的初始点严格位于边界约束内，并且迭代过程中线性搜索的最大步长满足式(5.18)，因此式(5.37)仍然成立。从式(5.2a)、式(5.37)、式(5.47)直接可以得到式(5.48)。

由假设 5.2 可知，$\chi_{i,j} = \|\tilde{p}_{i,j}\|_2$ 有上界 $M_p$（$M_p$ 是正的常数）。类似于引理 5.8，有 $\|Z_{i,j}[Z_{i,j}^{\text{T}} H_{i,j} Z_{i,j}]^{-1} Z_{i,j}^{\text{T}} X_{i,j}^{-1} e\| < M_1$ 和 $\|Z_{i,j}[Z_{i,j}^{\text{T}} H_{i,j} Z_{i,j}]^{-1} Z_{i,j}^{\text{T}} H_{i,j}\| < M_2$（$M_1$ 和 $M_2$ 为正的常数）。由文献[10]中的引理 1 可知，$\|d_{i,j}\| \leqslant M_d$。由式(5.26)和式(5.28)，可以得到

$$\|d_{i,j}^{\text{T}} Z_{i,j} \tilde{p}_{i,j}\| = \|d_{i,j}^{\text{T}} Z_{i,j}[Z_{i,j}^{\text{T}} H_{i,j} Z_{i,j}]^{-1} Z_{i,j}^{\text{T}}(g_{i,j} - \mu_j X_{i,j}^{-1} e + H_{i,j} q_{i,j})\|$$

$$\leqslant \frac{1}{M_H} |g_{i,j}^{\text{T}} d_{i,j}| + M_d M_1 \mu_j + \frac{M_d M_2}{M_A} \|c(x_{i,j})\|$$

$$\leqslant \frac{1}{M_H} \delta_{i,j}^{\text{objErr}} + M_d M_1 \mu_j + \frac{M_d M_2}{M_A} \delta_{i,j}^{\text{feasErr}} \tag{5.51}$$

$$\leqslant \left(\frac{1}{M_H} + M_d M_1 + \frac{M_d M_2}{M_A}\right) \delta_{i,j}$$

$$\|d_{i,j}^{\text{T}} Z_{i,j} \tilde{p}_{i,j}\| = \|(q_{i,j} + p_{i,j})^{\text{T}} Z_{i,j} \tilde{p}_{i,j}\| \geqslant \chi^2(x_{i,j}) - \frac{M_P}{M_A} c(x_{i,j}) \tag{5.52}$$

由式(5.51)和式(5.52)得到

$$\chi^2(x_{i,j}) \leqslant \frac{M_p}{M_A} c(x_{i,j}) + \left(\frac{1}{M_H} + M_d M_1 + \frac{M_d M_2}{M_A}\right) \delta_{i,j}$$

$$\leqslant\left(\frac{1}{M_H}+M_dM_1+\frac{M_dM_2+M_p}{M_A}\right)\delta_{i,j} \tag{5.53}$$

令 $\vartheta=\frac{1}{M_H}+M_dM_1+\frac{M_dM_2+M_p}{M_A}$,定理得证。

□

### 5.3.3 数值实验

本小节的数值实验是基于内点法求解器 IPOPT[13](v3.6.1),其中线性求解器选用 MA57。IPOPT 同时实现了障碍因子的 Fiacco-McCormick 和自适应更新方式。本实验中传统收敛准则的收敛容差设置为 $10^{-6}$,对偶不可行性容差设置为 $10^{-4}$,可行性容差设置为 $10^{-4}$,互补松弛容差设置为 $10^{-4}$,最大迭代次数设置为 3000 次。设置 CDC 准则的阈值 $\varepsilon_0$ 为 $10^{-6}$,可接受收敛深度 $\delta_0=1$,并且为了减小优化计算被过早终止的风险,设置 $\delta_1=1$ 和 $\eta=10$。

通过 Aspen Open Solvers 接口从 Aspen Plus 中得到的严格机理模型都根据物理意义被自动地适当标度化过,称之为一阶标度模型。IPOPT 对 Aspen Plus 中的模型进行优化求解以及对算法的收敛性度量都是基于这个一阶标度模型。为了验证 IPOPT 得到的解的可行性,将其与 Aspen Plus 中的标准优化算法 DMO 产生的解相比较。注意 DMO 算法内部对一阶标度模型再次进行标度化处理,称之为二阶标度模型,并基于二阶标度模型判断收敛性。因此 IPOPT 和 DMO 的比较需还原到原机理模型进行,即在 Aspen Plus 的命令行中输入命令"print largest equations"来输出基于原机理模型的可行性误差。

Aspen Plus 中的优化问题通常有两种类型的目标函数,即有量纲的目标函数(如经济型目标函数)和无量纲的目标函数(如数据调和问题的目标函数)。对于有量纲的目标函数,预测改进量(5.2b)和变化量(5.3b)的计算会受到量纲的影响。为了消除该影响,采用如下标度化处理方法计算这两个指标:

$$\delta_k^{\text{objErr}}=|\nabla f^{\mathrm{T}}(x_k)d_k|/|f(x_0)| \tag{5.54}$$
$$\delta_k^{\text{objChg}}=|f(x_k)-f(x_{k-1})|/|f(x_0)| \tag{5.55}$$

其中 $x_0$ 是初始点,在 Aspen Plus 中可以通过序贯模块法来得到。对于无量纲的目标函数,仍然采用(5.2b)和(5.3b)的计算预测改进量和变化量。在以下测试中,联塔系统优化和大型乙烯分离系统优化的目标函数是有量纲的,空分系统的数据调和问题的目标函数是无量纲的。

#### 1. 脱丙烷塔和脱丁烷塔联塔系统优化

以 IPOPT 求解 5.2.3 节所述联塔系统优化问题(5.15)。表 5-5 表明基于 CDC 和传统准则所得解相比于 DMO 算法所得解而言均是可行的。图 5-8 显示了基于 CDC 和传统准则的求解过程中各项性能指标的变化情况。图中可以看出目

标函数和约束可行性在大概 15 次迭代以后几乎保持不变;收敛深度在大概 20 次迭代后达到了指定的阈值,此后基本上维持在同一水平,即迭代点的最优性没有明显变化;迭代过程的进展程度也在 20 次迭代后没有显著改变。两种准则下的求解情况比较见表 5-6,其中 ♯iter、obj、$\|c\|$ 分别表示求解过程的迭代次数、达到的目标函数值和可行性误差。由表可知相比于传统准则,CDC 准则使目标函数损失 $3.3 \times 10^{-4}$ 元/h,从实际工程应用的角度来看完全可以忽略不计,另一方面使迭代次数减少 $87.04\%$,优化计算时间减少 $91.32\%$。

**表 5-5　联塔系统优化求解的可行性比较**

| 模型 | 算法 | | |
| --- | --- | --- | --- |
| | DMO | IPOPT(CDC) | IPOPT(传统准则) |
| 原模型 | $-2.09\mathrm{e}{-5}$ | $-2.1912\mathrm{e}{-8}$ | $-1.1176\mathrm{e}{-8}$ |
| 一阶标度模型 | — | $-2.1912\mathrm{e}{-8}$ | $-1.1176\mathrm{e}{-8}$ |
| 二阶标度模型 | $5.30\mathrm{e}{-7}$ | — | — |

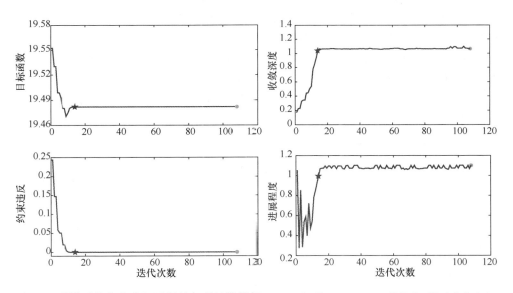

图 5-8　联塔系统优化求解过程的各项性能指标(★和●分别标注了 CDC 和传统准则的迭代终止点)

**表 5-6　联塔系统优化求解比较**

| | ♯iter | obj | $\|c\|$ | CPU/s |
| --- | --- | --- | --- | --- |
| CDC | 14 | 1.9481946227e+5 | $-2.1912\mathrm{e}{-8}$ | 8.06 |
| 传统准则 | 108 | 1.9481946260e+5 | $-1.1176\mathrm{e}{-8}$ | 92.90 |

### 2. 大规模空分系统的数据调和

大型空分装备系统流程如第 9 章图 9-2 所示,系统含有 36 个单元以及 68 股进料,每股进料含有 3 种组分,分别为氧、氮、氩,关于该流程的详细描述见文献[14]和文献[15]。流程测量数据反映了装置的运行状况,是进行流程模拟和优化的基本依据。由于从现场获得的测量数据不可避免地存在误差,因此在将数据用于实验分析和计算之前需要进行校正。基于大型空分装备系统的机理模型对现场测量数据进行数据调和,构造如下问题:

$$\min \sum_{i=1}^{N} \left[ (\hat{u}_i - \bar{u}_i)^2 / d^2 \right]$$
$$\text{s. t. } c(\hat{u}, x) = 0 \tag{5.56}$$
$$u_L \leqslant \hat{u} \leqslant u_U$$
$$x_L \leqslant x \leqslant x_U$$

其中 $\bar{u}$ 为测量值;$\hat{u}$ 为调和值;$d^2$ 为测量值 $\bar{u}$ 的方差;$x$ 为未测变量。约束 $c(\hat{u}, x)$ 为空分流程的机理模型,包括物料平衡方程和能量平衡方程等。该问题有 7184 个变量,7168 个等式约束,等式约束的 Jacobian 矩阵的非零元为 40034 个。

以 IPOPT 求解该数据调和问题,表 5-7 表明基于 CDC 和传统准则所得解相比于 DMO 算法所得解而言均是可行的。图 5-9 显示了基于 CDC 和传统准则的求解过程中各项性能指标的变化情况。两种准则下的求解情况比较见表 5-8,表中各列含义与表 5-6 相同。由表可知相比于传统准则,CDC 准则使迭代次数减少 78.53%,优化计算时间减少 82.23%。

**表 5-7　空分系统数据调和求解的可行性比较**

| 模型 | 算法 | | |
| --- | --- | --- | --- |
| | DMO | IPOPT(CDC) | IPOPT(传统准则) |
| 原模型 | 1.846e−3 | 2.5313e−8 | 1.3039e−8 |
| 一阶标度模型 | — | 3.5313e−8 | 1.3039e−8 |
| 二阶标度模型 | 1.397e−11 | — | — |

**表 5-8　空分系统数据调和求解比较**

| | #iter | obj | ‖c‖ | CPU/s |
| --- | --- | --- | --- | --- |
| CDC | 41 | 4.0051e−2 | 2.5313e−8 | 16.47 |
| 传统准则 | 191 | 4.0051e−2 | 1.3039e−8 | 92.83 |

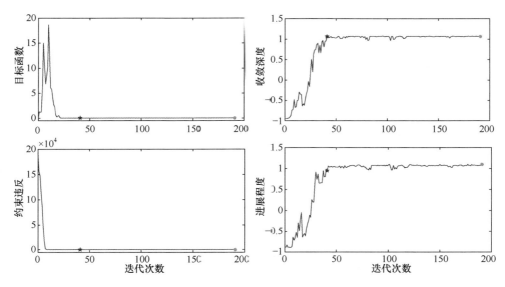

图 5-9　空分系统数据调和求解过程的各项性能指标
（★和●分别标注了 CDC 和传统准则的迭代终止点）

### 3. 大规模乙烯分离系统优化

大规模乙烯分离系统流程如图 3-5 所示，关于该流程的更加详细的信息见文献[16]。根据化工过程的物料平衡、能量平衡、相平衡以及分子归一等方程，结合各流股的连接方程，通过严格的干放式机理方程形式建立整个系统的模型。整个乙烯分离系统有乙烯、乙烷、丁烷和丙烯 4 种主要产品，以这 4 种产品每小时产出的产品价值为目标函数构造优化目标函数如下：

$$J = (\sum_{i=1}^{5} w_i S_i)/10000 \tag{5.57}$$

其中 $S_1$，$S_2$ 和 $S_3$ 分别为乙烯、乙烷和丁烷的摩尔流量（kmol/h）；$S_4$ 和 $S_5$ 分别为丙烯在端口 S549 和端口 S550 的摩尔流量（kmol/h），系数 $w_i (i=1, \cdots, 5)$ 表示各种产品的价格（元/kmol），$J$ 为总的经济效益（万元/h）。大规模乙烯分离系统的优化命题构建如下：

$$\begin{aligned} &\min(-J) \\ &\text{s. t. MESH 方程} \\ &\qquad \text{连接方程} \\ &\qquad \text{产品的纯度约束} \end{aligned} \tag{5.58}$$

该优化命题有 23288 个变量，23280 个等式约束，等式约束的 Jacobian 矩阵中的非零元为 409426 个。

　　以 IPOPT 求解该乙烯分离系统优化问题,表 5-9 表明基于 CDC 和传统准则所得解相比于 DMO 算法所得解而言均是可行的。DMO 能够成功求解该优化问题得到最优目标函数值为 68.50 万元/h。IPOPT 在 CDC 和传统准则下均没有成功收敛。图 5-10 显示了两种准则下求解过程中各项性能指标的变化情况。图中可以看出优化计算开始经过若干次迭代后即出现目标函数和可行性变化缓慢的情况;收敛深度在大概 30 次迭代后几乎保持不变,但却没有达到指定的阈值,即与可接受近似解存在一定差距;进展程度也在大概 30 次迭代后没有明显变化并且几乎一直满足 $\delta^{\mathrm{Prog}} \geqslant 1$。两种准则下的求解情况见表 5-10 表中各列含义与表 5-6 相同。由表可知 CDC 准则能够检测到迭代过程的进展十分缓慢,在优化进程的早期阶段即终止迭代,此时收敛深度为 $\delta^{\mathrm{Conv}} = 0.87$;而传统准则下的迭代过程一直持续到超过最大迭代次数才终止。

**表 5-9　乙烯分离系统优化求解的可行性比较**

| 模型 | 算法 | | |
| --- | --- | --- | --- |
| | DMO | IPOPT(CDC) | IPOPT(传统准则) |
| 原模型 | −1.502 | 5.4539e−5 | 5.2399e−5 |
| 一阶标度模型 | — | 5.4539e−5 | 5.2399e−5 |
| 二阶标度模型 | 5.732e−9 | — | — |

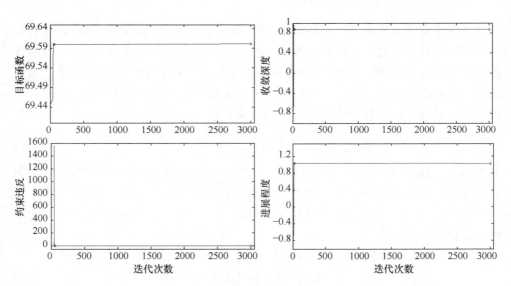

图 5-10　乙烯分离系统优化求解过程的各项性能指标

（★和●分别标注了 CDC 和传统准则的迭代终止点）

**表 5-10　乙烯分离系统优化求解比较**

|  | #iter | obj | ‖ c ‖ | CPU/s |
|---|---|---|---|---|
| CDC | 27 | 6.8177592e+5 | 5.4539e−5 | 161.97 |
| 传统准则 | 3000 | 6.8220972e+5 | 5.2399e−5 | 17988.33 |

# 5.4　小　　结

收敛深度控制方法的提出是基于以适当代价追求优化目标的思想。许多计算经验表明,传统的刚性收敛准则缺乏对迭代进展状况的感知,由此会出现花费大的计算代价后只得到解的质量的微小提升、或者最终收敛失败的情形。因此提出以收敛深度来量化迭代点的质量,反映迭代序列的动态收敛情况,并依据该指标实现求解精度与计算代价的权衡,控制优化进程适时终止。

基于简约空间 SQP 算法及内点法分别设计了收敛深度控制准则,建立了相应准则与迭代点 KKT 残差的量化关系,并证明了适当假设下相应准则的可满足性。基于 Matlab 环境下的 RSQP 工具箱和 Aspen Open Solvers 接口的内点法求解器 IPOPT 对 CUTE/COPS 和 Aspen 环境下的典型算例进行求解测试,比较 CDC 准则与传统准则下优化算法的求解性能。测试结果表明,与传统收敛准则相比,在求解成功的情况下,基于 CDC 准则的计算代价显著降低,同时所得解的最优性损失极小;对于收敛失败的情况,CDC 准则能够更早检测到迭代过程的不可收敛性,避免不必要的计算代价。

## 参 考 文 献

[1] 徐成贤,陈志平,李乃成. 近代优化方法 [M]. 北京:科学出版社,2002.

[2] Wang K, et al. Convergence depth control for process system optimization [J]. Industrial and Engineering Chemistry Research,2007,46(23):7729-7738.

[3] Biegler L T, Nocedal J, Schmid C. A reduced Hessian method for large-scale constrained optimization [J]. SIAM Journal on Optimization,1995,5(2):314-347.

[4] Byrd R H, Nocedal J. An analysis of reduced Hessian methods for constrained optimization [J]. Mathematical Programming,1990,49(1-3):285-323.

[5] 江爱朋,等. 乙烯生产流程中联塔模拟与优化 [J]. 化工学报,2006,57(9):2128-2134.

[6] 张正江,等. 开放式方程的脱丁烷塔模拟与优化的一体化研究 [J]. 中国科学技术大学学报,2005,35(supp):272-278.

[7] von Stryk O. User's guide for DIRCOL(version 2.1):A direct collocation method for the numerical solution of optimal control problems [R]. Germany:Technische Universitat Munchen,1999.

［8］Elizabeth D D，More J J，Munson T S．Benchmarking optimization software with COPS 3.0 ［R］．USA：Argonne National Laboratory，2004．

［9］Chen W，et al．Convergence dpeth control for interior point methods ［J］．AIChE Journal，2010，56(12)：3146-3161．

［10］Wächter A，Biegler L T．Line search filter methods for nonlinear programming：motivation and global convergence ［J］．SIAM Journal on Optimization，2005，16(1)：1-31．

［11］Nocedal J，Wächter A，Waltz R A．Adaptive barrier strategies for nonlinear interior methods ［R］．USA：IBM，2005．

［12］Forsgren A，Gill P E，Wright M H．Interior methods for nonlinear optimization ［J］．SIAM Review，2002，44(4)：525-597．

［13］Wächter A，Biegler L T．On the implementation of an interior-point filter line-search algorithm for large-scale nonlinear programming ［J］．Mathematical Programming，2006，106 (1)：25-57．

［14］Zhang Z，et al．Quasi-weighted least squares estimator for data reconciliation ［J］．Computers and Chemical Engineering，2010，34(2)：154-162．

［15］祝玲钰．复杂分离过程模拟与优化中的若干问题研究 ［D］．浙江大学，2009．

［16］Fang X，et al．Mnemonic enhancement optimization (MEO) for real-time optimization of industrial processes ［J］．Industrial and Engineering Chemistry Research，2009．48(1)：499-509．

# 第6章　优化求解器的参数自动整定——PAT

优化求解器的性能与优化求解器的参数设置有着十分密切的关系。通过整定参数的手段来提高优化求解器的性能在过程系统工程的实际应用中有着十分重要的意义,尤其是对那些难以求解的问题(hard problems)以及有着实时性要求的应用,如实时操作优化,非线性模型预测控制等等。本章提出了一种基于启发式算法和直接搜索算法相结合的框架来进行优化求解器的参数整定。该框架能够处理所有类型的参数,包括选项型参数、整数型参数和实数型参数,而且还能够利用参数之间的相互关联性来减小搜索空间。本章进而又提出了基于随机采样的参数自动整定算法,并与基于启发式算法和直接搜索算法的参数自动整定算法进行了比较。

## 6.1　优化求解器参数与性能的关系

在学术界和工业界针对大规模非线性规划问题有很多被广泛应用的出色的优化求解器,如 IPOPT[1-4],CONOPT[5]以及 SNOPT[6]等。然而,这些优化求解器在求解各种各样的问题的时候并不总是能够表现出令人满意的性能。用户在遇到优化求解失败的情况下,如果是一个优化算法专家,他可能会去重新设计算法,修改算法的实施框架;如果是一个优化工程师,他可能会去手工调一下优化求解器的参数,或者换一个优化求解器;如果是一个建模工程师,他可能会去修改一下模型,给模型做适当的标度化处理;如果只是一个普普通通的操作工,那么他将束手无策。

目前优化算法在理论上的发展已经比较完善,并且也到了一个瓶颈时期,要想从理论上得到突破,从而提高优化求解器的性能是相当困难的。毋庸置疑,优化求解器的参数设置对优化求解器的性能有着至关重要的影响,一组好的参数设置能够使得优化求解器发挥它最大的潜能,而一组差的参数能够使得一个理论上很有优势的优化求解器在实际应用中却表现得不尽如人意。目前几乎所有的优化求解器的默认参数都是由优化求解器的开发者凭借自己的经验进行设定的。虽然这些参数是可以由用户自己来设定和修改的,但是开发者并没有提供一些可以指导用户进行参数设置的经验或者规则。

为了更好地研究优化求解器的参数设置对优化求解器的性能的影响,需要一个确定的研究对象,本章采用了基于内点算法的优化求解器 IPOPT(3.5.4 版)[7],IPOPT 是目前世界上最优秀的优化求解器之一,尤其适合于求解带有成千上万不等式约束的大规模非线性规划问题。目前 IPOPT 已经被集成到多个主流的建模平台当中，包括 gPROMS，GAMS，AMPL，AIMMS 以及 Aspen Plus。IPOPT 中的参数可以分为三种类型：选项型参数、整数型参数以及连续型参数。关于 IPOPT 中部分参数的详细信息见表 6-1[8]。

**表 6-1 IPOPT 中部分参数的详细信息**

| 索引 | 参数名称 | 含义 | 默认值 | 取值范围 | 类型 |
| --- | --- | --- | --- | --- | --- |
| 1 | alpha_for_y | 确定约束的拉格朗日乘子步长的方法 | primal | primal, bound_mult, min, max, full, primal-and-full, min_dual_infeas, safe_min_dual_infeas, dual-and-full | 选项型 |
| 2 | alpha_for_y_tol | 等式约束的拉格朗日乘子切换到全步长时的容差 | 10.0 | $(0,+\infty)$ | 连续型 |
| 3 | barrier_tol_factor | 障碍因子在终止测试时的乘子 | 10.0 | $(0,+\infty)$ | 连续型 |
| 4 | bound_frac | 从初始点到边界所期望的最小相对距离 | 0.01 | $(0,0.5]$ | 连续型 |
| 5 | bound_mult_init_method | 边界的拉格朗日乘子的初始化方法 | constant | constant, mu-based | 选项型 |
| 6 | bound_mult_init_val | 边界的拉格朗日乘子的初始值 | 1 | $(0,+\infty)$ | 连续型 |
| 7 | bound_push | 从初始点到边界所期望的最小绝对距离 | 0.01 | $(0,+\infty)$ | 连续型 |
| 8 | fixed_mu_oracle | 当切换到固定模式的时候，障碍因子的预测方式 | average_compl | probing, quality-function, average_compl, loqo | 选项型 |
| 9 | max_soc | 每一个迭代步进行二次校正的最大次数 | 4 | $[0,+\infty)$ | 整数型 |
| 10 | mu_init | 障碍因子的初始值 | 0.1 | $(0,+\infty)$ | 连续型 |
| 11 | mu_linear_decrease_factor | 确定障碍因子的线性下降速度 | 0.2 | $(0,1)$ | 连续型 |
| 12 | mu_max | 障碍因子的最大值 | 1.0e+5 | $(0,+\infty)$ | 连续型 |
| 13 | mu_max_fact | 障碍因子最大值初始化的因子 | 1.0e+3 | $(0,+\infty)$ | 连续型 |
| 14 | mu_min | 障碍因子的最小值 | 1.0e−11 | $(0,+\infty)$ | 连续型 |

续表

| 索引 | 参数名称 | 含义 | 默认值 | 取值范围 | 类型 |
|---|---|---|---|---|---|
| 15 | mu_oracle | 在自适应更新方式中,障碍因子的预测方式 | quality-function | probing, loqo, quality-function | 选项型 |
| 16 | mu_strategy | 障碍因子的更新方式 | monotone | monotone, adaptive | 选项型 |
| 17 | mu_superlinear_decrease_power | 确定障碍因子的超线性下降速度 | 1.5 | (1,2) | 连续型 |
| 18 | nlp_scaling_max_gradient | 当最大梯度大于该值时,启用基于梯度的标度化方法 | 100 | $(0, +\infty)$ | 连续型 |
| 19 | obj_scaling_factor | 目标函数的标度因子 | 1 | $(0, +\infty)$ | 连续型 |
| 20 | quality_function_max_section_steps | 在用直接搜索程序确定最优中心参数时的最大搜索次数 | 8 | $[0, +\infty)$ | 整数型 |

从 CUTE 算例测试库中选取两个算例(dallass 和 palmer1)来初步考察 IPOPT 的参数变化对 IPOPT 的性能的影响,为了便于观察,只考虑 IPOPT 中的两个参数(barrier_tol_factor 和 mu_linear_decrease_factor)。当算例被成功求解的时候,性能函数的取值为实际的 CPU 耗费时间,否则的话,性能函数的取值为一个最大值(对 dallass 来说是 10s,对 palmer1 来说是 15s)。从图 6-1 中可以看出,在由 barrier_tol_factor 参数和 mu_linear_decrease_factor 参数确定的坐标平面上,性能函数曲面变化十分剧烈,一组适当的参数能够使得求解时间很小,而一组差的参数却使得问题求解失败。在差的参数设置和好的参数设置之间性能函数有一个很大的提升空间,这个突现了参数整定的必要性。事实上,参数整定问题本身也是一个优化问题,图 6-1 显示两个函数曲面均是高高低低,十分地不光滑,因此,参数整定问题不能采用基于梯度的优化算法来求解。

虽然求解参数整定问题是非常困难的,也是非常耗时的,但是至少有两个应用场景值得去耗费一定的计算代价来确定适当的参数设置。

**应用场景 1**　当大规模复杂优化问题不能够被基于默认参数的优化求解器成功求解的时候,这个问题可能可以通过调整参数来解决。

**应用场景 2**　在实时操作优化和非线性模型预测控制等这些应用中,各个问题实例之间有着十分相似的结构,在大多数情况下,只是模型参数有所不同,比如流量的大小,组分的浓度稍微有所变化。对此可以利用问题结构的相似性,通过参数整定来提高整体应用的实时性。

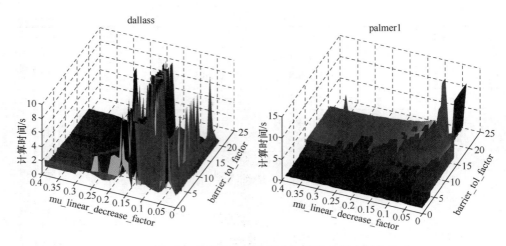

图 6-1　优化求解器的性能和优化求解器的参数之间的关系

## 6.2　基于启发式和直接搜索算法的参数自动整定框架

参数自动整定是一个基于优化求解器在求解某一个或者某一类问题时的输出来寻找更优的参数设置的过程。通常优化求解器的性能可以通过求解问题的时间,求解器的迭代次数,计算目标函数的次数,计算梯度的次数,计算约束容差的次数以及计算雅可比矩阵的次数等来表征。参数自动整定问题有如下特征:

(1) 优化求解器的性能与参数设置间的函数关系几乎不可能用解析表达式来描述。性能函数只能表述为一个黑箱模型,并且计算性能函数十分耗时。

(2) 优化求解器的参数之间可能存在相互关联性,可以用来减少待搜索的参数空间。目前主流的优化求解器中,最常见的,也是最重要的参数之间的关联性如图 6-2 所示。

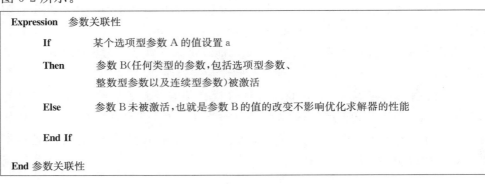

| Expression | 参数关联性 |
|---|---|
| **If** | 某个选项型参数 A 的值设置 a |
| **Then** | 参数 B(任何类型的参数,包括选项型参数、整数型参数以及连续型参数)被激活 |
| **Else** | 参数 B 未被激活,也就是参数 B 的值的改变不影响优化求解器的性能 |
| **End If** | |
| **End** 参数关联性 | |

图 6-2　优化求解器的参数关联性定义

每一个如图 6-2 所描述的关联性可以用一个由参数名,参数值,事件组成的三元组来描述。表 6-1 所列的参数之间的关联性可以表述为表 6-2 的形式。

为了便于描述参数自动整定问题,下面给出其数学描述形式:

$$\min f(A;x,y,z;\mathrm{Ins})$$
$$\text{s. t.} \quad x_l \leqslant x \leqslant x_u$$
$$y_l \leqslant y \leqslant y_u \quad\quad (6.1)$$
$$z \in S$$

其中 $A$ 表示一个优化求解器;$x$ 表示优化求解器的连续型参数向量,$x_l$ 和 $x_u$ 为其相应的上下界向量;$y$ 表示优化求解器的整数型参数向量,$y_l$ 和 $y_u$ 为其相应的上下界向量;$z$ 为其选项型参数向量,$S$ 为其相应的可行域;Ins 为待求解的一个问题实例或者一类问题实例;$f$ 为优化求解器的性能函数。

**表 6-2  IPOPT 部分参数之间的关联性描述**

| 参数名 | 参数值 | 事件 |
|---|---|---|
| mu_strategy | "mcnotone" | mu_init 被激活 |
| | "acaptive" | mu_orcal 被激活 |
| | | fixed_mu_orcal 被激活 |
| | | mu_max_fact 被激活 |
| | | mu_max 被激活 |
| | | mu_min 被激活 |
| alpha_for_y | "primal-and-full" 或 "dual-and-full" | alpha_for_y_tol 被激活 |
| mu_oracle | "quality-function" | quality_function_max_section_steps 被激活 |

## 6.2.1  参数自动整定整体算法框架概述

从表 6-2 来看,为了很好地利用参数之间的关联性从而减少参数搜索空间,求解式(6.1)最直观的做法就是对参数进行分层处理。

本小节采用启发式算法和直接搜索算法(metaheuristics and direct search method,M&D)来分别处理选项型参数和数值型参数(包括整数型参数和连续型参数)。整体框架如图 6-3 所示,分为三个部分:M&D,优化求解器以及问题实例。M&D 由性能函数,启发式算法以及直接搜索算法组成,当用户激活 M&D 以后,性能函数由基于默认参数的优化求解器进行初始化,随后启发式算法开始运行,产生一组值赋给选项型参数并传给性能函数,固定选项型参数的值,由启发式算法去调用直接搜索算法并将数值型参数传递给性能函数,从而在所有的参数固定的情况下,由性能函数去调用优化求解器求解问题实例并将结果返回给直接搜索算法,直到直接搜索算法满足终止条件,将在数值型参数意义下的优化结果返回给启发

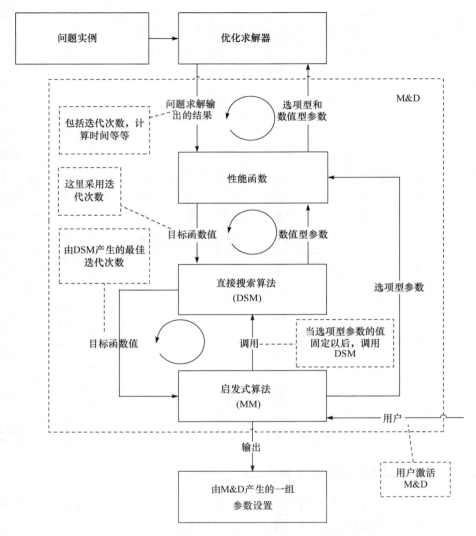

图 6-3　基于启发式算法和直接搜索算法的参数整定框架

式算法,由启发式算法再次产生一组新的值赋给选项型参数,重复上述过程直到启发式算法满足终止条件并将结果输出给用户。

## 6.2.2　启发式算法及参数关联性的处理

启发式算法就是引导搜索过程进行高效地搜索的策略,为了找到最优解,需采用某种机制以防止搜索过程陷入到局部极小点[9]。有四种启发式算法被广泛地应用到模拟优化中,即模拟退火算法、遗传算法、禁忌搜索算法以及分散搜索算法。在这些算法当中,禁忌搜索算法和分散搜索算法被证明是至今为止最为有效的[10]。本节采用禁忌搜索算法来处理选项型参数以及参数之间如图 6-2 所示的关联性。

禁忌搜索算法最初是被用来求解非线性覆盖问题的,后来逐步扩展到其他邻域的应用[11]。禁忌搜索通过引入记忆机制从而达到跳出局部搜索的目的。通常,禁忌搜索过程如下,更为详细的可以参考文献[12]~[14]。

在第 $i$ 次迭代过程中,从初始点 $z_{i-1}$ 出发,通过某种规则构建一个邻域 $N(z_{i-1})$。对邻域中的每一个候选解 $s_j \in N(z_{i-1})$ 进行评估,如果 $s_j$ 优于已经得到的当前邻域的最优候选解 $s_{best}$,并且 $s_j$ 不在禁忌列表中,或者即使它在禁忌列表当中但满足特赦准则,则有 $s_{best} = s_j$,将 $s_j$ 从邻域 $N(z_{i-1})$ 中删除,同时更新禁忌列表。当邻域变为空的时候,得到了关于当前邻域的最优候选解 $s_{best}$,更新迭代点得到 $z_i = s_{best}$。重复上述过程直到满足终止条件。

如何有效地利用参数关联性的关键在于如何构建基于当前迭代点的邻域。当选项型参数与选项参数之间存在如图 6-1 所示的关联性的时候,在第 $i$ 次迭代过程中,基于初始点 $z_{i-1}$ 的值,会有一部分选项型参数没有被激活,也就是无效的,这样就可以只利用被激活的选项型参数构建邻域 $N(z_{i-1})$,从而减少了候选解的个数。同样当选项型参数与数值型参数(包括整数型参数和连续性参数)之间存在关联性的时候,会有一部分数值型参数是没有被激活的,从而减少了需要被直接搜索算法处理的参数个数。同不考虑参数之间的关联性相比,这样可以缩小相当一部分的搜索空间。

### 6.2.3　直接搜索算法

与基于梯度的优化算法相比,直接搜索算法的魅力就在于,在寻找最优点的过程中它不需要计算目标函数的一阶以及更高阶的导数。直接搜索算法分为三种基本类型:模式搜索算法,单纯形法以及自适应搜索方向法[15]。有关直接搜索算法更为详细的介绍可以参考文献[16]。

本小节采用模式搜索算法来处理优化求解器的数值型参数,考虑如下形式的边界约束优化问题[17,18]:

$$\min f(x)$$
$$\text{s. t.} \quad x_l \leqslant x \leqslant x_u \tag{6.2}$$

其中 $x_l, x, x_u \in R^n$;$f: R^n \to R$。可行域定义如下:

$$\Omega = \{x \in R^n \mid x_l \leqslant x \leqslant x_u\} \tag{6.3}$$

模式可通过一个基矩阵和一个生成矩阵来定义。基矩阵可以是任意的非奇异矩阵 $B \in R^{n \times n}$,生成矩阵定义如下:

$$C_k = [M_k \quad -M_k \quad L_k] \tag{6.4}$$

其中 $M_k \in M \subset Z^{n \times n}$($Z$ 是整数集合);$M$ 是非奇异矩阵的集合;$L_k \in Z^{n \times (p-2n)}$,$p >$

$2n$。定义模式为 $P_k = BC_k$，$P_k$ 的列向量就是试验迭代步的搜索方向。一个试验迭代步定义为 $s_k^i = \Delta_k P_k^i$，其中 $\Delta_k \in R^+$ 为试验迭代步的步长，$P_k^i$ 表示矩阵 $P_k$ 的第 $i$ 个列向量。在每一个试验点 $x_k^i = x_k + s_k^i$ 上计算目标函数之前，需要先将试验点投影到 $\Omega$ 上，投影算子 $P_j(t)$ 定义如下：

$$p_j(t) = \begin{cases} x_{l_j}, & t < x_{l_j} \\ t, & x_{l_j} \leqslant t \leqslant x_{u_j} \\ x_{u_j}, & t > x_{u_j} \end{cases} \tag{6.5}$$

那么 $x = (x^{(1)}, x^{(2)}, \cdots, x^{(n)})^{\mathrm{T}}$ 在 $\Omega$ 上的投影为

$$P(x) = \sum_{j=1}^{n} p_j(x^{(j)}) e_j \tag{6.6}$$

其中 $\{e_j\}$，$j = 1, \cdots, n$ 为标准基向量。

一般，模式搜索算法的步骤如下：

选择初始点 $x_0 \in \Omega$ 和初始步长 $\Delta_0 > 0$，对于 $k = 0, 1, \cdots$

**Step 1**　计算 $f(x_k)$。

**Step 2**　按照定义的模式，经过试验计算后，确定迭代步 $s_k$。

**Step 3**　如果 $f(x_k + s_k) < f(x_k)$，那么 $x_{k+1} = x_k + s_k$。否则 $x_{k+1} = x_k$。

**Step 4**　更新 $C_k$ 和 $\Delta_k$。

在采用模式搜索算法时，将优化求解器的整数型参数当做连续型变量来处理，在计算目标函数的之前要先将整数型参数的值做圆整处理。

### 6.2.4　算法框架的实施

本小节将给出以上各节讨论的基于启发式算法和直接搜索算法的参数自动整定算法框架的实施方案，如图 6-4 所示，详细步骤如下：

**Step 1**　获取被整定的参数的信息，包括类型（选项型，整数型或者连续型）、默认值以及取值范围。对禁忌搜索算法进行初始化处理，包括给定初始点、禁忌列表的长度和算法终止条件等。

**Step 2**　对选项型参数进行二进制编码。采用 2-opt 或者其他规则构建候选解集合。

**Step 3**　从候选解集合 $S(x_k)$ 中任意选择一个 $S_i$，将其作用到选项型参数上。

**Step 4**　固定所有的选项型参数，用模式搜索算法处理所有的数值型参数，如果由模式搜索算法返回的目标函数有所改进，并且 $S_i$ 不在禁忌列表中，或者满足了特赦规则，转 Step 5；否则转 Step 6。

**Step 5**　用 $s_i$ 去更新目前的最优解。

**Step 6**　将 $s_i$ 从候选集 $S(x_k)$ 中删除，若 $S(x_k)$ 非空，转 Step 3，否则转 Step 7。

**Step 7**　将目前邻域内得到的最优解 $S_{\text{best}}$ 作用到当前迭代点 $\theta_k$，得到 $\theta_{k+1}$，并

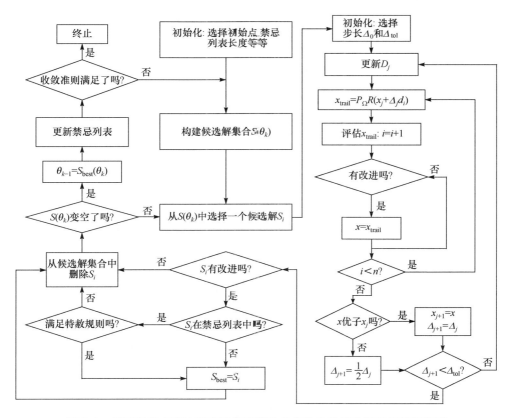

图 6-4　基于启发式算法和直接搜索算法的参数自动算法框架实施流程图

更新禁忌列表。如果收敛准则满足,终止,否则转 Step 2。

　　在这些步骤中,对于优化求解器参数之间关联性的处理在 Step 2 和 Step 3 中实现。首先要解决的问题是如何存储这些相互关联的参数,Step 2 的实施是基于存储这些参数的数据结构的。由这些参数关联性的特征可知,可以采用有向树来表示。孤立参数可以视为只有一个根节点的有向树。根据关联性的定义,数值型参数节点是没有子孙的,也就是只能作为叶子节点或者只有一个根节点的有向树。因此,所有的参数可以表示为由多棵有向树组成的森林。采用森林数据结构的好处在于可以清晰地表达出各个参数之间的关联性,同时可以直接使用目前已有的关于树结构的高效操作算法。

　　为了更加直观地解释参数之间的关联性的处理,直接以表 6-1 中的参数为例,如图 6-5 所示,节点中的数字与表 6-1 中的参数的序号相对应,每一个节点有两种状态,“灰色”节点表示该参数是不起作用的,“白色”节点表示该参数是起作用的。每棵有向树的根节点对应的参数都是起作用的,其他节点对应的参数是否起作用

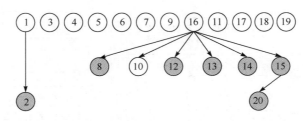

图 6-5　由表 6-1 中的参数构成的参数森林的初始状态

取决于该节点的父节点以及祖先节点所对应的参数。只有当所有的祖先节点和父节点都处于起作用状态并且父节点对应的参数的值满足激活条件时,该节点对应的参数才是起作用的。表 6-1 中的参数的初始状态如图 6-5 所示,所以 Step 2 中,只以起作用的选项型参数 alpha_for_y (1)、bound_mult_init_method (5)和 mu_strategy (16)来构建候选解集合。在 Step 3 中,当一个候选解作用到选项型参数上的时候,如果某一个选项型参数的值发生了变化,此时,需要检测该选项型参数的子孙节点的状态是否需要改变。例如,当参数 mu_strategy 的值从"monotone"变为"adaptive"的时候,有些节点的状态就需要改变一下,如图 6-6 所示,根据表 6-2 的关系,可知 fixed_mu_oracle (8)、mu_max (12)、mu_max_factor (13)、mu_min (14)、mu_orcal (15)被激活了以及 mu_init (10)将不再起作用。

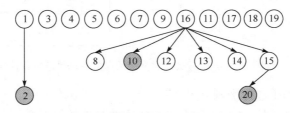

图 6-6　由表 6-1 中的参数构成的参数森林在参数 mu_strategy 发生变化时的状态

在经过 Step 2 和 Step 3 确定起作用的参数之后,Step 4 只需要处理起作用的数值型参数。具体步骤如下:

**Step 4. 1**　初始化模式搜索算法,确定初始步长 $\Delta_0$ 和终止条件 $\Delta_{tol}$,整数型参数也作为连续型变量来处理。

**Step 4. 2**　根据模式构造规则更新搜索方向集合 $D_j$。

**Step 4. 3**　从方向集合 $D_j$ 中选择一个方向 $d_i$($D_j$ 中元素个数为 $p$ 并且大于 $2n$)并乘以步长 $\Delta_j$,得到 $x_j + \Delta_j d_i$,先对其进行圆整处理($R$ 运算符)以保证赋给整数型参数的值是整数,再对其投影处理($P_\Omega$ 运算符)以确保所赋之值在可行域内。

**Step 4. 4**　评估 $x_{trial}$,如果目标函数得到了改进,将 $x_{trial}$ 赋给 $x$。

**Step 4. 5**　如果 $i < 2n$,那么转 Step 4.3;否则转 Step 4.6。

**Step 4. 6**　如果目标函数在 $x$ 点处的值优于 $x_j$ 点,那么将 $x$ 赋给 $x_{j+1}$,$\Delta_j$ 赋

给 $\Delta_{j+1}$，否则，$\Delta_{j+1}=0.5\Delta_j$。

**Step 4.7**　如果 $\Delta_{j+1}<\Delta_{\text{tol}}$，那么将目标函数值返回给禁忌搜索算法，否则转 Step 4.2。

**注 6.1**　从 Step 4.2 到 Step 4.5，有一个变量 $\text{obj}_{\text{best}}$ 用来记录到目前为止最好的目标函数，当前试验点能否被接受取决于基于当前试验点的目标函数值 $\text{obj}_{\text{trial}}$ 与 $\text{obj}_{\text{best}}$ 比较，如果 $\text{obj}_{\text{trial}}$ 优于 $\text{obj}_{\text{best}}$，则接受当前试验点，并有 $\text{obj}_{\text{best}}=\text{obj}_{\text{trial}}$。故优化求解器的性能函数(迭代次数或者计算时间)在迭代过程中超过了 $\text{obj}_{\text{best}}$，那么就没有必要再迭代下去了，即使再迭代下去，当前试验点还是不能够被接受。因此将优化求解器的最大迭代次数或者最长计算时间设为 $\text{obj}_{\text{best}}$，可以大幅度地减少不必要的计算资源[19]。

### 6.2.5　数值实验

本节的数值实验是基于 Dell Precision T3400，Intel(R) Core(TM)2 Duo CPU，2.66GHz，2.0G 内存的计算机，待整定的优化求解器是 IPOPT(3.5.4 版)，IPOPT 的收敛准则设定值采用其默认值，待整定的参数为表 6-1 所示的 20 个参数，其中有 5 个选项型参数，2 个整数型参数以及 13 个连续型参数。禁忌搜索算法的终止准则为目标函数值连续 10 次没有得到改进。对于模式搜索算法，初始步长为 0.5，步长的收缩率为 0.5，终止准则为步长小于 $2^{-6}$。CPU 运行时间限制为 24h。

1. 可求解性测试

对于可求解性测试来说，一旦 IPOPT 求解成功，M&D 就终止了。选自 CUTE 的算例 Cresc50，有 6 个变量，4 个边界约束，100 个不等式约束，雅可比矩阵的非零元个数为 550，海森矩阵的非零元个数为 17。在默认参数下，IPOPT 求解该算例失败，计算结果见表 6-3。采用 M&D 对 IPOPT 的参数进行整定，经过 244.0s，计算目标函数 43 次，得到一组整定过的参数，使得 IPOPT 成功求解 Cresc50。与默认参数相比，M&D 只是将参数 obj_scaling_factor 的值从 1.0 变为 0.875。基于整定后的参数，IPOPT 求解 Cresc50 的结果见表 6-3。

表 6-3　基于默认参数和整定后参数的 IPOPT 求解 Cresc50 的结果

| Cresc50 | 迭代次数 | 计算时间/s | 目标函数 | 约束违反 | 对偶容差 | 收敛标志 |
|---|---|---|---|---|---|---|
| 默认值 | 635 | 2.50 | $-3.08440\mathrm{e}-14$ | $3.757\mathrm{e}-1$ | 2.606 | $\times$ |
| 整定值 | 442 | 1.40 | $7.86247\mathrm{e}-1$ | 0.000 | $1.448\mathrm{e}-10$ | $\checkmark$ |

2. 改进性测试

改进性测试是指针对某一类问题，选取具有代表性的若干问题实例，基于这些问题实例,通过 M&D 对 IPOPT 进行整定后,能够得到一组参数,使得 IPOPT 在求解这一整类问题时的性能都得到了提高。

考虑选择 CUTE 的算例 Palmer1,其优化命题的具体形式如下:

$$\min \sum_{i=1}^{31} \left[ B_i - \left( A_i^2 x_1 + \frac{x_2}{x_3 + A_i^2 x_4^{-1}} \right) \right]^2$$

$$\text{s. t. } x_2 \geqslant 0.00001 \tag{6.7}$$

$$x_3 \geqslant 0.00001$$

$$x_4 \geqslant 0.00001$$

其中 $A_i, B_i (i=1, \cdots, 31)$ 是常数参数(具体数值见 CUTE 文件 Palmer1. mod)。通过变动参数 $A_1$ 和 $B_1$ 来构造一簇相类似的问题, $A_1$ 从 $(1-5\%)a_1$ 变到 $(1+5\%)$ $a_1$,变化的步长为 $(1\%)a_1$,其中 $a_1 = -1.788963$ 是 $A_1$ 的原始值; $B_1$ 也以相同的方式变化,其中 $b_1 = 78.596218$。所构造的问题族包括原问题在内总共有 121 个问题实例。

选择 $A_1 = \{0.95a_1, a_1, 1.05a_1\}$ 以及 $B_1 = \{0.95b_1, b_1, 1.05b_1\}$ 所对应的 9 个问题实例作为典型算例集合来整定 IPOPT。性能函数为由 IPOPT 求解这 9 个问题实例的迭代次数构成的向量的无穷范数。

M&D 运行 3.83 个小时,计算目标函数 17078 次后,得到一组整定后的参数,如表 6-4 所示(为了简便起见,只列出了改变过的参数值)。

**表 6-4　IPOPT 求解 Palmer1 算例族的默认参数值和整定后的参数值**

| 参数名 | 默认值 | 整定值 | 参数名 | 默认值 | 整定值 |
|---|---|---|---|---|---|
| barrier_tol_factor | 10.0 | 0.3135 | mu_superlinear_decrease_power | 1.5 | 1.623 |
| bound_mult_init_val | 1.0 | 2.875 | nlp_scaling_max_gradient | 100.0 | 12.5 |
| mu_init | 0.1 | 0.35 | obj_scaling_factor | 1.0 | 0.125 |
| mu_linear_decrease_factor | 0.2 | 0.35 | quality_function_max_section_steps | 8 | 12 |
| mu_strategy | monotone | adaptive | | | |

接下来比较基于参数默认值和整定值的 IPOPT 求解 Palmer1 算例族的性能。表 6-5 比较了 IPOPT 求解 Palmer1 的原始算例在参数默认值和整定值下的差异。二者具有相同的目标函数值和约束违反,但同参数默认值相比,在整定值下,迭代次数从 698 次减少到 9 次,计算时间也从 1.24s 减少到 0.03s。对于其他的问题实例也是类似的情况,图 6-7 显示了 IPOPT 求解所有的问题实例时在参数默认值和整定值下的性能比较。从图中可以看出基于参数整定值的性能函数曲面整个都处于基于参数默认值的性能函数曲面之下。基于参数默认值的 IPOPT 求解 121 个问题实例的平均迭代次数为 654.33 次,而基于参数整定值的则为 9 次,极大地节省了计算资源。

表 6-5　基于参数默认值和整定值的 IPOPT 求解 Palmer1 原始算例的结果比较

| Palmer1 原始算例 | 迭代次数 | 计算时间/s | 目标函数 | 约束违反 | 收敛标志 |
|---|---|---|---|---|---|
| 默认值 | 698 | 1.24 | 1.17546e+4 | 0.0 | √ |
| 整定值 | 9 | 0.03 | 1.17546e+4 | 0.0 | √ |

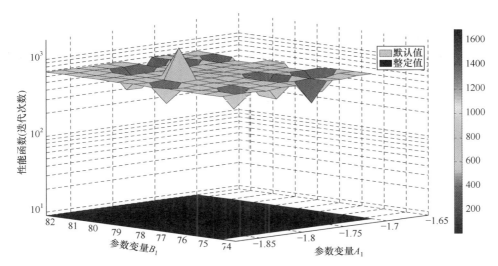

图 6-7　基于参数默认值和整定值下 IPOPT 求解所有问题实例的数值结果比较

(纵坐标采用的是对数坐标)

# 6.3　基于随机采样的参数自动整定算法

6.2 节提出了基于启发式算法和直接搜索算法相结合的参数自动整定框架，采用考虑了参数之间关联性的两层结构来分别处理选项型参数和数值型参数（包括整数型参数和连续型参数），这样虽然能够减少算法在搜索过程中的搜索空间，但是采用两层结构本身就会使得搜索的效率降低，这样从总体上来讲，参数自动整定算法的搜索效率是不是仍然不高呢？接下来将讨论一种不考虑参数之间的关联性并同时处理所有参数的参数自动整定算法。

## 6.3.1　随机采样参数整定算法和改进随机采样参数整定算法

重新给出参数自动整定问题的数学描述形式：

$$\min f(A; \theta; \text{Ins})$$
$$\text{s. t. } \theta \in \Omega \tag{6.8}$$

其中目标函数 $f$ 是非线性规划求解器的性能函数；$A$ 表示非线性规划求解器；Ins

表示一个或者一簇类似的问题实例；$\theta$ 表示优化求解器中所有类型的参数的一个参数配置；$\Omega$ 为 $\theta$ 的可行域。

针对 6.1 节提到的第一个应用场景，也就是优化求解器求解失败的情景，参数自动整定算法在求解问题(6.8)的时候，目标函数 $f$ 只有两种取值，0(求解成功)，1(求解失败)。一旦非线性规划求解器成功求解了问题实例，搜索过程即刻终止。在整个搜索过程中，没有可以利用的反馈信息去引导搜索过程，并且可行域中参数值个数很多也可能是无数多个。随机采样算法可以从整个集合当中最大可能地选出一个子集作为整个集合的典型代表，因此对于 6.1 节中的第一个应用场景来说，采用随机采样算法来整定非线性规划求解器不失为一个好的选择。针对第一个应用场景的随机采样参数自动整定算法(random sampling based parameter automatic tuning algorithm，RS-PAT)如图 6-8 所示。

---

随机采样参数整定算法(RS)

1. $\theta \leftarrow$ 默认参数设置 $\theta_0$；
   // $N(\theta, radius)$ 是邻域，radius 用来限制整数型参数和
   // 连续型参数的上下界
2. $\Omega \leftarrow N(\theta, radius)$；
   // TermianationCondition 是基于计算资源比如目标函数计算
   // 次数、总体运行时间等来设计的终止准则
3. while not *TerminationCondition*( )do
4.      $\theta \leftarrow$ 任意 $\theta_r \in \Omega$；
5.      call *flag*$\leftarrow$*EvaluatePerformanceFunction*(A, $\theta$, Ins)；
6.      if *flag*$==$*true* then $\theta_{opt} \leftarrow \theta$；break；
7. return $\theta_{opt}$；

---

图 6-8  针对第一个应用场景的随机采样参数整定算法(RS-PAT)

从图 6-1 中可以看出，性能函数曲面上存在很多的极小点，但是从非线性规划求解器实际应用的角度来说，找到一个局部最优的参数配置来提高求解器的性能已经是足够了。因此，针对 6.1 节的第二个应用场景，采用随机采样算法仍然不失为一个好的选择。但是由图 6-8 所示的随机采样参数整定算法不能直接用于针对第二个应用场景的参数整定，有两个问题需要解决。第一个问题是怎样利用性能函数的值和其他一些信息来引导搜索程序搜索参数空间；第二个问题是如何恰当有效地终止搜索过程。

对于第一个问题，将采用基于启发式规则的迭代搜索技术。具体地说，就是对于每一个邻域利用随机采样的办法来得到该邻域内一个好的参数配置(可能是该邻域内最优的，也可能是次优的)。当目前的邻域被充分地搜索后，将构建一个新的邻域，如果目前得到的最好的参数配置 $\theta_{opt}$ 要优于当前邻域中心点(也是上一个邻域内得到的最好的参数配置)，那么就以 $\theta_{opt}$ 为新的邻域的中心点；否则的话，就

随机产生一个新的参数配置作为新的邻域的中心点。邻域的半径一直保持不变。

如果连续若干次 $\theta_{\mathrm{opt}}$ 在更新的时候都有某些参数没有发生实质性的变化(也就是对于选项型参数来说参数值没有变化,对于数值型参数来说参数值只是发生了微小的波动),那么这些参数的值被认为是对求解器是有益的,在接下来的搜索过程中可以被固定下来。这个启发式规则的实施是基于最近的 $N$ 个 $\theta_{\mathrm{opt}}$ 的更新值 $\{\theta_1,\theta_2,\cdots,\theta_N\}$:

(a) 选项型参数:如果 $\theta_i^{(\mathrm{categorical})}=\theta_j^{(\mathrm{categorical})}$ 对于所有的 $i,j\in\{1,\cdots,N\}$ 都满足,那么就固定该选项型参数的值;

(b) 数值型参数:如果 $a^{-1}\theta_j^{(\mathrm{Numerical})}<\theta_i^{(\mathrm{Numerical})}<a\theta_j^{(\mathrm{Numerical})},a>1$ 对于所有的 $i$, $j\in\{1,\cdots,N\}$ 都满足,那么就用 $\theta_N^{(\mathrm{Numerical})}$ 的值去固定该数值型参数。

设计一个恰当的终止准则来判定是否已经得到一个合适的参数配置是十分重要的。一个好的终止准则能够在参数配置的好坏程度和计算代价之间做出一个好的平衡,这里借用第 5 章以及文献[20]中针对非线性规划算法的收敛深度控制准则的思想来设计终止准则。搜索过程的迭代序列构造如下:

$$f_k=\begin{cases}f(A;\theta_0;\mathrm{Ins}); & k=0\\ f(A;\theta;\mathrm{Ins}),k=k+1; & \theta\text{ 优于 }\theta_{\mathrm{opt}}\\ f(A;\theta_{\mathrm{opt}};\mathrm{Ins}),k=k+1; & \theta_{\mathrm{opt}}\text{ 在当前邻域 }\Omega\text{ 中没有更新}\end{cases} \quad (6.9)$$

其中 $\{f_k\}$ 为目标函数序列;$\theta_0$ 是默认的参数设置;$\theta$ 是当前的参数设置;$\Omega$ 是当前的邻域。终止准则的设计是基于单调非增序列 $\{f_k\}$,$|f_{k-1}-f_k|$ 用来描述搜索过程第 $k$ 步取得的改进,到第 $k$ 步为止取得的总的改进为 $|f_0-f_k|$。故第 $k$ 步的进展程度可以定义为

$$\sigma_k=\begin{cases}\dfrac{|f_{k-1}-f_k|}{|f_0-f_k|}, & f_0\neq f_k\\ 0, & f_0=f_k\end{cases} \quad (6.10)$$

如果 $\sigma_k<\sigma_0$($\sigma_0$ 为预先制定的数值,$0<\sigma_0<1$)被连续满足 $M$ 次,搜索过程被认为不再有改进了,可以被终止。在目标函数序列 $\{f_k\}$ 是有下界的假设前提下,$\sigma_k$ 收敛于零,因此搜索过程最终能够被所设计的收敛准则有效终止。

**注 6.2**　如果 $f_0=f_k$,这意味着 $f_0=f_1=\cdots=f_{k-1}=f_k$,故在式(3.10)中,当 $f_0=f_k$ 时,定义 $\sigma_k=0$ 是合理的。

**注 6.3**　在实际应用过程中,非线性规划求解器的性能通常是由总体计算时间、目标函数的调用次数、迭代次数等来衡量的[21]。因此,假定目标函数序列 $\{f_k\}$ 有下界是合理的,故根据单调有界定理可知 $\{f_k\}$ 存在极限。

**注 6.4**　采用同注 6.1 的技术可以提升参数自动整定算法的搜索效率。

针对第二个应用场景的改进随机采样参数整定算法(enhanced random sampling based parameter automatic tuning algorithm, ERS-PAT)如图 6-9 所示。

---

改进随机采样参数整定算法（EPS）

1. $\theta \leftarrow$ 默认参数设置 $\theta_0$
   // 在构进新的邻域时不再考虑被固定住的参数

2. $W \leftarrow N(\theta, \text{radius})$;

3. while not *TarminationCondition*() do

4.     $\theta \leftarrow random(W)$;

5.     call $flag \leftarrow EvaluatePerformanceFunction(A, \theta, I)$;
   // 如果 $\theta$ 优于 $\theta_{\text{opt}}$, Better 返回 true

6.     if $flag ==$ true $\&\&.Better(\theta. \theta_{\text{opt}})$ then

7.         $\theta_{\text{opt}} \leftarrow \theta$;

8.         $FollowHeuristicRules()$;
   // 当当前的邻域被充分搜索时, 构建新的邻域

9.     if $UpdateNeighborhoodConditton()$ then
   // 如果 $\theta_{\text{opt}}$ 在当前邻域中被更新过的话, 那么 $\theta_{\text{opt}}$ 被用作构建新邻域的中心点,
   // 否则随机发生一个参数设置作为新邻域的中心点

10.         if $Isthetaoptimaupdated()$ then $\theta \leftarrow \theta_{\text{opt}}$;

11.         else $\theta \leftarrow random(W)$;
   // 同第 2 步, 构造新邻域时不再考虑被固定住的参数

12.         $W \leftarrow N(\theta, \text{radius})$;

13. return $\theta_{\text{opt}}$

---

图 6-9 针对第二个应用场景的改进随机采样参数整定算法（ERS-PAT）

### 6.3.2 数值实验

本节采用同 6.2.5 节的实验环境设置、非线性规划求解器（IPOPT, 3.5.4 版）以及待整定的参数（表 6-1）。

本小节的测试分为三个部分, 第一部分的测试算例来自 CUTE 算例库, 第二部分研究一个结晶过程的动态优化问题, 第三部分研究二级串联的非恒温 CSTR 系统非线性模型预测控制问题。

RS 算法的终止准则为问题实例一旦成功求解, 搜索过程即刻终止, 或者是当性能函数的计算次数超过 1000 次或者算法总体运行时间超过 24h, 则搜索过程被强制终止。邻域的半径设置为数值型参数默认值的十倍。对于 ERS 算法的终止准则, $\sigma_0$ 的值取为 0.1, $M$ 的值取为 3。对于启发式规则, $N$ 被设置为 3, $a$ 被设置为 1.5。更新邻域的条件为当前邻域的采样次数已经超过 50 次。邻域的半径设置为数值型参数默认值。

1. CUTE 算例测试

1) Cresc50 算例可求解性测试

运行 RS 算法 20 次, 平均每次运行时间 113.75s, 计算性能函数 8.3 次。RS

算法找到一组能够使得 IPOPT 成功求解 Cresc50 的参数设置。同第 6.2.5 节的 M&D 算法相比,算法运行时间减少了一大半。分别基于默认参数设置和整定后参数设置,IPOPT 求解 Cresc50 的数值结果如表 6-6 所示。表 6-7 给出了整定后的参数设置。

**表 6-6 基于默认参数设置和整定后参数设置的 IPOPT 求解 Cresc50 的结果**

| Cresc50 | 迭代次数 | 计算时间/s | 目标函数 | 约束违反 | 对偶容差 | 收敛标志 |
|---|---|---|---|---|---|---|
| 默认值 | 635 | 2.50 | $-3.08440e-14$ | $3.757e-1$ | 2.606 | $\times$ |
| 整定值 | 128 | 0.53 | $7.36247e-1$ | $2.997e-11$ | $2.093e-10$ | $\checkmark$ |

**表 6-7 IPOPT 求解 Cresc50 算例整定后的参数设置**

| 参数名称 | 整定值 | 参数名称 | 整定值 |
|---|---|---|---|
| alpha_for_y | safe_min_dual_infeas | mu_linear_decrease_factor | $5.78632e-1$ |
| alpha_for_y_tol | 66.8755 | mu_max | $1.00751e+6$ |
| barrier_tol_factor | 7.06992 | mu_max_fact | $7.11356e+2$ |
| bound_frac | $8.78771e-2$ | mu_min | $9.35203e-11$ |
| bound_mult_init_method | constant | mu_oracle | loqo |
| bound_mult_init_val | 9.43898 | mu_strategy | adaptive |
| bound_push | $1.08164e-2$ | mu_superlinear_decrease_power | 1.78333 |
| fixed_mu_oracle | quality-function | nlp_scaling_max_gradient | $4.30338e+2$ |
| max_soc | 36 | obj_scaling_factor | 10.1483 |
| mu_init | $9.58769e-2$ | quality_function_max_section_steps | 24 |

2) Polak3 算例可求解性测试

该算例有 12 个变量,10 个不等式约束,雅可比矩阵的非零元个数为 120,海森矩阵的非零元个数为 11。运行 RS 算法 20 次,平均每次运行时间 15.75s,计算性能函数 1.9 次。RS 算法找到一组能够使得 IPOPT 成功求解 Polak3 的参数设置。表 6-8 给出了基于默认参数设置和整定后参数设置,IPOPT 求解 Polak3 的数值结果。表 6-9 给出了整定后的参数设置。

从以上两个算例可以看出在默认参数设置下求解失败的算例,可以通过 RS 算法找到一组合适的参数设置使得它们被成功求解。同默认参数设置相比,表 6-7 和表 6-9 中的绝大部分参数被修改过,但是事实上,可能只有某几个关键的参数在起作用。使用 RS 对以上两个算例进行单参数整定测试,结果发现参数 obj_scaling_factor 是一个十分关键的参数。对 Cresc50 来讲,只要将 obj_scaling_factor 的值改为 0.271584,它就能够被成功求解。对 Polak3 来讲,只要将 obj_scaling_ factor 的值改为 2.93036，它也能够被成功求解。参数 obj_scaling_factor 是一个标度化因子，影响着非线性规划问题在求解过程中目标函数的梯度计算和拉格朗日函数的海森矩阵的计算。一个差的标度化因子会导致病态的 KKT 矩阵，从而影响非线性规划算法中搜索方向的计算。

　　接下来还有其他的来自 CUTE 算例库的不能在默认参数设置下被成功求解的算例。在只整定关键参数 obj_scaling_factor 的情况下，这些算例就能够被成功求解。表 6-10 列出了关于这些算例的数值结果。然而，如何来确定一个在默认参数设置下不能够被成功求解的算例是因为标度化做得不好，这个问题仍然需要进一步的研究。

**表 6-8　基于默认参数设置和整定后参数设置的 IPOPT 求解 Polak3 的结果**

| Polak3 | 迭代次数 | 计算时间/s | 目标函数 | 约束违反 | 对偶容差 | 收敛标志 |
|---|---|---|---|---|---|---|
| 默认值 | 3000 | 10.32 | 3.9975e+2 | 1.044e+3 | 3.991e+7 | × |
| 整定值 | 169 | 0.343 | 5.9330 | 0.000 | 5.149e−10 | √ |

**表 6-9　IPOPT 求解 Polak3 算例整定后的参数设置**

| 参数名称 | 整定值 | 参数名称 | 整定值 |
|---|---|---|---|
| alpha_for_y | min | mu_linear_decrease_factor | 3.48966e−1 |
| alpha_for_y_tol | 36.7226 | mu_max | 9.50511e+5 |
| barrier_tol_factor | 87.7462 | mu_max_fact | 3.70348e+3 |
| bound_frac | 2.98575e−2 | mu_min | 5.59014e−11 |
| bound_mult_init_method | constant | mu_oracle | quality-function |
| bound_mult_init_val | 1.93097 | mu_strategy | monotone |
| bound_push | 1.27702e−2 | mu_superlinear_decrease_power | 1.17622 |
| fixed_mu_oracle | average_compl | nlp_scaling_max_gradient | 5.49681e+2 |
| max_soc | 35 | obj_scaling_factor | 0.815088 |
| mu_init | 9.06702e−1 | quality_function_max_section_steps | 7 |

**表 6-10　关键参数整定测试结果**

| 算例 | Nonmsqrt | | Palmer5a | | Sineali | |
|---|---|---|---|---|---|---|
| | 默认值 | 整定值 | 默认值 | 整定值 | 默认值 | 整定值 |
| obj_scaling_factor | 1.0 | 6.28773e−1 | 1.0 | 2.29420 | 1.0 | 4.21979e−1 |
| 迭代次数 | 3000 | 171 | 3000 | 35 | 3000 | 56 |

续表

| 算例 | Nonmsqrt | | Palmer5a | | Sineali | |
|---|---|---|---|---|---|---|
| | 默认值 | 整定值 | 默认值 | 整定值 | 默认值 | 整定值 |
| 计算时间/s | 13.22 | 0.39 | 6.64 | 0.09 | 6.61 | 0.13 |
| 目标函数值 | 7.51800e−1 | 7.51803e−1 | 3.51605e−2 | 2.12809 | −1.90096e+3 | −1.87336e+3 |
| 约束违反 | 0 | 0 | 0 | 0 | 0 | 0 |
| 对偶容差 | 1.79406e−5 | 1.49153e−8 | 4.66628e+1 | 2.16371e−8 | 3.43806e−2 | 1.91184e−8 |
| 收敛标志 | × | ✓ | × | ✓ | × | ✓ |

3）Palmer1 算例族求解改进性测试

采用和 6.2.5 节的改进性测试相同的算例（Palmer1 算例族），不过稍微有所不同的是，本小节采用计算时间来作为性能函数。

运行 ERS 算法 20 次，平均每次运行时间 16.5s，计算性能函数 143.0 次。ERS 算法产生了一组参数设置，如表 6-11 所示。同 6.2.5 节的 M&D 算法的 3.83 个小时相比，ERS 算法的运行时间几乎可以忽略不计。

对于整个 Palmer1 算例族，图 6-10 显示了 IPOPT 求解所有的问题实例时在参数默认值和整定值下的性能比较。从图中可以看出基于由 ERS 产生的参数设置的性能函数曲面整个都处于基于默认参数设置的性能函数曲面之下。基于默认参数设置的 IPOPT 求解 121 个问题实例的平均计算时间为 1.0671s，而基于由 ERS 产生的参数设置的则为 0.0216s。

**表 6-11　由 ERS 产生的用于 IPOPT 求解 Palmer1 算例族的参数设置**

| 参数名称 | 整定值 | 参数名称 | 整定值 |
|---|---|---|---|
| alpha_for_y | dual-and-full | mu_linear_decrease_factor | 4.51557e−2 |
| alpha_for_y_tol | 12.5727 | mu_max | 2.00781e+4 |
| barrier_tol_factor | 3.00410e−1 | mu_max_fact | 1.11139e+3 |
| bound_frac | 6.98836e−3 | mu_min | 1.98859e−12 |
| bound_mult_init_method | mu−based | mu_oracle | quality-function |
| bound_mult_init_val | 2.75359 | mu_strategy | adaptive |
| bound_push | 1.51228e−2 | mu_superlinear_decrease_power | 1.77049 |
| fixed_mu_oracle | quality-function | nlp_scaling_max_gradient | 172.690 |
| max_soc | 4 | obj_scaling_factor | 5.66501e−1 |
| mu_init | 4.57442e−2 | quality_function_max_section_steps | 11 |

## 2. 结晶过程的动态优化问题

通常，间歇结晶过程由粒数衡算方程、矩量方程、质能衡算方程、晶体生长速率

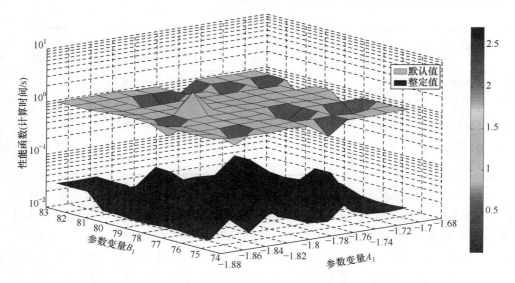

图 6-10　基于默认参数设置和整定后参数设置的 IPOPT 求解 Palmer1
算例族的数值结果比较(纵坐标采用对数坐标)

方程以及结晶动力学方程来描述[22]。为了最大化晶体长度,构建如下动态优化
命题[23]:

$$\max_{z(t),u(t),p} L_s(t_f)$$

$$\text{s. t. } \frac{\mathrm{d}L_s}{\mathrm{d}t}=K_gL_s^{0.5}\Delta T^{1.1}$$

$$\frac{\mathrm{d}N}{\mathrm{d}t}=B_n\Delta T^{5.72}$$

$$\frac{\mathrm{d}L}{\mathrm{d}t}=N\frac{\mathrm{d}L_s}{\mathrm{d}t}+L_0\frac{\mathrm{d}N}{\mathrm{d}t}$$

$$\frac{\mathrm{d}A}{\mathrm{d}t}=2\alpha N\frac{\mathrm{d}L_s}{\mathrm{d}t}+L_0^2\frac{\mathrm{d}N}{\mathrm{d}t}$$

$$\frac{\mathrm{d}V_c}{\mathrm{d}t}=3\beta A\frac{\mathrm{d}L_s}{\mathrm{d}t}+L_0^3\frac{\mathrm{d}N}{\mathrm{d}t} \tag{6.11}$$

$$\frac{\mathrm{d}M}{\mathrm{d}t}=3(\frac{W_{s0}}{L_{s0}^3})L_s^2\frac{\mathrm{d}L_s}{\mathrm{d}t}+\rho V\frac{\mathrm{d}V_c}{\mathrm{d}t}$$

$$\frac{\mathrm{d}C}{\mathrm{d}t}=-\frac{\mathrm{d}M/\mathrm{d}t}{V}$$

$$\frac{\mathrm{d}T}{\mathrm{d}t}=K_c\frac{\mathrm{d}M}{\mathrm{d}t}-(\frac{K_e}{wC_p})(T-T_j)$$

$$\phi(C)\leqslant T_j\in[10℃,100℃]$$

其中 $L_c$(m)为晶体的平均大小;$N(10^6/\text{Lh})$是每升溶剂中晶核的数量;$L(10^6/\text{L})$是每升溶剂中晶体的总长度;$A(\text{m}^2/\text{L})$是每升溶剂中晶体的总表面积;$V_c(\text{m}^3/\text{L})$是每升溶剂中晶体的总体积;$C(\text{kg/Lh})$是溶质的浓度;$M(\text{kg})$是晶体的总重量;$V(\text{L})$是溶剂的体积,$\Delta T(℃)$是偏离平衡温度的正偏差。函数 $\phi(C)$ 的计算是基于浓度和平衡温度之间的一个多项式关系。关于结晶模型的参数和常数见表 6-12[23]。

表 6-12  结晶模型的参数和常数

| 名称 | 取值 | 名称 | 取值 |
|---|---|---|---|
| 晶体初始大小:$L_0$ | $5\times10^{-5}$ m | 所加的晶种质量:$W_{s0}$ | $2\times10^{-3}$ kg |
| 晶种的平均大小:$L_{s0}$ | $5\times10^{-4}$ m | 晶体的真比重:$\rho$ | 1.58 kg/L |
| 晶体表面积的形状系数:$\alpha$ | 0.2 | 晶体体积的形状系数:$\beta$ | 1.2 |
| 常数:$K_g$ | 0.00418 | 常数:$B_n$ | 385 |
| 结晶器中物质的总质量:$w$ | 2.025 kg | 平均热容:$C_p$ | 0.4 kcal/(kg·℃) |
| 产品的熔化潜热:$K_c$ | 35 kcal/kg | 传热系数×面积:$K_E$ | 377 kcal/(℃·h) |

本小节采用联立法求解动态优化问题(6.11),离散后得到的大规模非线性规划命题利用 IPOPT(3.5.4 版)求解。和文献[23]有所不同,见表 6-13。

表 6-13  本小节采用的联立法与文献[23]的比较

| | 有限元个数 | 配置方式 | 配置点个数 | 求解工具 |
|---|---|---|---|---|
| 本小节 | 25 | Radau | 3 | OCC[24]<br>IPOPT(version3.5.4) |
| 文献[23] | 50 | Radau | 3 | DynoPC[25]<br>reduced-space IPOPT |

注 6.5  本节采用 OCC 离散化动态优化问题(6.11),产生一组 FORTRAN 文件(bounds.f,constraints.f,hessian.f,jacobian.f,objective.f,start.f 和 svalues.inc),将这些文件进行封装生成一个动态链接库模型并给出若干接口便于 IPOPT 对其进行求解。

基于默认参数的 IPOPT 求解由上述方式产生的非线性规划问题失败。采用 RS 算法对 IPOPT 进行参数整定。运行 RS 算法 20 次,平均每次运行时间 3.11 小时,计算性能函数 140.8 次。RS 算法产生了一组合适的参数设置使得 IPOPT 成功求解结晶问题。分别基于默认参数设置和整定后的参数设置,IPOPT 求解问题的数值结果见表 6-14 所示。晶体平均大小和夹套温度曲线如图 6-11 所示。整定后的参数设置如表 6-15 所示。

**表 6-14　基于默认参数设置和整定后参数设置的 IPOPT 求解结晶问题的结果**

| 结晶问题 | 迭代次数 | 计算时间/s | 目标函数 | 约束违反 | 对偶容差 | 收敛标志 |
|---|---|---|---|---|---|---|
| 默认值 | 515 | 38.67 | $-5.000e-4$ | $1.077e+1$ | 1.000 | $\times$ |
| 整定值 | 669 | 23.09 | $-4.372e-3$ | $2.062e-11$ | $2.385e-15$ | $\checkmark$ |

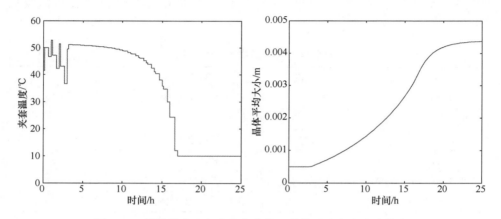

图 6-11　最优的夹套温度变化曲线和晶体平均大小变化曲线

**表 6-15　由 RS 产生的用于 IPOPT 求解结晶问题的参数设置**

| 参数名称 | 整定值 | 参数名称 | 整定值 |
|---|---|---|---|
| alpha_for_y | dual-and-full | mu_linear_decrease_factor | $4.27137e-1$ |
| alpha_for_y_tol | 62.9276 | mu_max | $6.97290e+5$ |
| barrier_tol_factor | 50.6677 | mu_max_fact | $7.26060e+3$ |
| bound_frac | $2.70409e-2$ | mu_min | $7.70305e-11$ |
| bound_mult_init_method | mu－based | mu_oracle | loqo |
| bound_mult_init_val | 9.68505 | mu_strategy | monotone |
| bound_push | $2.22538e-2$ | mu_superlinear_decrease_power | 1.04311 |
| fixed_mu_oracle | quality-function | nlp_scaling_max_gradient | 720.957 |
| max_soc | 11 | obj_scaling_factor | 6.88998 |
| mu_init | $8.10389e-1$ | quality_function_max_section_steps | 16 |

　　为了验证所得到的解的正确性,将其与文献[23]中的结果相比较,文献[23]中的最优夹套温度变化曲线和晶体平均大小变化曲线如图 6-12 所示。离散化后的模型信息和相应的结果比较如表 6-16 所示。

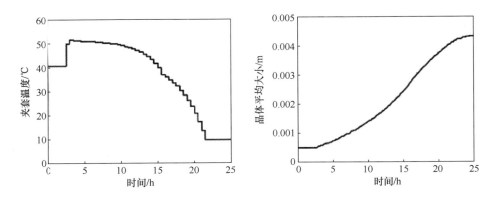

图 6-12　文献[23]中的最优的夹套温度变化曲线和晶体平均大小变化曲线

**表 6-16　离散化后的模型信息和相应的结果比较**

| | 变量个数 | 方程个数 | 目标函数值 | 求解器 |
|---|---|---|---|---|
| 本小节 | 1050 | 975 | 4.372e−3 | 经 RS 整定的 IPOPT（version 3.5.4） |
| 文献[23] | 1900 | 1750 | 4.326e−3 | reduced-space IPOPT |

由图 6-11,图 6-12 以及表 6-16 可知本小节得到的目标函数和文献中的只有微小的差别,并且晶体平均大小的变化曲线几乎是完全一样的,从而验证了本小节所得的解的正确性。

### 3. 二级串联的非恒温 CSTR 系统非线性模型预测控制问题

考虑二级串联的 CSTR 系统,反应器中进行不可逆反应 A→B[26, 27]。根据物料平衡和能量平衡得到以下用于描述反应过程的非线性微分方程组:

$$\frac{\mathrm{d}V_1}{\mathrm{d}t}=q_F-q_1$$

$$\frac{\mathrm{d}(V_1 C_{A,1})}{\mathrm{d}t}=q_F C_{A,F}-k_0 C_{A,1} V_1 \exp\left(-\frac{E}{RT_1}\right)-q_1 C_{A,1}$$

$$\frac{\mathrm{d}(V_1 T_1)}{\mathrm{d}t}=q_F T_F+\frac{\Delta H k_0 C_{A,1} V_1}{\rho c_p}\exp\left(-\frac{E}{RT_1}\right)-q_1 T_1-V_1 Q_c$$

$$\frac{\mathrm{d}V_2}{\mathrm{d}t}=q_1-q_2 \tag{6.12}$$

$$\frac{\mathrm{d}(V_2 C_{A,2})}{\mathrm{d}t}=q_1 C_{A,1}-k_0 C_{A,2} V_2 \exp\left(-\frac{E}{RT_2}\right)-q_2 C_{A,2}$$

$$\frac{\mathrm{d}(V_2 T_2)}{\mathrm{d}t}=q_1 T_1+\frac{\Delta H k_0 C_{A,2} V_2}{\rho c_p}\exp\left(-\frac{E}{RT_2}\right)-q_2 T_2$$

控制变量为第二个反应器出口处的阀门开度 $u_1$ 和第一个反应器的传热系数

$u_2$。对于两个反应器来说,总共有 6 个状态变量:反应器中液体的体积($V_1$,$V_2$)(下标表示第几个反应器,后面的类推),反应物 A 的浓度($C_{A,1}$,$C_{A,2}$)以及温度($T_1$,$T_2$)。另外还有三个用于描述反应器和夹套的代数方程:

$$q_1 = c_1 \sqrt{V_1 - V_2}$$
$$q_2 = c_1 \sqrt{V_2} u_1 \qquad\qquad (6.13)$$
$$Q_c = c_2 u_2$$

其中 $q_1$ 和 $q_2$ 分别为第一个和第二个反应器出口的流量,$Q_c$ 为夹套的冷却率。模型的参数和一些常数见表 6-17[27]。

表 6-17　CSTR 系统的模型参数和常数

| 参数名称 | 整定值 | 参数名称 | 整定值 |
|---|---|---|---|
| 常数:$c_1$ | 10 | 指前因子:$k_0$ | $7.2 \times 10^{10}$ |
| 常数:$c_2$ | 48.1909 | 活化能/气体常数:E/R | $1.0 \times 10^4$K |
| 进料流量:$q_F$ | 100L/min | 流体的密度:$\rho$ | 1000g/L |
| 进料中反应物 A 的浓度:$C_{A,F}$ | 1.0mol/L | 流体的热容:$c_p$ | 0.239 J/(g·K) |
| 进料的温度:$T_F$ | 350K | 反应热:$\Delta H$ | $4.78 \times 10^4$ J/mol |

在 $t=5$min 之前,系统处于稳定状态,$u_1=1.0$,$u_2=1.0$,第一个反应器和第二个反应器中的反应液体积、反应物 A 的浓度以及温度分别为 200L,0.0357mol/L,446.471K 和 100L,0.0018mol/L,453.2585K。这个系统中被控变量为第二个反应器中反应物 A 的浓度(Ca2)和温度(T2)。控制的目标为跟踪上 Ca2 的设定值 $3.838024 \times 10^{-6}$mol/L 和 T2 的设定值 550.0003K。在 $t=5$min 这个时刻,采用非线性模型预测控制策略(NMPC)。假定在整个 NMPC 模拟中没有扰动和模型失配。采样时间为 15s,预测时域和控制时域均为 30 个采样周期。模拟时域的长度为 100,目标就是要在时域[5,$t_f$]($t_f=30$min)内跟踪上新的设定值并达到一个新的稳态。对于每一个采样时刻的开环最优控制问题构造如下:

$$\min \int_{t_{k-1}}^{t_k} [1.0 \times 10^{10} \times (C_{A,2} - C_{sp})^2 + (T_2 - T_{sp})^2 + (u_1 - u_{1,k-1})^2 + (u_2 - u_{2,k-1})^2] dt$$

$$\text{s. t. DAE 模型}(6.12)(6.13)$$
$$V_1 > 0, \quad V_2 > 0, \quad V_1 > V_2$$
$$0 < C_{A,1} < 1.0, \quad 0 < C_{A,2} < 1.0 \qquad\qquad (6.14)$$
$$T_1 > 350, \quad T_2 > 350$$
$$u_1 > 0, \quad u_2 > 0$$

其中下标"sp"表示设定值;$k-1$ 和 $k$ 表示第 $k$ 个采样区间的两个端点。

采用全联立的方法求解最优控制问题(6.14)。时间段$[t_{k-1}, t_k]$(15×30s)被划分成 60 个有限元,利用 OCC 对每个有限元进行三阶 Radau 配置。离散化以后得到一个非线性规划命题,变量个数为 2340,等式约束个数为 1980,自由度为 360,雅可比矩阵中的非零元个数为 10599,海森矩阵中的非零元个数为 4140 个。

使用基于默认参数设置的 IPOPT(3.5.4 版)求解上述非线性规划命题,得到的 NMPC 模拟结果如图 6-13 和图 6-14 中的实线部分所示。图 6-13 显示通过调整第二个反应器出口的阀门开度和第一个反应器的传热系数可以跟踪上 Ca2 和 T2 的设定值。同时,图 6-14 显示在很多采样时刻上,基于默认参数设置的 IPOPT 求解相应的离散化后的最优控制问题所耗时间很长,有的甚至超过了采样周期。因此,很有必要通过参数整定的办法来提升 IPOPT 求解各个采样时刻上最优控制问题的效率。

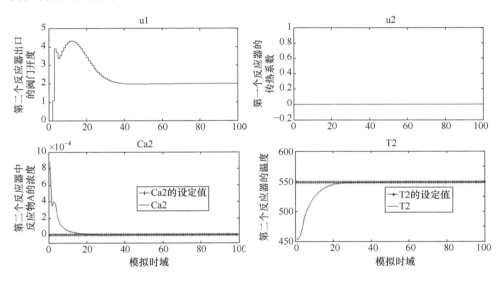

图 6-13　控制变量和受控变量的随时间变化曲线

在整个 NMPC 模拟中,需要求解 150 个最优控制问题。类似于"第一部分:CUTE 算例测试"中"改进性测试"的做法,取最初的 10 个最优控制问题作为整定 IPOPT 的训练算例集合。性能函数值取为 IPOPT 求解这些算例的最大计算时间。行 ERS 算法 20 次,平均每次运行时间 905.7s,计算性能函数 134.85 次。ERS 产生了一组较好的参数配置,相应的运行结果如图 6-14 中的星号线部分所示。整定后的参数设置如表 6-18 所示。

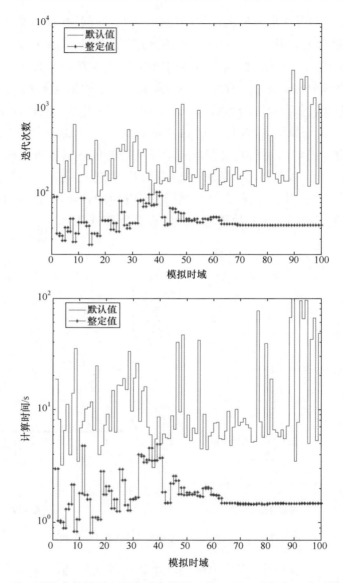

图 6-14　基于默认参数设置和整定后参数设置的 IPOPT 求解每一个采样时刻上的
最优控制问题的数值结果比较(纵坐标采用对数坐标)

表 6-18　由 ERS 产生的用于 IPOPT 求解最优控制问题的参数设置

| 参数名称 | 整定值 | 参数名称 | 整定值 |
| --- | --- | --- | --- |
| alpha_for_y | min | mu_linear_decrease_factor | 3.19089e−1 |
| alpha_for_y_tol | 19.3283 | mu_max | 5.26676e+4 |

续表

| 参数名称 | 整定值 | 参数名称 | 整定值 |
|---|---|---|---|
| barrier_tol_factor | 24.3315 | mu_max_fact | 1.73389e＋3 |
| bound_frac | 5.63503e－3 | mu_min | 5.30381e－12 |
| bound_mult_init_method | constant | mu_oracle | quality-function |
| bound_mult_init_val | 1.93985 | mu_strategy | monotone |
| bound_push | 1.55382e－3 | mu_superlinear_decrease_power | 1.39973 |
| fixed_mu_oracle | probing | nlp_scaling_max_gradient | 70.3439 |
| max_soc | 2 | obj_scaling_factor | 1.85659 |
| mu_init | 1.39956e－1 | quality_function_max_section_steps | 11 |

# 6.4　小　　结

非线性规划求解器的性能与求解器的参数紧密相关,参数的类型分为选项型、整数型以及连续型。可以通过整定这些参数来提高求解器的性能。求解器的性能与求解器的参数之间的函数关系非常复杂,几乎不可能用解析的函数关系式来表达,并且这个性能函数有可能是不光滑的,甚至是不连续的,因此,不能采用基于梯度的优化算法来求解参数自动整定问题。

为了可以同时处理选项型、整数型以及连续型这三种类型的参数,并考虑到参数之间的相互关联性,可以减小参数搜索空间,从而提高搜索效率,本章先是采用基于启发式算法(处理选项型参数)和直接搜索算法(处理整数型和连续型参数)的两层结构来构造参数自动整定算法,并利用 CUTE 算例库中的算例对其进行了测试,数值实验结果表明基于启发式算法和直接搜索算法的参数自动整定算法(M&D 算法)能够实现 6.1 节提到的两个应用场景。但是算法的效率还有待提高,究其原因是算法采用两层结构对搜索效率带来的负面影响要比利用参数之间的关联性减小参数搜索空间从而提高搜索效率带来的正面影响要大。

接下来,本章在不考虑求解器参数之间的关联性的情况下,构建了基于随机采样的参数自动整定算法(RS 算法和 ERS 算法),并利用 CUTE 算例库中的算例(数值结果显示搜索效率要比 M&D 算法要高),关于结晶的动态优化问题以及串联 CSTR 系统的非线性模型预测控制问题对 RS 算法和 ERS 算法进行了测试。所有测试结果同样显示了两点:

(1) 在默认参数设置下不能被求解的问题,可以通过参数整定的办法来尝试解决。

(2)基于典型算例集合整定而来的参数设置,可以使得求解器在求解整个算例族时的性能也得到大幅度的提高。当然这里需要注意的一点是经参数自动整定算法得到的参数设置是和所求解的问题相关的,没有普适性。

对于 RS 算法的效率,可以对其进行进一步的提高。根据随机采样算法的特点,每一组参数设置的选择是相互独立的,故对于这些参数设置的评估是可以同时进行的。因此,可以利用并行计算技术来提升 RS 算法的效率。本章对于 RS 算法在整定 IPOPT 过程中,只采用了反馈回来的两种求解器的状态("成功"或者"失败")。其实,IPOPT 求解算例失败的原因有很多种,例如,检测到不可行问题,搜索方向变得太小,可行性恢复失败等等。可以通过充分地利用这些信息来进一步改善 RS 算法。

在本章数值实验小节,可以看到 obj_scaling_factor 对于第一个应用场景来说是一个关键参数,那么可以考虑将参数整定的思想结合到 IPOPT 中去,设计一种自适应的目标函数标度化策略从而改进 IPOPT 的性能。

## 参 考 文 献

[1] Wächter A ,BieglerL T,Line search filter methods for nonlinear programming: motivation and global convergence [J]. SIAM Journal on Optimization, 2005, 16(1):1-31.

[2] Wächter A ,BieglerL T. Line search filter methods for nonlinear programming: local convergence [J]. SIAM Journal on Optimization, 2005, 16(1): 32-48.

[3] Wachter A ,BieglerL T. On the implementation of an interior-point filter line-search algorithm for large-scale nonlinear programming [J]. Mathematical Programming, 2006, 106 (1):25-57.

[4] Wächter A. An Interior Point Algorithm for Large-Scale Nonlinear Optimization with Applications in Process Engineering[D]. Carnegie Mellon University,2002.

[5] Drud A S. CONOPT-A large scale GRG code [J]. ORSA Journal on Computing, 1994, 6: 207-216.

[6] Gill P E, Murray W,Saunders M A. SNOPT: A SQP algorithm for large-scale constrained optimization [J]. SIAM Journal on Optimization, 2002, 12(4):979-1006.

[7] IPOPT source code[CP/OL]. http://www. coin-or. org/download/source/Ipopt/.

[8] Introduction to IPOPT: Atutorial for downloading, installing, and using IPOPT[EB/OL]. http://www. coin-or. org/Ipopt/documentation/.

[9] Blum C,Roli A. A metaheuristics in combinatorial optimization: Overview and conceptual comparison [J]. ACM Computing Surveys, 2003, 35(3):268-308.

[10] Fu M, Glover F W,April J. Simulation optimization: A review, new development and applications. Proceedings of Winter Simulation Conference,2005.

[11] Glover F W,Laguna M. Tabu Search [M]. Dordrecht:Kluwer Academic Publisher,1998.

[12] Glover F. Tabu Search － Part I [J]. ORSA Journal on Computing, 1989, 1(3):190-206.

[13] Glover F. Tabu Search － Part II [J]. ORSA Journal on Computing, 1990, 2(1):4-32.

[14] Glover F. Tabu search: A tutorial [J]. Interfaces Journal, 1990, 20(4):74-94.

[15] Lewis R M, Torczon V, and Trosset M W, Direct search methods: Then and now [J]. Journal of Computational and Applied Mathematics, 2000, 124(1-2):191-207.

[16] Kolda T G, Lewis R M, Torczon V. Optimization by direct search: New perspectives on some classical and model methods [J]. SIAM Review, 2003, 45(3):385-482.

[17] Torczon V. On the convergence of pattern search algorithms [J]. SIAM Journal on Optimization, 1997, 7(1):1-25.

[18] Lewis R M, Torczon V. Pattern Search Algorithms for Bound Constrained Minimization [J]. SIAM Journal on Optimization, 1999, 9(4):1082-1099.

[19] Hutter F, et al. ParamILS: An automatic algorithm configuration framework [J]. Journal of Artificial Intelligence Research, 2009, 36:267-306.

[20] WangK X, et al. Convergence depth control for process system optimization [J]. Industrial and Engineering Chemistry Research, 2007, 46(23):7729-7738.

[21] Audet C, Orban D. Finding optimal algorithm parameters using derivative-free optimization [J]. SIAM Journal on Optimization, 2006, 17(3):642-664.

[22] Lang Y D, Cervantes A M, BieglerL T. Dynamic optimization of a batch cooling crystallization process [J]. Industrial and Engineering Chemistry Research, 1999, 38(4):1469-1477.

[23] BieglerL T. An overview of simultaneous strategies for dynamic optimization [J]. Chemical Engineering and Processing, 2007, 46(11):1043-1053.

[24] Jockenhovel T, BieglerL T, Wächter A. Dynamic optimization of the Tennessee Eastman process using the OptControlCenter [J]. Computers and Chemical Engineering, 2003, 27(11):1513-1531.

[25] Lang Y D, BieglerL T. A software environment for simultaneous dynamic optimization [J]. Computers and Chemical Engineering, 2007, 31(8):931-942.

[26] Hahn J, Edgar T F. An improved method for nonlinear model reduction using balancing of empirical grammians [J]. Computers and Chemical Engineering, 2002, 26(10):1379-1397.

[27] Nonlinear ModelLibrary: Reactor 4[EB/OL]. http://www. hedengren. net/research/models. htm.

# 第 7 章    开放架构的流程模拟与优化软件体系

在过程系统工程领域,对于规模较小的非线性规划命题,SQP 算法是公认的最有效的优化算法之一,但是随着问题规模的扩大,不等式约束个数的增多,SQP 算法的求解效率会变低。究其主要原因是 SQP 算法在求解过程中需要确定有效约束集,这是一个 NP-hard 的问题,成为 SQP 算法继续发展的一个瓶颈。内点算法将命题中的不等式约束转化为障碍项,将其加入到目标函数中去,从而避免了优化求解过程中确定有效约束集的问题,故从算法构造的本质上来讲,内点算法更适合用于求解大规模非线性规划命题。Aspen Plus 作为流程模拟和优化行业的佼佼者,其采用的标准优化求解器仍然是 SQP 算法,至今没有基于内点算法的优化求解器。本章通过 Aspen Plus 提供的 Aspen 开放求解器 AOS 接口集将美国 Carnegie Mellon 大学开发的 IPOPT 集成到 Aspen Plus 中去,开发了 Aspen Plus 下首个基于内点算法的优化求解器,并通过大型空分系统的数据调和算例验证了所开发的求解器的有效性。AOS 接口集作为 Aspen Plus 的一个私有接口集,在流程模拟优化行业内并不是一个被广泛接受和认可的标准,为了使得新的研究成果和技术能够快速地集成,需要一套被业界普遍接受的标准。CAPE-OPEN 作为新一代过程系统开放式仿真计算平台标准,它的目的就是为了解决流程模拟和优化软件之间的集成和互操作性问题,从而可以更加高效且经济地完成复杂的过程建模任务和各种基于模型的应用。Aspen Plus 支持基于 CAPE-OPEN 的单元操作模块和热力学物性模块,但是至今还没有提供对基于 CAPE-OPEN 的优化求解器的支持。本章将在 AOS 接口集的基础上,通过 COM 组件技术,实现 Aspen Plus 在优化求解器方面的 CAPE-OPEN 化,并且与 Lang 和 Biegler 实现的基于 CAPE-OPEN 的 IPOPT 进行集成和测试。

## 7.1    流程模拟软件的研究和开发

流程模拟软件是优化理论和方法得以实施和应用的一个平台。当前国际上主流的流程模拟软件包括 Aspen 系列软件、ASCEND、gPROMS、PRO/II、ChemCAD、HYSYS、Honeywell ShadowPlant 和 UniSIM Operator 等,这些软件已经具备了以下技术共性:

(1) 拥有大规模优化计算核心引擎,能联立求解数万维的优化任务;

(2) 基于开放架构的建模平台,支持第三方的模型和算法嵌入和集成;

（3）具有面向对象的建模语言，支持模型重用、模型调试和模型诊断；

（4）包含丰富的单元操作模块库、优化算法库和热力学物性计算库。

上述流程模拟软件在流程操作培训、流程优化、经济评价以及环保评测等方面应用广泛，取得了很好的成效，已经成为目前流程工业企业挖潜增效、节能减排的一项重要技术支撑。例如，Aspen 公司将流程模拟和优化技术应用于氯乙烯单体生产过程，将氯乙烯单体塔的回流率从 0.42 优化到 0.38，从而使得再沸器的一个 300kg/h 的中压流股的能量节省了 0.17MMkcal/h，在没有追加任何投资的情况下，产生了 3.345 万美元/年的经济效益。PSE 公司将流程模拟和优化技术应用于 PTA 的生产过程，在一个中等规模的工厂每年可以减少 1% 的对二甲苯的消耗量以及 15% 的醋酸消耗量，产生 100 万美元的经济效益，并且他们指出 PTA 全流程模拟优化技术的投资回报周期只需要 6~12 个月即可。

流程模拟软件发展至今已经有了长足的进步，也得到了广泛地应用。但有待解决的问题仍然不少，例如，相关的软件之间缺乏有效的交互，难以协同合作更好地完成任务，实现优势互补；难以实现遗留代码的重用，软件的开发和维护代价比较大。这里一个很大的根源就是在于软件架构设计的开放程度不足。在当前计算机软硬件条件日新月异的背景下，通过资源与功能的开放实现全方位的信息共享，协同解决复杂任务，已经成为新一代高级流程模拟软件架构的主流趋势[1]。

CAPE-OPEN(computer-aided process engineering open simulation environment)是新一代基于开放架构的过程系统仿真计算平台标准。由欧共体于 1999 年首次提出了该标准。其最终的目标是：实现一种基于接口的标准通信规范，使得不同来源的、各有千秋的功能组件与软件工具能够协同合作，实现信息共享，高效且经济地完成各种复杂的过程建模任务以及基于这些模型的应用[1]。CAPE-OPEN 采用了粗粒度的设计方法，通过中间件技术来实现过程组件之间的无缝衔接。目前实现中间件技术有两种标准：COM(组件对象模型)和 CORBA(公共对象请求代理)。

CO-LaN 成立于 2001 年，作为 CAPE-OPEN 标准的维护、发布以及推广的一个国际性组织，为了便于用户开发基于 CAPE-OPEN 标准的应用，向用户免费提供了遗产代码迁移向导、源文件模板以及各种测试工具。目前 CO-LaN 组织已经发布了针对单元操作模块和热力学物性模块的遗产代码迁移向导并且提供了视频帮助用户使用；为了帮助用户测试所开发的过程建模组件是否符合 CAPE-OPEN 标准，CO-LaN 开发了 CO Tester，CO Tester 所扮演的角色就相当于一个过程建模环境，它能够自动地实施多种过程建模组件的测试，并给出详细的测试报告。首先，CO Tester 会检测受检组件中是否存在所需的 CAPE-OPEN 接口，其次会检测各个接口的方法的参数列表(包括参数个数以及参数类型)，最后对各个方法进行功能性检测。CO-LaN 在 2003 年 12 月发布了用于测试基于 COM 开发的过程建模组件的 CO Tester 2.4.6 版本(目前还没有用于测试基于 CORBA 的过程建模组件的版本);CO-LaN 还开发了 COLTT(CAPE-OPEN logging and testing tool)用于记录不同软件供应商提供的基于 CAPE-OPEN 的过程建模组件和基于 CAPE-OPEN 的过程建模环境在交互时发生的错误,便于开发者进行跟踪和维护;由于 CAPE-OPEN 中间件的实现既可以基于 COM 也可以基于 CORBA,为了桥接基于这两种开发模型的 CAPE-OPEN 组件,CO-LaN 组织发布了COM-CORBA Bridging。

工业界和学术界对 CAPE-OPEN 进行了广泛的研究和开发应用。Perez 等将基于 FORTRAN 实现的多床氨反应器通过代码重用技术利用 CO-LaN 发布的遗产代码迁移向导对其进行了 CAPE-OPEN 化,并成功地将其嵌入到了 HYSYS 当中[2];Barrett 等在 Windows .NET 框架下建立了基于 CAPE-OPEN 的过程建模环境和过程建模组件用于模拟金属加工设备来减少在加工过程中废物的排放[3];Yang 等提出了构建一个基于 CAPE-OEPN 的过程建模组件黄页的想法,使得工程师能够通过网络得到在过程建模组件黄页中注册过的各种组件从而更好地解决过程模拟和优化问题,并在现有的多代理平台上实现了一个原型系统 CO-Gents[4];Morales-Rodriguez 等通过 CAPE-OPEN 将过程建模组件 ICAS-MoT 分别与过程建模环境 Simulis Thermodynamics 和 ProSimPlus 进行了集成,并通过热力学计算和单元操作的模拟验证了集成的有效性以及组件之间的互操作性[5];Domancich 等提出了一种系统性的方法将原先由 GAMS 和 FORTRAN 建立的模型通过 CAPE-OPEN 嵌入到 HYSYS 中,从而可以方便地使用 HYSYS 中的物性计算包,避免了需要在原先的建模环境中加入热动力学方程以及物性数据[6]。Lang 等采用 CORBA 技术将非线性规划求解器 IPOPT 实现了 CAPE-OPEN 化,并将其成功地嵌入到 gPROMS 当中求解动态优化问题[7]。

## 7.2　Aspen Open Solvers 接口集描述

AOS 接口集[8]根据待求解问题类型的不同可以分为三大类:线性代数(linear algebraic,LA)接口集,用于求解线性代数方程组;非线性代数(nonlinear algebraic,NLA)接口集,用于求解在稳态和动态模拟以及过程设计和综合过程中产生的非线性代数方程组问题;NLP 接口集,用于求解过程操作中的稳态和动态优化问题以及先进控制中产生的一些非线性规划问题。下面主要对 NLP 接口集进行分析。

NLP 接口由三部分组成:模型描述接口、求解器接口以及服务接口,相应的具体接口见表 7-1。模型描述接口由 Aspen Plus 实现,用来描述和计算模型,为求解器提供必要的模型信息,包括变量的个数、约束方程的个数、目标函数的值、约束方程的残差、约束方程的一阶导数信息等;求解器接口由外部组件实现,用来加载和调用优化算法,它负责从 Aspen Plus 中获取模型的信息,传递给外部算法,再将算法输出的计算结果反馈给 Aspen Plus, 实现 Aspen Plus 和外部算法之间的信息交互;服务接口也由 Aspen Plus 实现, 使得求解器能够将求解过程中的一些信息输出到 Aspen Plus 的窗口界面, 并提供一些共享资源如内存分配。

AOSNumericNLPESO 接口由众多的方法构成, 表 7-2 给出了在实现求解器接口时用到的 AOSNumericNLPESO 中的方法。求解器接口中的 AOSNumericSolverComponent 接口用于处理求解器的参数, 需要实现的方法如表 7-3 所示。

AOSNumericNLPSystemFactory 接口中的方法只有一个, 即 CreateNLPSystem, 用于创建一个基于 AOSNumericNLPSystem 的对象。AOSNumericNLPSystem 接口中的方法有 PerformIterations, 用于求解基于 AOSNumericNLPESO 接口的模型对象。在实现 AOSNumericSolverComponent 接口时需要用到的服务接口 AOSService 接口中的方法如表 7-4 所示。AOSMessagesHandler 接口中的方法为 WriteToOutputDevice, 其作为将信息输出到 Aspen Plus 的 GUI 界面。

**表 7-1　NLP 接口集的组成**

| 分类 | 接口 | 功能 |
| --- | --- | --- |
| 模型描述接口 | AOSNumericNLPESO | 描述待求解问题的模型 |
| 求解器接口 | AOSNumericSolverComponent | 处理求解器的参数 |
| | AOSNumericNLPSystemFactory | 生成 AOSNumericSystem 实例 |
| | AOSNumericNLPSystem | 用于调用外部算法 |
| 服务接口 | AOSService | 进行内存分配 |
| | AOSMessagesHandler | 将求解信息输出到终端 |

**表 7-2　NLP 实现求解器接口用到的 AOSNumericNLPESO 中的方法**

| 方法名称 | 描述 |
| --- | --- |
| GetNumVars | 返回非线性规划问题中的变量的个数 |
| GetNumEqConstr | 返回非线性规划问题中的等式约束个数 |
| GetNumIneqConstr | 返回非线性规划问题中的不等式约束个数 |
| GetBounds | 返回非线性规划问题中变量的上下界 |
| SetVariables | 更新所选择的变量的值 |
| GetVariables | 返回所选择的变量的值 |
| GetVariableAttr | 返回变量的某个属性, 如是否为一个常数 |
| GetConstrAttr | 返回约束的某个属性, 如是否为等式约束 |
| Evaluate | 计算约束容差, 目标函数值, 以及相应的导数信息 |

| 方法名称 | 描述 |
| --- | --- |
| GetNonzeros | 返回约束方程 Jacobian 矩阵和目标函数梯度中的非零元个数 |
| GetConstrJacStruct | 返回约束方程 Jacobian 矩阵中的非零元位置的行号和列号 |
| GetObjGradStruct | 返回目标函数梯度的非零元位置结构 |
| GetOptimSign | 返回目标函数是最大化还是最小化的标志位 |

**表 7-3　AOSNumericSolverComponent 接口中需要实现的方法**

| 方法名称 | 描述 |
| --- | --- |
| ParameterListLength | 返回求解器中参数的个数 |
| GetParameterNames | 返回求解器中参数的名字 |
| GetParameterInfo | 返回求解器中参数的详细信息,<br>如参数具体描述、上下边界等 |
| GetParameter | 返回一个指定参数的值 |
| SetParameter | 设定一个指定参数的值 |

**表 7-4　AOSService 接口中被用到的方法**

| 方法名称 | 描述 |
| --- | --- |
| AllocateString | 用于分配跨不同的动态链接库使用的字符串的空间 |
| FreeString | 用于撤销由 AllocateString 分配的空间 |

## 7.3　基于 AOS 接口的内点算法求解器

### 7.3.1　求解器接口的实现和 IPOPT 的封装

求解器接口实现的类图如图 7-1 所示。图 7-1 中各个类从上到下依次实现。AOSUtilityComponent 接口就是 COM 组件中的 IUnknown 接口,采用引用计数的方法来控制组件在使用过程中的生命周期。当客户从组件对象中得到一个接口时,计数器加 1,通过 AddRef 函数来实现;当客户接口使用完毕以后,计数器减 1,通过 Release 函数来实现;QueryInterface 函数是根据给定的接口标志(Interface Identification,IID)查找组件对象中相应的接口,并将接口指针返回给客户使用。类 CAOSNumericSolverComponent,CAOSNumericNLPSystem 以及 CAOSNumericNLPSystemFactor 都直接或者间接地继承了基于 AOSUtilityComponent 接口的 CAOSUtilityComponent 类,用于管理组件对象的生命周期。

接下来对 IPOPT 进行封装,IPOPT 对外开放一个接口 AOS_IPOPT 和一个可以被继承并且改写的基类 TNLP,如图 7-2 所示。

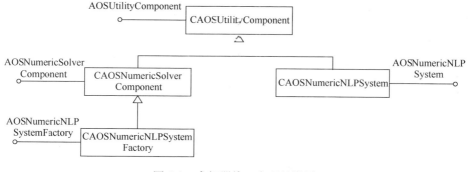

图 7-1　求解器接口实现的类图

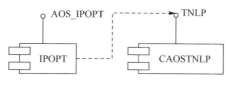

图 7-2　IPOPT 封装的组件图

AOS_IPOPT 接口被 CAOSNumericNLPSystem 中的 PerformIterations 方法调用用于激活 IPOPT。IPOPT 根据迭代过程中的对模型信息的要求去调用 TNLP 接口。TNLP 接口由以下 9 个函数构成:

(1) get_nlp_info:将模型的变量个数,约束方程的个数以及约束方程 Jacobian 矩阵中的非零元个数传递给 IPOPT,通过 AOSNumericNLPESO 接口中的 Get-NumVars,GetNumEqConstr,GetNumIneqConstr 以及 GetNonzeros 来实现。

(2) get_bounds_info:将变量和方程的边界约束传递给 IPOPT,通过 AOS-NumericNLPESO 接口中的 GetBounds,GetVariableAttr 以及 GetConstrAttr 来实现,其中 GetVariableAttr 用来确定哪些变量是被固定不变的,GetConstrAttr 用于确定哪些约束是等式约束。

(3) get_starting_point:将变量的初始值传递给 IPOPT,通过 AOSNumeric-NLPESO 接口中的 GetVariables 来实现。

(4) eval_f:计算目标函数值并将值返回给 IPOPT,通过 AOSNumericNLPE-SO 接口中的 Evaluate 来实现,其中标志位参数的值为 2。

(5) eval_grad_f:计算目标函数的梯度值并返回给 IPOPT,通过 AOSNumer-icNLPESO 接口中的 Evaluate 来实现,其中标志位参数的值为 8,得到目标函数梯度是稀疏存储的。在 IPOPT 中是用稠密向量来存储目标函数梯度的,故还需要通过 GetObjGradStruct 函数将目标函数梯度中的非零元填充到稠密向量中去。

（6）eval_g：计算约束方程的残差并返回给 IPOPT，通过 AOSNumericNLPE-SO 接口中的 Evaluate 来实现，其中标志位参数的值为 4。

（7）eval_jac_g：计算约束方程的 Jacobian 矩阵并返回给 IPOPT，通过 AOS-NumericNLPESO 接口中的 Evaluate 来实现，其中标志位参数的值为 96，得到 Ja-cobian 矩阵是稀疏存储的。IPOPT 中的 Jacobian 矩阵也是稀疏存储的，故还需通过 GetConstrJacStruct 函数来确定稀疏结构，从 GetConstrJacStruct 函数得到行、列标号是以 FORTRAN 方式存储的，也就是说是以 1 开始编号的。

（8）eval_h_lag：计算拉格朗日函数的 Hessian 矩阵并返回给 IPOPT。由于 AOSNumericNLPESO 接口不提供 Hessian 矩阵的计算函数，故在 IPOPT 的参数设置中将参数 hessian_approimation 设为 limited-memory，即采用 L-BFGS 更新来计算 Hessian 矩阵。

（9）finalize_solution：当 IPOPT 求解成功的时候，将最优点的值传递给 Aspen Plus，通过 AOSNumericNLPESO 接口中的 SetVariables 来实现。

**注 7.1**　IPOPT 会对初始点进行预处理，当初始点很靠近边界的时候，会将初始点向内部推进，使其远离边界点。由于从 AOS 接口得到的初始点是经过序贯法计算得到的，也就是说是一个可行解，经过 IPOPT 的预处理，使得初始点对于模型来说是不可行的，这样反而不利于对基于 Aspen Plus 建立的模型的优化计算，故需要对 IPOPT 中影响初始点预处理的参数重新进行设置，本节将 bound_frac，bound_push，slack_bound_frac 以及 slack_bound_push 均设置为 1e-20。

在 Aspen Plus 调用外部求解器 IPOPT 的过程中，首先通过 AOSNumeric-SolverComponent 接口中的 GetParameter 方法获取外部求解器的全部参数信息，接着调用 GetFactoryNLPSystem 函数并生成一个 NumericNLPSystemFactory 的对象实例，并由 NumericNLPSystemFactory 中的 CreateNLPSystem 方法根据 AOSNumericNLPESO 对象实例生成相应的 NumericNLPSystem 对象实例，再通过 NumericNLPSystem 中 PerformInterations 方法来激活外部算法 IPOPT，IPOPT 在求解过程中，根据算法需求通过 AOSNumericNLPESO 接口获取所需的信息，比如变量的个数、约束方程的个数、目标函数的值、约束方程的残差、约束方程的一阶导数信息等。Aspen Plus 与外部求解器的整体交互图见图 7-3。

### 7.3.2　标度化技术

从图 7-3 中可以看出还有一个标度化模块组件 Scaling Module，这是因为从 AOSNumericNLPESO 接口得到的模型的变量和约束方程，由于其物理含义各不相同，故变量值和方程残差在数量级上也可能相差甚远，从而可能导致优化在数值求解上的困难，故需要采用标度化技术来解决这个问题。

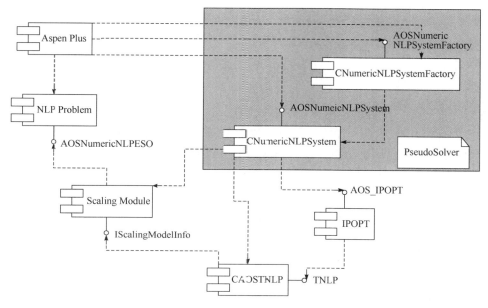

图 7-3 Aspen Plus 调用 IPOPT 的组件图

考虑优化命题(2.33),对其变量、目标函数以及约束方程进行标度化处理:

$$\begin{array}{lll}
\min\limits_{x} f(x) & & \min\limits_{\tilde{x}} \tilde{f}(\tilde{x}) \\
\text{s. t. } c(x)=0 & \Rightarrow & \text{s. t. } \tilde{c}(\tilde{x})=0 \\
x \geq 0 & & S_x \tilde{x} \geq 0
\end{array} \qquad (7.1)$$

其中被标度的变量 $\tilde{x}=S_x^{-1}\tilde{x}$,$S_x$ 为变量标度矩阵(对角矩阵);被标度的目标函数 $\tilde{f}(\tilde{x})=f(S_x\tilde{x})$;被标度的约束方程 $\tilde{c}(\tilde{x})=S_c^{-1}c(S_x\tilde{x})$,$S_c$ 为约束方程标度矩阵(对角矩阵)。

经过如上方式的标度化处理以后,式(7.1)左右两个命题从理论上讲是等价的,但是对基于有限精度的计算来讲,优化求解过程的稳定性、鲁棒性却是不一样的。做标度化处理的目的就是要使得所有的变量的值在优化求解过程能够基本上保持在同一个数量级,各个变量对目标函数的值、约束方程的容差的贡献是基本相同的,从而避免由于有限精度导致的计算误差带来的各种问题,使得优化求解过程稳定并且能保持理论上的收敛速度。

变量标度矩阵 $S_x$ 以及约束方程标度矩阵 $S_c$ 可以采用以下方式来确定。

1. 变量标度矩阵

最常见的做法是将初始点 $x_0$ 的各个标量分别赋值给 $S_x$ 的对角线元素,即

$$S_x(i,i) = \begin{cases} |x_0(i)|, & |x_0(i)| \neq 0 \\ 1, & |x_0(i)| = 0 \end{cases} \qquad (7.2)$$

文献[9]就是采用这种做法。

文献[10]指出这样做的不足之处是如果被标度的变量的值在优化过程中在数量级上发生很大的变化,那么就有可能发生这样的情况:当迭代点在初始点附近的时候可能还是一个好的标度化,而当迭代点远远偏离初始点的时候可能就不是一个好的标度化甚至是有害的。要克服以上缺陷比较合理的做法是先确定变量 $x$ 的恰当的上下边界,然后将其投影到区间[-1,1]上,例如,对于变量 $x$ 的第 $i$ 个分量来说,有 $a_i \leqslant x(i) \leqslant b_i$,那么

$$\tilde{x}(i) = \frac{2x(i) - (a_i + b_i)}{b_i - a_i} \qquad (7.3)$$

这么做的问题是通常没有办法得到恰当的上下边界,如果 $a_i$ 和 $b_i$ 只是泛泛的边界,按照公式(7.3)的做法效果也不好。

文献[11]的做法是先求取约束方程在初始点的 Jacobian 矩阵 $J_{n,m}$,其中 $n$ 为变量的个数,$m$ 为方程的个数,$S_x(i,i) = \| J_{i,m} \|_2, i = 1, \cdots, n$。文献[9]的数值结果显示该方法的效果并不理想。

Aspen 中的模型变量的初始值,小的有 1e-8,有的甚至更小,大的有 1e+8,有的甚至更大,如果采用公式(7.2)的做法,有一个问题就是对于数值计算来讲有一个零的认定问题,变量的初始值的绝对值小于多少的时候才被视为零(1e-8 或者 1e-16,甚至更小),这个是很难把握的,即使认定了小于 1e-8 的值为零,如果某个变量的初始值为 1e-8,其最优值可能与它相差好几个数量级(这个在实际中是很容易发生的,如某个物理量从无到有),那么把 1e-8 直接赋给变量标度矩阵的某个对角线元素是十分不妥当的,故本节对变量采取如下的标度化方式:

$$S_x(i,i) = \begin{cases} |x_0(i)|, & |x_0(i)| > 1 \\ 1, & \text{其他} \end{cases} \qquad (7.4)$$

### 2. 约束方程标度矩阵

文献[10]指出一个理想的约束方程的标度化处理应该使得所有的约束方程是相互平衡的,也就是说当变量变化一个单位的时候,各条约束方程的容差变化应该是差不多的。

文献[11]的做法是先求取约束方程在初始点的 Jacobian 矩阵 $J_{n,m}$,其中 $n$ 为变量的个数,$m$ 为方程的个数,$S_c(i,i) = \| J_{n,i} \|_2, i = 1, \cdots, m$。

文献[9]的做法是先将方程和变量进行配对,即每条方程都有一个相应的主元变量,各个主元变量互不相同。对于第 $i$ 条约束方程,如果其主元变量为第 $j$ 个变量,则有

$$S_c(i,i) = \left| \frac{\partial c_i}{\partial x_j} \right| S_x(j,j) \tag{7.5}$$

对于公式(7.5)同样也有对零的认定问题,故本节对约束方程采用如下的标度化方式:

$$S_c(i,i) = \begin{cases} \left\| S_x\left(\frac{\partial c_i}{\partial x_j}\right) \right\|_\infty, & \left\| S_x\left(\frac{\partial \mathbf{c}_i}{\partial x_j}\right) \right\|_\infty > 1 \\ 1, & \text{其他} \end{cases} \tag{7.6}$$

## 7.4 扩展 Aspen Plus 对 CAPE-OPEN 优化求解器的兼容性

目前市场上已经有很多卓越的流程模拟软件,这些软件虽然各自的功能比较强大,本身所拥有的资源也很丰富,但由于这些软件缺乏可重用性并且相互之间缺乏互操作性从而使得它们很难通过信息共享协同合作去解决一些复杂的问题。当前的大规模过程模拟和优化问题往往需要多种软件相互辅助合作来完成,如何将不同来源、各有千秋的流程模拟软件轻松、无缝地衔接起来解决大规模过程系统模拟和优化问题是未来流程模拟软件研究开发的必然趋势。

CAPE-OPEN 就是为了解决流程模拟软件之间如何快速、高效地集成以及互操作性问题而产生的一种国际标准。目前,由 CO-LaN 负责 CAPE-OPEN 标准的制定、测试、发布以及维护。

过程系统模拟和优化软件从功能上来分,主要有四个部分:单元操作库、热力学和物性库、数值求解器以及模拟执行器。CAPE-OPEN 采用面向对象的方法,在基于 COM 和 CORBA 组件技术的基础上针对以上四个部分制定了相应的接口标准,同时也定义了一些通用接口标准包括通用错误处理接口、辨析通用接口以及参数接口等。目前软件供应商和研究机构对 CAPE-OPEN 标准的支持和兼容不管是在过程建模环境(process modeling environments,PME)方面还是过程建模组件(process modeling components,PMC)方面都主要集中在单元操作库以及热力学和物性库[5,12],而对数值求解器(尤其是优化算法求解器)的支持和兼容却极少,在过程建模环境方面只有 PSE 公司开发的 gPROMS[13],在过程建模组件方面只有 Carnegie Mellon 大学开发的 IPOPT[14]。过程系统领域的主流模拟和优化软件 Aspen Plus 也只支持基于 CAPE-OPEN 的单元操作模块和热力学物性模块,至今还没有提供对基于 CAPE-OPEN 的优化求解器的支持,接下来本节将利用 AOS 接口通过 COM 组件技术[15]扩展 Aspen Plus 对基于 CAPE-OPEN 的优化求解器的兼容性。

由于一般的基于严格机理模型的优化命题都可以写成混合整数非线性规划(mixed-integer nonlinear programming,MINLP)的形式,CO-LaN 在 2003 年 8 月发布了针对 MINLP 的标准接口(Optimization Interface)[16]。Optimization

Interface 由三个接口组成: ICapeMINLP, ICapeMINLPSystem 和 ICapeM-
INLPSolverManager。ICapeMINLP 接口利用 32 个函数完整地描述了混合整数
非线性规划命题,为数值求解器在求解过程中提供所有必要的信息,NLP 作为
MINLP 的一种特殊形式,也可以用 ICapeMINLP 进行描述;ICapeMINLPSystem
接口用于连接具体的算法和具体的 MINLP 对象,并且可以利用 GetParameters
方法设置算法的各种参数;ICapeMINLPSolverManager 接口的作用是根据一个给
定的 MINLP 对象创建一个相应的 MINLP System 对象。从以上分析可知 Opti-
mization Interface 中的三个接口刚好分别对应于 AOS 中的 AOSNumericNLPE-
SO,AOSNumericNLPSystem 以及 AOSNumericNLPSystemFactory。

对 CAPE-OPEN 优化求解器的兼容性的扩展实现的示意图如图 7-4 所示,实
现步骤如下。

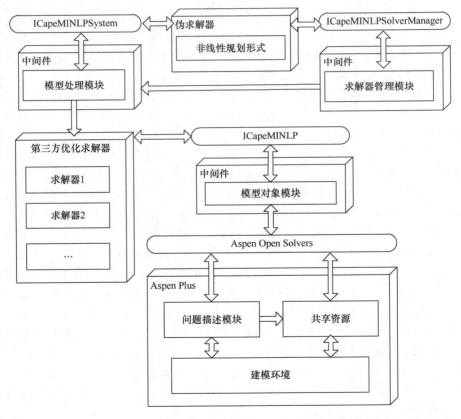

图 7-4　Aspen Plus 对基于 CAPE-OPEN 的非线性规划求解器的兼容性的实现示意图

**Step 1**　通过组件对象模型技术,利用 AOS 接口集来实现一个基于 ICapeM-

INLP 接口的模型对象模块,来提供模型对象的信息,第三方求解器在求解过程中可以通过 ICapeMINLP 接口来得到所需要的模型对象的信息,包括变量的个数、变量的值、方程的个数、方程的残差、方程的一阶导数信息等。

**Step 2**　通过组件对象模型技术,实现一个基于 ICapeMINLPSystem 接口的模型处理模块,该模块负责第三方求解器的参数设置并且负责激活第三方求解器。

**Step 3**　通过组件对象模型技术,实现一个基于 ICapeMINLPSolverManager 接口的优化求解器对象管理模块,这个模块根据第一步的模型对象生成一个相应的模型处理对象,相当于把一个模型对象和一个优化求解器捆绑在一起。

**Step 4**　利用 AOS 接口集实现一个伪求解器模块(并不是真正的优化求解器),该模块由 Aspen Plus 来调用,并可以执行通过 Aspen Plus 用户界面的命令行输入的一些求解器配置命令。在该模块被 Aspen Plus 调用后,首先利用 ICapeMINLPSolverManager 接口来产生一个模型处理对象模块,并利用 ICapeM-INLPSystem 接口去调用第三方优化求解器对模型对象进行优化求解。

对基于 CAPE-OPEN 的非线性规划求解器的兼容性扩展的组件图如图 7-5 所示。类比于图 7-3,可以很清晰地看出 Aspen Plus 调用基于 CAPE-OPEN 的非线性规划求解器的过程,这里不再一一赘述。

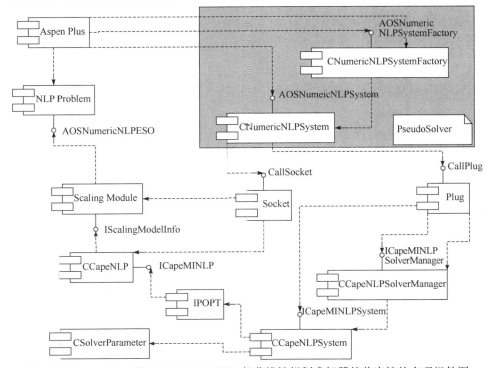

图 7-5　Aspen Plus 对基于 CAPE-OPEN 的非线性规划求解器的兼容性的实现组件图

# 7.5　数 值 实 验

本节进行数值计算是基于 Dell Latitude D520，Intel（R）CPU T2300，1.66GHz，1.5G RAM 的计算机，采用 IPOPT 是 3.3.1 版本。

采用大型空分装备系统进行数据调和问题（问题描述见 5.3.3 节）测试基于 AOS 接口集的 IPOPT 的有效性以及 Aspen Plus 对基于 CAPE-OPEN 的 IPOPT 的兼容性，数值结果见表 7-5（其中 CO 表示 CAPE-OPEN）。

**表 7-5　基于 AOS 和 CO 的 IPOPT 分别求解**
**空分系统数据调和问题的数值结果**

| 求解器类型 | 目标函数 | 约束违反 | 迭代次数 | 计算时间/s | 收敛状态 |
|---|---|---|---|---|---|
| AOS_IPOPT | 4.005e−2 | 9.44e−7 | 173 | 75.02 | ✓ |
| CO_IPOPT | 4.005e−2 | 9.44e−7 | 173 | 188.30 | ✓ |

从表 7-5 的第一行可以看出 AOS_IPOPT 成功求解了空分系统的数据调和问题，验证了 IPOPT 嵌入到 Aspen Plus 的正确性和有效性。将表 7-5 的第一行和第二行对比可以发现除了计算时间以外，其余的指标都一样，这个正好说明了 Aspen Plus 对基于 CAPE-OPEN 的优化求解器的兼容性得到了成功的扩展。而通过 AOS 接口直接调用外部算法和通过 CAPE-OPEN 接口调用外部算法相比在效率上相差却比较大，主要原因是在实现 CAPE-OPEN 接口的过程中使用大量的内存分配、数据复制以及内存撤销造成的。例如，优化算法在迭代过程中需要Jacobian矩阵，那么首先在对象 CCapeMINLP 中将数据打包成 Variant 类型，然后进行传输，优化算法在得到 Variant 数据后对其进行解包，才可以使用。这也是 Aspen Plus 在扩展兼容性后需要付出的代价。为了进一步的评估优化求解器在引入 CAPE-OPEN 接口后所导致的性能损失与问题规模大小之间的关系，利用文献中的可变规模优化问题进行了以下数值实验。

1. 数学模型一

$$\min 0.5 \sum_{i=1}^{n} x_i^2$$
$$\text{s. t. } x_1(x_{j+1}-1)-10x_{j+1}=0, \quad j=1,\cdots,n-1 \tag{7.7}$$

取初始点为 $x_j^0=0.1, j=1,\cdots,n$，规模 $n$ 从 5000 变化到 200000，公差为 5000 对于各个规模的计算结果见表 7-6 和图 7-6（其中 CO 表示 CAPE-OPEN）。

**表 7-6　求解优化命题(7.7)在不同规模下的数值结果**

| 变量个数 | 方程个数 | Jacobian非零元数 | Hessian非零元数 | 目标函数 | 可行性误差 | 迭代次数 | 计算时间/s | |
|---|---|---|---|---|---|---|---|---|
| | | | | | | | 无 CO | CO |
| 5000 | 4999 | 9998 | 9999 | $6.20e-24$ | $5.89e-13$ | 3 | 0.407 | 0.625 |
| 10000 | 9999 | 19998 | 19999 | $5.07e-25$ | $3.27e-13$ | 3 | 0.515 | 1.078 |
| 15000 | 14999 | 29998 | 29999 | $9.34e-26$ | $1.81e-13$ | 3 | 0.688 | 1.500 |
| 20000 | 19999 | 39998 | 39999 | $2.70e-26$ | $1.13e-13$ | 3 | 0.859 | 1.984 |
| 25000 | 24999 | 49998 | 49999 | $1.02e-26$ | $7.67e-14$ | 3 | 1.000 | 2.422 |
| 30000 | 29999 | 59998 | 59999 | $4.61e-27$ | $5.54e-14$ | 3 | 1.172 | 2.907 |
| 35000 | 34999 | 69998 | 69999 | $2.35e-27$ | $4.19e-14$ | 3 | 1.328 | 3.375 |
| 40000 | 39999 | 79998 | 79999 | $1.31e-27$ | $3.27e-14$ | 3 | 1.515 | 3.860 |
| 45000 | 44999 | 89998 | 89999 | $7.83e-28$ | $2.63e-14$ | 3 | 1.687 | 4.328 |
| 50000 | 49999 | 99998 | 99999 | $4.95e-28$ | $2.16e-14$ | 3 | 1.875 | 4.812 |
| 55000 | 54999 | 109998 | 109999 | $3.27e-28$ | $1.80e-14$ | 3 | 2.031 | 5.265 |
| 60000 | 59999 | 119998 | 119999 | $2.24e-28$ | $1.53e-14$ | 3 | 2.219 | 5.782 |
| 65000 | 64999 | 129998 | 129999 | $1.59e-28$ | $1.31e-14$ | 3 | 2.390 | 6.203 |
| 70000 | 69999 | 139998 | 139999 | $1.15e-28$ | $1.14e-14$ | 3 | 2.578 | 6.688 |
| 75000 | 74999 | 149998 | 149999 | $8.57e-29$ | $9.96e-15$ | 3 | 2.765 | 7.172 |
| 80000 | 79999 | 159998 | 159999 | $6.50e-29$ | $8.80e-15$ | 3 | 2.922 | 7.641 |
| 85000 | 84999 | 169998 | 169999 | $5.02e-29$ | $7.82e-15$ | 3 | 3.094 | 8.094 |
| 90000 | 89999 | 179998 | 179999 | $3.93e-29$ | $7.00e-15$ | 3 | 3.281 | 8.578 |
| 95000 | 94999 | 189998 | 189999 | $3.12e-29$ | $6.31e-15$ | 3 | 3.469 | 9.063 |
| 100000 | 99999 | 199998 | 199999 | $2.51e-29$ | $5.71e-15$ | 3 | 3.640 | 9.532 |
| 105000 | 104999 | 209998 | 209999 | $2.04e-29$ | $5.19e-15$ | 3 | 3.797 | 10.000 |
| 110000 | 109999 | 219998 | 219999 | $1.67e-29$ | $4.74e-15$ | 3 | 4.015 | 10.484 |
| 115000 | 114999 | 229998 | 229999 | $1.39e-29$ | $4.35e-15$ | 3 | 4.172 | 10.937 |
| 120000 | 119999 | 239998 | 239999 | $1.16e-29$ | $4.00e-15$ | 3 | 4.359 | 11.437 |
| 125000 | 124999 | 249998 | 249999 | $9.74e-30$ | $3.70e-15$ | 3 | 4.531 | 11.891 |
| 130000 | 129999 | 259998 | 259999 | $8.26e-30$ | $3.42e-15$ | 3 | 4.703 | 12.375 |
| 135000 | 134999 | 269998 | 269999 | $7.04e-30$ | $3.18e-15$ | 3 | 4.859 | 12.843 |
| 140000 | 139999 | 279998 | 279999 | $6.04e-30$ | $2.96e-15$ | 3 | 5.062 | 13.343 |
| 145000 | 144999 | 289998 | 289999 | $5.22e-30$ | $2.76e-15$ | 3 | 5.234 | 13.812 |
| 150000 | 149999 | 299998 | 299999 | $4.52e-30$ | $2.59e-15$ | 3 | 5.406 | 14.344 |
| 155000 | 154999 | 309998 | 309999 | $3.94e-30$ | $2.42e-15$ | 3 | 5.578 | 14.750 |

续表

| 变量<br>个数 | 方程<br>个数 | Jacobian<br>非零元数 | Hessian<br>非零元数 | 目标<br>函数 | 可行性<br>误差 | 迭代<br>次数 | 计算时间/s | |
|---|---|---|---|---|---|---|---|---|
| | | | | | | | 无 CO | CO |
| 160000 | 159999 | 319998 | 319999 | 3.45e−30 | 2.28e−15 | 3 | 5.781 | 15.250 |
| 165000 | 164999 | 329998 | 329999 | 3.04e−30 | 2.14e−15 | 3 | 5.953 | 15.703 |
| 170000 | 169999 | 339998 | 339999 | 2.68e−30 | 2.02e−15 | 3 | 6.140 | 16.203 |
| 175000 | 174999 | 349998 | 349999 | 2.37e−30 | 1.91e−15 | 3 | 6.313 | 16.672 |
| 180000 | 179999 | 359998 | 359999 | 2.11e−30 | 1.81e−15 | 3 | 6.484 | 17.187 |
| 185000 | 184999 | 369998 | 369999 | 1.88e−30 | 1.71e−15 | 3 | 6.672 | 17.75 |
| 190000 | 189999 | 379998 | 379999 | 1.69e−30 | 1.62e−15 | 3 | 6.844 | 18.094 |
| 195000 | 194999 | 389998 | 389999 | 1.51e−30 | 1.54e−15 | 3 | 7.015 | 18.531 |
| 200000 | 199999 | 399998 | 399999 | 1.36e−30 | 1.47e−15 | 3 | 7.187 | 19.062 |

从表 7-6 可以看出引入 CAPE-OPEN 以后,IPOPT 求解优化命题(7.7)的时间是未引入 CAPE-OPEN 时的 2.6 倍左右。

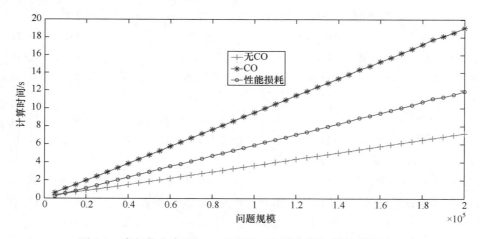

图 7-6　求解优化命题(7.7)的计算时间随问题规模的变化关系

图 7-6 中带"+"的线表示在不引入 CAPE-OPEN 的情况下,IPOPT 求解优化命题(7.7)的计算时间随问题规模的变化关系;带" * "的线表示在引入 CAPE-OPEN 以后 IPOPT 求解优化命题(7.7)的计算时间随问题规模的变化关系;带"。"的线表示引入 CAPE-OPEN 以后的性能损耗随问题规模的变化关系。可以看出性能损耗与问题的规模呈线性的关系。

## 2. 数学模型二

$$\min \sum_{i=1}^{n-1} (x_i + x_{i+1})^2 \tag{7.8}$$
$$\text{s. t. } x_i + 2x_{i+1} + 3x_{i+3} - 1 = 0, \quad i = 1, \cdots, n-2$$

取初始点为 $x_0^0 = -4$，$x_j^0 = 1$，$j = 2, \cdots, n$，规模 $n$ 从 5000 变化到 200000，公差为 5000，对各个规模的计算结果见表 7-7 和图 7-7（其中 CO 表示 CAPE-OPEN）。

**表 7-7　求解优化命题(7.8)在不同规模下的数值结果**

| 变量<br>个数 | 方程<br>个数 | Jacobian<br>非零元数 | Hessian<br>非零元数 | 目标<br>函数 | 可行性<br>误差 | 迭代<br>次数 | 计算时间/s | |
|---|---|---|---|---|---|---|---|---|
| | | | | | | | 无 CO | CO |
| 5000 | 4998 | 14994 | 9999 | 5.55e−2 | 8.88e−16 | 1 | 0.359 | 0.406 |
| 10000 | 9998 | 29994 | 19999 | 1.11e−3 | 8.88e−16 | 1 | 0.359 | 0.703 |
| 15000 | 14998 | 44994 | 29999 | 1.37e−3 | 8.88e−16 | 1 | 0.484 | 1.000 |
| 20000 | 19998 | 59994 | 39999 | 2.22e−3 | 8.88e−16 | 1 | 0.578 | 1.313 |
| 25000 | 24998 | 74994 | 49999 | 2.78e−3 | 8.88e−16 | 1 | 0.687 | 1.657 |
| 30000 | 29998 | 89994 | 59999 | 3.33e+3 | 8.88e−16 | 1 | 0.828 | 1.906 |
| 35000 | 34998 | 104994 | 69999 | 3.89e+3 | 8.88e−16 | 1 | 0.953 | 2.172 |
| 40000 | 39998 | 119994 | 79999 | 4.44e+3 | 8.88e−16 | 1 | 1.109 | 2.516 |
| 45000 | 44998 | 134994 | 89999 | 5.00e+3 | 8.88e−16 | 1 | 1.281 | 2.797 |
| 50000 | 49998 | 149994 | 99999 | 5.56e+3 | 8.88e−16 | 1 | 1.422 | 3.125 |
| 55000 | 54998 | 164994 | 109999 | 6.11e+3 | 8.88e−16 | 1 | 1.469 | 3.437 |
| 60000 | 59998 | 179994 | 119999 | 6.67e+3 | 8.88e−16 | 1 | 1.625 | 3.750 |
| 65000 | 64998 | 194994 | 129999 | 7.22e+3 | 8.88e−16 | 1 | 1.750 | 4.063 |
| 70000 | 69998 | 209994 | 139999 | 7.78e+3 | 8.88e−16 | 1 | 1.891 | 4.375 |
| 75000 | 74998 | 224994 | 149999 | 8.33e−3 | 8.88e−16 | 1 | 2.016 | 4.688 |
| 80000 | 79998 | 239994 | 159999 | 8.89e−3 | 8.88e−16 | 1 | 2.140 | 4.984 |
| 85000 | 84998 | 254994 | 169999 | 9.44e−3 | 8.88e−16 | 1 | 2.281 | 5.297 |
| 90000 | 89998 | 269994 | 179999 | 1.00e−4 | 8.88e−16 | 1 | 2.406 | 5.625 |
| 95000 | 94998 | 284994 | 189999 | 1.06e−4 | 8.88e−16 | 1 | 2.531 | 5.938 |
| 100000 | 99998 | 299994 | 199999 | 1.11e−4 | 8.88e−16 | 1 | 2.687 | 6.235 |
| 105000 | 104998 | 314994 | 209999 | 1.17e−4 | 8.88e−16 | 1 | 2.797 | 6.532 |
| 110000 | 109998 | 329994 | 219999 | 1.22e−4 | 8.88e−16 | 1 | 2.937 | 6.859 |
| 115000 | 114998 | 344994 | 229999 | 1.28e+4 | 8.88e−16 | 1 | 3.078 | 7.172 |

续表

| 变量<br>个数 | 方程<br>个数 | Jacobian<br>非零元数 | Hessian<br>非零元数 | 目标<br>函数 | 可行性<br>误差 | 迭代<br>次数 | 计算时间/s | |
|---|---|---|---|---|---|---|---|---|
| | | | | | | | 无 CO | CO |
| 120000 | 119998 | 359994 | 239999 | 1.33e+4 | 8.88e−16 | 1 | 3.219 | 7.500 |
| 125000 | 124998 | 374994 | 249999 | 1.39e+4 | 8.88e−16 | 1 | 3.328 | 7.782 |
| 130000 | 129998 | 389994 | 259999 | 1.44e+4 | 8.88e−16 | 1 | 3.453 | 8.141 |
| 135000 | 134998 | 404994 | 269999 | 1.50e+4 | 8.88e−16 | 1 | 3.594 | 8.485 |
| 140000 | 139998 | 419994 | 279999 | 1.56e+4 | 8.88e−16 | 1 | 3.750 | 8.813 |
| 145000 | 144998 | 434994 | 289999 | 1.61e+4 | 8.88e−16 | 1 | 3.844 | 9.031 |
| 150000 | 149998 | 449994 | 299999 | 1.67e+4 | 8.88e−16 | 1 | 4.031 | 9.359 |
| 155000 | 154998 | 464994 | 309999 | 1.72e+4 | 8.88e−16 | 1 | 4.141 | 9.687 |
| 160000 | 159998 | 479994 | 319999 | 1.78e+4 | 8.88e−16 | 1 | 4.265 | 10.00 |
| 165000 | 164998 | 494994 | 329999 | 1.83e+4 | 8.88e−16 | 1 | 4.406 | 10.282 |
| 170000 | 169998 | 509994 | 339999 | 1.89e+4 | 8.88e−16 | 1 | 4.531 | 10.609 |
| 175000 | 174998 | 524994 | 349999 | 1.94e+4 | 8.88e−16 | 1 | 4.656 | 10.891 |
| 180000 | 179998 | 539994 | 359999 | 2.00e+4 | 8.88e−16 | 1 | 4.812 | 11.218 |
| 185000 | 184998 | 554994 | 369999 | 2.06e+4 | 8.88e−16 | 1 | 4.953 | 11.703 |
| 190000 | 189998 | 569994 | 379999 | 2.11e+4 | 8.88e−16 | 1 | 5.047 | 12.093 |
| 195000 | 194998 | 584994 | 389999 | 2.17e+4 | 8.88e−16 | 1 | 5.219 | 12.453 |
| 200000 | 199998 | 599994 | 399999 | 2.22e+4 | 8.88e−16 | 1 | 5.328 | 12.766 |

从表 7-7 可以看出引入 CAPE-OPEN 以后，IPOPT 求解优化命题(7.8)的时间是未引入 CAPE-OPEN 时的 2.4 倍左右。

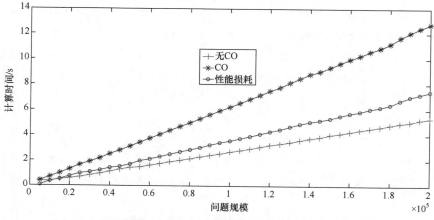

图 7-7　求解优化命题(7.8)的计算时间随问题规模的变化关系

图 7-7 中各条曲线的含义同图 7-6。同样性能损耗与问题规模基本呈线性关系。

从以上的数据和分析可知：引入 CAPE-OPEN 会损失优化算法的效率，但增强了互操作性，节省开发时间，在实际应用对算法的实时性要求不是那么高的情况下，可以得到稳定性更强和求解能力更强的算法；在能够对 CAPE-OPEN 导致算法的效率损耗做出评估的情况下，可以选择性地将 CAPE-OPEN 应用于大规模的优化命题，这和文献[17]的结论基本上还是一致的（The indiscriminate usage of the CO numerical interfaces is prohibitive for large systems）。

## 7.6　小　　结

本章通过 AOS 接口集将美国 Carnegie Mellon 大学开发的 IPOPT 嵌入到 Aspen Plus 当中，开发了 Aspen Plus 下首个内点算法优化求解器，直接从 AOS 接口集得到的模型变量的值由于物理含义和单位的不同有着数量级上的差别，约束的残差也存在着同样的情况，故在集成的过程中需要采用标度化技术将模型进行标度化处理从而提高算法的数值稳定性。

CAPE-OPEN 作为新一代过程系统开放式仿真计算平台标准，它的目的就是为了解决流程模拟和优化软件之间的集成以及互操作性问题，从而更加高效且经济地完成复杂的过程建模任务和各种基于模型的应用。本章在 AOS 接口集的基础上，利用 COM 组件技术，实现了 Aspen Plus 对基于 CAPE-OPEN 的优化求解器的兼容性，并结合 Lang 等开发的 CO_IPOPT，对大型空分装置的数据调和命题进行了测试，结果显示 Aspen Plus 完全兼容基于 CAPE-OPEN 的优化求解器。CAPE-OPEN 的引入使得 Aspen Plus 在将来可以方便地集成各种优秀的优化求解器（求解能力强的，鲁棒性好的），但是 CAPE-OPEN 的引入同时也会损耗优化求解器的性能，本章进一步研究了引入 CAPE-OPEN 带来的性能损耗与模型规模之间的关系，发现性能损耗随着模型规模的变大呈线性增大的关系。本章不但拓展了 Aspen Plus 对优化求解器的兼容性同时也创建了一个作为基于 CAPE-OPEN 的优化求解器的测试平台和应用平台。

### 参 考 文 献

[1] 陈韬. 开放架构的复杂过程系统建模与优化[D]. 浙江大学, 2005.

[2] Perez L, et al. A CAPE-OPEN compliant simulatin module for an ammonia reactor unit[C]. Proceedings of the 2nd Mercosur Congress on Chemical Engineering, 2005.

[3] Barrett W M, Yang J. Development of a chemical process modeling environment based on CAPE-OPEN interface standards and the Microsoft . NET framework [J]. Computers and

Chemical Engineering,2005,30(2): 191-201.

［4］ Yang A,et al. A multi-agent system to facilitate component-based process modeling and de
sign［J］. Computers and Chemical Engineering,2008,32(10): 2290-2305.

［5］ Morales-Rodríguez R,et al. Use of CAPE-OPEN standards in the interoperability between
modeling tools (MoT) and process simulators (Simulis Thermodynamics and ProSimPlus)［J］.
Chemical Engineering Research and Design,2008,86(7): 823-833.

［6］ Domancich A O,et al. Systematic generation of a CAPE-OPEN compliant simulation module
from GAMS and Fortran models［J］. Chemical Engineering and Research and Design,2010,
88(4): 421-429.

［7］ Lang Y D,Biegler L T. Large-scale nonlinear programming with a CAPE-OPEN compliant
interface. ［J］. Chemical Engineering Research and Design,2005,83(A6): 718-723.

［8］ Biegler L T,Nocedal J,Schmid C. A reduced Hessian method for large-scale constrained opti-
mization［J］. SIAM Journal on Optimization,1995,5(2): 314-347.

［9］ Lid T,Skogestad S. Scaled steady state models for effective on-line applications［J］. Com
puters and Chemical Engineering,2008,32(4-5): 990-999.

［10］ Gill P E, Murray W, Wright M H. Practical Optimization ［M］. London: Academic
Press,1982.

［11］ Kelly J D. Techniques for solving industrial nonlinear data reconciliation problems［J］.
Computers and Chemical Engineering,2004,28(12): 2837-2843.

［12］ Testard L,Belaud J P. A CAPE-OPEN based framework for process simulation solution in
tegration［J］. Computer Aided Chemical Engineering,2005,20(1): 607-612.

［13］ gPROMS v2.3 System Programmer Guide［R］. UK: Process Systems Enterprise
Ltd. ,2004.

［14］ Lang Y D ,Biegler L T. The IPOPT interface to CAPE-OPEN. ［EB/OL］. http://www.
colan. org/CO%20Update/IPOPTmain_Vol10. htm.

［15］ Box D. Essential COM［M］. Boston: Addison-wesley,1998.

［16］ Blackford L S,et al. An updated set of basic linear algebra subprograms (BLAS)［J］. Acm
Transactions on Mathematical Software,2002,28(2): 135-151.

［17］ Soares R P,Secchi A R. Modifications,simplifications,and efficiency tests for the CAPE-
OPEN numerical open interfaces［J］. Computers and Chemical Engineering,2004,28(9):
1611-1621.

# 第8章 PTA 生产过程实时模拟与优化

精对苯二甲酸(PTA)是制造绝缘漆、薄膜、聚酯纤维的主要原料[1]。PTA 工艺技术[2]早期以 Amoco 法为主,在 PX 高温氧化投入大规模生产后,又开始提出精制工艺,形成早期完整的 Amoco 工艺。三井石油公司研制了 PX 中温氧化技术,解决了 Amoco 高温工艺对设备的腐蚀问题。日本松山和三菱化学成功将 PX 高温氧化制 MTA 技术产业化,省去了精制工艺。Eastman 公司开发出 PX 低温氧化制 EPTA 技术。Mid-Century 公司开发了钴锰溴三元复合体系为催化剂的 PX 氧化过程,极大地提高了 PX 氧化反应收率。国产 PTA 设备多从国外引进,后期经消化吸收不断扩容。但扩容后如何保障装置运行仍处在最优操作状态是国内企业面临的重要技术难题。针对该过程的实时模拟与优化技术对提高 PTA 产品质量和节能降耗具有重要的意义。

## 8.1 PTA 生产过程介绍

目前 PTA 生产工序主要分为两个部分:一个是氧化工序,即将对二甲苯(PX)氧化成产品粗对苯二甲酸(CTA);另一个是精制工序,即采取措施将前阶段的产品粗对苯二甲酸提纯为精对苯二甲酸。

氧化工序是 PTA 生产过程的核心,通过 PX 空气液相氧化得到粗对苯二甲酸(CTA)。反应器的温度为 150~210℃,压力为 5~15 工程大气压,催化剂为钴锰溴三元复合剂,溶剂为醋酸,氧化剂为空气。反应物 PX 经过一系列复杂的自由基链式反应生成产物对苯二甲酸(TA)。

反应过程中副反应产生的杂质对羧基苯甲醛(4CBA)含量较高,无法满足产品纯度要求,需要后续提纯工艺,通过精制去除杂质。精制工序的主要目标是把产品中的杂质浓度控制在一定规格,以满足上游聚酯工业的需求。目前主要是通过加氢精制法,将杂质还原成对甲基苯甲酸 然后通过结晶、离心、过滤、干燥等操作,完成目标产品和杂质的分离。

PTA 生产过程的物耗、能耗主要发生在氧化工序阶段,因此本文将主要针对氧化工序进行 PTA 生产过程实时模拟与优化的研究。目前 PTA 的主要生产工艺包括:三井、Dupont、Amoco、Eastman 四种专利技术。虽然不同的工艺在反应条件、分离方式、能量利用方式、流股分配等存在较大差异,但流程总体上包含以下几个子系统:氧化反应器、浆料净化系统、尾气处理系统、固液分离系统、脱水系统、杂质和催化剂回收系统，以及压缩机、膨胀机等公用工程系统[3]，其工序流程如图 8-1 所示。

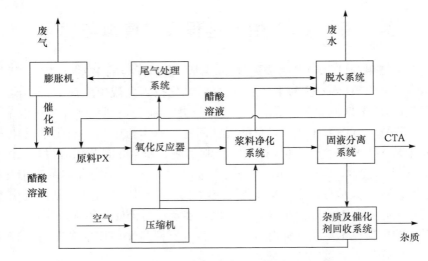

图 8-1　氧化工序流程简图

其中，氧化反应器是整个流程工艺的核心，物耗占总流程的大约 80%。反应器在运行时，PX、醋酸、催化剂等按一定比例混合后进入反应器。压缩机产生的高压空气从反应器底部导入，在催化剂作用下生成对苯二甲酸以及一系列副产物。

浆料净化系统是为了减少母液杂质，降低反应压力。浆料从反应器排出进入浆料净化系统，进行结晶以及二次反应，结晶净化后的浆料进入固液分离系统，进行过滤干燥后进入精制工序。

尾气处理系统主要对尾气中 PX，醋酸等物质进行吸收。反应器的尾气从反应器顶部排出，进入尾气处理系统。其中大量醋酸和 PX 原料冷凝，绝大部回流至反应器，少量进入溶剂脱水塔，其他蒸汽作为公用工程的主要能源。

生产过程中产生的水积累到一定程度会降低整个反应速率，必须及时由脱水系统帮助从体系中去除多余水。

从以上的流程介绍可以看出，PTA 氧化过程设备装置多、流程长、结构复杂，各部分间存在着紧密联系。针对此流程的模拟与优化问题也具有大规模、非线性等复杂特征。

## 8.2　氧化反应器建模

对二甲苯氧化反应过程的原料为对二甲苯(PX)，经过一系列连串反应生成最终产品对苯二甲酸(TA)，氧化反应路径如图 8-2 所示。

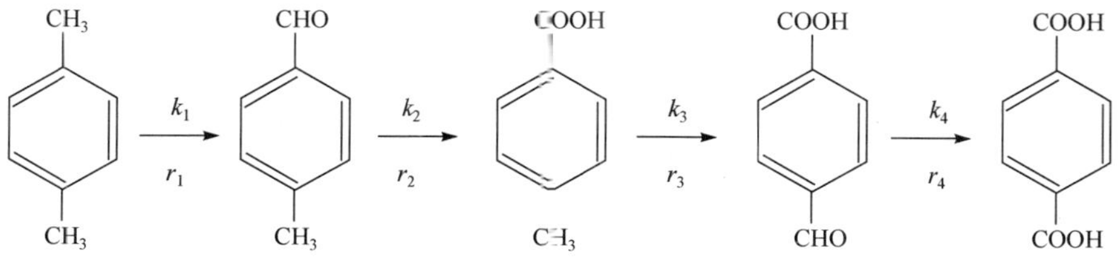

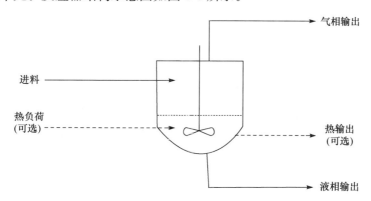

图 8-2 PX 氧化反应路径示意图

反应相设定为气、液两相,动力学反应发生在液相,根据反应中芳烃上的甲基氧化顺序,中间反应依次有对甲基苯甲醇(TALC),对甲基苯甲醛(TALD),对甲基苯甲酸(PT),对羧基苯甲醛(4-CBA)。在反应温度与压力条件下,溶剂醋酸及中间产物 TALD 与 4-CBA 发生燃烧副反应生成 CO 与 $CO_2$。

对二甲苯氧化反应器模型采用机理建模,构成氧化反应器的机理模型包括反应动力学、热力学及反应器模型。

其中,反应器模型采用搅拌槽式动力学反应器机理。模型考虑物料进料与能量进料,相组成分为气相及液相,在反应完成后从气、液两相的两个出料口输出传递至其他单元。反应器结构示意图如图 8-3 所示。

图 8-3 CSTR 反应器模型示意图

动力学部分是氧化反应器的模型基础。本文中采用 RCSTR 动力学模型,在恒温与绝热的理想假设下,内部反应设定为一项主反应,两项氧化燃烧副反应,共计 10 条反应方程。各反应方程式如下[4-6]:

主反应:

$$PX+O_2 \longrightarrow P\text{-}TALD+H_2O \tag{8.1}$$

$$P\text{-}TALD+5O_2 \longrightarrow PT\text{-}ACID \tag{8.2}$$

$$PT\text{-}ACID+O_2 \longrightarrow 4\text{-}CBA+H_2O \tag{8.3}$$

$$4\text{-}CBA+0.5O_2 \longrightarrow TA \tag{8.4}$$

$CO_2$ 燃烧副反应：

$$P\text{-}TALD + 9.5O_2 \longrightarrow 4H_2O + 8CO_2 \tag{8.5}$$

$$4\text{-}CBA + 8O_2 \longrightarrow 3H_2O + 8CO_2 \tag{8.6}$$

$$HAC + 2O_2 \longrightarrow 2H_2O + 2CO_2 \tag{8.7}$$

CO 燃烧副反应：

$$P\text{-}TALD + 5.5O_2 \longrightarrow 4H_2O + 8CO \tag{8.8}$$

$$4\text{-}CBA + 8O_2 \longrightarrow 3H_2O + 8CO \tag{8.9}$$

$$HAC + 2O_2 \longrightarrow 2H_2O + 2CO \tag{8.10}$$

参与氧化反应的组分共计 15 种，涉及多元多相复杂体系，需要比较复杂的热力学模型描述。PX 氧化反应体系的液相主要由 PX、TA 及一系列反应中间产物（P-TALD、PT 酸和 4-CBA 等）、少量溶解气体以及溶剂水和醋酸组成。当氧化反应进行完全时，各反应物及中间产物在液相中的浓度很低，因此液相反应相可看作水和醋酸二元体系。水与醋酸的汽液相平衡计算主要包括以下几个参数：气相逸度系数（fugacity coefficient）$\phi_i$，活度系数 $\gamma_i$ 及纯组分逸度 $f_i$，其中活度系数采用 NRTL 方程计算，其形式如下：

$$\ln\gamma_i = \frac{\sum_j x_j \tau_{ji} G_{ji}}{\sum_k x_k G_{ki}} + \sum_j \frac{x_j G_{ji}}{\sum_k x_k G_{kj}} \left[ \tau_{ij} - \frac{\sum_m x_m \tau_{mj} G_{mj}}{\sum_k x_k G_{kj}} \right] \tag{8.11}$$

其中 $G_{ij} = \exp(-\alpha_{ij}\tau_{ij})$，$\tau_{ij} = a_{ij} + \dfrac{b_{ij}}{T} + e_{ij}\ln T + f_{ij}T$，$\alpha_{ji} = c_{ij} + d_{ij}(T - 273.15K)$，$\tau_{ii} = 0$，$G_{ii} = 1$，$\alpha_{ij} = \alpha_{ji}$，$a_{ij} \neq a_{ji}$，$b_{ij} \neq b_{ji}$，$c_{ij} = c_{ji}$，$d_{ij} = d_{ji}$，方程参数由 Aspen Plus VLE-HOC 数据库得到。

醋酸、水和 PX 的纯组分逸度根据 Antoine 方程计算；氧气在水与醋酸混合溶液中气液相平衡满足 Henry 定律，

$$P y_{O_2} = H_{\text{mix}} x_{O_2} \tag{8.12}$$

其中 Henry 系数 $H_{\text{mix}}$ 由氧在纯水与醋酸中的 Henry 系数外推得到。

为保护核心反应器模型的知识产权，可以将核心模型予以封装，然后再通过接口技术嵌入流程模拟软件，如 Aspen Plus 等，并与其他模块连接合并计算。

由于氧化反应器模型在进行单元模拟时区分不同的仿真模式，在不同模式下需调用不同的接口实现组件与仿真环境的交互，图 8-4 显示了 Aspen Plus 环境下的各组件及组件间调用示意图。

如图所示，流程模拟过程可分为右半部分的序贯模式与左半部分的联立方程模式，物性计算服务器组件采用 Aspen Plus 提供的物性系统，为两种模式提供物性计算及相平衡计算的支持，数值求解算法组件亦分为仿真环境内含的 DMO 求解器与第三方求解器 IPOPT 的融入，前者通过 AOS 接口在联立方

程模式下与模型进行交互,后者为在序贯模式下,通过实现的 CAPE-OPEN 兼容接口实现模型信息提供与算法求解的迭代过程。具体实现细节参见文献[6]、[7]。

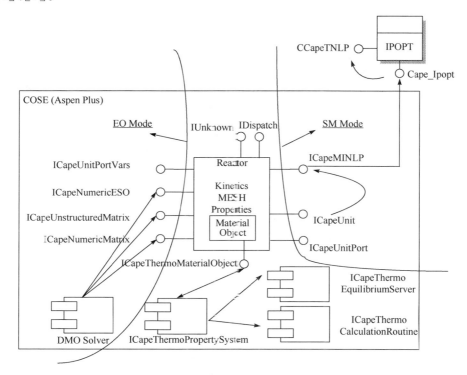

图 8-4　氧化反应器模拟软件架构示意图

## 8.3　氧化工段全流程仿真模拟

本文以某厂的 PTA 生产过程为背景,建立了 PTA 氧化工段核心流程模型,通过序贯式参数估计[5,8,9]可使得该模型在多个工况下吻合现场数据,在此基础上,将对 PTA 氧化工段后续流程进行机理建模,从而建立 PTA 氧化工段全流程模型[5]。

除了已经建立的反应器模型单元外,PTA 氧化工段全流程还涉及:CTA 结晶器、过滤机、干燥机、高压吸收塔、干燥机洗涤塔、常压吸收塔、溶剂汽提塔、溶剂脱水塔、共沸剂回收塔、混合罐、换热器等。其中溶剂脱水塔采用共沸精馏方式,是所有精馏塔模拟中难度最大的一个。

PTA 氧化工段流程如图 8-5 所示,图中省略泵设备,冲洗管道,开停车设备以及一些辅助性设备。

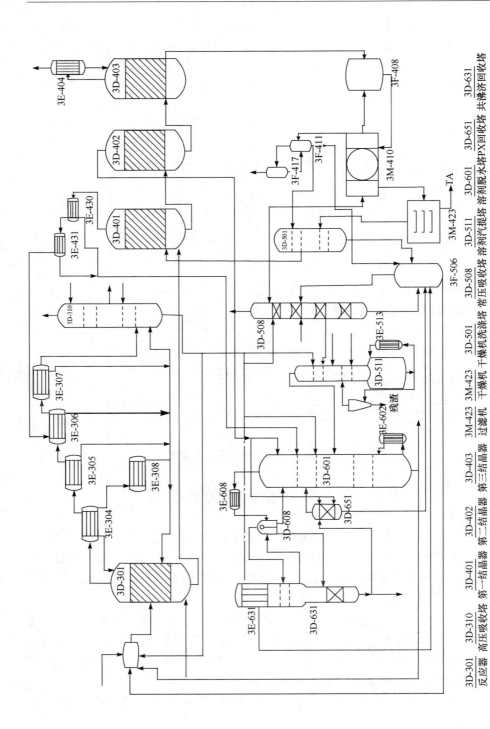

图 8-5 PTA 氧化工段流程

3D-301 3D-310 3D-401 3D-402 3D-403 3M-423 3D-501 3D-508 3D-511 3D-601 3D-651 3D-631
反应器 高压吸收塔 第一结晶器 第二结晶器 第三结晶器 过滤机 干燥机 洗涤塔 吸收塔 常压提馏塔 汽提塔 溶剂脱水塔 溶剂回收塔 PX回收塔 共沸溶剂回收塔

　　PX 氧化反应过程中,反应原料 PX、催化剂、溶剂(醋酸)在进料混合罐混合后进入氧化反应器,反应所需空气从反应器底部进入反应器。设计反应温度 200℃,设计反应压力 1.6MPa。PX 氧化反应是强放热过程,反应所产生的大量反应热主要通过溶剂蒸发带走。氧化反应器尾气进入四级冷凝器处理,浆料进入结晶器处理。

　　反应器尾气经过四级冷凝后,凝液大部分回流反应器,小部分进入高压吸收塔底,未凝蒸汽进入高压吸收塔进行吸收。高压吸收塔分为两段,下段通过醋酸洗涤吸收 PX,上段通过水洗涤吸收醋酸,其塔底出料大部分回流反应器,小部分进入脱水塔和汽提塔。

　　反应器浆料进入串联的三个结晶器,第一结晶器通过空气继续反应,以减少产品中杂质 4CBA 浓度,所产生的蒸汽通过冷凝器冷凝,气相进入反应器第三冷凝器,液相进入溶剂脱水塔。浆料进入第二结晶器进行减压蒸发,产生的蒸汽进入溶剂脱水塔,浓缩后的浆料进入第三结晶器闪蒸降温,以满足过滤机的进料要求。

　　固液分离采用过滤干燥的方式,浆料进入缓冲罐后送入过滤机,滤液送入母液罐内,滤饼则送入干燥机干燥,干燥后的 CTA 送入料仓。

　　PX 氧化过程中生成大量水,水的脱除由溶剂脱水塔完成,该脱水塔采用共沸精馏方式,进料包括溶剂汽提塔塔顶蒸汽、第二结晶器闪蒸蒸汽、高压吸收塔塔底出料等。该塔塔底出料主要为醋酸,部分回流反应器,部分用于冲洗管道,喷淋吸收等。塔顶主要为水和共沸剂,通过倾析器分离油相和水相,油相(主要为共沸剂)回流入溶剂脱水塔,水相进入共沸剂回收塔,回收共沸剂和醋酸甲酯。溶剂脱水塔中上部为 PX 富集区,因此中部抽出 PX 浓度约 33% 的液体,进入 PX 回收塔回收 PX。

　　在 Aspen Plus 环境下搭建该流程,氧化反应器模型提供 CapeOpen 接口技术嵌入,其他单元采用 Aspen 建模。该模型总变量数为 13276。在设计工况下进行流程模拟计算,可成功收敛。详细计算结果分析如下。

### 8.3.1　高压吸收塔模拟结果

　　高压吸收塔出料包括 3 股,5 号、34 号、31 号流股,分别为顶部气相、中部抽出、塔底出料。其出料信息如表 8-1 所示。

表 8-1　高压吸收塔出料主要组分模拟信息

| | 5 号流股 | | | 34 号流股 | | 31 号流股 | | |
|---|---|---|---|---|---|---|---|---|
| | 氮气 | 氧气 | 水 | 醋酸 | 水 | 醋酸 | 水 | 醋酸甲酯 |
| 模拟浓度/% | 92.7 | 4.4 | 0.38 | 42.7 | 55.2 | 89 | 5.7 | 3.6 |
| 设计浓度/% | 92.9 | 4.0 | 0.33 | 45.3 | 54.3 | 91.6 | 5.4 | 2.4 |

5 号流股主要为氮气、氧气、水,其中氮气计算浓度与设计浓度绝对误差为 0.2%,氧气计算浓度与设计浓度绝对误差 0.4%,水浓度绝对误差 0.05%。34 号流股主要为水和醋酸,醋酸浓度绝对误差 0.6%,水浓度绝对误差 0.9%。31 号流股主要为醋酸,其计算浓度误差为 2.6%。由表可知,全流程内高压吸收塔的模拟较好地吻合了设计数据。

### 8.3.2 溶剂汽提塔模拟结果

溶剂汽提塔最主要的出料为 90 号流股,是溶剂脱水塔系统的重要进料,其模拟精度直接影响溶剂脱水塔系统的模拟情况。90 号流股模拟信息如表 8-2 所示。

表 8-2　90 号流股主要组分模拟信息

|  | 醋酸 | 水 | 醋酸甲酯 |
|---|---|---|---|
| 模拟浓度/% | 86.3 | 13.1 | 0.5 |
| 设计浓度/% | 85.6 | 13.8 | 0.5 |

由表可知,90 号流股主要组分为醋酸、水、醋酸甲酯,其中醋酸浓度误差为 0.7%,水浓度误差为 0.7%,溶剂汽提塔的模拟很好地吻合了设计数据。

### 8.3.3 溶剂脱水塔系统模拟结果

溶剂脱水塔系统中最重要的溶剂脱水塔模拟结果将在本节进行分析,其中塔顶、塔底温度如表 8-3 所示。

表 8-3　溶剂脱水塔塔顶塔底温度

|  | 塔顶 | 塔底 |
|---|---|---|
| 计算值/℃ | 83.4 | 116.9 |
| 设计值/℃ | 86 | 118 |

塔顶温度计算值相对误差为 3%,塔底温度计算值相对误差为 0.9%,较好地吻合了设计数据。

溶剂脱水塔系统输出流股(107、124、114A、16、119)主要组分信息如表 8-4～表 8-8 所示。

表 8-4　107 号流股组分信息

|  | 醋酸 | 水 | 醋酸甲酯 | PX | 共沸剂 |
|---|---|---|---|---|---|
| 计算浓度/% | 94.89 | 5.1 | 4.6e−10 | 2.6e−14 | 1.5e−9 |
| 设计浓度/% | 94.88 | 5.08 | 1.6e−4 | 0 | 0.01 |

107 号流股为溶剂脱水塔塔底出料,其主要组分为醋酸,外加少量水,由表 8-4 可知醋酸计算浓度绝对误差为 0.01%,水浓度计算绝对误差 0.02%,很好地吻合了设计数据。

表 8-5　124 号流股组分信息

| | 醋酸 | 水 | 醋酸甲酯 | PX | 共沸剂 |
|---|---|---|---|---|---|
| 计算浓度/% | 74.9 | 20.7 | 1.2 | 3.0 | 0.2 |
| 设计浓度/% | 76.7 | 19.5 | 0.19 | 3.5 | 0 |

124 号流股为 PX 回收塔塔底出料,主要为醋酸、水以及 PX,其中醋酸浓度计算绝对误差 1.8%,水浓度计算绝对误差 1.2%,PX 浓度计算绝对误差 0.5%,较好地吻合了设计数据。

表 8-6　114A 号流股组分信息

| | 醋酸 | 水 | 醋酸甲酯 | PX | 共沸剂 |
|---|---|---|---|---|---|
| 计算浓度/% | 6e−16 | 1.5 | 73.2 | 1.0e−7 | 0.2 |
| 设计浓度/% | 0 | 1.6 | 70.4 | 0 | 0.09 |

表 8-7　16 号流股组分信息

| | 醋酸 | 水 | 醋酸甲酯 | PX | 共沸剂 |
|---|---|---|---|---|---|
| 计算浓度/% | 2.6e−13 | 2.7 | 96.1 | 1.5e−5 | 1.2 |
| 设计浓度/% | 0 | 3.3 | 96.4 | 0 | 0.3 |

114A 号、16 号流股为共沸剂回收塔荅顶出料,114A 的主要组分为醋酸甲酯,其计算浓度误差为 2.8%,16 号流股为高浓度醋酸甲酯,其计算浓度误差为 0.3%,较好地吻合了设计数据。

表 8-8　119 号流股组分信息

| | 醋酸 | 水 | 醋酸甲酯 | PX | 共沸剂 |
|---|---|---|---|---|---|
| 计算浓度/% | 0.04 | 99.96 | 3.5e−6 | 1.4e−28 | 1.3e−14 |
| 设计浓度/% | 0.09 | 99.91 | 0 | 0 | 0 |

119 号流股为共沸剂回收塔底部出料,主要组分为水,其计算浓度误差为 0.05%,较好地吻合了设计数据。

## 8.4　PTA 生产过程实时模拟与监控系统

通过前述的流程模拟技术,可以开发 PTA 生产过程的实时物耗衡算系统,可以实时、准确地掌握生产操作过程中的主要物耗：PX 消耗和醋酸消耗，及时提醒操作人员物耗水平的异动。整套模拟与监控系统[5]如图 8-6 所示，由数采系统、计算服务系统、客户端显示系统三大部分组成，图中实线箭头表示数据流，虚线箭头表示模块间的交互请求。计算服务系统用于计算现场装置运行状态信息；数采系统用于抓取离线分析数据，为计算服务系统提供数据服务；客户端系统用于友好显示计算服务系统所计算出的数据，对数据进行图表化，方便现场操作人员观察。

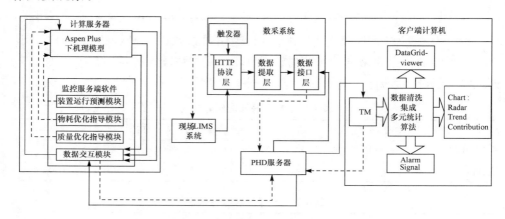

图 8-6　实时模拟与监控系统结构图

### 8.4.1　计算服务系统技术构架

计算服务系统包括监控服务端软件和 PTA 氧化工段机理模型计算两大部分，通过服务端软件内置的数据交互模块与现场 PHD 服务器进行数据交互，实时获取现场装置的操作信息，将数据提供给软件内其他模块，由其他模块通过 COM 接口后台驱动 Aspen Plus 进行计算，并将计算获取的数据返还给数据交互模块，由数据交互模块写入 PHD 服务器，为客户端系统提供数据服务，如图 8-7 所示。

1. 数据交互模块

该模块可通过 Honeywell 标准 PHD 数据接口，完成软件内部各个模块与 PHD 服务器之间的数据交换，将从 PHD 服务器读取来的现场实时操作数据写入预测模块，同时从预测模块接收模型装置运行状态数据，从物耗优化模块接收 PX 单耗和醋酸消耗的优化结果，以及从质量优化指导模块接收对 4CBA 浓度的优化结果，将这些数据写入 PHD 服务器，为监控系统客户端提供数据服务。

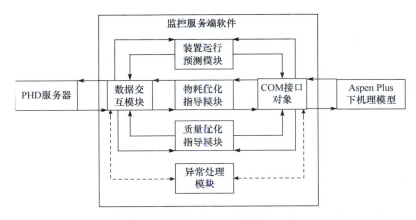

图 8-7　计算服务系统构架图

### 2. 装置运行预测模块

该模块用于预测装置运行状态,从数据交换模块读取装置操作条件以及进料状态,通过 COM 接口创建 Aspen Plus 对象实例,对机理模型进行操作,包括操作数据的设定,驱动机理模型进行计算,预测装置运行状态数据的读取,同时将读取来的预测装置运行状态数据写入数据交换模块。

### 3. 物耗优化指导模块

该模块用于提供对现场物耗的优化指导,通过数据交互模块提供的现场实时运行数据,以及通过机理模型计算后的现阶段装置状态数据,在质量达标的情况下,使用机理模型对现场装置的物耗进行优化,同时将优化后的操作数据,包括反应器温度、液位、结晶器温度;优化后的装置状态预测数据,包括酸耗、PX 单耗、4CBA 浓度输入数据交换模块。

### 4. 质量优化指导模块

该模块用于提供对现场产品指标的优化指导,在产品质量不达标时,提供相应的操作指导,确保产品质量达标。当产品中杂质 4CBA 浓度超出正常范围时,对操作条件,包括反应器温度、反应器液位、第一结晶器温度进行优化,使得杂质 4CBA 浓度向控制指标 2500ppm 靠拢,最后将操作条件调整结果与调整后装置的生产状况数据写入 PHD 中转服务器,为客户端提供数据服务。

### 5. 异常处理模块

由于监控服务端软件需要与现场 PHD 服务器和 Aspen Plus 流程模拟软件进

行数据通信等相关操作,而现场 PHD 服务器稳定性无法保证,Aspen Plus 长期运行的稳定性也无法保证,因此异常处理模块就显得相当重要。

　　异常处理模块实时监控数据处理模块与 PHD 服务器的通信状态,以及用于驱动 Aspen Plus 的 COM 接口对象的运行状态,一旦出现异常,将对象销毁,同时初始化数据采集模块以及 COM 接口对象,并记录出错次数,保证服务端软件在长期运行时的稳定性。

### 8.4.2　监控系统服务端软件

　　服务端软件运行界面如图 8-8 所示。

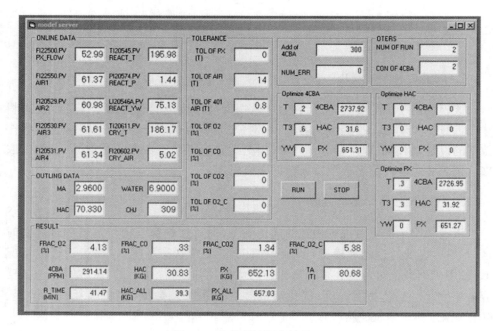

图 8-8　监控系统服务端界面

　　图 8-8 中 Online Data 显示的是实时读取的装置操作数据,包括 PX 流量、空气进料量、反应器温度/压力/液位、第一结晶器温度/压力。Tolerance 显示的是对现场仪表的静差补偿。由于现场仪表存在静差,必须通过静差补偿来弥补现场仪表的不足,使得模型计算所用的操作数据更接近真实值。

　　Result 显示的是模型计算获取的现场装置运行状态数据,包括尾氧浓度、CO浓度、$CO_2$ 浓度、第一结晶器尾氧浓度、4CBA 浓度、反应核心工段酸耗、反应核心工段 PX 单耗、TA 产量、反应器停留时间、氧化反应工段总酸耗、氧化反应工段总PX 单耗。

Optimize 4CBA 显示的是在质量不达标时,对 4CBA 浓度的优化结果,包括操作条件的调整,其中 T 表示反应器温度增量,T3 表示第一结晶器温度增量,YW 表示反应器液位增量,以及调整后的装置运行状态数据,包括 4CBA 浓度,反应核心工段酸耗,反应核心工段 PX 单耗。

Optimize HAC 显示的是在质量达示时,对酸耗的优化结果,包括操作条件的调整,其中 T 表示反应器温度增量,T3 表示第一结晶器温度增量,YW 表示反应器液位增量,以及调整后的装置运行状态数据,包括 4CBA 浓度,反应核心工段酸耗,反应核心工段 PX 单耗。

Optimize PX 显示的是在质量达标时,对 PX 单耗的优化数据,包括操作条件的调整,其中 T 表示反应器温度增量,T3 表示第一结晶器温度增量,YW 表示反应器液位增量,以及调整后的装置运行状态数据,包括 4CBA 浓度,反应核心工段酸耗,反应核心工段 PX 单耗。

### 8.4.3　监控系统客户端软件简介

监控客户端软件主要用于显示服务端软件的计算数据,实现历史数据回放功能,客户端所用所有数据均由服务端软件提供。客户端用户界面如图 8-9 所示。

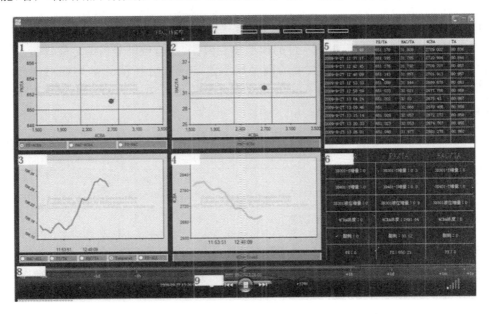

图 8-9　监控客户端界面

监控界面模块介绍:

1——可切换雷达图,包括 PX 单耗/4CBA 浓度、酸耗/4CBA 浓度、PX 单耗/

酸耗三种映射关系。

　　2——普通雷达图,显示 4CBA 浓度/酸耗的映射关系。

　　3——可切换趋势图,包括全流程醋酸单耗、反应器温度、反应核心工段酸耗、反应核心工段 PX 单耗、全流程 PX 单耗。

　　4——普通趋势图,显示 4CBA 浓度趋势。

　　5——实时数据表格,显示 PX 单耗、醋酸单耗、4CBA 浓度、TA 产量。

　　6——生产操作优化指导,每一列都针对每一个对应指标给出提示。

　　7——信号灯,显示工况运行等级,分为红、黄、绿三级。

　　8——时间进度条,指示监控界面时刻以及当前系统时间。

　　9——播放控制,快进、快退、暂停、速度显示。

### 8.4.4　系统预测成效分析

　　现场反应核心工段的物耗(主要为反应器物耗)无法直接测量,醋酸消耗由醋酸燃烧造成,PX 消耗主要由副产物燃烧以及理论消耗组成,燃烧将生成 $CO$、$CO_2$,燃烧反应和主反应都需要消耗氧气,因此物耗值可与反应器尾气中 $CO$ 浓度,$CO_2$ 浓度,尾气氧气浓度,结晶器尾气氧气浓度等指标挂钩,当上述变量的模型预测值与现场测量值吻合时,可认为模型预测物耗与现场实际物耗相吻合。另外,产品 4CBA 浓度是一个非常重要的质量指标,也是预测系统的重要检验数据。

　　系统检验了 2009 年 4~10 月的模型预测数据,并与现场分析值之间进行了对比。下表给出了产品 4CBA 浓度的模型预测值与现场分析值的平均相对误差明细,该结果体现了当月所有分析点的相对误差的均值。由表 8-9 可知,4CBA 浓度的预测值与分析值之间的误差在 5% 左右。

表 8-9　4CBA 误差分析

| 月份 | 平均误差 /% | 月份 | 平均误差 /% |
|---|---|---|---|
| 4 | 4.66 | 8 | 4.21 |
| 5 | 4.63 | 9 | 4.88 |
| 6 | 5.37 | 10 | 3.76 |
| 7 | 3.47 | | |

　　反应器和结晶器的尾气的各项指标结果见表 8-10 和表 8-11。对于尾气氧气浓度,模型预测的相对误差在 1% 左右;对于尾气 $CO$ 浓度,模型的预测值与现场仪表测量值之间的相对误差在 1.5% 左右;对于尾气 $CO_2$ 浓度,模型的预测值与现场仪表测量值之间的相对误差在 1% 左右;对于结晶器尾气氧气浓度,模型的预测值与现场仪表测量值之间的相对误差在 3.5% 左右。各个结果的吻合精度都比较高。

**表 8-10　反应器尾气浓度误差分析**

| 月份 | O₂浓度<br>平均相对误差/% | CO浓度<br>平均相对误差/% | CO₂浓度<br>平均相对误差/% |
|---|---|---|---|
| 4 | 1.27 | 1.73 | 1.44 |
| 5 | 0.91 | 1.50 | 1.00 |
| 6 | 0.98 | 1.35 | 0.91 |
| 7 | 1.03 | 1.81 | 1.05 |
| 8 | 1.17 | 1.57 | 1.09 |
| 9 | 0.99 | 1.49 | 1.27 |
| 10 | 0.80 | 1.19 | 0.91 |

**表 8-11　结晶器尾气氧气浓度误差分析**

| 月份 | 平均相对误差/% | 月份 | 平均相对误差/% |
|---|---|---|---|
| 4 | 3.88 | 8 | 3.55 |
| 5 | 3.20 | 9 | 4.16 |
| 6 | 3.15 | 10 | 3.25 |
| 7 | 3.63 | | |

## 8.5　PTA 生产过程的实时操作优化

　　PTA 生产过程实时模拟与监控系统中除了装置运行预测模块以外,物耗优化与质量优化指导模块是另外两个重要功能,其基础是基于机理模型的实时优化技术。主要功能包括 PX 单耗的最优化操作、醋酸消耗的最优化操作,以及产品 4CBA 质量的操作优化。该模块采用可直接反馈实施,也可在线计算出最优操作,然后由现场操作人员进行决策后执行。以 PX 单耗的最优化操作为例,在当前产品杂质 4CBA 浓度达标的情况下,对操作条件,包括反应器温度、反应器液位、第一结晶器温度可进行实时优化调整,频率为每小时 1 次。在保证产品质量达标,满足相应约束的前提下,降低核心工段 PX 单耗。该优化命题的数学表达如下[5]:

$$\min y_{PX}(T_R, T_C, X_{LV})$$

s. t.

$$f(x, y_{4CBA}, y_{HAC}, y_{PX}, T_R, T_C, X_{LV}) = 0$$

$$1800 \leqslant y_{4CBA} \leqslant 2800$$

$$y_{HAC} - y_{HAC0} \leqslant 0.5$$

$$|T_R - T_{R0}| \leqslant 2$$

$$|T_C - T_{C0}| \leqslant 1$$

$$|X_{LV}-X_{LV0}|\leqslant 1$$

$y_{HAC0}$：前醋酸消耗

优化目标为最小化核心氧化工段的 PX 单耗,等式约束为氧化反应工段机理模型。对 4CBA 浓度的不等式约束表示优化后产品内 4CBA 浓度必须在合格范围内。对醋酸单耗的不等式约束表示优化后的醋酸单耗相对当前醋酸单耗的增量不能超过 0.5 个单位。对反应器温度$(T_R)$,第一结晶器温度$(T_C)$的不等式约束表示优化后反应器温度和第一结晶器温度的与前一时刻相比波动量不超过 1℃,这是出于对现场装置的实时调节能力考虑。对反应器液位的不等式约束表示优化后的反应器液位波动量不超过 1%。此优化命题所包含变量维数为 4834,自由度为 3。采用前述的模型化与接口技术及相应的大规模优化算法,可针对此问题进行实时优化操作。

为了展示优化的效果,以 2009 年 4 月份数据为例进行分析。在该阶段尚未对该装置进行优化计算与实施,现场数据可以反映实际操作情况。然后通过监控系统的回放功能可以提取出该阶段的历史数据,并利用优化模块进行离线的优化分析与对比,可以比较优化前后的物耗状态、产品质量状态,以及决策变量的变化。

图 8-10 中,实线为原 PX 单耗,虚线为优化后的 PX 单耗。从图中可知优化后的 PX 单耗相比优化前要低,由于优化是实时进行的,每次优化所在的工况点都不相同,因此优化得到的 PX 单耗下降量也不相同。

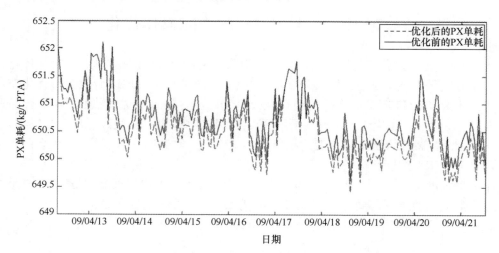

图 8-10　优化前后 PX 单耗对比曲线

PX 单耗优化后,核心工段醋酸单耗状态如图 8-11 所示。醋酸单耗有所上升,但上升量满足约束,并未超过 0.5kg/t PTA。

PX 单耗优化前后产品中 4CBA 浓度状态如图 8-12 所示。图中实线表示

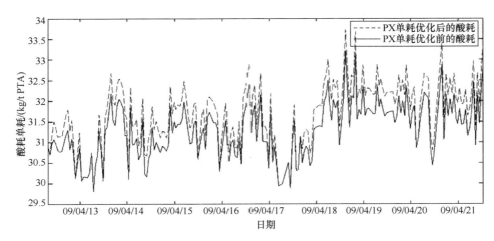

图 8-11　优化前后醋酸单耗对比曲线

4CBA 浓度指标上限值,超过此上限则表示产品质量不达标,不能进行 PX 单耗优化,而应启动产品质量优化模块。从图中可以看出,进行 PX 单耗优化后,4CBA 浓度与优化前相比有所下降,并且在大部分时刻都能找到满足质量指标的优化解。

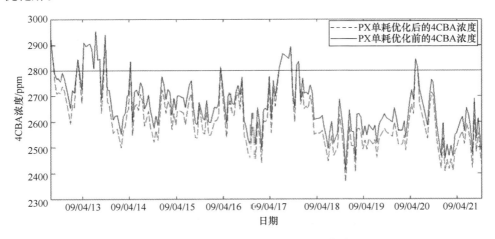

图 8-12　优化前后 4CBA 浓度对比曲线

优化前后各决策变量曲线的比较结果如图 8-13～图 8-15 所示。可以看出,反应器和第一结晶器的温度都有所提高,而液位略有下降。这些措施都有助于提高主反应的 PX 转化率。

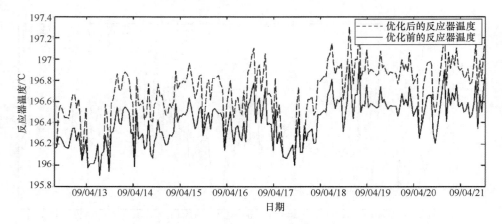

图 8-13　优化前后反应器温度对比曲线

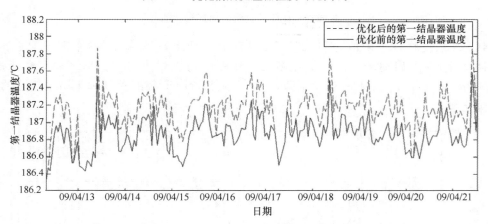

图 8-14　优化前后第一结晶器温度对比曲线

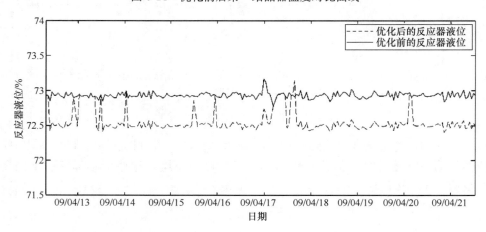

图 8-15　优化前后反应器液位对比曲线

# 8.6　小　　结

本章介绍了 PTA 生产过程,利用机理建模技术建立了 PTA 氧化反应动力学、热力学、和反应器模型,并通过 AOS 和 CAPEOPEN 技术实现了核心氧化反应器的封装和商业化软件的嵌入。进一步进行了 PTA 氧化工段全流程的建模与模拟,包括氧化反应器、四级冷凝器、第一结晶器、高压吸收塔、常压吸收塔、溶剂脱水塔系统等,使得全流程模型可以求解并吻合设计数据。然后在此基础上实施了 PTA 生产过程实时模拟与监控系统,可以实时、准确地掌握生产操作过程中的主要物耗:PX 消耗和醋酸消耗,及时提醒操作人员物耗水平和产品质量的异动。最后通过 PX 单耗最优化问题阐释了实时操作优化方法,保证现场装置始终运行在稳定的低消耗状态。

## 参 考 文 献

[1] 姜迎娟,况宗华. 精对苯二甲酸生产工艺综述[J]. 应用化工,2006,35(4):300-303.

[2] 王瑛,侯燕琴,林勇. PTA 生产技术综述[J]. 济南纺织化纤科技,2005,(4):7-9.

[3] 肖咸江. PTA 过程关键单元建模与流程模拟[D]. 浙江大学,2006.

[4] 王丽军. 对二甲苯氧化过程的建模、控制与优化研究[D]. 浙江大学,2005.

[5] 蒋鹏飞. 3PTA 氧化过程实时工况预测与优化方法[D]. 浙江大学,2010.

[6] 赵晓锐. 基于开放架构的对二甲苯氧化反应器建模与优化研究[D]. 浙江大学,2010.

[7] 赵晓锐,邵之江,陈曦,等. 基于 CAPE-OPEN 标准的对二甲苯氧化反应器建模[J]. 计算机与应用化学,2010,27(1):41-45.

[8] Zhang Z,Shao Z,Chen X,et al. Quasi-weighted least squares estimator for data reconciliation [J]. Computers and Chemical Engineering,2010,34(2):154-162.

[9] 蒋鹏飞,顾雪萍,陈曦,等. 多工况大规模工业过程模型参数估计[J]. 计算机与应用化学,2010,27(1):46-50.

# 第9章 空分生产过程变负荷模拟与优化

## 9.1 工业低温空分装置流程介绍

低温精馏空气分离是大规模生产高纯度氧、氮、氩产品的主要方法,常见于炼钢、化工和气体分离等行业,其基本原理是利用相对挥发度差异采用精馏方法分离空气中的各个组分[1]。由于常压下空气混合物的沸点低至 100K 左右,空分装置的液化和精馏部分需要在超低温下运行,因此能耗很高,能源消耗占空分产品成本的 70%～80%[2]。大型空分设备耗电惊人,一套 60000Nm³/h 空分设备用电负荷约 40MW,即生产每 Nm³/h 氧气的能耗为 0.66kW·h,相当于一个城镇的民用电量。国外的研究者对空分装置的研究很多,Castle 对空分装置的产品收率、纯度、最优控制、用电效率等做了详细的综述,比较了历年来国外装置 Nm³/h 氧产品的耗电量[3]。虽然国内也有很多研究者[4,5]采用自编软件或商业流程模拟软件对低温空分装置进行模拟优化,但是目前国内与国外空分装置的单位能耗差距还比较明显,对低温空分工业装置进行研究仍然很有必要,要通过空分装置的瓶颈分析、实现节能降耗,提高装备的国际竞争力。

常规低温精馏空气分离装置包括空气的粗分离、压缩、液化、精馏几个部分。低温部分设备都集中装配在带有保温的柱形保冷箱内,俗称"冷箱"。除去了 $CO_2$、$H_2O$ 和 $C_2H_2$ 等杂质的空气先压缩到一定压力,然后部分膨胀至液化温度并在主换热器中与来自精馏塔的返流气体交换热量液化,返流气体(液体)则复热出系统。由于绝热损失、换热器的复热不足损失和冷箱向外直接排放低温液体,空分需要大量冷量,由空气节流效应和膨胀机等熵膨胀获得。部分液化的空气在下塔中精馏分离成富氧液空和液氮。富氧液空过冷节流后送入上塔继续精馏分离,部分液氮过冷节流后送入上塔回流,部分液氮直接下塔回流。上塔除了塔顶产出纯氮外,还在塔釜产出液氧(气氧),侧线采出粗氩。粗氩原料经粗氩塔精馏后除去重组分氧并形成回流液返回上塔。粗氩产品则在粗氩塔顶部抽出送入纯氩塔,除去微量氮,得到纯氩产品。

空分装置产品纯度高,设备耦合多、相结构复杂。深冷分离能耗很高,低温精馏系统换热网络高度耦合以回收热量。装置中大量使用了热集成与物料再循环技术,例如,上塔与下塔共用一个冷凝蒸发器;下塔液空部分作为上塔中部回流,同时部分为粗氩塔冷凝器提供冷量,最后还返回空分上塔参与精馏等。热集成和物料再循环使空分装置具有典型的能量与物料高度耦合的特征,系统约束缩小了系统的物理可行域,导致模型计算的收敛性变差[6]。在进行严格计算时,采用序贯模块法就要使用迭代和割裂的方法对过程进行反复计算,高度耦合耦合流程循环流股多,变量标度差别大,变量的收敛级别不同,计算很不容易收敛。联立方程法虽然不存在复杂流程的循环流股,计算的收敛速度很快,但是它对计算初值的要求比较高,只有当计算初值接近真实解时,方程才有可能有解。基于这些问题,本章将以几套典型的低温精馏空分流程建模为例,对高纯度、强耦合和变工况复杂分离过程的建模方式和关键计算问题进行探讨。

前面提到常规的低温精馏空气分离装置由空气粗分离、压缩、液化和精馏几大部分组成。各种空分典型流程主要在空气及产品的增压方式、原料与产品的换热方式和各个流股的循环方式安排上存在差异,系统的物理性质和设备性能都比较接近,因此各种流程在模拟计算上都具有高纯度、强耦合的特点。本章以氧气产量 20000Nm³/h 的冶金型内压缩无氢制氩深冷空分流程作为代表装置进行模拟优化计算[7]。该流程为常温分子筛吸附、增压透平膨胀机、规整填料上塔、全精馏无氢制氩技术和氧氮产品内压缩的冶金型内压缩低温空分流程,其流程图如图 9-1 所示。流程采用常温分子筛净化空气、中压增压透平膨胀机制冷、液氧内压缩、部分液氮内压缩;采用规整填料技术及全精馏剖氩工艺。原料空气在过滤器除去灰尘和机械杂质后,以空气压缩机压缩至一定压力送入空气冷却塔进行预冷。空气冷却塔的给水分为两段,冷却塔的下段使用经水处理过的循环水,而冷却塔的上段则使用经水冷却塔和冷水机组冷却的低温水。出空气冷却塔的空气进入交替使用的分子筛吸附器,吸附原料空气中的水分、$CO_2$、$C_2H_2$ 等杂质。净化后的加工空气分为四股,第一股作为仪表空气;第二股进入主换热器 E1,与返流的污氮气、低压氮气、中压液氧换热后进入下塔进行精馏;经空气增压机一段压缩后的空气再分为两股,第三股相当于膨胀量的空气经增压膨胀机的增压端增压后再经气体冷却器冷却,进入主换热器,从换热器中部抽出,进入膨胀机,膨胀后进入下塔进行精馏。第四股气体经空气增压机二段压缩,再进入主换热器 E1 冷却,节流后进入下塔;空气经下塔初步精馏后,在下塔底部获得液空,在下塔顶部获得纯液氮,并经过冷器过冷后节流进入上塔。经上塔进一步精馏后,在上塔底部获得液氧,并经液氧泵压缩后进入主换热器,复热后作为产品出冷箱。部分液氧直接出冷箱作为液氧产品进入贮槽。从上塔顶部引出纯氮气,经过冷器、主换热器 E1 复热后出冷箱,其中一股送入低压氮压机压缩到 1.1MPa(a),这股低压氮气产品可以切换去水冷塔;另一股送入中压氮气压缩机压缩到 2.6MPa(a)。从上塔顶部抽取液氮产品,进入贮槽。从上塔上部引出污氮气,经过冷器 E2、主换热器 E1 复热后出冷箱,首先满足用作分子筛的再生气体的需要,多余部分送往水冷塔。从上塔中部抽取一定量的氩馏分送入粗氩塔。粗氩塔在结构上分为两段,第二段(粗氩塔Ⅱ)氩塔底部的回流液体经液体泵送入第一段顶部作为回流液。氩馏分经粗氩塔精馏得到粗氩气,并送入精氩塔中部,经精馏后在塔底部得到产品精液氩,送入液氩贮槽。从液氩贮槽抽取部分精液氩产品经中压液氩泵增压后送入冷箱,再经中压氩换热器复热后出冷箱,送入中压氩管网。

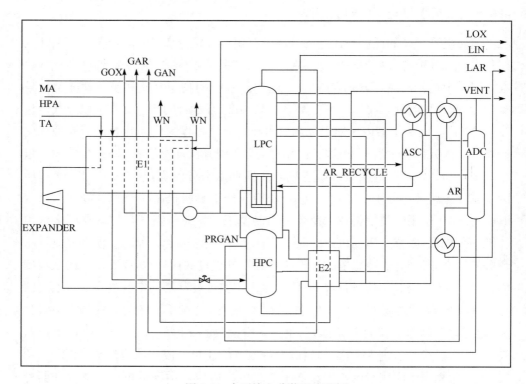

图 9-1　内压缩空分装置流程图

流程中经过压缩和冷却的空气流股在由四个耦合的精馏塔内精馏,分别是下塔(C1)、上塔(C2)、由低压塔侧线采出粗氩进入粗氩塔(C701&C702)和精氩塔(C703)。净化空气分成三股:高压空气(HPA)、主进料空气(MA)和膨胀空气(TA)。所有的进料空气进入主换热器 E1,由产品气体和污氮气所在的冷流股进行冷却。高压空气(HPA)和主进料空气(MA)穿过整个换热器而被降温至露点温度,膨胀空气(TA)则在 E1 中被部分冷凝后进入膨胀机进行膨胀。高压空气通过一个节流阀后被液化进入高压塔中部。进料空气和膨胀空气进入高压塔的底部,在高压塔内空气将被精馏成高纯液氮、富氮液体流股和富氧液空流股。上塔塔顶产出高纯氮气(GAN),塔底出液氧(LOX)。除了抽取塔底部分液氧产品外,其他的液体产品将在 E1 中被加压气化后作为气体氧产品(GOX)。污氮(WN)是在第一层填料下作为低压塔的侧线采出。副换热器 E2 的作用是利用污氮和高纯氮气产品的冷量来冷却高压塔的产品。在流程中在粗氩塔的塔顶采出粗氩(AR)。精氩塔则精馏出高纯气体氩(GAR)和液体氩(LAR)。由于空分装置在深冷条件下运行,流程中所有的精馏塔和换热器都高度热耦合。下塔和上塔共用主冷作为冷凝/再沸器。粗氩塔的塔顶产品由富氧液空冷却。精氩塔再沸器的热量则来自于压力氮(PRGAN)冷凝,塔顶液氮气化作为塔顶冷凝器冷源。

## 9.2　低温空分流程建模及模拟

流程可以采用商业流程模拟软件建模求解,以 Aspen Plus 进行模块化建模为例,设备与相应的模块列于表 9-1。

**表 9-1　流程模块选择一览表**

| 设备 | 模块 | 数量 |
| --- | --- | --- |
| 精馏塔 | RadFrac | 4 |
| 压缩机 | Compr | 1 |
| 闪蒸与简单换热器 | Heater & Flash | 6 |
| 多股流换热器 | MHeatX | 3 |
| 分流器 | Splitter | 8 |
| 混合器 | Mixer | 3 |
| 泵 | Pump | 3 |
| 节流阀 | Valve | 9 |

全流程单元模块共 37 个,变量数 7462 个,方程数 7134 个,流程自由度共 327 维,流程的自由度包括独立变量和设备参数。流程模拟组织图如图 9-2 所示。

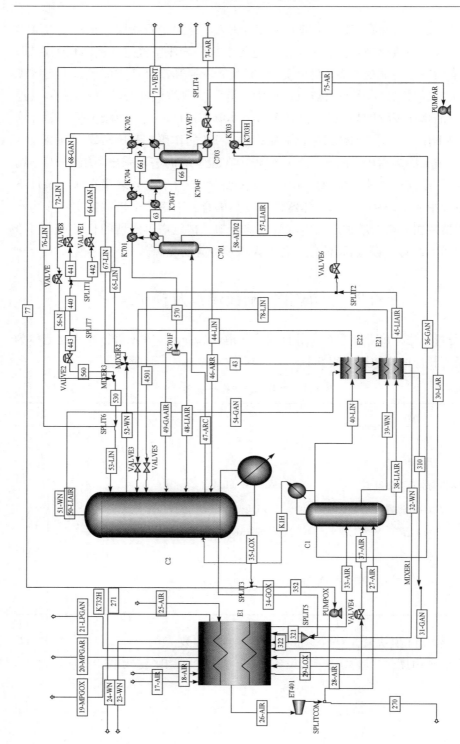

图 9-2　内压缩空分装置流程模块组织图

## 9.2.1　热力学模型选择

$N_2$-Ar-$O_2$ 三元体系在不同压力下都表现出相对比较好的理想性[8]。文献[9]对各种热力学模型的能力进行了评价,认为可以使用各种常规热力学方法模拟该体系的相平衡关系。描述该体系的各种模型中,一类是以 Peng-Robinson(PR)方程为代表的少参数状态方程[10],李文波[11]等都采用 PR 方程进行模拟,肖珍平[12]采用 Soave-Redlich-Kwong(SRK)的修正方程 SRKM 进行计算。Harmens 状态方程是针对 $N_2$-Ar-$O_2$ 体系开发的都是立方型状态方程,形式与 PR 方程非常接近。张延平等[4]采用 Harmens 状态方程编制了面向空分装置的计算软件,成熟的商业流程模拟软件中还没有该方程的计算模块;而 PR 和 SRK 方程在所有的商业软件都配有标准计算模块。

另一类常用于 $N_2$-Ar-$O_2$ 系统物性计算的热力学方程是 BWRs[13] 为基础的多参数状态方程。陈长青[5]利用 BWRs 的修正方程 SHBWR,在空分流程范围内进行了计算,证明方程可用。Bender 状态方程[14]也是针对 $N_2$-Ar-$O_2$ 三元体系多参数状态方程。Bender 给出了焓和逸度系数的计算公式,但没有给出推导过程。刘芙蓉[15]根据热力学基本关系,结合 Bender 方程,推导出熵、比热等热力参数的计算公式,并且比较了纯氩焓、空气焓、纯氧焓、空气熵、氮的定压比热、空气定压比热的实验值和计算值。BWRs 类型的方程都是多参数方程,计算工作量很大,尤其是 Bender 方程,有 20 个方程参数和若干温度函数和交互系数。以上每种状态方程都有研究者使用。

上述各种方法在一定程度上都可以描述 $N_2$-Ar-$O_2$ 物系的热力学行为。总的来说,严格模型相对计算工作量较大,多参数方程尤其复杂,但是机理明确且计算精度较高,可以通过气液平衡实验或者工程数据学习,改善模型精度。简化模型虽然计算速度较快,但是学习数据的范围有限,不太适用于整个装置运行范围的物性计算。本例将选用 PR 方程严格计算 $N_2$-Ar-$O_2$ 物系的热力学行为。

## 9.2.2　面向工业装置操作模拟的变量设置方案

参照工业装置的控制变量方案确定流程模拟的独立变量,希望流程模拟问题尽可能接近工业装置的操作状态,方便流程标定和工况切换。但是,采用非常规的独立变量方案可能会让求解难度增加。采用序贯法对流程进行模拟时,程序会采用一定变量组织方式完成所有方程的循环计算,变量求解顺序的原则是比较敏感的变量作为输入变量或者便于方程计算,选择不符合求解顺序的变量作为设计变量也就是给流程模拟增加了设计约束,计算层数和计算次数增加,不易收敛。采用联立方程法时,虽然所有的方程在同一个层面上求解,不必考虑设计约束带来的迭代层数增加,改变常规的设计变量方案可能导致 Jacobian 矩阵奇异。但是为了让模拟计算与装置的实际工作方式符合,本文还是考虑按照测量变量方案设定独立变量。可以将过程模型写成如下的方程形式:

$$f(X_{\text{ind}}, X_{\text{ind\_obs}}, X_{\text{cal}}, X_{\text{cal\_obs}}) = 0 \tag{9.1}$$

式中下标 ind 表示独立变量,obs 表示可观测,cal 表示计算变量。且 $X_{\text{ind\_obs}}$ 表示可观测的独立变量向量;$X_{\text{ind}}$ 表示其他独立变量向量;$X_{\text{cal\_obs}}$ 表示可观测计算变量向量,用于标定模型;$X_{\text{cal}}$ 表示不可观测的计算变量向量;$f$ 为过程模型的函数向量。

将 $X_{\text{ind}}$ 和 $X_{\text{ind\_obs}}$ 代入式(9.1)计算 $X_{\text{cal\_obs}}$ 和 $X_{\text{cal}}$ 后即可进行模型标定。首先将算例中的 7461 个变量分类。方程组自由度,也就是 $X_{\text{ind}}$ 和 $X_{\text{ind\_obs}}$ 共 327 维,分类列于表 9-2。其中 26 个变量可以直接测量,1 个变量由可测变量换算,构成 $X_{\text{ind\_obs}}$;259 个变量由工艺设定;31 个变量只能用经验值,其中 10 个为精馏塔的 Murphree 效率,为简化计算,每段内件取一个共同的效率值,具体说明见表 9-3。

表 9-2　算例独立变量求解方法一览表

| 序号 | 说明 | 个数 | 求解方法 |
|---|---|---|---|
| 1 | 进料、侧线出料和回流量 | 12 | 直接测量 |
| 2 | 设备操作压力 | 16 | 直接测量 |
| 3 | 换热温度 | 8 | 直接测量 |
| 4 | 分流比例 | 1 | 以流量测量值换算 |
| 5 | 换热温度 | 4 | 工艺设定 |
| 6 | 设备结构参数 | 224 | 工艺设定 |
| 7 | 进料组成 | 9 | 工艺设定 |
| 8 | 进料、侧线出料和回流量 | 3 | 工艺设定 |
| 9 | 设备压降 | 19 | 工艺设定 |
| 10 | 低温设备冷损 | 15 | 经验值 |
| 11 | 设备压降 | 5 | 经验值 |
| 12 | 泄漏流量 | 1 | 经验值 |
| 13 | 精馏塔效率 | 10 | 经验值 |

表 9-3　算例精馏塔效率 $\varepsilon_{ij}^{M}$ 一览表

| 序号 | 变量名 | 置信区间 | 说明 |
|---|---|---|---|
| 1 | $\varepsilon_1^{M}$ | [0.5,1.5] | 下塔 C1 效率 |
| 2 | $\varepsilon_2^{M}$ | [0.5,1.5] | 上塔 C1 第一段效率 |
| 3 | $\varepsilon_3^{M}$ | [0.5,1.5] | 上塔 C1 第二段效率 |
| 4 | $\varepsilon_4^{M}$ | [0.5,1.5] | 上塔 C1 第三段效率 |

续表

| 序号 | 变量名 | 置信区间 | 说　明 |
|---|---|---|---|
| 5 | $\varepsilon_5^M$ | [0.5,1.5] | 上塔 C1 第四段效率 |
| 6 | $\varepsilon_6^M$ | [0.5,1.5] | 上塔 C1 第五段效率 |
| 7 | $\varepsilon_7^M$ | [0.5,1.5] | 上塔 C1 第六段效率 |
| 8 | $\varepsilon_8^M$ | [0.5,1.5] | 粗氩塔 C701 效率 |
| 9 | $\varepsilon_9^M$ | [0.5,1.5] | 粗氩塔 C702 效率 |
| 10 | $\varepsilon_{10}^M$ | [0.5,1.5] | 精氩塔 C703 效率 |

可观测计算变量向量 $X_{cal\_obs}$ 同样根据现场测点确定。

### 9.2.3　稳态流程模拟结果

流程模拟的目标是要搭建可以标定、可以调和数据、可以大范围变化工况、可以优化甚至可以用于模型预测控制的模型。模型的准确性应该由工业装置本身的运行数据来标定,也即采用现场测量数据来评判。流程的模拟结果可见表 9-4。从表中可见,大部分模拟数据与现场数据的误差已经很小。考虑到现场数据本身的噪音较大,而且各项数据已经没有数量级的差异,相对误差比较大的几项都是纯度很高的分析数据,绝对误差并不很大。

**表 9-4　算例模拟误差**

| 变量说明 | 现场数据 | 模拟数据 | 绝对误差 | 相对误差/% |
|---|---|---|---|---|
| 下塔液空纯度 | 0.4094 | 0.4053 | 4.1e−3 | 0.10 |
| 上塔污氮气纯度 | 0.0015 | 0.0003 | 1.2e−3 | 77.73 |
| 氩馏分氩含量 | 0.0875 | 0.0874 | 6.4e−5 | 0.07 |
| 粗氩塔 II 顶氩含量 | 0.9945 | 0.9897 | 4.8e−3 | 0.49 |
| 粗氩塔 I 顶氧含量 | 0.0107 | 0.0106 | 7.9e−5 | 0.74 |
| 产品氧气纯度 | 0.9997 | 0.9984 | 1.3e−3 | 0.13 |
| 产品氮气纯度 | 2.0e−7 | 2.3e−6 | −2.1e−6 | 1070.26 |
| 粗氩塔 II 顶氧含量 | 8.2e−7 | 1.1e−6 | −3.1e−7 | 38.17 |
| 产品液氮流量 | 769.0 | 794.0 | −24.6 | 3.20 |
| 产品液氧流量 | 704.4 | 753.1 | −48.7 | 6.91 |
| 污液氮进上塔流量 | 13984.0 | 13759.7 | 224.3 | 1.60 |
| 纯液氮进上塔流量 | 41446.0 | 35326.6 | 6119.4 | 14.76 |
| 粗氩流量 | 635.6 | 709.4 | −73.8 | 11.61 |
| 返流污氮分流 1 | 18528.0 | 15837.7 | 2690.4 | 14.52 |

续表

| 变量说明 | 现场数据 | 模拟数据 | 绝对误差 | 相对误差/% |
|---|---|---|---|---|
| 返流污氮分流 2 | 15316.0 | 15837.7 | −521.6 | 3.41 |
| 产品氧气流量 | 17300.0 | 16800.0 | 537.0 | 3.11 |
| 产品氮气流量 | 33942.0 | 32828.2 | 1113.8 | 3.28 |
| 膨胀空气流量 | 26417.0 | 28868.8 | −2451.8 | 9.28 |
| 高压空气流量 | 28407.0 | 31348.9 | −2941.9 | 10.36 |
| 正流空气流量 | 33299.0 | 36185.7 | −2886.7 | 8.67 |
| 粗氩气流量 | 400.0 | 391.0 | 9.0 | 2.25 |

## 9.3　空分装置变负荷操作优化命题

低温精馏空气分离除了具有产品纯度高和设备耦合多、关联性强的特点之外，它不同于常规化工装置的一个特征是产量并不是固定不变的，而是呈现周期性、阶段性、间歇式的特点，导致空分装置生产负荷需要大幅度的变动（80%～110%）。由于没有气相产品储罐作为缓冲，当低温精馏空分装置给一些间歇操作的用户输送气相产品时，用户的用气需求会对空分装置的产品输出造成影响。例如，钢铁行业中转炉炼钢需要高纯氧气，由于工艺的特殊性（如转炉顶吹、间断用氧、高炉富氧连续使用、煤粉喷吹），转炉运行时瞬间用氧量很大，氧气管网的压力就会下降，空分装置的气氧产品可以很顺利地进入管网，此时空分装置应该满负荷操作；而转炉停止运行时，氧气管网压力上升，空分装置的气氧无法正常出装置，空分装置就要降低负荷操作。用氧时间不连续；再加上各个转炉大小不同，氧气用量的高峰、低谷的周期也不相同，造成氧气用量需求的极不均衡。另外，低温精馏空分装置是耗能大户，为了降低生产成本，空分装置会在电价较低或液相产品供应不足的时候将气相产品切换为液相产品。为了实现优化目标而调节产品生产方案的操作方式在化工行业中其实很常见，炼油装置就经常基于加工原油的性能和油品价格的波动调节成品油的产量。但是由于空分装置大量生产气相产品，对工况的改变最为敏感，切换速度也要求最高，研究的需求更为迫切。空分行业中，在不同要求之间切换的变工况技术统称为自动变负荷控制（automatic load control）。缺乏良好的自动变负荷控制技术时，空分装置很难及时平衡产品需求，只能将多余氧气放空。氧气放散量高造成空分行业的大量能耗与经济损失，据统计，我国钢厂的氧气放散率一般在 7%～12%，有的甚至超过 20%。放散率每降低 1% 可节约成本约 200 万元/年，具有巨大的节能潜力。因此，自动变负荷控制技术是当前国际大型空分装备先进自动化的标志性技术，市场需求很大。如何综合应用先进的过程建模、优化控制技术,来实现以变负荷技术为核心的优化控制系统,已成为当今空分行业的一个迫切需求。

鉴于上述考虑,面向自动变负荷的空分装置模型可以写成如下形式:

$$f(X_{ind\_fix}, \overline{X}_{ind\_exp}, \overline{X}_{ind\_obs\_prd}, \overline{X}_{ind\_obs\_oper}, X_{cal}, X_{cal\_obs}) = 0 \tag{9.2}$$

式中除了与式(9.1)相同的变量之外,还将独立变量向量$X_{ind}$拆分成了变负荷时不发生变化和发生变化的独立变量向量$X_{ind\_fix}$和$\overline{X}_{ind\_exp}$。后者不可观测,只能经验估算。可观测的独立变量向量$X_{ind\_obs}$则拆分成了变负荷的目标产量向量$\overline{X}_{ind\_obs\_prd}$和可调控制变量向量$\overline{X}_{ind\_obs\_oper}$。所有以$\overline{X}$形式表示的向量都表示变负荷过程中随工况变化而变化的变量集合。

面向工业装置操作与控制的空分流程建模在 9.2 节中已经做了详细介绍,本章仍然采用内压缩空分装置算例为例进行变负荷模拟与优化计算。

空分变负荷实际上是变产量,变负荷的标志就是目标产量向量$\overline{X}_{ind\_obs\_prd}$。算例不产液氮,气氩流量受限于液体加压泵的固定流量,所以这两种产品量固定,可以变化的产量只有气氧、液氧和气氮产品。目标产量向量$\overline{X}_{ind\_obs\_prd}$就是将上述产品量写成集合的形式,$\{F_{GOX}, F_{LOX}, F_{GAN}\}$,每一个目标产量向量表示一种产品集合,一种用户的实时产品需求。$X_{ind\_fix}$是指变负荷时不发生变化的不可测独立变量向量,主要是固定设备参数,如换热面积、绝热设备的换热量等。$\overline{X}_{ind\_exp}$则指受工况变化影响明显的参数,比如塔内件的压降和效率,由经验关联。$\overline{X}_{ind\_obs\_prd}$和可调控制变量向量$\overline{X}_{ind\_obs\_oper}$是指流程中的控制变量,如可控的流量、回流量和放空量等。流程中的有关变量和参数设定方式可见表 9-5。

表 9-5　变负荷问题独立变量分类

| 序号 | 向量 | 说明 | 求解方式 | 维数 |
|---|---|---|---|---|
| 1 | $\overline{X}_{ind\_obs\_prd}$ | $\{F_{GOX}, F_{LOX}, F_{GAN}\}$ | 设定 | 3 |
| 2 | $\overline{X}_{ind\_obs\_oper}$ | $\{F_{TA}, F_{MA}, F_{HPA}, F_{PRGAN}, F_{RELIN}, F_{LWN}, F_{AR}, F_{VENT}, F_{AR\_RECYCLE}\}$ | 优化 | 9 |
| 3 | $\overline{X}_{ind\_exp}$ | 操作压力和压降 | 估算 | 40 |
|  |  | 效率 |  | 10 |
|  |  | 冷损 |  | 15 |
| 4 | $X_{ind\_fix}$ | 进料组成 | 设定 | 9 |
|  |  | 设备结构参数 |  | 227 |
|  |  | 温度 |  | 12 |

在分析了低温空分装置的主要操作成本之后,本文构建的自动变负荷优化命题确定为:发生变负荷过程时,要在产品合格、设备正常操作的前提下达到各股空气压缩功最小。当模型足够准确时,优化得到的各控制变量设定值就可以保证装

置产品合格,能耗最低。某个产品需求条件下的优化命题可以写成如下形式:

$$\min_{\overline{X}_{\text{ind\_obs\_oper}}} \quad k_1 F_{\text{HPA}} + k_2 F_{\text{MA}} + k_3 F_{\text{TA}}$$

$$\text{s. t.} \quad f(X_{\text{ind\_fix}}, \overline{X}_{\text{ind\_exp}}, \overline{X}_{\text{ind\_obs\_prd}}, \overline{X}_{\text{ind\_obs\_oper}}, X_{\text{cal}}, X_{\text{cal\_obs}}) = 0$$

$$\overline{X}_{\text{ind\_obs\_prd}} = \{ F^{\circ}_{\text{GOX}}, F^{\circ}_{\text{GAN}}, F^{\circ}_{\text{LOX}} \} \tag{9.3}$$

$$X^L_{\text{cal\_obs}} \leqslant X_{\text{cal\_obs}} \leqslant X^U_{\text{cal\_obs}}$$

$$\overline{X}^L_{\text{ind\_obs\_oper}} \leqslant \overline{X}_{\text{ind\_obs\_oper}} \leqslant \overline{X}^U_{\text{ind\_obs\_oper}}$$

式中的目标函数表示空气进料的压缩功最小。$k_1, k_2$ 和 $k_3$ 分别是单位流量高压空气(HPA)、正流空气(MA)和膨胀空气(TA)的压缩费用,目标函数就是通过调节控制变量集合 $\overline{X}_{\text{ind\_obs\_oper}}$ 达到这三股空气的总压缩费用最低。当然,控制变量的调节受到各个条件的约束,第一条等式约束为过程模型,第二条等式约束 $\overline{X}_{\text{ind\_obs\_prd}} = \{ F^{\circ}_{\text{GOX}}, F^{\circ}_{\text{GAN}}, F^{\circ}_{\text{LOX}} \}$ 表示目标产品组合。两条不等式约束分别为产品组成合格约束和设备正常操作范围约束。

优化问题的初值定为原始工况点的计算值,物料平衡可见表 9-6。原始工况中 $\overline{X}_{\text{ind\_obs\_oper}} = \{20000, 1600, 40193.32\}$,数据单位 $\text{Nm}^3/\text{h}$。表中以加粗格式表示该值受前述的产品合格条件约束,原始工况的模拟结果都达到指标。

**表 9-6　空分装置原始工况模拟物料衡算表**

| 物流 | HPA | MA | TA | GAN | LIN | GOX | LOX | GAR | LAR | WN | VENT |
|---|---|---|---|---|---|---|---|---|---|---|---|
| 相态 | 汽液 | 汽 | 汽 | 汽 | 液 | 汽 | 液 | 汽 | 液 | 汽 | 汽 |
| mol 分率 | | | | | | | | | | | |
| $O_2$ | 0.2095 | 0.2095 | 0.2095 | **1.6ppm** | **2ppm** | **0.9990** | **0.9990** | **0.6ppm** | **0.6ppm** | 0.0008 | 4.39e−7 |
| Ar | 0.0093 | 0.0093 | 0.0093 | 0.0001 | 0.0002 | 0.0010 | 0.0010 | 0.9999972 | 0.999997 | 0.0043 | 0.595800 |
| $N_2$ | 0.7812 | 0.7812 | 0.7812 | 0.9999 | 0.9998 | 0ppm | 0ppm | **2.2ppm** | **2.2ppm** | 0.9949 | 4.04e−1 |
| 压力/MPa | 0.56 | 0.57 | 0.57 | 1.15 | 1.317 | 31.00 | 1.41 | 31.00 | 1.50 | 1.36 | 1.28 |
| 温度/K | 97.70 | 103.40 | 100.00 | 306.60 | 82 | 306.60 | 93.26 | 306.60 | 91.13 | 80.14 | 85.01 |
| 流量/(Nm³/h) | 28600 | 45980 | 28720 | 40193.32 | 0 | 20000 | 1600 | 400 | 383.70 | 34440772.5 | 8 |

## 9.4　空分自动变负荷操作优化求解

### 9.4.1　工况可行域分析

原始工况的设计值并不是最优值,一则原始工况设计是基于设计型计算而不是模拟型计算,二是设计时并不完全遵循我们所提出的优化命题。因此,我们首先在原始工况尝试求解优化命题。在 Aspen Plus 软件中使用内嵌的 DMO 或 LSSQP 算法时,优化命题很难直接收敛。这是由于优化算法从原始工况的解开始搜索最优解时,总是难免会到达可行域之外,如果优化算法不能够再将求解范围移回可行域内,那将导致命题不能收敛,更不用说获得最优解了。我们知道原始工况的设计数据都是优化问题的可行解,那么优化命题不收敛就不是因为问题无解,而是因为传统的梯度算法不能有效地处理可行域很窄的问题。HBM 是一种全局收敛的算法[16],因此可以用 HBM 来试探可行域。本节将采用 HBM 对高度热耦合的空分装置中各控制变量的可行域进行分析。

本节中所指的空分装置可行域是指某个变量或者某批变量的可变范围,满足产品合格和设备操作范围条件。多维变量的可行域很难表达,我们首先考察单个变量的可行域。保持 $\overline{X}_{ind\_obs\_prd}$ 和 $\overline{X}_{ind\_obs\_oper}$ 的集合中所有其他独立变量不变,以产品不合格为界分析单个变量变化的可行域,每个变量的相对变化幅度是原始工况设计数据的 $\pm 10\%$。

采用 HBM 进行单维工况变量变计算试探变量可行域。图 9-3 中纵坐标表示变量的相对变化幅度,柱形表示变量可行域的试探范围,阴影表示可行域。为了方便比较,将可行域较大的变量集中在图 9-3(a),可行域比较小的变量集中在图 9-3(b),后者的纵坐标放大。图中可见,超过一半的单变量可变范围很小,不超过 $\pm 1\%$,说明装置变量波动的可行域很窄。变化比较大的是图 9-3(a)中的 $F_{PRGAN}$,它表示压力氮的流量,大约是空气进料规模的 $1\%$,并且在流程中循环。因此,它的变化对变负荷的收敛性能影响很小,这是唯一可以正负方向波动 $10\%$ 的变量。气氮产品流量($F_{GAN}$)也可以降低 $10\%$,这意味着氮气产量可以降低,实际上氮气向污氮转移。另外精氩塔的塔顶排放量($F_{VENT}$)可以增加到 $10\%$,这就是说氩产品可以多排放 $10\%$。

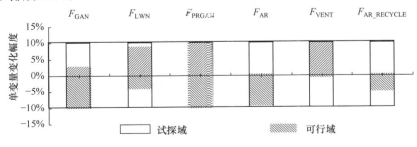

(a) 变量可行域超出[99%,101%]

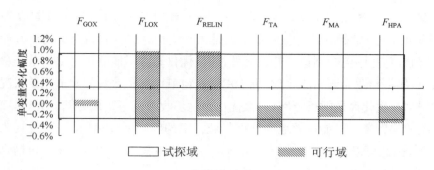

(b) 变量可行域属于[99%,101%]

图 9-3 单变量波动可行域分析

第二步进行的可行域分析是针对两组变量进行的。一组是产品组合变量，$\{F_{GOX}, F_{LOX}, F_{GAN}\}$，在原始工况点三维变量同时变化$-5\%\sim+5\%$检查各变量对收敛范围的影响。图 9-4 给出了针对于产品变量的三维收敛范围，图中五角星表示原始工况，所有可以收敛的工况都以圆点表示。图中可见产品变量可以在原始工况附近稍有波动仍然满足产品组成约束条件。与单变量变化的可行域相比，多变量同时变化自由度大，可行域也要稍大一些。但是总体来说产品变量的可行域并不太大，氧气流量可以在$-0.06\%\sim+0.07\%$范围内变化；液氧流量可以在$-0.8\%\sim+0.6\%$范围内变化。看上去三维的产品变量可以在一个薄层内变化，也就是不需要调节任何其他变量就满足产品组成。

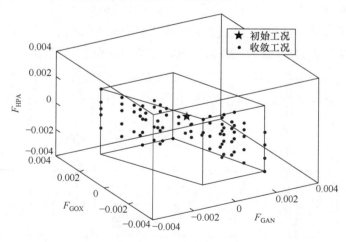

图 9-4 三维产品变量的可行域

另一组进行可行域分析的变量是进料变量，包括三股空气流量，高压空气、正流空气和膨胀空气。进料变量可以写成$\{F_{HPA}, F_{TA}, F_{MA}\}$，同样在原始工况点周围让三维变量同时变化—5%～+5%检查各变量对收敛范围的影响。图 9-5 给出了针对于进料变量的三维收敛范围,图中五角星表示原始工况,所有可以收敛的工况都以圆点表示。进料变量在原始工况周围的最大波动范围不超过—0.4%～0.4%,也就是说进料空气量只能在±4‰范围内波动,超过这一范围就必须调节某些控制变量才能保证产品合格。

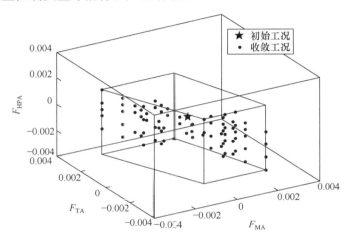

图 9-5　三维进料变量的可行域

按上述方法对多变量同时进行可行域分析,可以帮助工业装置确定控制变量的合理工作范围。

### 9.4.2　同伦法求解近似不连续解

牛顿法求解方程组 $f(x)=0$ 时,要求函数在当前点连续可微,才能求解 Jacobian 矩阵 $\nabla f(x)$。当可行解的收敛域不太光滑时,Jacobian 矩阵就可能会出现奇异,方程很难求解。同伦法可以在不同工况参数 $\alpha$ 下的解 $x$ 构成的曲线上寻找足够多的点(称之为引入点),使得求解能够沿着这些点一步步进行,直到达到待求解工况参数值。由于装置的变工况操作物理上总是连续的,即使收敛路线近似不连续,通过同伦法也可以搜索合适的求解路线。

高度耦合的系统收敛域狭窄而且变量之间影响很大,现场操作时就会出现某个变量波动导致产品组成急剧变化。当控制器还没有动作时,这个变化是连续且剧烈的。在对这类变工况问题进行模拟优化的时候,突变点的求解往往不能单纯使用牛顿算法,需要使用 HBM。考虑管网增压引起上塔(C2)塔顶压力从 1.35bar 上升到 1.371bar 这样一个变负荷操作。讨论粗氩产品(C701 顶)氧含量(变量 1)和粗氩塔灵敏点(C702 顶)氧含量(变量 2)随工况变化的情况。选择这几个变量进行分析是因为这些组成在空分装置变负荷过程中是最敏感的变量,与变量有关的部分流程可见图 9-6。

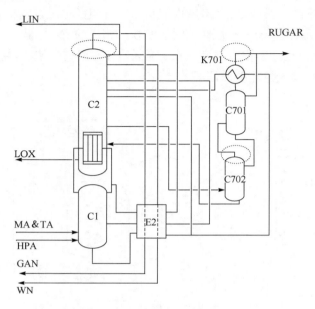

图 9-6　部分核心流程结构图

　　图中三个圆圈分别指示上塔顶压和变量 1、变量 2 的物理位置。从图中可见，上塔顶压和变量 1、变量 2 分属不同的设备，如果没有耦合，三者之间的关联并不密切。但是由于 C702 塔的进料来自上塔 C2，而 C701 塔的分凝器采用下塔 C1 的进料，C1 和 C2 又公用冷凝（再沸）器，上塔顶压的微弱波动就会导致进入粗氩系统的微量 $N_2$ 变化，进而影响塔顶分凝器 K701 的传热温差和冷凝效果，从而导致 C702 和 C701 塔顶组分大幅度波动。

　　定义这个变负荷优化命题的一维变工况参数向量 $\alpha$ 和同伦参数 $t$

$$\alpha = \frac{P_{C2} - P_{C2,bp}}{P_{C2,bp}} \tag{9.4}$$

$$t = \frac{P_{C2} - P_{C2,bp}}{P_{C2,tp} - P_{C2,bp}} \tag{9.5}$$

其中 $P_{C2}$ 为表征 C2 塔塔顶压力的变量；$P_{C2,bp}$ 表示优化收敛过程中的 C2 塔塔顶压力的出发点（base point）；$P_{C2,tp}$ 表示优化收敛过程中的 C2 塔塔顶压力的目标点（target point）。将 HBM 求解变负荷优化命题的求解路线画于图 9-7(a)，横坐标为变工况参数 $\alpha$ 和同伦参数 $t$，纵坐标为产品组成，曲线上标注的点和数字为 HBM 的收敛点。第 1 步从出发点求解目标点时，同伦参数 $t$ 从 0 变化到 1，求解失败，采用回退至 $t=0.25$，第 1 步求解成功。总共 7 步求解成功。从图中可见，每

个变量都在 $\alpha=0.0048$ 左右发生了突变。变量 1 从 1ppm 级增加到了 $10^3$ ppm 级，变量 2 则从 99％降低到了 8％，第 2 步到第 5 步，第 5 步到第 7 步各跨越了一个突变点。将突变点附近的求解路线放大在图 9-7(b)中，突变点缩小步长后，变量随 $\alpha$ 的变化很光滑，近似不连续的求解路线完全经过多个同伦点的过渡求解得到。

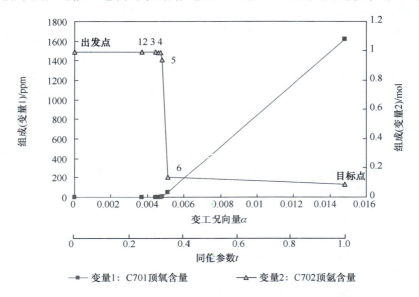

(a) 同伦求解路线

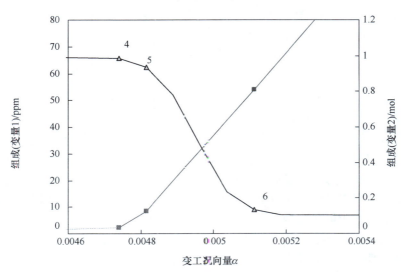

(b) 近似不连续点同伦求解路线放大图

图 9-7 近似不连续同伦求解路线

### 9.4.3　不等式约束的同伦路线构造

本节以求解原始工况点的最优解为例讨论构造不等式约束同伦路线的方法。将原始工况的模拟问题定义为同伦法求解问题的初始问题,原始工况的优化问题定义为同伦法求解的目标问题。这两个问题的解不同的地方就在于目标问题的解是可以在约束条件允许的上下界内变化的,而原始问题的解也应该是这些约束条件中的一个可行解。在从模拟到优化问题的同伦转变中,我们选取了三股空气进料量的上下界作为同伦参数,这三个变量都出现在优化目标函数中,对优化命题的收敛性能有很大影响。当优化命题计算失败时,我们将三股空气的进料量上下界,也就是同伦参数收缩到一个更接近于原始问题的范围。根据牛顿法的收敛特征,我们知道当优化变量的上下界足够小的时候,优化问题就等价于模拟问题,优化问题是肯定可解的。所以,按照本书介绍的 HBM 算法原理,逐步调整上下界,我们就可以从模拟性质的原始问题初始解出发沿着同伦路线转变到优化问题求解。

在这个问题中,同伦参数 $t$ 是一个关联进料流量 $F_{TA}$,$F_{HPA}$ 和 $F_{MA}$ 变化上下界的变量。将 $\overline{X}_{ind\_obs\_oper1}$ 定义为上述三个优化变量的集合,$\overline{X}_{ind\_obs\_oper2}$ $X_{opt2}$ 定义为其他优化变量的集合,那么 $\overline{X}^L_{ind\_obs\_oper1}$ 和 $\overline{X}^U_{ind\_obs\_oper1}$ 就是指 $\overline{X}_{ind\_obs\_oper1}$ 在这个优化命题中给定的上下界,$\overline{X}^{bp}_{ind\_obs\_oper1}$ 就是 $\overline{X}_{ind\_obs\_oper1}$ 在原始工况模拟问题中的初值。这样从原始问题初始解出发求解优化命题的同伦问题可以写成

$$\min_{\overline{X}_{ind\_obs\_oper}}\ k_1 F_{HPA}+k_2 F_{MA}+k_3 F_{TA}$$

$$\text{s. t.}\quad f(X_{ind\_fix},\overline{X}_{ind\_exp},\overline{X}_{ind\_obs\_prd},\overline{X}_{ind\_obs\_oper},X_{cal},X_{cal\_obs})=0$$

$$\overline{X}_{ind\_obs\_prd}=\{F^{bp}_{GOX},F^{bp}_{LOX},F^{bp}_{GAN}\} \tag{9.6}$$

$$X^L_{cal\_obs}\leqslant X_{cal\_obs}\leqslant X^U_{cal\_obs}$$

$$\overline{X}^L_{ind\_obs\_oper2}\leqslant\overline{X}_{ind\_obs\_oper2}\leqslant\overline{X}^U_{ind\_obs\_oper2}$$

$$\overline{X}^L_{ind\_obs\_oper1}(t)\leqslant\overline{X}_{ind\_obs\_oper1}\leqslant\overline{X}^U_{ind\_obs\_oper1}(t)$$

$$\overline{X}^U_{ind\_obs\_oper1}(t)=\overline{X}^{bp}_{ind\_obs\_oper1}+t\times(\overline{X}^U_{ind\_obs\_oper1}-\overline{X}^{bp}_{ind\_obs\_oper1})$$

$$\overline{X}^L_{ind\_obs\_oper1}(t)=\overline{X}^{bp}_{ind\_obs\_oper1}+t\times(\overline{X}^L_{ind\_obs\_oper1}-\overline{X}^{bp}_{ind\_obs\_oper1})$$

当 $t=1$ 时,上述命题就是我们要在原始工况点求解的优化命题式(9.3);当 $t=0$ 时,式(9.6)中的三个进料空气流量被固定在已知值上,这个命题就是我们已经在原始工况点求解的模拟问题。这样就可以采用 HBM 算法来处理优化命题求解了。求解过程中同伦参数的变化可以用图 9-8 表示。

图中的黑色柱形表示收敛的优化过程,斜纹柱形代表失败的优化过程。每个柱形的高度都表示了各次优化计算的 CPU 时间。从图中可见,第一次优化计算是从原始工况的模拟解出发直接求解 $t=1$ 的目标问题,计算不收敛则仍以原始工况为初值进行第 2 步回溯求解 $t=1/2$ 上下界的优化命题,再次失败后回溯求解 $1/4$ 上下界优化命题,如此回溯 8 步后在第 9 次回溯求解收敛。定义 $t=1/2^8$ 时的

变量上下界为新的同伦参数,以第 9 次求解收敛的最优解为初值求解 $t=1$ 的目标问题,一步收敛获得最优解。

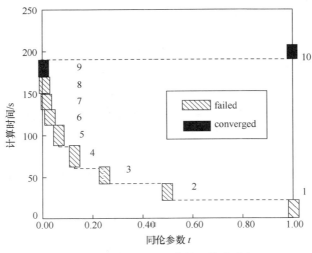

图 9-8　HBM 中同伦参数的搜索路径

同时将整个 HBM 算法求解过程中的变量上下界也作成图。从图 9-9 中可见,当优化命题的上下界较大时,直接优化求解不能收敛;当上下界收缩到很小的范围时,优化命题可以收敛;改善了目标问题的初值后,优化命题很容易就求解成功了。

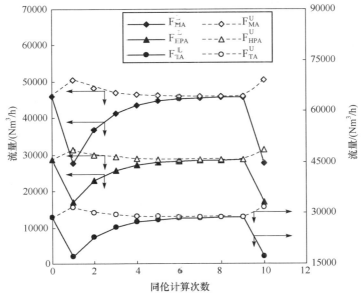

图 9-9　优化变量上下界的同伦路线

## 9.5　自动变负荷优化结果与工业装置数据对比

### 9.5.1　自动变负荷问题的可行产量组合

空分装置的实际变负荷操作中,每种产品流量的预期变化范围是70%～110%基准工况,设定合理的各种产品量组合是自动变负荷系统的第一步动作。按照经验,我们可以预计到会有一些产品流量的组合是不可行的。那么到底哪些是可行的,哪些是不可行的呢? 我们在预期变化范围内求解变负荷优化问题,取步长5%设定计算点,每种产品变化 9 个计算点,那么所有可能出现的操作工况就是总共729 个点需要进行测试,合起来构成一个 9×9×9 的立方体,可行产量组合就应该是这个立方体中的一部分。这时候就需要有一个很鲁棒的算法能够快速有效地求解变负荷所有工况下的优化命题。

上述立方体中的每一个工况下的优化命题都将以基准工况的最优解为初始值进行计算。第一步我们使用 Aspen Plus 软件中内嵌的算法直接计算。经过比较计算,我们认为软件自带的 LSSQP 算法比 DMO 更适合本例的优化计算。所有工况下的优化命题的收敛结果见图 9-10 所示,图中的圆点表示该工况的优化命题用Aspen Plus 成功收敛,在729 个工况中共有 404 工况成功收敛。

第二步我们采用 HBM 算法对所有工况点进行测试,看是否存在其他的可行解不能用 LSSQP 直接求解出来的。这个同伦问题中的同伦参数 $t$ 的物理意义是当前工况与目标工况的距离占当前原始工况与目标工况之间距离的比例。这样,变负荷优化命题可以写成如下形式:

$$\min_{\overline{X}_{\text{ind\_obs\_oper}}} \quad k_1 F_{\text{HPA}} + k_2 F_{\text{MA}} + k_3 F_{\text{TA}}$$

$$\begin{aligned}
\text{s. t.} \quad & f(X_{\text{ind\_fix}}, \overline{X}_{\text{ind\_exp}}, \overline{X}_{\text{ind\_obs\_prd}}, \overline{X}_{\text{ind\_obs\_oper}}, X_{\text{cal}}, X_{\text{cal\_obs}}) = 0 \\
& \overline{X}_{\text{ind\_obs\_prd}}^{\text{tp}} = \{F_{\text{GOX}}^{\text{o}}, F_{\text{GAN}}^{\text{o}}, F_{\text{LOX}}^{\text{o}}\} \\
& X_{\text{cal\_obs}}^L \leqslant X_{\text{cal\_obs}} \leqslant X_{\text{cal\_obs}}^U \\
& \overline{X}_{\text{ind\_obs\_oper}}^L \leqslant \overline{X}_{\text{ind\_obs\_oper}} \leqslant \overline{X}_{\text{ind\_obs\_oper}}^U \\
& \overline{X}_{\text{ind\_obs\_prd}} = \overline{X}_{\text{ind\_obs\_prd}}^{\text{tp}} + t(\overline{X}_{\text{ind\_obs\_prd}}^{\text{tp}} - \overline{X}_{\text{ind\_obs\_prd}}^{\text{bp}})
\end{aligned} \quad (9.7)$$

式中$\overline{X}_{\text{ind\_obs\_prd}}^{\text{tp}}$是指规定的目标工况产品流量,$\overline{X}_{\text{ind\_obs\_prd}}^{\text{bp}}$是指原始工况的产品流量,$t$是同伦参数。当 $t$ 从 0 变化到 1 时,同伦问题就从原始工况的优化命题过渡到了目标工况的优化命题。使用了 HBM 以后,要求解的 729 个工况中除了原来可以求解的 404 个工况以外,又有其余的 127 个工况的优化命题可以求解了。这些总共 531 个收敛点都在图 9-10 中用圆圈表示。从图中可以看出,所有圆点的外面都有圆圈,也就是说单用 LSSQP 算法可以求解的问题外套 HBM 算法后都不受影响。圆圈还能够排在圆点的外侧,也就是说 HBM 扩展了 LSSQP 的收敛范围。相比之下，LSSQP 不能在这些点收敛的原因应该是初值太远，超越了牛顿法的收敛范围；而 HBM 算法所具有的回溯而逐渐逼近的功能正好可以克服求解器对初值的依赖，成功求解优化命题。

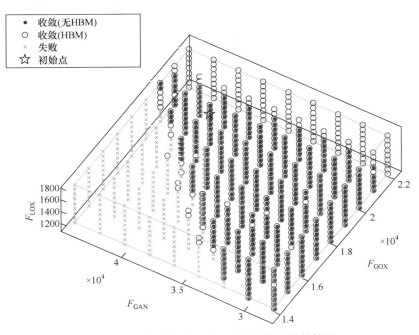

图 9-10　变负荷产量组合立方中各点的收敛情况

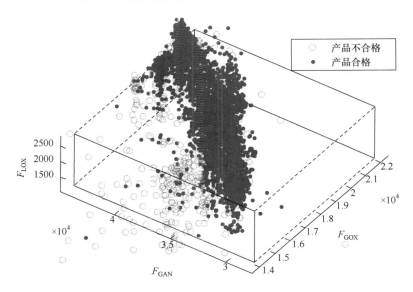

图 9-11　实际变负荷操作产量组合

为了验证变负荷可行产量组合的合理性,本文从现场装置采集了连续 5 天共 5496 组现场数据,参照产品合格与否的标准,甄选出合格点共 4167 个,不合格点共 859 个。按图 9-10 格式绘制了图 9-11 来说明现场变负荷可行产量组合。图中圆点表示合格时刻的各种产品流量,圆圈表示不合格时刻的各种产品流量。比较图 9-10 和图 9-11 可以看出,现场绝大多数合格产品的产品流量组合与计算收敛范围吻合,说明采用 HBM 模拟计算收敛可以表征工况点在物理上是可行的,模拟计算可以用于指导工业生产变负荷;而不合格点除了分布在不收敛区之外,还分布在收敛区,这也说明空分装置变负荷操作除了要合理设定产品组合,还受到很多其他条件的影响。

### 9.5.2　自动变负荷问题的物理边界分析

HBM 是一种可以保证全局收敛的算法。但是如果某个命题在物理本质上是不能收敛的,任何算法都不可能求解问题。那么 HBM 算法还可用于确定变负荷问题中的物理边界。在空分变负荷优化问题中,由于空气的组成有一定比例、产品组成有纯度要求、设备的分离能力有限,我们不能任意给定产品流量组合 $X_{ind\_obs\_prd}$,所以会存在一个产品流量间的比例关系,HBM 可以帮助我们确定这个界限。

下面我们首先分析氧产品和氮产品之间的产量关系。空分装置的氮物料衡算可以写成如下形式:

$$F_{AIR}y_{N_2,AIR} = (F_{LOX} + F_{GOX})y_{N_2,O_2} + (F_{LIN} + F_{GAN})y_{N_2}$$
$$+ F_{WN}y_{N_2,WN} + (F_{LAR} + F_{GAR})y_{N_2,AR} \tag{9.8}$$

上式中 $y_{N_2,AIR}$ 是空气中的氮气含量,$y_{N_2,O_2}$ 是氧气产品中的残余氮气含量,$y_{N_2}$ 是氮气纯度,$y_{N_2,WN}$ 是污氮气中的氮含量,$y_{N_2,AR}$ 是氩气产品中的残余氮气含量。

由于氧气、氩气和氮气产品都是高纯度产品。可以认为

$$y_{N_2,O_2} \approx 0 \tag{9.9}$$
$$y_{N_2,AR} \approx 0 \tag{9.10}$$
$$y_{N_2} \approx 1 \tag{9.11}$$

污氮中的氮含量满足

$$1 \geqslant y_{N_2,WN} \geqslant 0.995 \tag{9.12}$$

将式(9.9)~式(9.12)代入方程(9.8),就有

$$(F_{LIN} + F_{GAN}) \leqslant F_{AIR}y_{N_2,AIR} - 0.995F_{WN} \tag{9.13}$$

同样可以建立空分装置的氧物料平衡:

$$F_{AIR}y_{O_2,AIR} = (F_{LOX} + F_{GOX})y_{O_2} + (F_{LIN} + F_{GAN})y_{O_2,N_2}$$
$$+ F_{WN}y_{O_2,WN} + (F_{LAR} + F_{GAR})y_{O_2,AR} \tag{9.14}$$

式中 $y_{O_2,AIR}$ 是空气中的氧气含量,$y_{O_2,N_2}$ 是氮气产品中的残余氧气含量,$y_{O_2}$ 是氧气

纯度，$y_{O_2,WN}$ 是污氮气中的氧含量，$y_{O_2,AR}$ 是氩气产品中的残余氧气含量。

同样由于氧气、氩气和氮气产品都是高纯度产品。可以认为

$$y_{O_2,N_2} \approx 0 \tag{9.15}$$

$$y_{O_2,AR} \approx 0 \tag{9.16}$$

$$y_{O_2} \approx 1 \tag{9.17}$$

污氮中的氧含量满足

$$0 \leqslant y_{O_2,WN} \leqslant 0.2\% \tag{9.18}$$

将关系(9.15)~(9.18)代入方程(9.14)可得

$$(F_{LOX} + F_{GOX}) \geqslant F_{AR} y_{O_2,AIR} - 0.2\% F_{WN} \tag{9.19}$$

所以，氧产品和氮产品的产量关系符合如下约束：

$$\frac{F_{LOX} + F_{GOX}}{F_{LIN} + F_{GAN}} \geqslant \frac{F_{AIR} y_{O_2,AIR} - 0.2\% F_{WN}}{F_{AIR} y_{N_2,AIR} - 0.995 F_{WN}} = \frac{y_{O_2,AIR} - 0.2\% F_{WN}/F_{AIR}}{y_{N_2,AIR} - 0.995 F_{WN}/F_{AIR}} \tag{9.20}$$

方程(9.20)表示氧氮产量比例的一个下限值，这是一个与设备特性有关的数据。理论上污氮流量占总空气量的比例 $F_{WN}/F_{AIR}$ 应该越小越好，实际上装置的特定装置的 $F_{WN}/F_{AIR}$ 基本是固定的。我们求解了前面所有 729 个工况点的氧氮产量比例，所有点的氧氮产量比例与其收敛性能的对照图为图 9-12 和图 9-13。

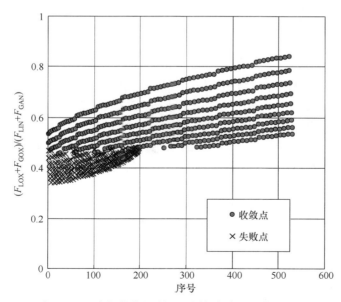

图 9-12　采用 HBM 求解优化问题时不同氧氮产品比例的收敛性能比较

图 9-12 与图 9-13 的不同点在于前者采用了 HBM 算法而后者只用了 LSSQP

算法。两张图中的横坐标是测试点,纵坐标是氧氮产量比例。我们可以看到图 9-12中的收敛点和不收敛点之间有一条很明显的分界线。上半部分是收敛点集合而下半部分是失败点集合。这表示 HBM 算法探试的氧氮产量比例 $(F_{LOX}+F_{GOX})/(F_{LIN}+F_{GAN})$ 的最小值是 0.48 左右。同样在图 9-13 中,我们也可以看见一条类似的线,但是并不是所有收敛点和不收敛点的分界线,所有的收敛点都处于线的上方而并不是所有的不收敛点都处于线的下方。

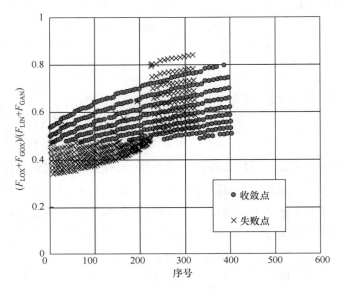

图 9-13　不采用 HBM 求解优化问题时不同氧氮产品比例的收敛性能比较

　　下面我们对空分流程的物理边界和算法的行为作进一步的讨论。我们从三维的图 9-10 中取一批气氧流量 $F_{GOX}$ 和气氮流量 $F_{GAN}$ 固定的"一串"垂直方向的数据进行比较。例如,取 $F_{GOX}=20000$ Nm$^3$/h,$F_{GAN}=44326$Nm$^3$/h,$F_{LOX}$从1760Nm$^3$/h减少到1120Nm$^3$/h时,将所有的优化结果列于表 9-7。表中的第 10 列给出了表示空分流程物理边界的氧氮产品比例项,$(F_{LOX}+F_{GOX})/(F_{LIN}+F_{GAN})$。最后一列给出了收敛结果,我们可以看到LSSQP算法在氧氮产品比较大的第 1 个工况和第 2 个工况点可以收敛,其他的工况都不能收敛;而 HBM 可以在第 1 到第 6 个工况点收敛。表中粗体的组成值指的是每个优化计算中卡边的组成约束,可以看出氧氮氩产品中的氧含量一直都卡边,而当给定的液相氧产品流量增大时,氩产品中的氮气残余量 $y_{N_2, AR}$ 不断增加。在第 1 个和第 2 个工况点,$y_{N_2, AR}$ 变化很小,用 LSSQP算法优化计算就可以收敛。当液相氧产品流量进一步增大时,氩产品中的氮气残余量 $y_{N_2, AR}$ 迅速逼近上限,仅仅使用 LSSQP 算法优化计算失败,采用 HBM 算法还可以收敛。当液氧产量继续增加时,氧氮产品比例超过了设备能力,也就是所谓的空分流程的物理边界,优化计算就不能收敛了。

表 9-7　$F_{\text{GOX}}=20000\text{Nm}^3/\text{h}, F_{\text{GAN}}=44326\text{Nm}^3/\text{h}$ 时的优化结果

| $F_{\text{LOX}}$ | $F_{\text{MA}}$ | $F_{\text{TA}}$ | $F_{\text{HPA}}$ | $y_{\text{O}_2}$ | $y_{\text{O}_2,\text{N}_2}$ | $y_{\text{O}_2,\text{WN}}$ | $y_{\text{O}_2,\text{AR}}$ | $y_{\text{N}_2,\text{AR}}$ | 产品 | $F_{\text{WN}}/F_{\text{AIR}}$ | 收敛 |
| $\text{Nm}^3/\text{h}$ | $\text{Nm}^3/\text{h}$ | $\text{Nm}^3/\text{h}$ | $\text{Nm}^3/\text{h}$ | ppm | % | ppm | ppm | 比例 | | | 状态 |
| 1760 | 50578 | 31591.7 | 21738.3 | **0.998** | **2.50** | 0.06 | **1.50** | 0.02 | 0.491 | 0.356 | LSSQP/HBM |
| 1680 | 50578 | 31590.1 | 21364.1 | **0.998** | **2.50** | 0.06 | **1.50** | 0.04 | 0.489 | 0.355 | LSSQP/HBM |
| 1600 | 50578 | 31591.3 | 20989.8 | **0.998** | **2.50** | 0.07 | **1.50** | 0.21 | 0.487 | 0.353 | HBM |
| 1520 | 50578 | 31591 | 20613.5 | **0.998** | **2.50** | 0.07 | **1.50** | 3.50 | 0.485 | 0.351 | HBM |
| 1440 | 50578 | 27736.4 | 24091.4 | **0.998** | **2.50** | 0.07 | **1.50** | 3.50 | 0.484 | 0.350 | HBM |
| 1360 | 50577.9 | 26946.3 | 24492.8 | **0.998** | **2.50** | 0.07 | **1.50** | 3.50 | 0.482 | 0.348 | HBM |
| 1280 | | | | | | | | | 0.480 | | 失败 |
| 1200 | | | | | | | | | 0.478 | | 失败 |
| 1120 | | | | | | | | | 0.476 | | 失败 |

　　验证本节推导及计算结果同样采用本节所用工业装置现场数据，计算所有合格点和不合格点的氧氮产品比例，$(F_{\text{LOX}}+F_{\text{GOX}})/(F_{\text{LIN}}+F_{\text{GAN}})$。按图 9-12 格式绘制图 9-14 用于比较现场氧氮产品比例。图中各点表示合格时刻的氧氮产品比例。由图 9-14 可见，现场产品合格时的氧氮产品比例基本上在 0.48 以上；而不合格时的氧氮产品比例则有相当一部分在 0.48 以下。这也说明模拟计算与现场数据相当吻合。

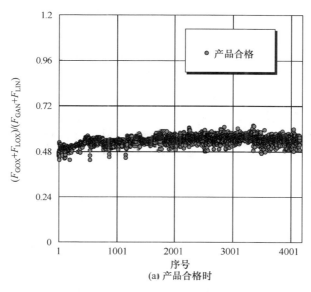

(a) 产品合格时

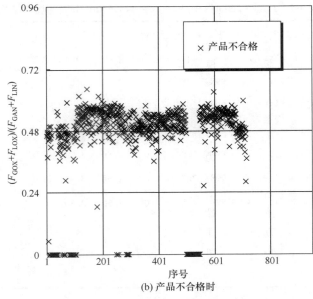

图 9-14　工业装置中氧氮产品比例

# 9.6　小　　结

　　本章针对低温精馏空分这一高纯度、强耦合、非线性的大规模复杂分离系统进行了建模、模拟与优化研究。选择内压缩典型流程,结合工业空分装置的自动变负荷操作需求,提出了面向此类复杂工业装置操作及控制的模拟优化关键技术,包括变量设置方案处理、氧-氩-氮三元物系进行热力学参数估计和模型的工业装置标定、大范围工况收敛的流程模拟与优化方法等。提出的 HBM 方法解决了该复杂流程计算的关键问题,包括空分装置的变负荷可行域求解方法,热耦合所引起的变量不连续问题的收敛性能和不等式约束的同伦处理方法。针对工业生产,提出以空压机一段压缩和二段压缩费用能耗最低为目标函数,综合考虑产品和液体产品自由组合为约束的空分自动变负荷优化方案。最终采用 HBM 核定了工业装置变负荷生产的可行产量组合,提出了符合能耗最低原则的空分装置操作边界,以及变负荷下的最佳操作变量。并通过与工业装置数据的对比,表明了优化计算结果的合理性。

## 参 考 文 献

[1] 李化治. 制氧技术[M]. 北京:冶金工业出版社,2009.
[2] 毛绍融,朱朔元,周智勇. 现代空分设备技术与操作原理[M]. 杭州:杭州出版社,2005.
[3] Castle W. Air separation and liquefaction: Recent developments and prospects for the

beginning of the new millennium[J]. International Journal of Refrigeration,2002,25(1):158-172.

[4] 张延平,王立,高远. 低温精馏空分产品耗分摊的确定与计算[J]. 钢铁,2003,38(12).

[5] 陈长青,王忠建. 空分流程设计的模拟软件简介[J]. 深冷技术,1995(1):12-15.

[6] Sirdeshpande A R, et al. Process synthesis optimization and flexibility evaluation of air separation cycles [J]. AIChE Journal,2005,51(4):1190-1200.

[7] 祝铃钰. 复杂分离过程模拟与优化中的若干问题研究[D]. 浙江大学,2009.

[8] 化工部第四设计院. 深冷手册[M]. 北京:化学工业出版社,1979.

[9] 尹永峰,刘新彦. $N_2$-Ar-$O_2$ 系统热力学性质计算方法评述[J]. 深冷技术,1997,(5):1-3.

[10] Peng D Y,Robinson D B. A new two-constant equation of state [J]. Industrial and Engineering Chemistry Fundamentals,1976,15(1):59-64.

[11] 李文波,毛鹏生,张述伟. 空分装置的模拟与调优计算[J]. 大氮肥,1998,(6):412-414.

[12] 肖珍平. SRKM 状态方程在空分工艺计算中的应用[J]. 深冷技术,1995,(6):1-6.

[13] Sandler S I. Chemical, biochemical, and engineering thermodynamics[M]. Hoboken:John Wiley & Sons,2006.

[14] Bender E. An equation of state for predicting vapour-liquid equilibria of the system $N_2$-Ar-$O_2$[J]. Cryogenics,1973,13(1):11-18.

[15] 刘芙蓉,高宁波. 用 BENDER 状态方程计算 $N_2$-Ar-$O_2$ 体系的热力学参数[J]. 氮肥设计,1996,34(3):24-28.

[16] Zhu L,Chen Z,Chen X,et al. Simulation and optimization of cryogenic air separation units using a homotopy-based backtracking method[J]. Separation and Purification Technology,2009,67(3):262-270.

# 索　引